廖平全集

15

主編　舒大剛　楊世文

上海古籍出版社

術數類

術數類目録

地理辨正補證

廖平　撰
邱進之　校點

校點説明

《地理辨正補證》四卷，廖平撰，門人黄鎔筆述。前有黄鎔《序》，稱西漢堪輿之學垂爲經典，公明、景純傳人踵繼，靈臺筠松其書盛傳，然詞意渾涵，索解不易，注疏增滋，惟華亭蔣氏《地理辨正》號稱善本，其於先天後天、河圖洛書，頗能破宋儒之理障，以合師傳。四益先生治經之暇，留心游藝，以爲此經傳之精華，天學之左證，不可聽其終古長夜，迺以窮經之精思，研古先之舊法，博采傳、緯、子、史諸説，勘明楊、曾立法之原，書成，名之曰《補證》云。此書所述，即世所謂堪輿陰陽之説。共分四卷，取昔人著作爲之新注補釋。案，華亭蔣氏即蔣平階（一六一六—一七一四），初名雯階，字馭閎，一字大鴻，又字斧山，號宗陽子，别署杜陵生，世居華亭張澤（今上海松江區張澤鎮）。明末周旋於江南黨社之間，初有聲名。於天文、地理、陰陽、曆法，均有涉獵，尤喜兵家。工詩詞，性豪雋。精堪輿之學，著有《地理辨證注》、《水龍經》、《八極神樞注》等。入清不仕，留心晚明史事，輯《東林始末》。廖平此書，即在蔣氏《地理辨正》基礎上作補證。其第一卷爲晋郭璞之《青囊經》，先列原經，下附疏證，分上、中、下三卷；第二卷爲《青囊序》，取步天歌體，而以八卦天文證之；第三卷爲唐楊筠松之《天玉經》；最後爲《都天寶照經》，亦分上、中、下三篇，實爲第四卷。本文之下，則附傳、證、説三種。全書取材閎富，抉理玄微，雖似術數家言，而會歸於《周易》。其書第四卷僅標「地理辨證補證」，茲補「卷四」二字。是書曾連載於《國學薈編》一九一五年第三、十期，一九一六年第一、十、十一、十二期，一九一七年第一期。民國六年（一九一七）四川存古書局印入《六譯館叢書》，今據此本整理。

目録

地理辨正補證序

粤考《孝經》卜宅兆，《禮運》竅山川，《周禮·冢人》爲之圖，《春秋》定公譏晚葬，典制公言，故不詳其數術；西漢堪輿之學，垂爲經典；《五行大義》引《堪輿經》，子平《冢賦》詳其形勢。公明、景純，傳人踵繼。靈臺筠松，其書盛傳，晰形勢於《撼》、《疑》，立法課於《寶照》，箸述一家，偉矣備矣！然詞意渾涵，索解不易，注疏增滋，惟華亭號稱善本。其於先天後天、河圖洛書，頗能破宋儒之理障，以合師傳。《提要》譏其以一人之意見盡變歷來所傳舊法，然千人喏喏，不如一士諤諤，善則爲多，何必取決於衆？唯蔣書多存啞謎，不以大公示人，致使讀其書者苦於不解，謬其傳者矜而自封，行其術者巧以藏拙。艱深隱僻，世多以術數目之，所以其道日蕪也。四益先生治經之暇，留心游藝，以爲此經傳之精華、天學之左證，不可聽其終古長夜。迺以窮經之精思，研古先之舊法，博采傳、緯、子、史諸説，如《周禮》律吕，《禮運》太一，《鄉飲酒》之賓主位次，《緯》之北斗明堂，《靈》、《素》之九宫，《史·天官書》之類。勘明楊、曾立法之原，書成，名之曰《補證》。蓋儲材閎富，抉理玄微，批窾解牛，宜其游刃有餘也。先生於《辨正》外別有《繁露玄空注》、《天文訓補注》、《太玄陰陽交會考》、《律曆志三統元運考》、《九星九宫古説》、《三盤説例諸法指謬》、《協紀辨方摘要》、《撼龍經傳訂本淺注》諸作，周折合貫，九曲穿珠，是以凡所徵引，罔非孔道之精微；足見地學肇端於聖經，推廣爲六合，扼要於天樞，會歸於《周易》，彌綸上下，詎小術哉！鎔瞻仰在前，步趨恐後，飲河既飽，觀海猶深，端木於天道得聞，揚子之玄文幸與。竊以蔣説多言訣，《補證》則詳理；蔣傳囿於授受，《補證》究其根原；蔣氏拘泥舊文，《補證》溝通變化；蔣氏懼於漏洩，不免秘密之談；《補證》比之説經，不畏鬼神之責。稽古作法，其道多塗；龍門日家，吉凶各異。既能知合天之主宰，自可悟因心之妙用，直探本根，翦除附會，是謂能自得師；若以《補證》有體無用，則誤矣。中江王君，聘三。華陽王君，菊存。勸其剞劂，因附萶編。豳公覲京而闢國，太保相宅以造周；西銅東鐘，靈應如響。此不特《辨正》之幸，中國大幸也。受業黃鎔序。

地理辨正補證卷一

井研廖氏　學
受業樂山黄鎔　筆述

青囊經

舊説以爲晉郭景純箸。古陰陽五行家相傳之説多在郭前者，説皆有本，不必指其人以實之。亦如諸子所傳，不必其自撰也。

上卷

經曰：天尊上金龍。地卑，下來龍。○此爲上下圖，合四方爲六宗。宋人誤以上下爲先天，四方爲後天。陽奇陰耦。一三五七九爲陽，二四六八十爲陰。

證《易·繫》：「天尊地卑，乾坤定矣。卑高以陳，貴賤位矣。」

「一陰一陽之謂道。」

「陽卦奇，陰卦耦。」

一六冬至陽一陰六，夏至陰一陽六。共宗，一六、二七、三八、四九，同時並行；非先行至四，穿心至五，然後逆行至九。

○合下五句，文出《太玄》，即九宮法。二七同道，冬至陽二陰七，夏至陰二陽七。三八爲朋，冬至陽三陰八，夏至陰三陽八。四九爲友，冬至陽四陰九，夏至陰四陽九。五十夏至陽五陰十，冬至陰五陽十。同途。五句爲真五行。此記北斗日躔之行步，數目不過符號而已。

證《易·繫》：「天一，地二；天三，地四；天五，地六；天七，地八；天九，地十。」「天數五，地數五，五位相得而各有合。」

《太玄·玄圖》：「一與六共宗，二與七共朋，三與八成友，四與九同道，五與五相守。」《易》言天五地十，《太玄》言五五而不言十；二五即合十也。

闔陰。闢陽。奇陽。耦，陰。

證《易·繫》：「是故闔户謂之坤，闢户謂之乾。」《素問·五運行篇》：「奎壁角軫，則天地之門户也。」《詩緯氾歷樞》：「亥爲天門，出入候聽。」宋均曰：「天門，戌亥之間，乾所據者。」一闔陰右旋。一闢陽左旋。謂之變，往來冬至自北而往，夏至自南而還。不窮謂之通。」

五兆五方。生成，此非生成數也。流行終始。循環無端。

證董子《繁露·陰陽出入上下篇》：「天道大數，相反之物也，不得俱出，陰陽是也。春出陽而入陰，陽在外，陰在內。秋出陰而入陽，陰在外，陽在內。夏右陽而左陰，陽由西而還北，陰由東而還北。冬右陰而左陽。陰由西而往南，陽由東而往南。陰出則陽入，陽出則陰入；陰右則陽左，陽右則陰左①。是故春俱南，秋俱北，而不同道；左右分行。夏交於前，《淮南》：「五月合午，謀刑。」冬交於後，「十一月合子，謀德。」而不同理。竝行而不相亂，分道而馳。澆滑而各持分，按候應節。此之謂天之意。而何以從事？天之道，初薄大冬，冬至黄鐘，爲萬事根本。陰陽各從一方來，而移於後。《大學》：「所惡於後。」陰由東方來西，陽由西方來東，至於中冬之月，相遇北方，《詩緯氾歷樞》：「陰陽之會，一歲再遇。遇於南方者以中夏，遇於北方者以中冬。」合而爲一，謂之曰至。陰陽同至於北爲冬至。別而相去，陰適右，陽適左；適左者其道順，陽從左邊團團轉。適右者其道逆。陰從右路轉相通。逆氣左上，順氣右下，陰陽順逆不同途。故下暖而上寒；此以見天之冬右陰陰從亥起而右旋，《詩緯》「大明在亥，爲水始」是也。而左陽陽從子起而左旋。也，上所右陽從右來，出而上。而下所左也。陰從左來，入而下。冬月盡，而陰陽俱南還，陽南還出於寅，至寅而陽盛。《詩緯》：「四牡在寅，木始也。」陰南還入於戌，陰墓於戌。此陰陽所始出地入地之見處也。出者在地之陽，入者在地之陰。至於中春卯。之月，陽在正東，陰在正西，謂之春分。春分者，陰陽相半也，故晝夜均而寒暑平。陰日損而隨陽，陽日益而鴻，故爲暖熱。陽極必將生陰。初得大夏之月，夏至五月。相遇南方，合而爲一，謂之曰至。別而相去，陽適右，自南往西。陰適左。自南往東。適左由下，適右由上，上暑而下寒；以此見天之夏右陽而左陰也。上其所右，下其所左。夏月盡，而陰陽俱北還，陽北還

① 據《新編諸子集成》本《春秋繁露義證》，此句作「陰左則陽右」，當從。

而入於申，申與寅對。《詩緯》：「鴻雁在申，金始也。」陰北還而入①於辰，辰與戌對。《詩緯》：「辰在天門，出入候聽。」此陰陽之所始出地入地之見處也。至於中秋之月，酉。陽在正西，陰在正東，謂之秋分。秋分者，陰陽相半也，故晝夜均而寒暑平。陽日損而隨陰，陰日益而鴻，陰極必將生陽。故至於季秋而始霜，至於孟冬而始寒②，小雪③而物咸成，大寒而物畢藏，天地之功終矣。」《陰陽位篇》：「陽氣始出東北而南行，就其位也；西轉而北入，藏其休也。陰氣始出南東而北行，就④其位也；西轉而南入，屏其伏也。是故陽以南方爲位，以北方爲休；陰以北方爲位，以南方爲休。陽至其位而大暑熱，陰至其位而大寒凍。陽至其休而入化於地，陰至其休而避德於下。是故夏出長於上、冬入化於下者，陽也；夏入守虛地於下，冬出守虛位於上者，陰也。陽出實入實，陰出空入空，天之任陽不任陰，好德不好刑，如是也。」

八體宏布，八宫、八卦。子母分施。《史記》十干爲母，十二支爲子。

---

① 入：據《春秋繁露義證》，當作「出」。

② 寒：原作「大寒」，據《春秋繁露義證》删「大」字。

③ 小雪：原作「下雪」，據《春秋繁露義證》改。

④ 「就」字上，《春秋繁露義證》有「亦」字。

證《説卦傳》：「乾，天也，故稱乎父。坤，地也，故稱乎母。震一索而得男，故謂之長男。巽一索而得女，故謂之長女。坎再索而得男，故謂之中男。離再索而得女，故謂之中女。艮三索而得男，故謂之少男。兑三索而得女，故謂之少女。」

天地定位，此句爲上下；中五，以下爲四旁。山澤二少屬下。通氣，雷風二長屬天。相薄，水火中男中女。水流濕，火就燥。不相射。三句即上、中、下定位。○射，讀爲斁。

證《易・乾》：「本乎天者親上，震、坎、艮三卦。本乎地者親下，巽、離、兑三卦。則各從其類也。」陽從乾位於上，陰從坤位於下。

《樂記》：「地氣上躋，天氣下降，陰陽相摩，天地相蕩，鼓之以雷霆，奮①之以風雨，動之以四時，暖之以日月，而百化興焉。」此謂樂之和，所爲交媾。

中五立極，單爲五，合爲十。臨制四方；即太乙下行九宫法，不名洛書，出《大戴禮・明堂篇》。

證《董子・循天之道篇》：「是故陽之行始於北方之中，而止於南方之中；陰之行始於南方之中，而止於北方之中。陰陽之道不同，至於盛而皆止於中，其所始起皆必於中。中者，天地之太極也。」《淮南・原道訓》：「泰古二皇，陰陽二氣。得道之柄，立於中央，神與化游，

---

① 奮：原誤作「潤」，據《禮記・樂記》改。

以撫四方。是故能天運地滯，輪轉而無廢，水流而不止，與萬物終始。」《史・天官書》：「斗爲帝車，運於中央，臨制四鄉。分陰陽，建四時，均五行，移節度，定諸紀，皆繫於斗。」

背一《禮記》死者首北。面九，生者南向。三、七居旁；合一、九爲四正。二、八、四、六，耦居四隅，與《大戴》同。縱橫紀綱。就四方立説，無上下之義。

證《大戴・明堂篇》：「二九四七五三六八一。」《五行大義》引《黄帝九宫經》云：「戴九履一，左三右七，二四爲肩，六八爲足，五居中宫，總御得失。其數則坎一、坤二、震三、巽四、中宫五、乾六、兑七、艮八、離九。太一行九宫從一始，以少之多，順其數也。」

陽以相相，當作含。陰，陰以含含，當作相。陽。陽生於陰，此以天氣流行言，方位亦在其中。柔生於剛。陰陽天地，道别剛柔。

證《説卦傳》：「立天之道，曰陰與陽；立地之道，曰柔與剛。」《繫辭》：「乾，陽物也；坤，陰物也。陰陽合德，而剛柔有體。」

陰德宏濟，地法，如坤。陽德順昌。天行，如乾。

證《淮南・天文訓》：「是故天不發其陰，則萬物不生；地不發其陽，則萬物不成。」

是故陽本陰，陰育陽，只一氣而二名。

證《穀梁》：「獨陰不生，獨陽不生，獨天不生，三合焉，然後生。」

天依形，無形，星不足以招天氣。地附氣，地必得天氣，而後靈。此之謂化始。專言天地之大陰陽。所有方位奇耦，不過求天地交媾之方法耳。

證《列子》：「昔者聖人因陰陽以統天地。夫有形者生於無形，則天地安從生？故曰：有太易，有太初，有太始，有太素。太易者，未見氣也；太初者，氣之始也；太始者，形之始也；太素者，質之始也。氣形質具而未相離，故曰渾淪。渾淪者，言萬物渾淪而未相離也。視①之不見，聽之不聞，故曰易也。」

邵子：天何依？曰：天依地。地何附？曰：地附天。天地何依何附？曰：自相依附。天依形，地依氣。其形也有涯，其氣也無涯。

蔣傳：此篇以無形之氣爲天地之始，而推原道之所從來也。夫陽氣屬天，在天成象。而實兆於地中，在地成形。聖人作《易》堪輿多言《易》，其旨言天道，非小技。以明天地之道，千言萬語，不過發明天地二字。皆言陰陽之互爲其根而已。同類異名，因時地而變異之，不可分爲異物。天高而尊，地下而

① 「視」下原衍一「視」字，據《列子·天瑞篇》删。

卑，先天圖即上下圖。然尊者有下濟之德，天氣下降。卑者有上行之義。地氣上騰。一陰一陽，一奇一耦。此生成數之法。○以律吕言。其數參伍，所以齊一；定位。其形對待，所以往來。流行。天地之匡廓由此而成，四時之代謝由此而運①，萬物之化育由此而胚。人道。夫此陰陽奇耦之道，隨舉一物，無不有之。故説陰陽者多循末忘本。天地無心，天道不言。聖人無意，無爲而治。自然流露，講堪輿者亦當如此，不可杜撰臆造。而顯其象於河圖，二字誤，既非河圖，且其名出於宋。遂有以下五句出於《太玄》敘例，乃今所謂洛書，非河圖。或曰「河、洛皆有至理」，然言行乃有道塗等説，「生成數」、「乃定位」，不可以行道説之。一陽坎。六陰乾。共宗、二陽艮。七陰兑。同道、三陽震。八陰坤。爲朋、四陽巽。九陰離。爲友、五陽入中爲五。十陰入中爲十。同途之象。此爲冬至局，夏至局反此。聖人因其象而求其義，以奇者屬陽，而有天一、天三、天五、天七、天九之名；「生成數」乃如此。蔣氏不解《太玄》本旨。以耦者屬陰，而有地二、地四、地六、地八、地十之名。此《易·大傳》生成數，宋人謂之河圖。而有一必有二，二，當作「六」。有三必有四，四，當作「八」。有五必有六，六，當作「十」。有七必有八，八，當作「二」。有九必有十，十，當作「四」。○太乙下行九宫，十字皆數其步數，非别有十數之部位。所謂參伍之數也；《漢律曆志》言之詳矣。此一彼二、此三彼四、此五彼六、此七彼八、此九彼十，所謂對待之形也。天數與地數各得其五，此謂一成之數，而百千萬億無窮之數説詳《漢志》。由此而推也。

---

① 「天地」至「而運」十八字原脱，據榮錫勳《地理辨正翼》補。

洛書則以十數記其行步之多少，非以數爲位次，亦非以數爲符號。天數地數各得其五，合二五而成十，蓋有五即有十，猶有一即有二，陰陽自然之道也。《内經》：「天地之間，六合之内，不離乎五。」生成之數，生止於五，成止於五，此五帝分方之説。故有天之一，即有地之六；有地之二，即有天之七；有天之三，即有地之八；有地之四，即有天之九；有天之五，即有地之十。此謂生成數，爲易數之要領。而地學則專以太一下行爲主，故古法皆重《九宫經》。自後人創爲先後天二圖，蔣氏遂平視之，以爲言地學不能不講河圖，實則誤也。此陰陽之數此別一説，非地理所重。以參伍而齊一者也，陰陽之理固無所不具，然堪輿之法卻不用此。《易》曰「五位相得」，蓋謂此也。生成數别有一理，堪輿家不用亦可。蔣氏誤以生成數爲河圖，所言皆屬膚廓，不切于用。而一六在下，北。則二七必在上；南。○上、下字當作南北，與左、右合爲四旁。以爲上、下，蓋誤於先天乾南坤北之説。三八在左，則四九必在右；五居中，則①十亦居中。宋以前説《易》者不以爲河圖。此陰陽之數對待而往來者也，泛説《易》理，大而無當。《易》曰「五位相得而各有合」，蓋謂此也。以其參伍而齊一，故一奇一耦燦然而不棼；以其對待而往來，故奇耦之間一闔一闢，潛然而自應。此生成之所從出也。言地學最忌談空理。生成數雖出於《易傳》，然非堪輿之要法，以堪輿專以九星北斗日躔爲陰陽，有實在憑據，若以河圖言之，則不合矣。天一生水，而一六成之②；地二生火，

① 「則」字原脱，據榮錫勳《地理辨正翼》補。
② 一六成之：據文意，「一」似當作「地」。

而天七成之；天三生木，而地八成之；地四生金，而天九成之；天五生土，而地十成之。一生一成，皆陰陽交媾之妙。堪輿之交媾卻不如此。二氣相交而五行兆焉，堪輿之學當以九宫法爲主。蔣氏詳於河圖，略於洛書，又以河、洛相通，皆囿於易之腐説，而於陰陽交媾之理未能明切。或蔣氏故隱其真，使人猜之耶？降於九天之上，升於九地之下，生成數無上、下可言。周流六虛，無有休息。六虛則有上、下矣，然非生成數所有。始而終，終而復始，無一息不流行，則無一息不交媾。當其無，而其體渾然已成；當其有，而其體秩然有象。聖人因河圖當作生成圖。下同。之象數，而卦體立焉。夫河圖止有四象，而卦成八體者，何也？蓋一畫成爻，爻者，交也。太始之氣，止有一陽〇，是名太陽⚊。「八神四箇「⚊」之「⚊」指此。太陽一交，而成太陰⚋，重之則爲⚌，「八神四箇⚌」之「⚌」指此。是曰兩儀。太陰太陽再交，而成少陰⚍、少陽⚎，并太陰⚏、太陽⚌，是曰四象。唐以前《易》説以天文、地理、身、物爲四象。如此解四象出於宋人，唐以前無之。此河圖之顯象也。四象三交①，而成八卦，☰曰乾，☱曰兑，☲曰離，☳曰震，☴曰巽，☵曰坎，☶曰艮，☷曰坤。此邵②先天卦説，義最晚出，不當引用。按，《易》以父母三男三女一卦生三卦爲定義。〇邵子先天八卦次序之非，詳胡朏明《易圖明辨》。蓋即河圖每方二數，析之則有八，八指八方，全出《九宫經》。此河圖之象隱而顯者也。故卦之八由於四

---

① 交：原誤作「爻」，據上下文改。

② 「邵」下當補「子」字。

象，爻之三由於三交。乾、坤二卦爲母，六卦爲子，三男三女。此八卦之子母也；此指三爻卦言。諸卦自爲母，指六子而言。三爻爲子，六爻卦之内三爻。此一卦之子母也。此指六爻卦言。〇八方爲八卦、八宫，外一層安二十四山，又以中一山爲父，兩旁挨到别宫之二卦爲子息。以此分施造化，陰陽流行。布滿宇宙之間。由方寸之間推及大地，不外二十四山。經説則以四時、八風、二十四節氣言之。於是舉陽之乾爲天，本乎天者親上。對以陰之坤爲地，本乎地者親下。謂之天地定位，非四方之説明矣。天覆於上，以交言，此句當改「天氣下降」。則地載於下以交言，此句當改「地氣上騰」。也。先天即上下圖。此陰陽之一交，交如何成天地？若以對峙言，當改交稱「别」，「别」乃曰分天分地。《樂記》引《易》四句以爲禮之别，是也。而成天地者也。上下定位。舉陽之艮爲山，對以陰之兑爲澤，山、澤皆位，此定位也。若二爻，則少當對長。此誤用邵圖。謂之山澤通氣。所謂江西地卦。山載於下，則澤受於上也。不必以二少分上下。舉陽之震爲雷，對以陰之巽爲風，二長親上，雷、風在天流行，則震當對以兑。長、少反對。謂之雷風相薄。此所謂「江東一卦」。〇《易·大傳》之通氣、相薄、相射即《太玄》之共宗、同道、爲朋、爲友也，《周禮》之所謂交會和合。此與對待之義相反。雷發於下，則風動於上也。亦不必二長分上下。舉陽之坎爲水，流濕，屬下。對以陰之離爲火，就燥，屬上。謂之水火不相射。南北八神共一卦。水火平衡，形常相隔，而情常相親也。考《樂記》云：「天尊地卑，君臣定矣。卑高以陳，貴賤位矣。動静有常，大小殊矣。方以類聚，物以群分，則性命不同矣。

在天成象，在地成形，如此，則禮者天地之别也。地氣上齊，天氣下降，陰陽相摩，天地相蕩，鼓之以雷霆，奮①之以風雨，動之以四時，煖之以日月，而百化興焉。如此，則樂者天地之和也。」按，别則對峙，相沖待之；謂和，則和合爲一。蔣氏不解和、别之旨，又誤於邵圖，故其謬至此耳。此三陰三陽之各自爲交，六子各分父母之一爻成八卦。而生萬物者也。先賢以此爲先天之卦，伏羲所定，蔣所謂先賢以爲者，皆不信其説、鄙屑之詞。楊公生於唐季，宋人先後天、河洛圖何曾得知？故地學中凡言先後天河洛圖者，皆非楊公之法，此一大誤也。本於龍馬負圖而作。當云上下圖。

上下圖

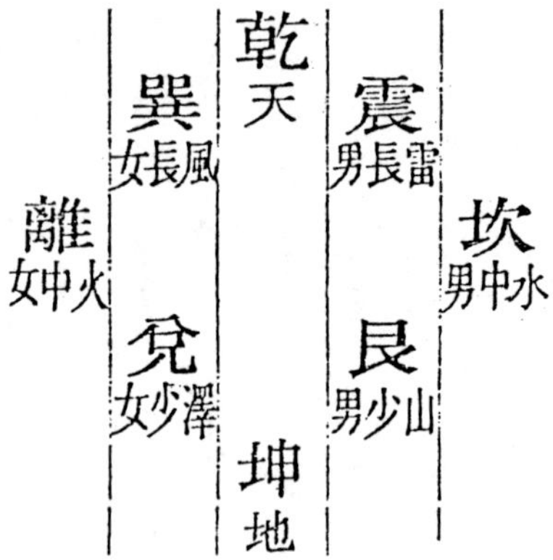

坎　水中男
震　雷長男
艮　山少男
乾　天
坤　地
巽　風長女
兌　澤少女
離　火中女

《易》曰：「天尊地卑，乾坤定矣。卑高以陳，貴賤位矣。」此上下以天地爲定位。又曰「本乎天者親上」，二長雷、風也；「本乎地者親下」，二少山、澤也。惟坎、離在中，不知所屬。故弟子問飛龍在天，師以「水流濕火就燥」答之。離上坎下，而八卦乃四上四下矣。

① 奮：原誤作「潤」，據《禮記·樂記》改。

實則渾沌初分，天地開闢之象也。上浮下凝，乃成天地。此別，而非交。四象四門、四岳、四目、四聰，此「象」字誤；下四方、四極，故有四象之名。虛中，而成五位，蔣所謂大五行，行乃太一下行九宮之行，數目特以記其行次之多少耳。此中五者，即《周禮》之地中、天之天市，日中爲市是也。即四象之交氣，大抵以穴爲中宮。乾之真象、天氣。坤《老子》「天大地大人亦大」，三才皆以大立義。人頂天，从一大作天；人履地，从大一作太，立即古地字。之真陰地氣。皆無形，而惟土有形。當改作「天之真陽無形，惟地之真陰有形」。於坤外又加一土，與前後之文不同。此土之下爲黄泉，上下無常，地之下即爲天；若三元天地，則指地外之行星言。皆坤地積陰之氣；當指地球以外之行星，不當以本地球爲地。此土之上爲清虚，凡三才説頂天立地，下之至即爲天；如北球以北極爲天頂，南球以南極爲天頂。故《曾子天圓》①「天生者上首」，北極之人也；「地生者下首」，南球之人也。隨處皆天，故《中庸》曰「郊社之禮，所以事②上帝」，《周禮》言天地二官；《曲禮》止言天官，蓋天即可以包地也。皆乾天積陽之氣。以三才言，則地球爲人；以兩儀言，則穴爲地，星氣爲天。而土膚之際，平鋪如掌，穴之前後八字，又一訣。乃至陰即《撼》、《疑》九星形。至陽金龍。乾坤交媾之處。以地合天，爲大交媾。水火風雷山澤，此指氣，不指方。諸凡天地之化機，皆露露，當改作「會合」。於此。故中五者，八卦託體儲精、成形顯用之所也。中五，於政治如京師，於人身如任、督。故河圖、洛書同此中五以立極也。《洪範》「五曰皇極」，即中極。河圖宋人所謂河圖，乃《易》

---

① 《曾子天圓》：原誤作「《曾子問》」，據《大戴禮記》改。

② 事：原誤作「祀」，據《禮記·中庸》改。

之生成數。雖有四象，《洪範》之五行方位不可稱之爲河圖，更不可以先天言之。而先天陽升陰降，上下初分，未可謂之四方，此説最精，今已改爲上下圖矣。自中五立極，指地球之地中。而後四極劃然，合爲五極，《皇帝疆域表》詳矣。各正其方矣。以上説河圖。有四方之正位，九宫法皆奇。而四維九宫法皆偶。介於其間，《淮南・天文訓》詳四維，維又名鉤。以乾、坤、艮、巽四卦配戊、己，如辰、戌、丑、未四土，屬四時四卦之代。戊、己于文早見于《尚書大傳》，蓋經説之遺，出於先秦以前，或以爲後人補改者誤。於是八方立焉。説出《靈樞・八風篇》。按，九除中宫則爲八。統中五皇極而爲九，分而布之，一子，《國語》作乾初爻。起正北，於卦爲坎。二未申鉤，《國語》作坤初乾五。居西南，於卦爲坤。○竟以此爲定位，誤之甚。三卯，坤五。居正東，於卦爲震。四辰巳鉤①，乾三坤上。居東南，於卦爲巽。五復字衍。居中，《董子》陰陽皆會于北，《内經》營衛陰陽五十營而復大會，亦於北。六戌亥鉤，乾上坤三。居西北，於卦爲乾。七酉，坤二。居正西，於卦爲兑。八丑寅鉤，坤四乾二。居東北，於卦爲艮。九午，乾四。居按，九「居」字全當改作「行」字。《論語》居、行之分嚴矣。正南，於卦爲離。謂之九疇。當稱爲太一下行九宫法。此雖出於洛書，而實與河圖之數符合，二者不同，一定位，一流行。天地之理，自然發現，無不同也。蔣説多如此，恐其太明，故掩之。布其位曰：此圖出於《大戴記》，當引古書。戴九履一，此數語出《五行大義》所引《黄帝九宫經》，下有「五居中宫，總御得失」二句，與本經「中五立極」一段恰符，蔣氏舍中央而但舉八方，失於稽考。左三右七，四正奇。二四爲肩，六八四隅耦。爲足。此數以龜立義，後人乃生洛書之説。其

① 辰巳鉤：原倒作「巳辰鉤」，據《淮南子・天文訓》乙。

八方之位，適與八方之數均齊，非數也，行步之記籌耳。〔聖人〕此非聖人所爲，藝術相傳之秘語耳。即以八卦隸之，八風。而次其序記行之次序。曰：坎一，冬至。陽，左。坤二，立春。在艮，對沖坤。震三，春分。巽四，立夏，此不飛。中五，休息合契之所。乾六，兑七，艮八，離九，生數爲陽神所行，成數爲陰神所行；一順一逆，一爲斗建，一爲日躔，在奇門爲冬至局。以爲八卦之序，則非也。此則四正四維不易之定位矣。冬至局得半，尚有夏至局，九宫八風乃周。以爲定位，則誤。數雖起一，冬至，子月。用實首震，春分，卯月。蓋成位之後非定位。少陽用事，太一下行則無此義。先天主天，而後天主日，先後天之名目不當用，用則與僞法混。天、日，尤無謂。元子繼體，代父如此説則近於鄭君之謬矣。既爲符號，何有父子之可言？爲政也。《易·大傳》雖始震，而太一之行①實始坎。《易》曰：「帝出乎震，齊乎巽，立夏。相見乎離，夏至。不入中宫，不逆行。致役乎坤，順行，立秋。説言乎兑，秋分。戰乎乾，立冬。四隅循行，不飛。勞乎坎，冬至。坎起一。成言乎艮。」立春。《易·大傳》説。此爲四方圖，其次與《靈樞·九宫八風篇》同，乃太一下行之順行一周，不從中宫斜穿，不半順半逆，乃爲陽從左邊團團轉，特《易》首震、九宫始坎耳。○乾、艮二宫當易位。説詳《易解》。一二在艮。三四五陽順。六順則離，逆則乾。七順則坤，逆則兑。八順則兑，逆則坤。九順則乾，逆則離。十②陽順五，陰逆十；陽順十，陰逆五。者，古今當改作「陰陽」。之禪代推移、周而復始者也。氣運循環。震巽離坤兑乾坎艮者，此順行一周，如北

① 之行：疑當作「下行」。

② 此「十」字當係衍文，《地理辨正翼》等諸本所無。

斗一年，乃爲定位。日月二字當改作「斗建」。之出没，却無關。四時之氣機運行遷謝，當指明斗建則易明。循環無端者也。先賢宋人之誤。以此爲後天之卦，以上説洛書。昔者駁圖書先後天，是也。○蔣氏詳於圖，略於書，是其言不盡意處。學者當詳書略圖，乃有門逕，以後再衍河圖可也。大禹治水，神龜出洛，數出龜文。文王因之作後天之卦，至千年以後，文王乃知排此圖，成何説法？豈伏羲畫卦之時只是一事，何有伏羲。未有雒書，而大禹演疇之時未有後天卦位耶？則不必言文王矣。竊以爲圖、書必出於一時，一爲生成數，一爲九宫法，宋人乃强加以圖、書之名。此不必出一時，不過駁舊義、文之分耳。而先天後天此名杜撰無理。卦位上下圖不可言卦位。亦定於一時①，以圖言之，則一爲上下圖，一爲四方圖，上下四旁合爲一局。宋賢不知「天地定位」以下爲上下圖，因後有「四方」明文，遂以前之八卦亦改爲四方；兩四方文義緟複，又造出伏羲、文王以消納之，全出臆創。○《易傳》先天後天謂至聖制作有俟後法古之分，俟後爲後天，法古爲先天，惟孔子一人，乃得言之。宋以後遂作兩種普通名辭，每物每事皆爲借用，大失後、先之義。伏羲但有卦爻，伏羲畫卦，爲依託寓言。伏羲乃天神青龍之精，若畫此八卦，鄙夫鄙婦之所能，不必天神。而文王《易》亦不必説文王。始繫之辭耳。二句説《易》。河圖雒書非有二數，數不一，而其本不同。先天後天不必立此名。非有二義也，亦不然。特先天之卦以陰陽之對待改作「上下」。者言，有彼此二字亦當改作「上下」。而無方隅；改作上下，圖更精。後天之卦太一下行。以陰陽北斗。之流行者言，則有方隅矣。合上、下爲六宗，所謂上下四旁。至於作卦之旨，作卦專以爲此耶？要在於陰陽

① 此「時」字，《地理辨正翼》作「日」。

之互根，則一也。畫卦另是一事，不過借以定八方之號，不用八卦，用八風亦可。○以上合論圖、書，其理則是，注二圖則非；亦如何注《公羊》，引古説每每誤入於他條。夫易之道貴陽賤陰，此宜活讀，不可板定。則陽當爲主，陰當爲輔，而此云陽以相陰相、含二字當互易。此郢書燕説。者，何也？蓋陽之妙不在於陽，而在於陰，則又貴陰賤陽矣。陰中之陽，乃真陽也。以地召天。故陰爲之感，形。而陽來應之，氣。似乎陰反爲君，地形。而陽反爲相。天氣。此經言神明之旨也。雖曰燕説，然爲地學要言。然陽天九星。之所以來應乎陰者，以陰中本自有之，以類相從，同聲同氣。故來應耳，賓主、雌雄、夫婦，皆由此立名。豈非陰含陽乎？蔣氏誤本立説，故未免迂曲，然因此乃露真訣。陰含陽，則能生陽矣。男女不能單曰母生，如此則可無陽矣。一切發生之氣，皆陽司之，斗建。則皆陰出之者也。地形。剛柔即陰陽，陰陽以氣言，剛柔以質言。《易傳》以陰陽屬天，剛柔屬地。《易》曰「乾剛坤柔」，又曰「剛柔相摩，八卦八卦爲方位，亦如人身之孔穴，皆板定死物耳，別有元氣帥營衛以運行；欲考營衛之運行，不可不借孔穴以記之。若侈談八卦，則不知其主宰。不然，何《寶照》駁八卦至於十餘見哉！相盪」，此爲八卦之和局，與別局異。八卦之中皆有陰陽，此指雌雄二神，若一卦，則以順、逆分之。則皆有剛柔，二神性質。若以陽爲剛，以陰爲柔，則宜乎剛生於①柔矣，而乃云柔生於剛者，何也？不過互文見義耳。無形之氣，陽剛斗建。而陰柔；月厭。有形之質，陰剛地形。而陽柔。天氣。於有形之剛質，又生無形之柔氣，質生氣，氣還生質，故曰柔生於剛也。在

① 「於」字原脱，據《地理辨正翼》補。

天成象，在地成形。凡其所以能爲相助，能爲包含，生生不息如雌雄牝牡。如是者，則以陰之與陽，蓋自有其德也。《易》説，言德是其性情作用。惟陰之德《易》：「坤厚載物，德合無疆。」能弘大乎陽，以濟陽之施；「含弘光大，品物咸亨」。故陽之德能親順乎陰，以昌陰之化。「大哉乾元，萬物資始」。此陰陽之妙，以氣相感，交媾之理，言之詳矣。專主一天一地一順一逆，非俗師所謂陰陽。見於河圖洛書先後天之卦象者如是。删去河、洛，專言雌雄二神，乃爲直切。由是則①可以知天地之道矣。天地之道，陽氣常本於陰，形。而陰形。常能育陽，氣。故天非廓然空虛者爲天也，其氣常依於有形，地形，即《撼龍》之九星。而無時不下濟；天氣下降。地非塊然不動者爲地也，地爲球，圓。其形九星行龍。常附於元氣，以類相求。而無時不上升。地氣上騰。○《内經·氣交篇》專詳此旨。然則天之氣常在地中，所謂交媾。而地之氣皆天之氣。形、法合一。陰陽雖曰二氣，止一氣耳。同類異名。此暗度之金針。所以生天生地者此氣，元氣，在天地之外。所以生萬物者此氣，故曰化始也。此篇詳《易》理，宜以《列子》首篇、《曾子》十篇、緯書、《董子》、《淮南》參證之。

中卷

經曰：天有五星，地有五二「五」字當作九。行，行當作「形」。天分星宿，動者。地列山川。不動者。

①「則」字原脱，據《地理辨正翼》補。

證《癸巳類稿》：「星經云：玉衡，謂斗九星也。玉衡第一星主徐，二主益，三主冀，四主荆，五主兖，六主揚，七主豫，八主幽，九主并。《楚辭・九辨》序云：天有九星，以正機、衡。《黄帝九宫經》云：《五行大義》引。一爲幽州①，坎。二爲荆州，坤。三爲青州，震。四爲徐州，巽。五爲豫州，中。六爲雍州，乾。七爲梁州，兑。八爲兖州，艮。九爲揚州。離。又云：一主恒山，坎。二主三江，坤。三主泰山，震。四主淮，巽。五主嵩高，坤。六主河，乾。七主華山，兑。八主泲，艮。九主霍山。離。是斗九星分應九州。謂之九宫者，以地之方位定②五行，所以謂之宫者。《大戴・盛德》云「二九四七五三六一八③」，即明堂之次。《周書・小開武解》言「維天在内近日之行星金月，在外遠日之行星火土。九星」，一名九野。「維地九州」，一名九淵。「維人人在中，即本地球。四輔」；亦如四方。《成開解》云「天有九列，地有九州，人有四佐」。與上同義。九星九列即九天，應北斗九星之列，若四方五星則經緯異，不分應九列。《文選・宣德皇后令》云「不改參辰而九星仰止」，注云：九星，應九天者。《五行大義》云：「九天亦屬北斗九星之數，故下對即《青囊序》「對不同」之對。九州。」天與地對。○説詳《青囊序》注。

---

① 幽州：據《宛委别藏》本《五行大義》，當作「冀州」。

② 「定」字原脱，據《續修四庫全書》所收清道光十三年刻本《癸巳類稿》補。

③ 「八」原在「一」上，據《癸巳類稿》改。

氣行於地，下降。形麗於天，上騰。因形《撼龍》、《疑龍》。察氣，《青囊經》。以立人紀。人爲本，世界天地則上下星辰，如《素問·氣交篇》。

證《禮運》：「故人者，其天地之德，陰陽之交，鬼神之會，五行之秀氣也。故天秉陽，垂日星；地秉陰，竅於山川。」

《春秋緯運斗樞》：樞星數魁數一。散爲麞，爲虎，爲雲母，爲虹霓；七星比八卦，此如《說卦傳》，占應用之。璇星第二。散爲薑；璣星第三。散爲雉，爲鶡，爲鶉，以上動物。爲菝葜，爲橘；以上植物。玉衡星第四以上爲筐。散爲鷄，爲鴟，爲兔，爲鼠，爲李，爲桃，爲椒，爲荊，爲榆，爲菖蒲；維星第五星。散爲蘼蕪；瑤光之星第七星。散而爲象，爲麋，爲鹿，爲烏，爲雀，爲燕，爲鵲，爲鷹，《元命苞》下：瑤光散爲鷹。立秋之日，鷹鸇擊。爲黿，爲人參。《說卦》爲術數家言，與此相同。

《說題辭》：斗星時散，精爲彘；四月生，應天理。

《感精符》：地爲山川。山川之精，上爲星辰，各應其州域分野，爲國作精符驗也。分野之說，大統全球，小則一鄉一邑，皆有關係。

紫微在北。天極，三垣以紫微爲中。太乙之御，《元命苞》下：紫微宮爲大帝。北極星，其一明大者太乙之光，含元氣，以斗布常①。君臨四正，二十八宿。南面而治。居亥。

---

①「常」字原脱，據《玉函山房輯佚書·春秋元命苞》補。

證《史・天官書》：「中宮天極星，環之匡衛十二星，藩臣，皆曰紫宮。」《淮南・天文訓》：「紫宮者，太乙之居也。居爲私室。紫宮執斗而左旋，日行一度，以周於天。日冬至峻狼如貪狼。之山，日移一度，凡行百八十二度八分度之五，而夏至牛首如廉貞。之山，反覆三百六十五度四分度之一，而成一歲。」《春秋元命苞》下：「天生大列，爲中宮太極星。其一明者，太乙常居。傍兩星巨與距通。辰子位，故爲北辰，以起節度，亦爲紫微宮。紫之言此也，宮之言中也。此宮之中，天神圖法陰陽開閉，皆在此中也。」《晉書・天文志》：「北極五星，鉤陳六星，皆在紫宮中。北極，北辰最尊者也，其紐星，天之樞也。天運無窮，三光迭耀，而極星不移，故曰居其所而衆星拱之。第一星主月，太子也；第二星主日，帝王也。亦太乙之座，謂最赤明者也。」

天市東宮，

證《史・天官書》：「東宮蒼龍，房、心。東北，曲十二星曰旗。《正義》：天市二十二星，房、心東北，主國聚市交易之所，一曰天旗。旗中四星曰天市，中六星曰市樓。市中星衆者實，其虛則耗。」《星經》：「天市垣五十六星，在房、心北，主權衡。一名天旗。門左星入尾一度，去北辰九十四度。」

少微西掖，在太微垣之西。太微南垣，旁照四極。《淮南》：太微主朱雀。

證《史·天官書》：「南宮朱鳥，權、衡。衡，太微，三光之庭，匡衛十二星。藩臣：西將，東相，南四星執法，中端門，門左右掖門。《索隱》：宋均云：太微，天帝南宮也。廷藩西有隋星五，曰少微、士大夫。」

《元命苞》下：「太微爲天廷，五帝以合時。」

《天文訓》：「太微者，太乙之庭也。」南垣如明堂，朝諸侯之所。

四七爲經，

證《淮南·天文訓》：「星分度：角十二，亢九，氐十五，房五，心五，尾十八，箕十一四分一；東方七宿。斗二十六，牽牛八，須女十二，虛十，危十七，營室十六，東壁九；北方七宿。奎十六，婁十二，胃十四，昴十一，畢十六，觜巂二，參九；西方七宿。東井三十，輿鬼四，柳十五，星七，張、翼各十八，軫十七。南方七宿。凡二十八宿也。」

五德爲緯，

證《禮·月令》：「春三月，其日甲乙，盛德在木；夏三月，其日丙丁，盛德在火；季夏之月，其日戊己，盛德在土；秋三月，其日庚辛，盛德在金；冬三月，其日壬癸，盛德在水。」①

《史・天官書》：「故紫宮、中。房心、東宮。權衡、南宮。咸池、西宮。虚危，北宮。列宿部星，每方七宿，各分部屬，共爲二十八星。此天之五官當作五宮。坐位也。五宮定位，列宿分方。爲經，不移徙，大小有差，闊狹有常。《群書備考》：二十八宿星度多寡不均，考沈括、王奕之説，乃知天本無度，以日之行爲度，日行不可記，而所可記者星也，故取其相當之星以爲距。井、斗之度非無星也，然不與日相當，故其度不得不闊；觜、鬼之旁非星衆也，然日躔一二日而其星適與相當，故其度不得不狹也。水、火、金、木、填星，此五星者天之五佐，爲經緯，經字疑衍。見伏有時，所過行贏縮有度。」

旋斡坤輿，

【證】《易大傳》：「坤爲大輿。」此孔經地員之古説，義詳《皇帝疆域圖表》第二十四圖。

垂光乾紀，

【證】《素問・六微旨大論》：「因天之序，盛衰之時，移光定位，正立而待之。」

七政樞機，七政，有日月五星之説，專以天上動者爲言。《尚書經》之七政，由六宗而上下四旁加入中心，則爲七政。故七情心爲欲。

---

① 按，此條似摘取《淮南子・天文訓》語，不出《禮記・月令》。

證《尚書》：「在璇璣玉衡，以齊七政。」《大傳》：「旋者，還也。機者，幾也，微也。其變幾微，而所動者大，謂之旋機。是故旋機謂之北極。」「齊，中也。七政者，謂春、夏、秋、冬①、天文、地理、人道，所以爲政也。」

《詩緯含神霧》：天斗上一星天位，二主地，三主水，四主火，五主土，六主木，七主金。

《春秋緯運斗樞》：斗，第一天樞，第二旋，第三機，第四權，第五衡，第六開陽，第七瑶光，合而爲斗。

流通終始。

證《孝經緯援神契》：周天七衡六間，曰：大寒後十五日，斗指東北維，艮。爲立春；立春後十五日，斗指寅，爲雨水；後十五日，斗指甲，爲驚蟄；後十五日，斗指卯，爲春分；後十五日，斗指乙，爲清明；後十五日，斗指辰，爲穀雨；後十五日，斗指東南維，巽。爲立夏；立夏後十五日，斗指巳，爲小滿；後十五日，斗指丙，爲芒種；後十五日，斗指午，爲夏至；後十五日，斗指丁，爲小暑；後十五日，斗指未，爲大暑；後十五日，斗指西南維，坤。爲立秋；立秋後十五日，斗指申，爲處暑，後十五日，斗指庚，爲白露；後十五日，斗指酉，爲秋

① 春夏秋冬：據皮錫瑞《尚書大傳疏證》，當作「春秋冬夏」。

分；後十五日，斗指辛，爲寒露；後十五日，斗指戌，爲霜降；後十五日，斗指西北維，乾。爲立冬；立冬後十五日，斗指亥，爲小雪；後十五日，斗指壬，爲大雪；後十五日，斗指子，爲冬至。文尚有闕，當補「後十五日，斗指癸，爲小寒；後十五日，斗指丑，爲大寒」。

地德上載，其實地動天定。天光下臨，以光言。以此爲氣交。

證《禮記·孔子閒居》：孔子曰：「天無私覆，地無私載，日月無私照。奉斯三者，以勞天下，此之謂三無私。天有四時，春秋冬夏①，風雨霜露，無非教也。地載神氣，神氣風霆，風霆流形，庶物露生，無非教也。」

《書緯考靈曜》：天從上臨下八萬里，天以圓覆，地以方載。○日照四極九光，九州皆被天光。東日日中，南日日永，西日宵中，北日日短，光照四十萬六千里。

《張河間集·靈憲》：元氣剖判，剛柔始分，清濁異位。天成於外，地定於內。天體於陽，故圓以動；地體於陰，故平以浄。動以行施，浄以合化。堙鬱構精，時育庶類，斯謂太元，蓋乃道之實也。在天成象，在地成形。天有九位，《淮南》：天有九野。地有九域；大九州之疆域。天有三辰，日月星。地有三形。山水土。有象可效，有形可度；情性萬殊，旁通感薄。自然相生，莫之能紀。於是人之精者作聖，實始紀綱而經緯之。八極之維，徑二億三萬二千三百

① 春秋冬夏：原誤作「春夏秋冬」，據《禮記》改。

里，南北則短，減千里，東西則廣，增千里。自地至天，半於八極，則地之深亦如之。通而度之，則是渾已。將覆其數，用重句股，懸天之景，薄地之義，皆移千里，而差一寸得之。過此而往者，未之或知也。

陰用陽朝，陽用陰應。天以建厭言，地以山水言，陰陽五行家專以治天下爲主。《素問》所言陰陽五行，皆政治學説。

證《周禮》：占夢掌其歲時，觀天地之會，辨陰陽之氣。鄭注：天地之會，建厭所處之日辰。賈疏：建，謂斗柄所建，謂之陽建，左旋於天；厭，謂日前一次，謂之陰建，右旋於天。《堪輿》：天老曰：假令正月陽建於寅，陰建於戌。日辰者，日據干，辰據支也。班《律曆志》：玉衡杓建，天之綱也；日月初躔，星之紀也。綱紀之交，以原始造設，合樂用焉；律呂唱和，以育生成化，歌奏用焉。指顧取象，陰陽萬物，莫不條鬯該成。

陰陽相見，如夫婦婚媾以成家。《詩》「見止覯止」同。福禄永貞。陰陽相乘，乘，義同「乖」。禍咎踵門。孤陰單陽，自然敗絶。

證《天文訓》：陰陽刑德有七舍，室、堂、庭、門、巷、術、野。十二月當云十一月。德居室三十日①，先日至十五日，後日至十五日，而徙所居各三十日。德在室則刑在野，德在堂則刑在術，德在庭則刑在巷，陰陽相得，則刑德合門。八月二月，陰陽氣均，故曰刑德合門。德南

① 「日」字原脱，據《淮南鴻烈集解》補。

則生，刑南則殺，故二月會而萬物生，八月會而草木死。冬至陰氣極，陽氣萌，故曰①冬至爲德；夏至陽氣極，陰氣萌，故曰夏至爲刑。

天之所臨，下臨皆以五，如《春秋》隕石。地之所盛，上騰皆以六，《素問》所謂氣交。

證《撼龍經》：「北辰一星天中尊，上相上將居四垣。天乙太乙明堂照，華蓋三台相後先。此星萬里不得一，此龍②不許時人識。識得之時不用藏，留與皇朝鎮家國。請從垣外論九星，北斗宮中係幾名。貪巨武星并輔弼，禄文廉破地中行。」

形止以地形爲本，無形不言地。氣蓄，以天星爲主，無氣，空有形。萬物化生。如子孫。

證《撼龍經》：「貪狼作穴是乳頭，巨門作穴窩中求。武曲作穴釵鉗覔，禄廉梳齒犁鐴頭。文曲穴來坪裏作，高處亦是掌心落。破軍作穴似戈矛，兩旁左右手皆收。定有兩山相護轉，不然一水過横流。輔星正穴燕窠③仰，若在高山挂燈樣。落在低平是鷄巢，縱有圓頭亦凹象。」

《葬書》：「夫氣行乎地中，其行也，因勢之起；其聚也，因形之止。葬者原其起，乘其止。」

---

① 「曰」字原脱，據《淮南鴻烈集解》補。

② 龍：原誤作「地」，據《四庫》本《撼龍經》改。

③ 窠：《四庫》本《撼龍經》作「巢」。

○「委宛自復，回環重複，若踞而候也，若攬而有也。欲進而卻，欲止而深。一本深作「探」。來積止聚，沖陽和陰。土高水深，鬱草茂林。貴若千乘，富如萬金。經曰：形止氣蓄，化生萬物，爲上地也。」

「上地之山，若伏若連，其原自天。若水之波，若馬之馳，其來若奔，其止若尸。若懷萬寶而燕息，若具萬膳而潔齋，若橐之鼓，若器之貯。若龍若鸞，或騰或蟠，禽伏獸蹲。此萬乘之藏也①。」

氣感而應，鬼福及人。《物理小識》詳言此旨。

證《雅詩》：「嵩高維嶽，峻及于天。維嶽降神，生甫及申。」

《葬書》：「葬者，乘生氣也。五氣行乎地中，發而生乎萬物。人受體於父母，本骸得氣，遺體受蔭。經曰：氣感而應，鬼福及人。是以銅山西崩，靈鐘東應；木華於春，粟芽於室。蓋生者氣之聚，凝結者②成骨，死而獨留。故葬者，反氣納骨，以蔭所生之法也。」

「山者，勢險而有也，法葬其所會，乘其所來，審其所廢，擇其所相，避其所害，禍福不旋

---

① 此句《四庫》本《葬書》作「若萬乘之尊也」。

② 者：原脱，據《四庫》本《葬書》補。

日。是以君子奪神功，改天命。經曰：葬山之法若應谷中，言應速也。」①

是故天有象，地有形，

證《河圖括地象》：「天有五行，地有五岳；天有七星，地有七表；天有八氣，地有八風；天有九道，地有九州；天有四維，地有四瀆；天有九部八紀，地有九州八柱。」

上下相須，凡經言上下皆稱天地，爲三才學説。而成一體。爲陰陽，爲夫婦，併合爲一家。此之謂化機。《六元正紀大論》言化詳矣。

證《易大傳》：「在天成象，在地成形，變化見矣。」「乾，陽物也；坤，陰物也。陰陽合德，而剛柔有體，以體天地之撰，以通神明之德。」《禮·月令》：孟春天氣下降，地氣上騰，天地和同，草木萌動。仲春鷹化爲鳩，季春田鼠化爲鴽，仲秋鳩化爲鷹，季秋爵入大水爲蛤，孟冬雉入大水爲蜃。《淮南·覽冥訓》：「故山雲草莽，水雲魚鱗，旱雲煙火，涔雲波水；各象其形類，所以感之。夫陽燧取火於日，方諸取露於月，天地之間，巧曆不能舉其數，手徵忽怳，不能覽其光。然以掌握之中，引類於太極之上，而水火可立致者，陰陽同氣相動也。故至陰飂飂，至陽赫

① 《四庫》本《葬書》「禍福不旋日」在「改天命」下；「若應谷中」作「若呼吸中」。

赫，兩者交接成和，而萬物生焉。衆雄而無雌，又何化之所能造乎！」

《素問・陰陽應象篇》：「故清陽爲天，濁陰爲地；地氣上爲雲，天氣下爲雨；雨出地氣，雲出天氣。」

《五運行大論》：岐伯曰：「夫變化之用，天垂象，地成形，七曜緯虚，五行麗地。地者，所以載生成之形類也；虚者，所以列應天之精氣也。形精之動，猶根本之與枝葉也。仰觀其象，雖遠可知也。」

《六微旨大論》：「是故寅午戌歲氣會同，卯未亥歲氣會同，辰申子歲氣會同，巳酉丑歲氣會同，終而復始。帝曰：願聞其用也。岐伯曰：言天者求之本，言地者求之位，言人者求之氣交。帝曰：何謂氣交？岐伯曰：上下之位，氣交之中，人之居也。故曰：天樞之上，天氣主之；天樞之下，地氣主之；氣交之分，人氣從之，萬物由之。此之謂也。帝曰：何謂初、中？岐伯曰：初凡三十度而有奇，中氣同法。帝曰：初、中，何也？岐伯曰：所以分天地也。帝曰：願卒聞之。岐伯曰：初者，地氣也；中者，天氣也。帝曰：其升降何如？岐伯曰：氣之升降，天地①之更用也。帝曰：願聞其用。岐伯曰：升已而降，降者謂天；降已而升，升者謂地。天氣下降，氣流於地；地氣上升，氣騰於

① 「地」字原脱，據《四庫》本《黄帝内經素問》補。

天。故高下相召，升降相因，而變作矣。」

《天元紀大論》：「夫變化之爲用也，在天爲玄，在人爲道，在地爲化。化生五味，道生智，玄生神。神在天爲風，在地爲木；在天爲熱，在地爲火；在天爲濕，在地爲土；在天爲燥，在地爲金；在天爲寒，在地爲水。故在天爲氣，在地成形，形氣相感，而化生萬物矣。然天地者，萬物之上下也；左右者，陰陽之道路也；水火者，陰陽之徵兆也；金木者，生成之終始也。氣有多少，形有盛衰，上下相召，而損益彰矣。」「帝曰：請聞其所謂也。鬼臾區曰：臣積考《太始天元册》，文曰：太虚廖廓，肇基化元；萬物資始，五運終天；布氣真靈，總統坤元。曰陰曰陽，曰柔曰剛；幽顯既位，寒暑弛張；生生化化，品物咸章。臣斯十世，此之謂也。」

蔣傳：此篇以有形之象《疑》、《撼》。爲天地之機，而指示氣之所從受也。《青囊》、《天玉》。上文既明河圖洛書先天後天八字可節之。八卦之理，聖人作《易》之旨盡於此，此不過《易》之一端。○至聖精微，在繫詞與因器事寓道之旨。蓋有前知先知，與天地之神功，如佛、道之無涯無意，而藉象數以見之，足以包括佛、老之旨與真神化至之學説。至若卦爻畫象，則以一一演爲八、爲六十四，雖婦女工繡繪者皆能之，不足以盡聖道之高遠。天地陰陽之道亦盡於此矣。亦不能大盡。然聖人不不，當作非。自作《易》，其四象八卦，皆仰法於天，何遽舍下「俯察於地理」句？故此篇專指天象以爲言。言天，而地理可知矣。夫《易》之八卦取象於地之五行，當作九州。而地之五行，九州。實因天有五曜，當云九野。五曜九野。凝精於上，而五行九州。流氣於下，五行「行」字專指天星運行而言。四方合五，兼四隅則爲九，地不可言五行。天之星宿，五曜九野。之分光列象者也；地之山川，五行九州。之成形結撰者也。《疑》、《撼》九星。夫有故山川非列宿，而常具列宿之形。九星。觀其形之所呈，即以知其氣之所禀。以地合天。是形，御是氣，物化自然，同聲相應，同氣相求。初未及乎人事，人盤。在天地之外。而聖人仰觀俯察，人紀從此立焉。以下出《月令》、《内經》。木爲歲星，天，行星。其方爲東，地。其令爲春，天。其德爲仁。人。火爲熒惑，其方爲南，五方。其令爲夏，五時。其德爲禮。五常。土爲鎮星，其方爲中央，其令爲季夏，其德爲信。金爲太白，其方爲西，其令爲秋，其德爲義。水爲辰星，本日球行星。據西説，本地球之外不止五星，如天王、海王是也。然目所能見，止此五星，故以配五行。凡不常見，不以立教。其方爲朔，其令爲冬，其德爲智。《内經》五運六氣分方立時，其説詳矣，兹不再引。《洪範》九疇疇，古州字。九疇即九州。所謂「敬用五事」、「嚮用五福」、「五紀」、《内經》：「天地之間、六合之内，不離乎五。」「八政」、八政，中五官爲五行。「皇極」、中央。「庶徵」，五者來備，各以其敘。皆自此出。不離乎五。故聖人御世宰物，一天地之道也，堪輿非小技，特俗師自小之耳。備言天體，則有七政以司元化①，日月五星是也；奇門三奇：乙日奇，丙月奇，丁星奇。○《書》之七政不如此解，蔣用古文家説耳。有四垣以三求之，爲上中下，如九宫八風。以正四方，列宿。廿八宿爲四宫，乃立四旁。紫微、天市、太微、少微合二微爲一，則三

---

① 化：原誤作「也」，據《地理辨正翼》改。

矣。是也；當以三垣立說。有二十八宿以分布周天，蒼龍七宿角亢氐房心尾箕、朱鳥七宿井鬼柳星張翼軫、白虎七宿奎婁胃昴畢觜參、玄武七宿斗牛女虚危室壁是也。其所次度詳於《漢志》。四垣當云三垣，即三才。即四象，當云四宫，即四帝。○垣星定位。七政當合三、四爲七，不必以日月五星言之。即陰陽五行之根本，運行不息。其樞在北斗，斗爲帝車。而分之四方，爲二十八宿；故房虚昴星應日，心危畢張應月，角斗奎井應歲星，尾室觜翼應熒惑，亢牛婁鬼應太白，箕壁參軫應辰星，氐女胃柳應鎮星，此出回回曆，非古法所有。即今西人星期。臨制其方，各一七政也。此數術家所配。渾天周帀，雖云四方，而已備八卦二十四山之象矣。亦分内外，共爲二十一局。非經無以立極，恒星，斗建。非緯無以嬗化，行星。一經一緯，經如人身十二經絡，緯則如奇經。真陰真陽即所行者。之交道也。天盤。證《淮南·天文訓》：「北斗之神有雌雄，十一月始建於子，月從一辰，雄左行，雌右行，五月合午謀刑，十一月合子謀德。」《詩緯汜歷樞》：「陰陽之會，一歲再遇，遇於南方者以仲夏，遇於北方者以仲冬。」交道維絡如筋爲二維。而後，天之體環周而固於外，解天象。地之體結束而安於中，解地球。此元氣之流行，自然而成器者也。形下爲器。其始無始，其終無終，如俗言，洛書則非周旋，亦不能謂無端。包羅六合，其大無外。○《淮南》以十二支爲六合。入於無間，其小無内。雖名陰陽，一氣而已。形、法合一，不能分別。人能得此一氣，則生者可以善其生，養生家說。而死者可以善其死。成終。地理之道，蓋人紀之一端，此端既立，則諸政以次應之，故聖人重其事；其用在地，《疑》、《撼》。而必求端於天，《青囊》。本其氣之所自來也。然氣不可見以時令求之。而形可見，地形。不可見之氣，即寓於有可見之形，《疑》、《撼》所以以星名地。形者氣之所成，在天成象，在地成形。而即以載氣，感應。氣發於天，而載之者地；氣本屬陽，天。而載之者陰。地。故有陰即有陽，陰、陽二字，明指天地。地得其所，與星同形。則天氣歸之。以水與期課求之。天地無時不交會，諸訣皆以求此。陰陽無時不相見，《詩》之「見止覯止」如此。相見而得其沖和之正，交媾即沖合。則爲福德之門；所謂「顛顛倒，二十四山有珠寶」。相見而不得其沖和之正，不交媾，爲孤陰孤陽。即爲相乘，乘，義同「乖」。而召禍咎之根。所謂「順逆行，二十四山有火炕」。禍福殊塗，所爭一間，要中之要。良足畏也。地理之要，盡於此矣。其他各法，皆所以求合乎此理者也。且亦知星宿之所以麗於天、山川之所以列於地者乎？天之氣無往不在，而日得天之陽精而恒爲日，月得地之陰精而恒爲月，證《孝經緯援神契》：「天地至貴，精不兩明，天精爲日，地精爲月。」五曜得天五氣之精而恒爲緯，證《天文訓》：「何謂五星？東方，木也，其帝太皞，執規而治①春，其神爲歲星；南方，火也，其帝炎帝，執衡而治夏，其神爲熒惑；中央，土也，其帝黄帝，執繩而治四方，其神爲鎮星；西方，金也，其帝少昊，執矩而治秋，其神爲太白；北方，水也，其帝顓頊，執權而治冬，其神爲辰星。」至於四垣二十八宿衆星環列，又得日月五星之精而恒爲經。分布周天，爲三百六十度。此則在天之有形者，有以載天之氣也；《天文志》之學。地之氣無往不在，而山四正，山龍，支。得日月五星之氣而

---

①　治：原誤作「始」，據《淮南鴻烈集解》改。

恒爲山，川四隅，水龍，干。得日月五星之氣而恒爲川，此則在地之有形者，有以載地之氣也。列宿得天之氣而生於天，列宿與天爲一體也；本乎天者親上。山川得地之氣而生於地，山川與地爲一體也。本乎地者親下。萬物指六言。之生於天地，何獨不然？夫萬物非能自生，借天地之氣以生；然天地非有意於生萬物，萬物自有機焉，適與天地之氣相遇於窅冥恍惚之中，天不言而四時行，百物生。夫有所沾濡焉，夫有所綢繆焉，夫有所苞孕焉，遂使天地之氣止而不去，積之累之，與物爲一，乃勃然以生爾。地理之道，必使我所取之形地，山、水。足以納氣，金龍。而氣不我去，自然而然，不用造作。俗法皆由人造作，呼馬呼牛，其如不相應何？則形與氣交而爲一；「前頭去到五里山，遇著賓主交相接」。必使我所據之地九星。足以承天，形象之學。而天不我隔，同類。則地與天交而爲一。同氣相求。夫天地、形氣既合而爲一，形、法合一。則所葬之骨亦與天地之氣爲一，而死魄生人、氣脈灌輸，亦無不一，福應之來，若機張審括，所謂化機也。不然，蓄之無門，止之無術，諸法皆所以蓄、止之。雖周天列宿炳耀中天，而我不蒙其照；《寶照》專言時令天氣。雖大地陽和滂流八表，指全球言。而我不沾其澤；天爲匡廓，地爲槁壤，骨爲速朽，子孫爲寄生，我未見其獲福也。可不慎哉！可不慎哉！此卷專言天地位、萬物育，天地交感之理。蔣注最爲精要。

下卷

經曰：無極太初氣之始。而太極也，太始太素，形質之始。〇不用宋以後太極圖説，以其出在宋後，古無之。

證《易大傳》：「是故易有太極，是生兩儀。」《乾鑿度》：「孔子曰：易始於太極，太極分而爲二，故生天地。」

《列子》：説與《易緯》同。「易變而爲一。一者，形變之始也。清輕者氣。上爲天，天得一以清。濁重者形。下爲地，地得一以寧。中和氣者爲人。神得一以靈。故天地合精，萬物化生。」萬物得一以生。

《淮南·精神訓》：「古未有天地之時，惟象無形，窈窈冥冥，芒芠漠閔，澒濛鴻洞，莫知其門。有二神混生，經天營地，孔乎莫知其所終極，滔乎莫知其所止息，於是乃別爲陰陽，離爲八極，剛柔相成，萬物乃形。」

《白虎通·天地篇》引《乾鑿度》曰：「太初者，氣之始也；太始者，形兆之始也；太素者，質之始也。陽唱陰和，男行女隨也。」天道左旋，地道右周何？以爲天地動而不別，行而不離，所以左旋右周者，猶君臣陰陽相對之義。

理寓於氣，法。

證《禮記·鄉飲酒》：「天地嚴凝之氣，始於西南而盛於西北，此天地之尊嚴氣也，此天地之義氣也；天地温厚之氣，始於東北而盛於東南，此天地之盛德氣也，此天地之仁氣也。」

《辨正翼》最主此説。

董子《繁露·陽尊陰卑篇》：「春氣愛，秋氣嚴，夏氣樂，冬氣哀。愛氣以生物，嚴氣以成功，樂氣以養生，哀氣以喪終，天之志也。是故春氣暖者，天之所以愛而生之；秋氣清者，天之所以嚴而成之；夏氣温者，天之所以樂而養之；冬氣寒者，天之所以哀而藏之。春主生，夏主養，秋主藏，冬主收。生溉其樂以養，死溉其哀以藏。」

《賢良策》：「天道之大者在陰陽。陽爲德，陰爲刑；刑主殺，而德主生。是故陽常居大夏，而以生育長養爲事；陰常居大冬，而積於空虛不用之處。以此見天之任德不任刑也。天使陽出布施於上，而主歲功；使陰入伏於下，而時出佐陽。陽不得陰之助，亦不能獨成歲。終陽以成歲爲名，此天意也。」

《淮南·泰族訓》：「天設日月，列星辰，調陰陽，張四時；日以暴之，夜以息之，風以乾之，雨露以濡之。其生物也，莫見其所養而物長；其殺物也，莫見其所傷而物亡。此之謂神明。」

《素問·五運行大論》：「帝曰：地之爲下，否乎？岐伯曰：地爲人之下，太虚之中者也。帝曰：馮乎？岐伯曰：大氣舉之也。」

氣囿於形。形。

證《史・天官書》：「凡望雲氣，仰而望之，三、四百里；平望，在桑榆上，餘二千里①；登高而望之，下屬地者三千里。雲氣有獸居上者勝。自華以南，氣下黑上赤；嵩高、三河之郊，氣正赤；恒山之北，氣下黑上青；勃碣海岱之間，氣皆黑；江淮之間，氣皆白。」「北夷之氣如群畜穹閭，南夷之氣類舟船幡旗，海旁蜃氣象樓臺，廣野氣成宮闕然。雲氣各象其山川人民所積聚。」《晉書》曰：「東海氣如員登；附漢河水，氣如引布；江漢氣勁如杼，濟水氣如黑㹠，渭水氣如狼白尾，淮南氣如白羊，少室氣如白兔青尾，恒山氣如黑牛青尾。」

楊泉《物理論》：「夫土地皆有形名，而人莫能察焉。有龜龍體，有鱗當作麟。鳳貌，有弓弩勢，有斗升象，有張舒形，有塞閉容，有隱真之安，有累卵之危，有膏腴之利，有墝埆之害。此十形者，氣勢之始終，陰陽之所極也。」

《葬書》：「地貴平夷，土貴有支。支之所起，氣隨而始；支之所終，氣隨以鍾。觀支之法，隱隱隆隆。微妙玄通，吉在其中。」

日月星宿，講地學者宜考天文。剛氣上騰；本乎天者親上。

證《春秋緯感精符》：日者陽之精，耀魄光明，所以察下；月者陰之精，地之理也。

---

① 此句原作「千餘里二千里」，衍第一第三字，據《史記》刪。

《張河間集·靈憲》：「地有山嶽，以宣其氣，精種爲星。星也者，體生於地，精成《隋志》作「發」。於天，列居錯跱，各有逌屬。紫宮爲皇極之居，太微爲五帝之廷。明堂之房，大角有席，天市有坐。蒼龍連蜷於左，白虎猛據於右，朱雀奮翼於前，靈龜圈首於後，黄神軒轅於中。六擾既畜，而狼蚖魚鼈，罔有不具。在野象物，在朝象官，在人象事，於是備矣。」《河圖》①：嶓冢山，上爲狼星；武開山爲地門，上爲天高星，主囹圄；荆山爲地雌，上爲軒轅星；大别爲地理，天以合，地以通；三危山在鳥鼠之西南，上爲天苑星；岐山②在崑崙東南，爲地乳，上爲天糜星；汶山之地爲井絡，帝以會昌，神以建福，上爲天井星；桐柏爲地穴，鳥鼠同穴，地之幹也；上爲掩畢星；熊耳山，地門也，精上爲畢附耳星③。

山川草木，《素問·氣交篇》專言此旨。柔氣下凝。本乎地者親下。

證《春秋元命苞》下：昴畢間爲天街，散爲冀州，分爲趙國，立爲常山。宋均：常山即恒山也，是昴畢之精。牽牛流爲揚州，分爲越國，立爲揚山④。江南之氣躁勁，厥性輕揚；亦曰州界多

---

① 「圖」下似當補「緯」字。
② 岐山：原作「政山」，據《四庫》本《古微書》改。
③ 附耳星：原作「星附耳」，據《四庫》本《古微書》乙。
④ 山：原誤作「州」，據《四庫》本《古微書》改。

水，水波揚①也；一曰楊州，以地多赤楊。虚危之精，流爲青州，分爲齊國，立爲萊山。五星流爲兖州，分爲鄭；兖，瑞也，信也，又云蓋取兖水以名焉。東井星散爲雍州，分爲秦國，雍，壅也；東距殽阪，西有漢中，南合嵩山，北阻句庯，得東井動升之萌，其氣險也。營室流爲并州，分爲衛國之鎮，立爲明山。

《文耀鉤》：布度定紀，分州繫象。華、岐以北，龍門、積石，至三危之野，雍州，屬魁星。太行以東，至碣石、王屋、砥柱，冀州，屬樞星。三河、雷澤東，至海岱以北，兖州、青州，屬機星。蒙山以東至羽山，南至江，會稽、震澤，徐、揚之州，屬權星。大别以東，雲夢、九江、衡山，荆州，屬衡星。荆州西南至岷山，北距鳥鼠，梁州，屬開星。外方、熊耳以東至泗水、陪尾，豫州，屬瑶光。此九州屬北斗，星有七，州有九，但兖青、徐揚并屬二州，故七星主九州也。

《運斗樞》：天樞得則朱草生，璇星明則嘉禾液，摇光得則陵出玄芝，箕星得則蓂莢生。一曰：老人星臨其國則蓂莢生。黑精用事，百木共一根②。宋均曰：百枝木共一根也，天下共一主之徵也。○餘説斗七星散爲草木鳥獸，引見中卷。

① 水波揚：原作「水揚汳」，據《晉書·地理志》改。

② 根：原誤作「枝」，據《四庫》本《古微書》改。

《説題辭》：槐木者，虛星之精也。《元命苞》作「靈星之精」。

資陽以昌，用陰以成。

證《管子·形勢解》：「春者，陽氣始上，故萬物生。夏者，陽氣畢上，故萬物長。秋者，陰氣始下，故萬物收。冬者，陰氣畢下，故萬物藏。」《莊子·則陽篇》：「天地者，形之大者也；陰陽者，氣之大者也。」《秋水篇》：「師天而無地，師陰而無陽，其不可行明矣。」《文子·上仁篇》：「天地之氣，莫大於和。和者，陰陽調，日夜分，故萬物春分而生，秋分而成，生與成，必得和之精。故積陰不生，積陽不化，陰陽交接，乃能成和。」

陽德有象，天九野。陰德有位。地九州。

證《淮南·天文訓》：「天有九野，九千九百九十九隅，去地五億萬里。」「何謂九野？中央曰鈞天，其星角、亢、氐；《墬形訓》：「何謂九州？正中冀州，曰中土。」○此謂全球之大九州，舉冀州者，由中國《禹貢》九州推之也。東方曰蒼天，其星房、心、尾；「正東陽州，曰申土。」東北曰變天，其星箕、斗、牽牛；「東北薄州，曰隱土。」北方曰玄天，其星須女、虛、危、營室①；「正北濟州，曰成土。」西北方曰幽

① 室：原脱，據《淮南鴻烈集解》補。

天，其星東壁、奎、婁；「西北台州，曰肥土。」西方曰顥天，其星胃、昴、畢；「正西弇州，曰并土。」西南方曰朱天，其星觜巂、參、東井；「西南戎州，曰滔土。」南方曰炎天，其星輿鬼、柳、七星；「正南次州，曰沃土。」東南方曰陽天，其星張、翼、軫。」「東南神州，曰戎土。」

《葬書》：「土圭測其方位，《周禮》土圭辨方正位，説詳《皇帝疆域》第十九圖。玉尺即土圭法所用之柯。度其遠邇。」

地有四勢，《天玉》八卦。

《葬書》：「地勢原脈，山勢原骨，委蛇東西，左青龍，右白虎。或爲南北。前朱雀，後玄武。千尺爲勢，百尺爲形。」

「夫葬，以左爲青龍，右爲白虎，前爲朱雀，後爲玄武。玄武垂頭，朱雀翔舞，青龍蜿蜒，白虎馴頫。」「形勢反此，法當破死。故虎蹲謂之銜尸，龍踞謂之嫉主，玄武不垂者拒尸，朱雀不舞者飛去。」

「天光發新，「夫重岡疊阜，群壟衆支，當擇其特；大則特小，小則特大。」朝海拱辰，「夫以水爲朱雀者，衰旺系乎形應，忌夫湍激，謂之悲泣。」龍虎抱衛，「夫以支爲龍虎者，來止跡乎岡阜，要如肘臂，謂之環抱。」主客相迎，參形雜勢，主客無情，所不葬也。四勢端明，四方四勢。五害不親，「山之不可葬者五：氣以生和，而童山不可葬也；氣因形來，而斷山不可葬也；氣因土行，而石山不可葬也；氣以勢止，而過山不可葬也；氣以龍會，而獨山不可葬也。經曰：童斷石過獨，生新凶，消已福。」十一不具，指土地而言，十中有一不備。是謂其次。」

「占山之法，以勢爲難，而形次之，由勢兼及形。方又次之。氣從八方。勢如萬馬，自天而下，其葬王者。勢如巨浪，重嶺疊嶂，千乘之葬。勢如降龍，水繞雲從，爵禄三公。勢如重屋，茂草喬木，開府建國。以上四吉勢。勢如驚蛇，屈曲徐斜，滅國亡家。勢如戈矛，兵死刑囚。勢如流水，生人皆鬼。以上四凶勢。形如負扆，有壠中峙，法葬其止，王侯崛起。形如燕巢，法葬其凹，胙土分茅。形如側罍，後岡遠來，前應曲回，九棘三槐。形如覆釜，其巔可富。形如植冠，永昌且歡。以上吉形。形如投算，百事惛亂。形如亂衣，妬女①淫妻。形如灰囊，焚舍災倉②。形如覆舟，女病男囚。形如横几，子滅③孫死。形如臥劍，誅夷逼僭。形如仰刀，凶禍逋逃。」以上凶形。「形類百動，葬皆④非宜；四應左右前後，四方應照。前案，法同忌之。夫勢與形順者吉，勢與形逆者凶。勢凶形吉，百福希一；勢吉形凶，禍不旋日。」

氣從八方。《寶照》十二宮。

證《葬書》：「經曰地有四勢，説見前。氣從八方，寅申巳亥，四勢也；《詩緯》謂之四始，《春秋》以之

① 女：原誤作「衣」，據《四庫》本《葬書》改。

② 據《四庫》本《葬書》，此句作「災舍焚倉」。

③ 滅：《四庫》本《葬書》作「絶」，當從。

④ 皆：《四庫》本《葬書》作「者」，當從。

首時。震離坎兑乾坤艮巽，八方也。是故四勢之山生八方之龍，四勢行龍，八方施生，一得其宅，吉慶貴榮。」

「夫葬乾者，勢欲起伏而長，形欲闊厚而方；葬坤者，勢欲連辰而不傾，形欲廣厚而長平；葬艮者，勢欲委蛇而順，形欲高峙而峻；葬巽者，勢欲峻而秀，形欲鋭而雄；葬震者，勢欲緩而和，形欲聳而峨；葬離者，勢欲馳而穹，形欲起而崇；葬兑者，勢欲天①來而坡垂，形欲方廣而平夷；葬坎者，勢欲曲折而長，形欲秀直而昂。」

外氣天。行形，地。

證《葬書》：「夫陰陽之氣，噫而爲風，升而爲雲，降而爲雨，行乎地中，而爲生氣。經曰：土形氣行，物因以生。丘壠之骨，岡阜之支，氣之所隨。夫氣行乎地中，其行也因勢之起，其聚也因形之止，葬者原其起，乘其止。」

「夫支欲伏於地中，壠欲峙於地上；支壠之止②，平夷如掌。故支葬其巔，壠葬其麓，卜支如首③，卜壠如足；形勢不經，氣脱如逐。」

---

① 天：原作「大」，據《四庫》本《葬書》改。
② 止：原誤作「上」，據《四庫》本《葬書》改。
③ 首：原誤作「手」，據《四庫》本《葬書》改。

内氣地。止生；生當爲「星」之剥文。星與形字對，行形、止星，相對成文。

證《葬書》：「夫土者氣之體，有土斯有氣；氣者水之母，有氣斯有水。」「經曰：外氣行形，内氣止生，蓋言此也。何以言之？氣之盛雖流行，而其餘者猶有止；雖零散，而其深者猶有聚。故藏於涸燥者宜淺，藏於坦夷者宜深。經曰：淺深得乘，風水自成。」「夫土欲細而堅，潤而不澤，裁肪切玉，備具五色。夫乾如聚粟，濕如刲肉，水泉沙礫，皆爲凶宅。」「乘金相水，穴土印木。外藏八風，内秘五行。陰陽沖和，五土四備，目力之巧，工力之具，趨全避缺，增高益下，微妙在智，觸類而長，玄通陰陽，功奪造化。」「夫外氣所以聚内氣，過①水所以止來龍。千尺之勢，宛委頓息。外無以聚内，氣散於地中。經曰：不蓄之穴，腐骨之藏也。」

乘風則散，天風。

證《淮南·天文訓》：「何謂八風？距日冬至四十五日條風至，艮方。後四十五日明庶風至，震方。後四十五日清明風至，巽方。後四十五日景風至，離方。後四十五日涼風至，坤方。

---

① 過：原誤作「遇」，據《四庫》本《葬書》改。

後四十五日閶闔風至，兑方。後四十五日不周風至，乾方。後四十五日廣莫風至。」坎方。説同《白虎通》、《考異郵》同。

《靈樞·九宫八風篇》：「太乙居五宫之日，太乙移日，天必應之以風雨。疾風折樹木，揚沙石，各以其所主楊《太素》本「主」作「生」。占貴賤，視風所從來而占之。從所居之鄉來爲實風，主生長，養萬物；從其衝後來爲虚風，傷人者也，主殺主害者也，謹候虚風而避之。故聖人曰①：避虚邪之道，如避矢石然，邪②弗能害。此之謂也。是故太乙入徙，楊作「從」。立於中宫，乃朝八風，以占吉凶也。風從南方來，午。名曰大弱風，其傷人也，内舍於心，外在於脈，其氣主爲熱；風從西南方來，未申。名曰謀風，其傷人也，内舍於脾，外在於肌，其氣主爲弱；風從西方來，酉。名曰剛風，其傷人也，内舍於肺，外在於皮膚，其氣主爲身燥；風從西北方來，戌亥。名曰折風，其傷人也，内舍於小腸，外在於手太陽脈，脈絶則溢，脈閉則結不通，善暴死；風從北方來，子。名曰大剛之風，其傷人也，内舍於腎，外在於骨與肩背之膂筋，其氣主爲寒；風從東北方來，丑寅。名曰凶風，其傷人也，内舍於大腸，外在於兩脅腋骨，下及肢節；風從東方來，卯。名曰嬰兒之風，其傷人也，内舍於肝，外在於筋紐，其氣主爲身濕；風

① 「曰」字原脱，據張志聰《黄帝内經靈樞集注》補。

② 「之道」至「邪」：此八字原脱，據張志聰《黄帝内經靈樞集注》補。

從東南方來，辰巳。名曰弱風，其傷人也，内舍於胃，外在於肌肉，其氣主體重。凡此八風，皆從其虚之鄉來，乃能病人。三虚相搏，則爲暴病卒死；兩實一虚，病則爲淋露楊本「洛」。寒熱，犯其雨濕之地，則爲痿。故聖人避邪風如避矢石焉。其有三虚，而偏中於邪風，則爲擊仆偏枯矣。」

《葬書》：「夫噫氣爲能散生氣，龍虎所以衛區穴。疊疊中阜，左空右缺，前曠後折，生氣散於飄風。經曰：騰漏之穴，敗槨之藏也。」

界水則止。地水。

證《葬書》：「經曰：氣乘風則散，界水則止。古人聚之使不散，行之使有止，故謂之風水。風水之法，得水爲上，《天玉》山與水相對，《寶照》陽水陰山相配合。藏風次之。」「勢來形止，是謂全氣。全氣之地，當葬其止。」「經曰：地有吉氣，土隨而起；支有止氣，水隨而比。「夫外氣所以聚内氣，過水所以止來龍」。勢順形動，回復終始。法葬其中，永吉無凶。」「經曰：勢止形昂，前澗界水。後岡，來龍。龍首之藏。鼻顙吉昌，角目滅亡，耳致侯王，脣死兵傷。宛而中蓄，謂之龍腹，其臍深曲，必後世福。傷其胸脇，朝穴暮哭。」「朱雀源於生氣，《青囊序》：「朱雀發源生旺氣。」派於未盛，朝於大旺，澤於將衰，流於囚謝，以返不絕。法納水之法。每一折，瀦而後洩。洋洋悠悠，顧①我欲留。其來無源，其去無流。經曰：山來水回，貴壽而財；山囚水流，虜王滅侯。」

「牛臥馬馳，鸞舞鳳飛，螣蛇委蛇，黿鼉龜鼈，以水別之。龍既到頭，結成鳥獸鱗介等形，必得水以界氣。牛富鳳貴，螣蛇凶危。」

是故順五兆，五方，五行星，天。

證《孝經・喪親章》：「卜其宅兆，而安措之。」舊解宅爲墓穴、兆爲塋域，夫墓穴宜卜吉凶，塋域安用卜爲？按，兆即五兆生成之五兆。《洪範》「一曰水，二曰火，三曰木，四曰金，五曰土」，此五兆之生數也；《月令》「春數八，夏數七，秋數九，冬數六」，此五兆之成數也。五兆所以覘運審時，法宜順之，則獲福，故《孝經》卜之以安親。

《書大傳》：天一生水，地二生火，天三生木，地四生金；地六成水，天七成火，地八成木，天九成金；天五生土。不言地十成土，蓋地數仍五。陰陽氣均，二五即成十也。

《太玄數篇》：「三八爲木，爲東方，爲春，日甲乙，辰寅卯，聲角，色青，味酸，臭羶，形詘信，生火，勝土，時生，藏脾，侟志，性仁，情喜，事貌，用恭，撝肅，徵旱，帝太昊，神句芒，星從其位。」「四九爲金，爲西方，爲秋，日庚辛，辰申酉，聲商，色白，味辛，臭腥，形革，生水，勝木，

① 顧：原誤作「願」，據《四庫》本《葬書》改。

時殺，藏肝，侟魄①，性誼，情怒，事言，用從，撝乂，徵雨，帝少昊，神蓐收，星從其位。」「二七爲火，爲南方，爲夏，日丙丁，辰巳午，聲徵，色赤，味苦，臭焦，形上，生土，勝金，時養，藏肺，侟魂②，性禮，情樂，事視，用明，撝哲，徵熱，帝炎帝，神祝融，星從其位。」「一六爲水，爲北方，爲冬，日壬癸，辰亥子，聲羽，色黑，味鹹，臭朽，形下，生木，勝火，時藏，藏腎，侟精，性智，情悲，事聽，用聰，撝謀，徵寒，帝顓頊，神玄冥，星從其位。」「五五爲土，爲中央，爲四維，日戊己，辰辰戌丑未，聲宫，色黄，味甘，臭芳，形植，生金，勝水，時該，藏心，侟神，性信，情恐懼，事思，用睿，撝聖，徵風，帝黄帝，神后土，星從其位。」

用八卦，四正，四隅，地。

證《易大傳》：「帝出乎震，震，東方也。齊乎巽，巽，東南也。相見乎離，南方之卦也。致役乎坤，坤不言方位，有與艮易位之義。說言乎兑，兑，正秋也。戰乎乾，乾，西北之卦也。勞乎坎，坎者水也，正北方之卦也。成言乎艮。」艮，東北之卦也。○八卦位次，此其明文。後儒以此爲後天卦，别造乾南坤北之位次以爲先天卦者，大誤。蓋漢晉無此説也。

《漢書·魏相列傳》：「天地變化，必繇陰陽，陰陽之分，以日爲紀。日冬夏至，則八風之序

---

① 魄：原誤作「魂」，據《四庫》本《太玄經》改。

② 魂：原誤作「魄」，據右引改。

立，八風合於八卦方位。萬物之性成，各有常職，不得相干。東方之神太昊，乘震執規司春；南方之神炎帝，乘離執衡司夏；西方之神少昊，乘兑執矩司秋；北方之神顓頊，乘坎執權司冬；舉四正以包四隅。中央之神黄帝，乘坤艮坤主未，艮主丑。執繩司下土。《翼奉傳》下方戌丑，上方辰未。○按，戌值乾，辰值巽，合坤、艮爲四隅之卦。五帝所司，兼四隅爲九宫。各有時也。東方之卦不可以治西方，南方之卦不可以治北方。春興兑治則彫①，秋興震治則華，冬興離治則泄，夏興坎治則雹。」

《樂緯動聲儀》：「春宫震。秋律，兑。百卉必彫；秋宫春律，萬物必勞；夏宫離。冬律，坎。雨雹必降；冬宫夏律，雷必發聲。」

「東方春，震。○以震始，所謂帝出乎震。餘以次推。其音角，樂②當宫於夾鍾。餘方各以其中律爲宫③。」又通於十二律。

排六甲，時令。

證《素問·六節藏象論》：「天爲陽，地爲陰，日爲陽，月爲陰。行有分紀，周有道理，日行

---

① 彫：《漢書》作「饑」，當據改。

② 樂：原脱，據《隋書·音樂志》注引《樂稽耀嘉》補。

③ 中律爲宫：原誤作「中宫爲律」，據《隋書·音樂志》注引《樂稽耀嘉》乙改。

一度，月行十三度而有奇焉。故大小月三百六十五日而成歲，積氣餘而盈閏矣。立端於始，表正於中，推餘於終，而天度畢矣。」

「天有十日，日六竟而周甲，日由甲子始，歷甲戌、甲申、甲午、甲辰、甲寅，凡六竟。六十日而一周，謂之六甲。甲六復而終歲，三百六十日法也。」所謂「天以六六爲節」。

《六微旨大論》：「天氣始於甲，地氣始於子，子甲相合，命曰歲立。謹候其時，氣可與期。」

布八門，奇門八門法，以流行言。○奇門八門：休、傷、生、杜、景、死、驚、開。

《淮南・地形訓》：「八紘之外，乃有八極：自東北曰方土之山，曰蒼門；東方曰東極之山，曰開明之門；東南方曰波母之山，曰陽門；南方曰南極之山，曰暑門；西南方曰編駒之山，曰白門；西方曰西極之山，曰閶闔門；西北方曰不周之山，曰幽都之門；北方曰北極之山，曰寒門。凡八極之雲，是雨天下；八門之風，是節寒暑。」

推五運，十干，內九州。定六氣，十二支，外十二州。即六合。

證《素問・天元紀大論》：「鬼臾區曰：昭乎哉問！明乎哉道！如鼓之應桴，響之應聲①也。臣聞之：甲、己之歲，土運統之；乙、庚之歲，金運統之；丙、辛之歲，水運統之；丁、壬之歲，木運統之；戊、癸之歲，火運統之。十干用嫁娶法，以柔配剛爲一運。帝曰：其於三陰三

---

① 聲：原作「音」，據張志聰《黄帝内經素問集注》改。

陽，合之奈何？鬼臾區曰：子、午之歲，上見少陰；丑、未之歲，上見太陰；寅、申之歲，上見少陽；卯、酉之歲，上見陽明；辰、戌之歲，上見太陽；巳、亥之歲，上見厥陰。」六氣以六衝化六合，説詳《淮南·時則訓》。

《五運行大論》：「黄帝《月令》黄帝居中央，爲天帝；在人帝，則當讀作皇帝。坐明堂，始正天綱，臨觀八極，八方，八州。考建五常①，五方，五運。請天師而問之②曰：論言天地之動浄，神明爲之紀；陰陽之升降，寒暑彰其兆。余聞五運之數於夫子，夫子之所言，正五氣之各主歲爾。首甲定運，余因論之。鬼臾區曰：土主甲己，金主乙庚，水主丙辛，木主丁壬，火主戊癸。子午之上，少陰主之；丑未之上，太陽主之；寅申之上，少陽主之；卯酉之上，陽明主之；辰戌之上，太陽主之；巳亥之上，厥陰主之。不合陰陽，其故何也？岐伯曰：是明道也，是天地之陰陽也。」

《六微旨大論》：「帝曰：何謂當位？岐伯曰：木運臨卯，火運臨午，土運臨四季，金運臨酉，水運臨子。所謂歲會，氣之平也。帝曰：非位何如？岐伯曰：歲不與會也。」「帝曰：六氣應五行之變，何也？岐伯曰：位有終始，氣有初中，上下不同，求之亦異。」

---

① 五常：原誤作「五帝」，據張志聰《黄帝内經素問集注》改。

② 之：原脱，據張志聰《黄帝内經素問集注》補。

《六元正紀大論》：「岐伯曰：先立其年，以明其氣；金木水火土運行之數，寒暑燥濕風火臨御之化，則天道可見①，民氣可調，陰陽卷舒，近而無惑。」「夫六氣者，行有次，止有位，故常以正月朔日②平旦視之，覩其位而知其所在矣。運有餘，其至先；運不及，其至後。此天之道，氣之常也。運非有餘非不足，是謂正歲，《周禮》屢言正歲。其至當其時也。」

五運六氣配九州十二州爲全地球圖

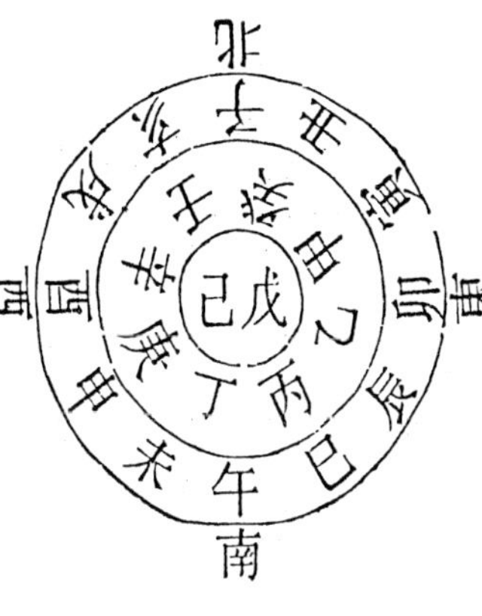

《漢書·王吉傳》：「《春秋》所以大一統者，六合同風，九州共貫。」九州即五運，六合即六氣；王爲小一統，皇帝爲大一統。所謂九州六合，即此二十一州之群后群牧。

① 見：原誤作「息」，據張志聰《黃帝内經素問集注》改。

② 日：原脱，據張志聰《黃帝内經素問集注》補。

補證《内經・五運六氣》爲皇帝辨方正位之師説。地球三百六十五度，五運詳於《九宮八風篇》，以十干爲九州，以十道爲長緯綫，爲地中，即戊己所居。其圖綫内密外疏，現在地球圖以兩極爲中，其經度至赤道而闊，此圖以地中爲中，其經度至兩極而闊，成反比例。内九州爲八正八風，每宮方六千里，四十五六日移一宮八節，合爲三百六十五度，以配周天之數；外十二州，一州六千里，每三十日或三十一日移一宮，每宮三十度或三十一度，十二支，亦共爲周天三百六十五度。外每月占三十度，同爲方六千里，而多少不同，以經綫内狹外闊，《漢志》所謂「一月得四十五日」，其説即本於此。外分十二宮，如《寶照》以二十四山合爲十二局；内之①八干，如《天玉》以八卦分八方。天包地外所有星象，自當統括全球而言。天之十二次即爲全球之十二宮，《春秋内事》：天有十二分次，日月之所躔也；地有十二分，王侯之所居也。每宮六千里，占三十度，共爲三萬里；以干支配地形，内九外十二，共爲二十一州，《帝典》之二十二人即爲全球之二十一州之群后群牧，人多於州數者一，以戊己同居中宮也。外州三十日移一宮，即以斗柄所指之月爲正月。如正月建寅，方六千里，占天之三十度，以寅爲正，則所謂寅申之歲之寅，即謂中國六千里以寅爲正月也。南美洲與中國相反對，今於洲中劃六千里，占天之三十度爲一州，斗柄指申之月，於南美爲正月，在中國爲七月，所謂寅申之歲之申字，即指

① 之：疑當作「分」。

南美洲之六千里一州而言。其餘十二州，皆同此例。所謂卯酉之歲、巳亥之歲、子午之歲、丑未之歲、辰戌之歲，皆指斗柄所指之歲首，以爲每州之符號。大同之世，十二州因有三十度之節氣不同，必各造一曆，以斗柄所指之月爲寅月，爲歲首，《禮記》所謂「十二月還相爲本」，《管子·幼官篇》所謂「十二清明」、「十二小卯」，「十二」字凡數十見，皆爲六氣之師說。此《尚書》十二牧十二師、《淮南》以十二支爲六府《天文訓》說。六合，《時則訓》說。皆同此例。外十二州必講朔望，内八州則以八節爲八正，立春、春分、立夏、夏至、立秋、秋分、立冬，冬至爲歲首，用十干嫁娶法，以甲己入中宫爲地中，所謂甲己之歲，其他乙庚之歲、丙辛之歲、丁壬之歲、戊癸之歲，八節各占一州，爲《尚書》之八伯。大同之世，每州必造一曆，《内經》屢言八正，《八正神明篇》。《史記·律書》、《淮南·地形訓》亦有八正之文，皆指近赤道周圍之八州，各六千里，占四十五六度者而言。考《皋謨》，辛壬癸甲爲禹之子，禹與皋陶同爲二伯。皋陶司馬，主南方，禹爲司空，主北海；皋陶統乙丙丁庚四州，禹統辛壬癸甲四州。故經曰：「辛壬癸甲，呱呱而泣」，四州初闢，民多鴻嗷。此以干支代州名之確證也。《青囊》引此二語，以言堪輿者言天即主周天，則言地球必包括全球，此爲大陰大陽，不能但就中國數千里之地以配周天。既明全天全地之配合，然後抽出一隅之地，而考其所占之星宿，如古人分野之説，必考得中國所占之經星行星與天上之三十度，别立法門，詳加研究，方爲真訣。地球未出以前，中人皆以一隅之地推天星分野，醫家又以五運六氣爲五年一周，種種謬妄，皆由不知全天全地之所以然。姑發其例於此，餘詳經説。

明地德，地盤。立人道，人盤。

證《淮南·地形訓》：「凡地形，東西爲緯，南北爲經；山爲積德，川爲積刑；刑、德即陰、陽之分，説詳《繁露》。高者爲生，下者爲死；天生上首，地生下首。丘陵爲牡，谿谷爲牝；以牝、牡喻山、水，故《寶照》云陽水陰山相配合。水圓折《葬書》言水，「法每一折，瀦而後洩」。者有珠，方折者有玉；清水有黄金，龍淵有玉英。《葬書》：「山來水回，貴壽而財。」土地各以其類生，陰陽氣感，以類相動。是故山氣多男，得艮氣。澤氣多女，得兑氣。障氣多喑，阻礙不通。風氣多聾，壅積之故。林氣多癃，蔽塞易老。木氣多傴，拳曲之應。岸下氣多腫，濕氣凝結。石氣多力，剛介所感。險阻氣多癭，阨隘所致。暑氣多夭，真陽盡洩。寒氣多壽，真陰凝固。谷氣多痺，《周禮》：「其民豐肉而痺。」丘氣多狂，高朗受風。衍氣多仁，雍和廣愛。陵氣多貪，衆水瀦聚。輕土多利，輕則便捷。重土多遲，重則魯鈍。清水音小，受氣輕爽。濁水音大，受氣沈宏。湍水人輕，氣激而浮。遲水人重，氣渟而沈。中土多聖人。中央倮蟲三百六十，聖人爲之長。皆象其氣，皆應其類。察其氣而別其類。故南方有不死之草，地氣常温。北方有不釋之冰，地氣常寒。東方有君子之國，木德主仁。西方有形殘之尸。金氣肅殺。寢居直夢，人死爲鬼；磁石上飛，雲母來水；土龍致雨，燕雁代飛；蛤蟹珠龜，與月盛衰。物皆自然與氣感應。是故堅土人剛，弱土人肥，壚土土黑而疏。人大，沙土人細，息土人美，秏土稻屬。土人醜。」

因變化，

證《易大傳》："子曰：知變化之道者，其知神之所爲乎！"

"參伍以變，錯綜其數。通其變，遂成天地之文；極其數，遂定天地之象。非天下之至變，其孰能與於此！"

"天數二十有五，地數三十，凡天地之數五十有五，此所以成變化而行鬼神也。"

原終始，人盤。

證《繁露·陰陽終始篇》："天之道，終而復始，故北方者，天之所終始也，陰陽之所合别①也。冬至之後，陰俛而西入，陽仰而東出，出入之處常相反也。多少調和之適，常相順也。有多而無溢，有少而無絶。春夏陽多而陰少，秋冬陽少而陰多。多少無常，未嘗不分而相散也。以出入相損益，以多少相溉濟也。"

《白虎通·郊祀篇》："王者所以祭天何？緣事父以事天也。祭天必以祖配何？自内出者，無匹不行；自外至者，無主不止。故推其始祖，配以賓主，順天意也。"

此之謂化成。

證《易·恒卦》："聖人久於其道而天下化成。"

---

① 合别：原作"别合"，據蘇輿《春秋繁露義證》乙。

《素問·六微旨大論》：「夫物之生從於化，物之極由乎變，變化之相薄，成敗之所由也。故氣有往復，用有遲速，四者之有，而化而變，風之來也。帝曰：遲速往復，風所由生，而變而化，故因盛衰之變耳。成敗倚伏遊乎中，何也？岐伯曰：成敗倚伏生乎動，動而不已，則變作矣。帝曰：有期乎？岐伯曰：不生不化，浄之期也。帝曰：不生化乎？岐伯曰：出入廢則神機化滅，升降息則氣立孤危。故非出入，則無以生長壯老已；非升降，則無以生長化收藏。是以升降出入，無器不有。故器者生化之宇，器散則分之，生化息矣。故無不出入，無不升降，化有小大，期有遠近。四者之有，而貴常守，反常則災害至矣。」

《寶照》：「陰陽若能得遇此，蚯蚓逢之便化龍。」

蔣傳曰：此篇申言形、氣雖殊而其理則一，示人以因形地。求氣天。爲地理入用①。之準繩也。《易》曰：「易有太極，是生兩儀」，太極者，所謂象帝之先，先天地生，能生天地，萬化之祖根也；本無有物，無象無數無方隅，無往不在。言太極，則無極可知。後賢立説，慮學者以太極爲有物，故申言以明之，曰「無極而太極」也。大而天地，細而萬物，莫不各有太極，物物一太極，一物全具一天地之理。人知太極物物皆具，則地理之道思過半矣。宋人喜言太極，明末染其習氣，如以上衍説，每使人入迷罔。理寓於氣，氣，一太極也；氣囿於形，形，一太極也。

① 據《地理辨正翼》，「入用」二字係蔣傳正文。

以至日月星宿之剛氣上騰，以剛中有太極，故能上騰；山川草木之柔氣下凝，以柔中有太極，故能下凝。資陽以昌，資之以太極也；用陰以成，用之以太極也。糾纏，太極非要旨。太極之所顯露者謂之象，上天。而所宣布者謂之地①，下地。地無四勢，《大學》之前後左右。以太極讀作中央。乘之，而命之爲四勢；由中而定。氣無八方，四宮。以太極帝星斗建。御之，而命之爲八方。勢形。與方氣。者，其象其氣，而命之爲勢爲方者其極，天由帝星居中建極。極豈有定耶？一物即有一中，指穴而言。則勢與方亦豈有定耶？人盤玄空之所主。四勢之中，各自有象，則八方之中亦各自有氣，人盤八方由穴而變，不拘天地二盤定位。然諸方之氣皆流行之氣，因方成形，只謂之外氣；苟任其流行而無止蓄，《公羊》言以人配天之説曰：「自外至者，無主不止；自内出者，無客不行。」以人配天，即陰陽交媾之妙竅。外氣謂天，爲客，行形者，謂天星行，至於相應之地；内氣謂祖，爲主人，由内而出，以喻地穴；止星者，謂有主人陪客，則客留而不去。所謂交媾，則賓主也。則從八方而來者，還從八方而去。千山萬水，僅供耳目之翫，如傳舍，如過客，總不足以濬發靈機，滋荄元化，必有爲之内氣者焉。所謂内氣，非内所自有，即外來流行之氣二句誤讀「氣」字。於此乎止；有此一止，則(八方)此又不指八方。之行形者皆招攝翕聚乎此，祇有主客二人，衆賓在所不計。是一止而無所②不止。證《禮

① 地：《地理辨正翼》作「位」。

② 所：原脱，據《地理辨正翼》補。

記·鄉飲酒》：「賓主象天地也，介僎象陰陽也，三賓象三光也。讓之三也，象月之三日而成魄也。四面之坐，象四時也。天地嚴凝之氣，始於西南，而盛於西北，此天地之尊嚴氣也，此天地之義氣也。天地溫厚之氣，始於東北，而盛於東南，此天地之盛德氣也，此天地之仁氣也。主人者尊賓，故坐賓於西北，而坐介於西南以輔賓；賓者，接人以義者也，故坐於西北。主人，接人以仁以德厚者也，故坐於東南。而坐僎於東北，以輔主人。仁義接，賓主有事，俎豆有數曰聖，聖立而將之以敬曰禮，禮以體長幼曰德。德也者，得於身也。故曰：古之學術道者，將以得身也。是故聖人務焉。」於此而言太極，乃爲真太極矣。以太極讀作「穴場」，則得之也。此亦蔣氏隱謎。無所不止，則陽無所不資，諸星照臨。陰無所不用，形、勢合天。而生生不息之道在其中。太極生兩儀，兩儀生四象，四象生八卦，此又恐人解得，故又迷亂以掩之。萬事萬物胚胎乎此。前篇所謂形止氣蓄、萬物化生，蓋謂此也，然但言止而不申明所以止之義，恐世之審氣者茫然無所措手，故舉氣之最大而流行無間者，曰風曰水。【證】《靈樞》：太乙下行九宮，每移一宮，則風雨從之。所謂九宮八風者，謂太乙順行九宮而風雨隨之也。散與上「止」字對文，即所謂如傳舍，如過客，乘風而行，內無主人以感召之，則過門不入，散布八方，所謂無主不止者也。水爲地形九星，如地係貪狼形，則感召貪狼星，以地形召天星。上文「外氣行形內氣止星」，星與形對，二句交互言之，每句之中，天地並見。此二句，下言相感，則上言不相感。八風循環無端，無時或息，有主人以召納之，則去而不留①。風字即指斗建，太乙八風即《序》所謂金龍與山與水。相對之水有主則止，無主則散，非俗師所言之風水也。〇風水二字爲隱語，即所謂夫婦、雌雄、賓主。考之蔣注，其義自見。使果爲真風真水，則無庸如此贅説也。夫風有氣而

① 去而不留：依文意，似當作「留而不去」。

無形，稟乎陽者也；風即九宫八風之風，指天星。水有形地形。而兼有氣，有主則客止。稟乎陰者也。指地形。然風稟乎陽，在天成象。而陽中有陰焉；在地成形。水稟乎陰，地之九州。而陰中有陽焉。天之九野。二者皆行氣之物，氣之陽者從風而行，氣之陰者從水而行。而行陽氣者反能散陽，以陽中有陰也；行陰氣者反能止陽，以陰中有陽也。蔣氏著書①，或隱或見，每於真訣之前後，必以他語亂之，使人迷惑。如此節所言風水盡指爲實物，與俗師所稱風水同，而上文之風水則爲天地陰陽之啞謎，前後矛盾。其真僞，可比類而得之。大塊之間，凡堪輿學説皆包地球而言，非一隅之地。《莊子》之「大塊」本言地球。何處無風？地球乘風自行轉運。何處無水？風原不能散氣，所以噓之使散者，病在乎乘；水原不能止氣，所以吸之使止者，妙在乎界。苟能明乎乘與界之爲義，審氣以定，太極之法，概可知矣。此段皆以真山真水立説，非真訣也。上文反覆推詳，皆泛言形氣之理，至是乃實指地理之用，於是總括其全焉。順五兆，以五星星，當作「行」，五兆不指五星，豈以五行星當之耶？之正變當作順、逆。審象也；用八卦，以八方之衰旺審位也；排六甲，古法以姓五音定吉凶，即「分金」之所本。今以姓定音之説不傳，而每以所生之年分别之，六十甲子納音即古法。古生、姓字通用，姓即生庚，非姓氏。以六甲之紀年審運也；年月期課。布八門，以八風内八宫，外十二宫。之開闔審氣也，地理之矩矱盡於此矣。推五運，以五紀之盈虚審歲也；定六氣，以六氣之代謝審令也，謹歲時以扶，地理之槖籥盡於

① 著書：似當作「注書」。

此矣。如此則太極不失其正，穴。而地德可明。然聖人之明地德也，非徒邀福而已；蓋地之五行得其順，則人之生也五德備其全，而五常順其性，聖賢豪傑，接踵而出，而禮樂政刑無不就理。豈非人道自此立乎！然此亦陰陽變化自然之妙，雖有智者，不能以私意妄作，凡造作皆非。夫亦深知其所以然，因之而已。此爲真諦。夫卜地葬親，乃慎終之事，而子孫之世澤皆出其中，則人道之所以終，即爲人道之所以始。然則斯道也者，聖人開物成務，無有大於此者也，謂之化成，宜哉！

地理辨正補證卷二

井研廖氏　學
樂山受業黃鎔　筆述

青囊序 用歌體，如《步天歌》。

楊公一本作「年來」。養老看雌雄，北斗雌雄二神。天下當作「上」。諸書當作「星」。○下云「天上星辰似織羅」，與此同。對《甘氏星經》、《天官書》言，本宮失次，其應見於對衝之宮，有二十四「對」字，下《天文訓》可證。又，《五行大義》云：「九天亦屬北斗九星之數，故下對九州」，謂星與州對，有九「對」字。不同。「對不同」即「翻天倒地」，「對不同」即訣。雌雄者，《天文訓》：「斗杓爲小歲，正月建寅，月從左行十二辰。咸池爲太歲，二月建卯，月從右行四仲，終而復始。」又云：「律之數六，分爲雌雄。」陰陽之別名。乃不云陰陽而云雌雄者，雌雄實指太乙、天乙，非泛泛陰陽之稱。言陰陽，則陰自爲陰，陽自爲陽，疑乎對待之物互顯其情者也；故善言陰陽者，必言雌雄。夫婦合爲家，乃能生育。觀雌則不必更觀其雄，而知必有雄以應之；觀雄則不必更觀其雌，而知其必有雌以配之。天地者，大雌雄也；《詩緯》屢言雌雄牝牡，與此意同。山來龍。川，金龍。雌雄中之顯象者也。《地形訓》以山爲雄、川爲雌，專就地言，非此書之旨。地有至陰空不動。之氣，龍星形。以招攝天動。之陽精，星象。天之陽氣日下交乎地，而無形可見，《疑》、《撼》九星之形體，則可目覩。止見其草木百穀春榮秋落，蛟龍蟲豸升騰蟄藏而已。此《洪範》「五紀」學，故以年時月日爲大一統。故聖人制昏姻，男先乎女，同類相求，九星亦下求。陰陽交媾即此。亦以陰之所在，地形。陽以天比男。必求之。天氣。山河大地，其可見之形故《疑》、《撼》分九星形。皆陰也，秘訣在此。實有不可見之陽星。以應之，地形、天氣，爲陰陽正名。以下皆支節，不足言。所謂雌雄者也。此爲第一要。推而言之，天形有雌雄，地形亦分雌雄。故地理家不曰地脈而曰龍神，言變化無常，《道德經》之六「能」，《北山》之十二「或」。不可以跡求者也。所謂無恒之或，地德恒，天德或，《内經》所謂奇恒。《青囊經》所謂「陽以求當作「含」。陰，陰以含當作「相」。陽」者，此雌雄也；天地大陰陽。所謂「陽本陰，陰育陽」者，本一物也，因時因地而異名。此雌雄也；四時流行，循環無端。所謂「陰用陽朝，陽用陰應」者，男主外，剛日；女主内，柔日。此雌雄也；山川，就地中分。所謂「資陽以昌，讀作夫倡婦隨之「倡」。用陰以成」者，家道成於内政。此雌雄也。斗、日、月，以天氣分。楊公得青囊之秘，洞澈陰陽之理，即天文律曆學。晚年其術益精，以此濟世，即以此養生；養老二字上爲「年來」。然其中秘密，惟有看雌雄之一法耳，此外更無他法。看雌雄，一法也，書中實不止一法。蔣氏多啞謎，凡其所駁之文，多反言以示例，讀者當求其言外之旨。如本書所言法訣多矣，有在建、厭之外者可見。又如《天玉》八卦，本三合法也；三合見於《天文訓》、《律曆》、《奇門》者詳矣，本書亦云「三合年中是」，特非俗師之所謂三合。後人因蔣有駁三合之文，遂視三合與三元如火水，不知三合即三元，稍一探考其本原，即知其義。今世通行之書，大抵皆惡三合，而求種種僞説，以蒙亂蔣學；由不知蔣氏言外之旨，爲其所欺，遂以僞亂真耳。夫地理之書汗牛充棟，獨此一法不肯筆之於書，古書具在，特人不肯研究耳，非無書傳也。

先賢口口相傳，間世一出，此又近於招謠。諸所傳口訣，即以《天文訓》論，無一能外之者；不惟地學，凡術數門中，亦無一家能外之。時人專求此學於宋、元以下，宜其以爲神怪也。蓋自管、郭以來，古今知者不能幾人，既非聰明智巧可以推測，又豈宏覽博物所得與聞，考歷史及傳記，古今能事無慮數十百人，特名不顯耳。會者立言即曉，蔣言數萬矣，何以不曉？不知者累牘難明，若欲向書卷中求之，更河漢矣。除卻僞書僞法，特今日所傳蔣書蔣盤大約不止百二十家，大抵皆僞，其奈之何！故曰「天下諸書對不同」也。誤中又誤，此蔣氏自發牢騷耳。曾公安親受楊公之秘，故其所言深切著明如此。彼公安者，豈欺我哉！既從誤本，又近誇誕，不如刪之爲愈。

證《天文訓》：「北斗之神有雌雄，天乙，太乙。十一月始建於子，坎一。月從一辰，順行一周，不飛不逆。雄左行，月建。雌右行，月將。五月合午謀刑，陰始於離。十一月合子《内經》營衛運行，所謂五十營復大會也。謀德。陽始於坎。太陰月將。所居辰爲厭日，厭日不可以舉百事，陰不可用。堪輿徐行，雄以音知雌，《詩》有「雉鳴求其牡①」。故爲奇辰。數從甲子起，子母相求，所合之處爲合。十日十二辰，周六十日，凡八合。合於歲前則死亡，合於歲後則無殃。」《協紀》云：「月②建者，斗

① 其牡：原誤作「以牝」，據《詩·匏有苦葉》改。
② 月：原脱，據《四庫》本《協紀辨方書》卷四補。

柄所建也。月厭①者，二氣消息之原②運於太無而出萬有者也。推建可以知厭，故《淮南》云『堪輿徐行雄以音知雌』也。曰堪輿者，堪輿家言也。其日厭者，以其每處日躔之前，故謂之厭；厭，古壓字。月建左行，月厭右行，六十甲子相交相③錯，而吉凶生焉。《周禮》所謂『觀天地之會』者，鄭注以厭、建當之，可知古之日者必重此④也。」

證《天文訓》：此證「對不同」三字。「太陰歲陰也。在寅，左行。歲名曰攝提格，《志》名曰監德。其雄爲歲星，太陰順行，歲星逆行。此雄字當作「雌」。舍斗、牽牛，丑、寅。○《天官書》：「歲陰左行在寅，歲星右轉居丑。」以十一月《志》作正月，王云太初以前説云。與之晨出東方，歲星。東井、輿鬼爲對。對衝。○《占經》引許慎注：東井、輿鬼在未，牽牛在丑，故爲對。○《占經》引《甘氏》云：攝提格之歲，歲陰在寅，歲星在丑，以正月與建斗、牽牛、婺女晨出東方。其失次，將有災應見於輿鬼。《天官書》：「其失次，有應見柳。」按，歲星所居之舍有失次，則見於對衝之宮，故《天文訓》詳於對宮，以考見災異也。太陰在卯，順行。歲名曰單閼，歲星舍須⑤女、虛、危，逆行。○《天官書》：「歲陰在卯，星居子。」以十二月《志》作二月。與之晨出東方，見。○《天官書》名曰「降

---

① 月厭：原作「日厭」，據《四庫》本《協紀辨方書》卷四改。

② 「息之原」：三字原脱，據《四庫》本《協紀辨方書》卷四補。

③ 此「相」字原脱，據《四庫》本《協紀辨方書》卷四補。

④ 重此：《四庫》本《協紀辨方書》卷四作「宗乎此」，當從。

⑤ 須：原脱，據《淮南鴻烈集解》補。

入」。柳、七星、張①逆。爲對。《天官書》:「其失次,有應見張。」太陰在辰,歲名曰執除,歲星舍營室、東壁,《天官書》:「歲陰在寅,星居亥。」以正月《志》作三月。與之晨②出東方,《石氏》名清章,《索隱》「即歲星見於東方之名」,餘準此。翼、軫爲對。《占經》引《甘氏》云:「其失次,有應見軫。」同《天官書》。太陰在巳,歲名曰大荒落,《石氏》名曰路踵。歲星舍奎、婁,舍,位。○《天官書》:「歲陰在巳,星居戌。」以二月《志》作四月。與之晨出東方,角、亢爲對。《占經》引《甘氏》云:「其失次,見於亢。」同《天官書》。太陰在午,歲名曰敦牂,《石氏》名啓明。歲星舍胃、昴、畢,舍,逆行。○《天官書》:「歲陰在午,星居酉。」以三月《志》作五月。與之晨出東方,見,順行。氐、房、心爲對。《占經》引《甘氏》云:「其失次,見於房。」同《天官書》。太陰在未,歲名曰協洽,《志》名曰長烈。歲星舍觜巂、參,《天官書》:「歲陰在未,星居申。」以四月《志》作六月。與之晨出東方,箕、尾爲對。《占經》引《甘氏》云:「其失次,見於箕。」同《天官書》。太陰在申,歲名曰涒灘,《志》名曰天晉。歲星舍東井、輿鬼,與在寅反對。○《天官書》:「歲陰在申,星居未。」以五月《志》作七月。與之晨出東方,斗、牽牛爲對。《甘氏》:「其失次,見牽牛。」同《天官書》。太陰在酉,歲名曰作鄂,《志》名曰長壬。歲星舍柳、七星、張,與在卯反對。○《天官書》:「歲陰在酉,星居午。」以六月《漢志》作八月。與之晨出東方,須女、虛、危爲對。《天官書》:失次,有應見危。太陰在戌,歲名曰閹茂,《志》名曰天睢。

① 張:原脱,據《淮南鴻烈集解》補。

② 晨:原誤作「辰」,據《淮南鴻烈集解》改。

歲星舍翼、軫，與在辰反對。○《天官書》：「歲陰在戌，星居巳。」以七月《漢志》作九月。與之晨出東方，營室、東壁爲對。《甘氏》：「其失次，見於東壁。」同《天官書》。太陰在亥，歲名曰大淵獻，《志》名曰天皇。歲星舍角、亢，與在巳反對。○《天官書》：「歲陰在亥，星居辰。」以八月《漢志》作十月。與之晨出東方，奎、婁爲對。《甘氏》云：「其失次，見於婁。」同《天官書》。太陰在子，歲名曰困敦，《志》名天宗。歲星舍氐、房、心，與在午反對。○《天官書》：「歲陰在子，星居卯。」以九月《漢志》作十一月。與之晨出東方，胃、昴、畢爲對。《甘氏》云：「其失次，見於昴。」同《天官書》。太陰在丑，歲名曰赤奮若，《漢志》名曰天昊。歲星舍箕、尾，與在未反對。○《天官書》：「歲陰在丑，星居寅。」以十月《漢志》作十二月。與之晨出東方，觜巂、參爲對。」《甘氏》云：「其失次，見於參。」同《天官書》。

先看仰觀。金龍即雌雄。星辰無一刻留停。動金龍，無時而不動者也。此所謂動，謂形局能感召之；不動，謂地不能感星。元運之説，又在其外。不動，舊説天動地浄，新説天浄地動，其法雖異，得數實同。以爲天動，則動至地之頂爲招感；地動，則天日恒星不動。地有公轉、私轉、升降，以爲四時寒暑之分，《周禮》之分野、九宫、八政、十二月、五運六氣，亦由此出。行星固動，恒星則以地之動爲動。○《奥語》「認金龍，一經一緯義不窮。動不動，直待高人施妙用」即此句之注解。兩「動」字同指天。次察俯察。血水。脈山。認來龍。上句天星，下句《疑》、《撼》。

此以下，乃言看雌雄之法也。金龍者，氣之無形天星。者也。龍本非金，而云金龍者，乃乾陽天字。隱謎。金氣之所生，故曰金龍。動則屬陽，《素問》。陰陽推之，可以千萬，大小層級最多，不可拘泥其名，務求其實。此則就天氣，以動不動爲陰陽。浄則屬陰，星辰流行不息，有何動浄之分？我能感之爲動，不能感召爲浄。《撼龍》之「撼」當作「感」，謂感應，非撼擣。氣以動爲生，與我相感。以浄爲死。與我無情。○經云「動不動，直待高人施妙用」，浄而能動之，則得也。生者可用，死者不可用；於地有棄有取，舊以當運不當運解之。其動大者則大用之，大元運。其動小者則小用之。小元運。○以星之元運言，當運爲動。此又一説。此指金龍之消長言也。於天星有去取，因其有衰旺。消長既明，天時。斯可辨其血脈①。此專指地形。血脈即金龍之血脈，地之九體合九星。非龍指地不指星。而實龍之所自來，在地成形。所謂雌雄者也。天雄地雌，大雌雄。觀血脈之所自來，《疑》、《撼》詳矣。即知龍之所自來矣。《青囊》亦同。察者，察其血脈之來自何方也。辨九星之體。知血脈之來自何方，喻言之。指形不指方。即可認龍之來自何方矣。以地招天。此楊公看雌雄之秘訣，而非世人倒杖步量之死格局也。俗師所言，皆爲死法。

龍天星。分兩片所謂夫婦同行，與營衛順逆相同。舊皆誤爲一。陰厭。陽建。取，有雌雄。水地形。對即「對不同」之對。三叉乾甲丁，巽庚癸。細認蹤。山與水相對，又分雌雄。

兩片即雌雄。陰陰始於離。在此，陰刑在野。則陽必在彼，陽始於坎，陽德在室。兩路順逆。相交也。《董子》、《淮南》詳矣。三叉龍、向、水成三叉形，即三般卦。即後城門，以三叉爲城門訣，即闔闢水法。界水合處龍與向、水合爲三叉。必有三叉。不指形。細認蹤，即察血脈，認來龍也。先定龍形象，而後下卦起星，

① 上三句，《地理辨正翼》作「此以龍之形象言也。形象既得，斯可辨其方位矣」。

大抵以龍爲主。知三叉之在何方，兩旁子息不在本宮，而旁通他卦。則知來龍中一位父母。之屬何脈矣。

據形局以求天星。天星在天，無時不具，非形局則有賓無主，無主則客亦不至也。

俗註以兩片爲左旋右旋，以爲斗月，是也。駁左水倒右、右水倒左之僞訣。以三叉爲生旺墓，非。未嘗①非生旺墓，特不可如俗師雙山五行之死格局耳。

江南廉貞。龍來江北貪狼。望，望，讀爲「向」。南龍如廉貞，《撼龍》②謂「此龍多向南方落」者也。八卦十二宮雖有不同，而生氣不出乾、艮之宮，一在西南，一在東北，非正對之坎宮。若坎宮，則爲正煞。江西龍去望江東。此飛宮八局。○所謂倒排父母，即是此法。江西如破軍，就其生氣不出巽、艮兩宮，一爲東北，一爲東南，即所謂顛倒。

此所謂兩片也。天陽則地陰，地陽則天陰，各具兩片。金龍本在江南，天星在南。而所望之氣脈地形。反在江北；南北相同，故悠謬其詞。金龍本在江西，而所望之氣脈反在江東。經言西龍，注反以東龍立説，而四方備矣。蓋以有形之陰質《疑》、《撼》。求無形之陽氣也。二語道盡秘密。楊公看雌雄之法，皆從空處「天下軍州總住空」。爲真龍，真讀作「金」，所謂無形。故立其名曰大玄空。玄空義本不如此，蔣恐太洩，故又此語掩之。雖云兩片，實一片也。以地召天，合二爲一。

是以聖人卜卜爲宅、量，即《詩》之相、對。人謀已定，有疑乃卜鬼神，後人讀卜字，乃專爲卜鬼神矣。立君、戰事亦用卜，

① 嘗：原作「常」，據文意改。

② 撼龍：原誤作「疑龍」。

先盡①人謀可也。河洛，經之言卜，與《孝經》「卜其宅兆」，非用龜筮法。考《洪範》「七稽疑」，先盡人謀，卿士庶民議決，《易》所謂人謀；不疑不卜，疑乃卜之鬼神，《易》所謂鬼謀。天下安有全不盡人力而但決於鬼神之理！瀍、澗二水交華嵩。相其陰陽觀流泉，此句爲人謀。後人以古人族葬不擇地，卜日不擇日，不知卜先必有人謀，經未詳耳。張平子《冢賦》謂高岡平原「洽以溝澮」，觀流泉也；「地勢是觀」「乃以斯安」，擇地也；「直之以繩，正之以日」，擇日也。自漢以來，古法已如此。卜年卜世此大事，乃不自專，質諸鬼神。宅即測量。都宮。《漢・藝文志》宅墓古書蓋傳自先秦，今皆不傳，而《淮南》、諸子時有存者。

此即周公卜洛之事以證地理之道惟在察血脈、認來龍也。聖人作都，不言華、嵩之脈絡，而言瀍、澗之相交，則知所認之來龍，認之以瀍、澗也。又引公劉遷豳相陰陽、觀流泉蔣氏之説，實此語已足盡之。以合觀之，見聖人作法，千古一揆也。

晉世景純傳傳者，非其所自創。此術，近人專以此學出於郭氏。或專就宋、元以後求之，郭氏作書，猶多不信其説，今故專於兩漢求之。郭氏之真僞不足言，宋、元以下，則等於檜曹，不足計較也。演經立義指六經而言。所傳者，特經中之天文律志一部分耳。出謂其説出於《董子》耳。玄空。《董子》：陰常處於空虛。朱雀《天文訓》：太乙主朱雀，玄武與朱雀相對。○空爲貪狼，生旺爲廉貞。古法於六情獨取二情以易星名，能知此旨，於地學思過半矣。發源「三陽水向盡源流」。生旺生旺與空虛相對。氣，《董子》：陽常居大夏。一一講説開愚蒙。《寶照》「天下軍州總住空」，即貪、廉二

① 盡：原作「無」，據文意擬改。

星之要訣。

推原玄空大卦玄空專爲人盤立法，無論二十四山皆取坐北向南之義。不始於楊公，董子言之詳矣，別有注本。蓋郭景純先得青囊之秘，演而立之，董子尚爲儒家説，景純乃專爲術數家言。直追周公制作之精意者也。乃其義，不過欲朱雀發源，得生旺之氣耳。與玄空對文。「天下軍州總住空」指衙署言，即此旨。來源人盤。立向以收天氣。既得生旺，即是來龍指地形。生旺，而諸福坐致矣。地以招天爲交媾。來源若非生旺，順逆顛倒，以上下相反。如以二便爲口。則來龍亦非生旺，不能招納天氣。而禍不旋踵矣。所謂火坑。景純當日以此開喻愚蒙，其如愚蒙之領會者少也。此貪狼、廉貞之所以獨取六情也。玄空生旺，《董子》最爲詳盡。

一乾初，黄鐘，奇數。生二兮坤初，林鐘，爲耦數。二生三，乾二，太族，奇數。三生萬物推之至千萬。詳《史記》。是玄關。二句出《老子》。○此爲挨星法，言飛宫往來，專詳交媾之訣，與玄空別自一門。山管山兮十二支爲山。水管水，十干爲水。此是陰陽不待言。世人皆誤認，以致陰陽揉雜。○四卦八干，託言水龍，以干陽支陰也。又以天地託之干支，爲啞謎，以四隅水龍爲天，四正支龍爲地，非真山真水真干真支也。

陰陽之妙用始於一，有一爻即有三爻，新圖坤三子安於坤、壬、乙是也。有一卦即有三卦，一卦能挨二宫，合爲三卦、如二在中，能挨一三、壬乙，爲三卦。故曰一生二，二生三。三卦以二爲主，壬、乙爲子息。此乃天地之玄關，《律吕》説詳矣。萬物生生之橐籥也。立向，消水。又恐人認山水天星地形。爲一，而不知辨別，故各有兩片，非一片。故言山之玄關自管山，《疑》、《撼》。而水之玄關自管水，《青囊》。不相混雜。各自成局。奇門有天、地、人三盤之分。蓋山有山之陰陽，九星分陰陽。而水有水之陰陽爾。天星亦分陰陽。通乎此義，則世之言龍穴砂水者，真未夢見矣。誤以山水爲真指山水，則死於句下矣。俗注生旺墓三合①爲玄關者，非。何嘗不是？特非俗師僞法之三合耳。

識得陰陽玄妙理，知其衰旺生與死。此爲元運之説。不問坐山地形。與來水，天星。但逢死氣皆無取。地與天星同當令，則爲生氣，地不與天同占旺相，天光臨下，衰、囚亦以旺論。爲交媾法，從夫而貴。

此節暢言地理之要只在衰旺生死之辨也。本局自有生旺，元運又爲一訣。衰旺有運，生死乘時，天盤。候天之訣，卻非俗師之元運法。陰陽玄妙之理，在乎知時而已。此「時」字多主運氣與期課言。坐山有坐山之氣運，地形。來水有來水之氣運，天星。所謂山管山、十二支自爲父母。水管水也。八干四卦，自爲父母。二者分爲二盤。皆須趨生而避死，非實指真山真水。從旺而去衰。二法不同，以地爲體，以天爲用。然欲識得此理，先秦兩漢古書甚多。非真知河洛之秘者不能。此當於古書求之。若宋元以後之河洛説，則去題千里，愈多而愈亂耳。豈俗師所傳凡言先後天河洛圖者，皆誤會此語。龍上五行收山、向上五行收水、順逆長生之説《玉尺經》説。所能按圖而索驥者乎！此駁守株與刻舟求劍之俗師傳舊法而失其真者。

先天十二節在先。《内經》：先天謂氣先時而至，後天謂氣後時而至，《公羊》所謂失之前失之後也。《易》之「先天而天弗

① 三合：原脱，據《地理辨正翼》補。

違」謂孔子俟後之經，前知百世，天不能違之，而別創奇局；「後天而奉天時」謂孔子法古之經，順天而行，所謂上律天時也。宋人用其辭而不知其義。羅經十二支，此《寶照經》之法。○天分十二次，以應十二月。《寶照經》主支，以支配干，爲期課法。後天十二中氣在後。○先天後天，借用經語，非宋人先後天之說。再用干與維。八干四維合十二，八卦法自爲四局，期課則但以干佐支作用，干爲下半月而已。八干四維輔以干輔支，分十二次，全屬寅正。支位，以干輔支，說詳《天文訓》，所謂「干若帶支爲鬼龍」。子母公孫即一生二、二生三之說。同此推。律呂娶妻生子，各分子孫。

羅經二十四路已成之跡，人人所知，何須特舉？此節乃八卦十二坎之分別，各爲一法，後人多誤。非言羅經制造之法，此駁最是。蓋將羅經直指雌雄《天文訓》律呂以十二分雌雄。交媾之玄關，律呂挨星法。玄關與玄空迥然不同。以明衰旺生死之作用耳。與《天玉》八卦法不同。十二支乃周天列宿之十二次舍，故曰先天；《寶照經》以支爲主。地道法天，《律志》以干爲日，支爲月。雖有十二宮，而位分八卦，每卦三爻，則十二宮節與氣兩相比，當爲二十四。不足以①盡地之數，西人羅經分以三十二，器而非道。故十干取戊己歸中，如二十二人圖，以戊、己爲二伯。以爲皇極，《尚書》「五皇極」，爲中天下而立。而分布八干八干爲八伯、八才子，十二支爲十二牧。此干內支外之說。爲四正之輔佐，干本在內，支本在外，此乃合內外而一排之，如《天文訓》分配節氣。然猶未足卦爻之數，不數卦則二十，少四位。遂以四隅四卦補成三八。四卦、四隅，文見《尚書大傳》，乃先秦古說。或誤讀先後天，以爲羅經初只十二支，子房以後乃補二十四者誤。

---

① 以：原脱，據《地理辨正翼》補。

於是蔣説此下又用八卦《天玉經》法，與前節大相反對，不可不知。十二次別有所謂，娶妻生子與八宮法迥然不同。卦卦上疑脱「八」字。爲之母，如乾坤八老父母。而二十四路爲之子焉；各生三子，内三爻爲二十四卦。卦爲之公八卦反爲祖，而以二十四卦爲之子。而二十四路爲之孫焉。如乾之三子，三人行，爲否之孫；否之三子，三人行，爲乾之孫。識得子母公孫，二十四山各生三子，爲七十二候。則雌雄之交媾在此，金當作來。龍之血脈地盤。在此，上云「次察血脈認來龍」。龍神之衰旺生死人盤，玄空訣。亦盡乎此矣。《寶照》之子母公孫，詳見《律吕新義》之中。

二十四山分順逆，如子平之順逆法。○四正詳順行，四隅詳逆行。如長生皆順行來路，四維如坤壬乾甲巽庚艮丙四陽干皆在右，爲逆排父母。共成四十有八局。五行九宮行法。即在此中分，祖宗卻從陰陽出。陽從左邊團團轉，如月建順行一周。九宮法一二三四爲半局，順行未能全周。《奥語》「左爲陽，子癸至亥壬」是也。陰從右路轉相通。如日躔逆行一周。九宮法六七八九爲逆行半局，未能全周，必補夏至局，如奇門逆數，由離起，至坎爲四，乃得之。○《奥語》「右爲陰，午丙至未丁」是也。有人識得陰陽者，天之陰陽。何愁大地不相逢。地之陰陽。

此一節申言上文未盡之旨也。子母公孫，如何取用？蓋二十四山止應二十四局，而一山之局又有順逆不同，如子有順行一局，原文作「如有順子一局」。即有逆行一局，原文作「逆子一局」。○逆子局，近人有作迕逆之子解者，真屬痴人。今酌爲「如子有順行一局，即有逆行一局」。一山兩局，豈非二十四局乎！十六父母生四十八局。今以老父母二十四局爲順，少父母二十四局爲逆，共四十八局。

别卦順行二十四局表

天澤履	天火同人	天風姤	乾
地山謙	地水師	地雷復	坤
水風井	水地比	水澤節	坎
火雷噬嗑	火天大有	火山旅	離
雷火豐	雷澤歸妹	雷地豫	震
風水渙	風山漸	風天小畜	巽
山地剥	山風蠱	山火賁	艮
澤天夬	澤雷隨	澤水困	兑

和卦逆行二十四局表

地澤臨	地火明夷	地風升	泰
天山遯	天水訟	天雷无妄	否
水雷屯	水天需	水山蹇	既濟

火風鼎	火地晉	火澤睽	未濟
澤地萃	澤風大過	澤火革	咸
雷水解	雷山小過	雷天大壯	恒
止天大畜	山雷頤	山水蒙	損
風火家人	風澤中孚	風地觀	益
此十六卦，在本卦爲生，爲少男少女；往旁通卦之上爻，爲少客，爲少女之壻。	此十六卦，在本卦爲生，爲中男中女；往旁通卦之五爻，爲中客，爲仲女之壻。	此十六卦，在本卦爲生，爲長男長女；往旁通卦之初爻，爲長客，爲長女之壻。	一卦生三卦，三男三女，有明文。京氏七宮之説最謬。

別卦和卦交變之總表

別卦八不交媾之純陰純陽卦。

乾䷀下三爻變坤，合爲否，三爻變三女。

坤䷁下三爻變乾，合爲泰，三爻變三男。

震䷲下三爻變成巽，合爲恒。

巽䷸下三爻變成震，合爲益。

坎䷜下三爻變成離，合爲既濟。

離䷝下三爻變成坎，合爲未濟。

艮䷳下三爻變成兑，合爲損。

兑䷹下三爻變成坎，合爲咸。

和卦八內外陰陽交媾之卦。

否䷋下三爻變三男，成三爻之乾，合爲六爻之乾。

泰䷊下三爻變三女，成三爻之坤，合爲六爻之坤。

恒䷟下三爻變成震，合爲六爻之震。

咸䷞下三爻變成兑，合爲六爻之兑。

既濟䷾下三爻變成坎，合爲六爻之坎。

未濟䷿下三爻變成離，合爲六爻之離。

損䷨下三爻變成艮，合爲六爻之艮。

益䷩下三爻變成巽，合爲六爻之巽。

別卦順行二十四局總圖

《樂記》：「天尊地卑，君臣定矣。卑高以陳，貴賤位矣。動净有常，小大殊矣。方以類聚，物以群分，則性命不同矣。在天成象，在地成形，如此，則禮者，天地之別也。」

和卦逆行二十四局總圖：

《樂記》：「地氣上齊，天氣下降，陰陽相摩，天地相盪，鼓之以雷霆，奮之以風雨，動之以四時，煖之以日月，而百化興焉。如此，則樂者，大地之和也。」

此局得何五行，下卦起星之訣。則龍地。神天。得何五行，五行不在此中分乎？然五行之根源祖宗，非取有形可見有蹤可尋之二十四山地盤。分五行，定位。乃從玄空大卦人盤。雌雄交媾天盤。之真陰真陽皆就天氣天星言之。分五行也。流行，乃爲太乙下行之「行」。論至此，玄空立卦①之

① 立卦：二字原脱，據《地理辨正翼》補。

義幾乎盡矣，人盤之法。而又恐人不知陰陽爲何物，指天氣天星之陰陽。又重言以申明之，曰：

如陽從左邊團團轉，北斗，月建。則陰必從右路轉相通。月將，躔次。

日躔逆行斗建順行表

《禮記·月令》	《淮南·時則訓》
孟春日在營室。	孟春招搖指寅。
仲春日在奎。	仲春招搖指卯。
季春日在胃。	季春招搖指辰。
孟夏日在畢。	孟夏招搖指巳。
仲夏日在東井。	仲夏招搖指午。
季夏日在柳。	季夏招搖指未。
孟秋日在翼。	孟秋招搖指申。
仲秋日在角。	仲秋招搖指酉。
季秋日在房。	季秋招搖指戌。
孟冬日在尾。	孟冬招搖指亥。

仲冬日在斗。　仲冬招摇指子。

季冬日在婺女。　季冬招摇指丑。

《淮南》八風之圖

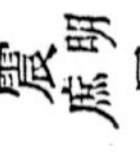

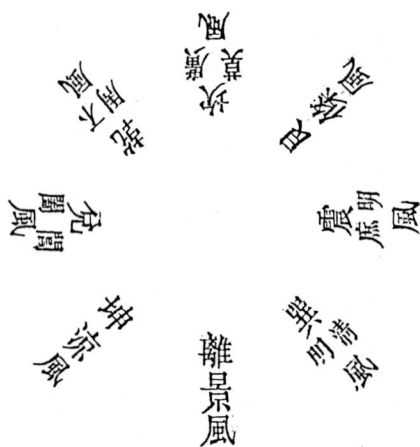

證《天文訓》：「何謂八風？距日冬至四十五日，條風至；後四十五日，明庶風至；後四十五日，清明風至；後四十五日，景風至；後四十五日，涼風至；後四十五日，閶闔風

至；後四十五日，不周①風至；後四十五日，廣莫風至。」説同《呂氏春秋》、《白虎通》、《易緯通卦驗》、《春秋考異郵》。

靈樞九宮八風之圖

立夏 巽 陰洛	夏至 離 上天	立秋 坤 玄委
春分 震 倉門	中 招搖 央	秋倉 兑 倉果
立春 艮 天留	冬至 坎 叶蟄	立冬 乾 新洛

證《靈樞》：「太乙常以冬至之日，居叶蟄之宮四十六日，明日居天留四十六日，明日居倉門四十六日，明日居陰洛四十五日，明日居天宮四十六日，明日居玄委四十六日，明日

① 周：原誤作「風」，據《淮南鴻烈集解》改。

居倉果四十六日，明日居新洛四十五日，明日復居叶蟄之宫①，曰冬至矣。太一日游，以冬至之日居叶蟄之②宫，數所在日，從一處至九日，復反於一。常如是無已，終而復始。」

日躔逆行之圖

證《尚書音義》：「日月所會，謂日月交會於十二次也。寅曰析木，卯曰大火，辰曰壽星，巳曰鶉尾，午曰鶉火，未曰鶉首，申曰實沈，酉曰大梁，戌曰降婁，亥曰娵訾，子曰玄枵，丑曰星紀。」

① 之宫：二字原脱，據張志聰《靈樞集注》補。
② 之：原脱，據張志聰《靈樞集注》補。

言有陰即有陽，分順逆行。有陽即有陰，天氣自有陰陽。所謂陰陽相會、交媾。雌雄交媾，挨星。玄空大卦之秘旨也。又兼人盤而言。言左右，此左右，當作「順逆」讀。則上下二字當删。四旁如用「上下」二字，則當於其中添一「之」字乃明。皆如是矣。蔣誤以四方解此「左右」字。此即上文「龍分兩片」、「江南龍來江北望①」之意，方位圖言四方，不言上下。而反覆言之者也。此乃於順逆中分四方耳。其奈世人止從形迹上著眼，地盤。不能領會玄空大卦之妙，人盤。故又發歎曰：有人識得此理者，乃識真陰陽、天氣。真五行、大五行。真血脈、來龍。真龍神，天地合一。隨所指點，皆天機之妙，何愁大地不相逢乎？若不識此，先不識形局之星，又錯排元運之順逆。雖大地當前，目迷五色，未有能得其真者也。元運之説，詳《漢書・律曆志》。另刊有《三統曆表》，在叢書中。

陽山乾坤坎離四老卦爲陽，納甲之十二山爲紅字，爲陽山。陽向水流陽，此納甲分龍老少，爲浄陰浄陽法，與「乾山乾向水流乾」法不同。執定此説甚荒唐。其弊在固執，不知變化。陰山陰向水流陰，以震艮巽兑四卦爲陰龍，以納甲十二山爲黑字，即今三合盤。笑煞拘泥都一般。此駁浄陰浄陽法。至於挨星真訣，在於同聲相應，同氣相求，以類相從，同而不和；不知君子和而不同，則以異姓爲夫婦，反以同姓爲嫌。《左傳》「男女同姓其生不蕃」，不尚同也。若能勘破箇中理，以陰地召陽天，以陽地召陰天。妙用本來同一體。所謂「陰陽配合亦②同論」。○合二姓之好，夫婦

① 江北望：原誤作「望江北」，據《地理辨正翼》乙改。

② 亦：原作「一」，據《四庫》本《天玉經》改。

合爲一體，《禮》曰夫婦併合，是也。陰陽相見兩爲難，此指地形。天運配合，陰陽相反而交媾。一山一水何足言。但詳地形，不得天氣，仍死物耳。

又言所謂識得陰陽者，即指上二法，專求同類。乃玄空大卦真陰真陽，天地。而非世之所謂浄陰浄陽也。不板定，方位之紅黑字中分之。若據浄陰浄陽之説，則陽山必須陽向而水流陽，陰山必須陰向而水流陰，時師拘拘於此，《天玉》坤壬乙之訣本爲真傳，與浄陰浄陽不同，特亦不可拘泥死法而不知通變。自古法不一，乃求同不得，則求異姓。而不知其實無益也。非通論。真陰真陽大陰陽不板定，在紅黑字中。有個中之妙，以異姓求昏。世人不得真傳，無從勘破耳。大抵真法妙合自然，不假造作，又皆有實象可指，非空論理想。若有明師指點，一言之下，立時勘破，則知不但浄陰浄陽不可分，所謂真陰真陽者，雖有陰陽之名，我以二字爲符號，以别記識。而止是一物，男以女爲室，女以男爲家。又何從分？合異爲同。既知陰陽爲一物，夫婦併合。則隨手拈來，無非妙用，彼此互求，乃不死於定法。山與水爲一體，形法相同一法。陰與陽爲一體，天地相異一法。二十四山卦氣相通者如坤壬乙、艮丙辛通爲和合。皆爲一體矣。夫浄陰浄陽者，四老四少。一山止論一山之陰陽，一水止論一水之陰陽，故拘執有形，紅黑字。不能觸類旁通耳。以納甲求之，不成三叉，如易之九、六分爲六爻，所謂要軋。玄空大卦，一山不論一山之陰陽，本體。而論與此山相見他宫子息。之陰陽；天。一水不論一水之陰陽，而論與此水相見之陰陽，地。所以爲難知難能，能求古法，其理明透，則其有連屬非孤獨，一字可挨之宫。法簡易也。而入於微妙之域。此豈浄陰浄陽之説拘於有形者所可同年而語哉！此段專駁紅黑字。

二十四山《天玉》八宮。雙雙起，董子玄空法，陽順陰逆，同途共宗。「雙雙」即所謂夫婦。少有時師通此義。古法甚明。五行此五行非五質，即一六、二七、三八、四九、五十雙雙起之道路。分布二十四，十二次，《寶照》法。時師此訣何曾記。此駁呆板五行一切僞訣。

此即上文「二十四山分順逆」之義，而重言以歎美之。雙雙起者，一順一逆，一山兩用，山爲定位，如旅舍；順逆乃往來過客，雖同逆旅，而順逆不同。故曰雙雙也。一夫一妻。五行分布者，大五行。二十四山各自爲五行，除中宮不數，陽有八行，陰有八行。不相假借也。同道不同途。雖如此云，而其中實有奧義，謀德謀刑、開門閉門諸義。惟得秘訣者乃能通之。二十四山如人身十二經絡，合左右爲二十四經，各有孔穴。此定位雖有總名，有陰陽之分，而其各穴不可以又分陰陽也。而衛氣爲奇經，六脈則爲遊行之客，其順逆往來，由客之蹤跡而分之。居行恒或之分，非陰陽順逆在板定之部位也。時師但從書卷中搜索，必不得之數也。特不在俗書耳。於此可見二十四山成格有定，執指南者，人人能言之，而微妙之機不可測識矣。分定位爲道路，行者爲旅人，則得矣。

山上龍神不下水，四隅左右之支，不爲四維子孫作客耳。水裏龍神不上山。四正左右之干，乃他卦子孫，不可以爲子息。用此量山與步水，兼言天地九疇自爲陰陽，月建與月將亦自爲陰陽。百里江山一晌①間。

---

① 一晌：《地理辨正翼》作「一瞬」。

此即上文山管山水管水之義，而重言以歎美之，且又以世人之論龍神，認來龍。但以山之脈絡血脈。可尋者爲龍神，即其所用水法，看金龍。亦以山龍之法下①求乎水，以資其用耳，求同，如貪狼必求貪狼。不知山與水山、水以支干分，又實指形、氣。乃各自有龍神也。如貪狼坐南，則顛倒用廉貞法。特爲指出，以正告天下後世焉。山上龍神，以山爲龍者也，形家之成局。專以山之陰陽五行推順逆生死，生死全在順逆。而水非所論；專就來龍分天氣，别自有法。水裏龍神，以水爲龍者也，理氣。專以水之陰陽五行推順逆生死，天自成一局。而山非所論。專就金龍分，不必與地形局同。剛柔異質，《易》「天地之道」。燥濕殊性，如水火相反。分路揚鑣，不相假借。形法各自獨立，成局之後再言交媾。即有山龍而兼得水龍之氣者，如貪狼得一坎之元氣。亦山自爲山，就地形定吉凶。水自爲水，就元運言得失。非可以山之陰陽五行混入乎水之陰陽五行也。合固一體，而分則各有占驗。山則量山，以辨山之純雜長短；水則步水，以辨水之純雜長短。得此山水分用之法，百里江山，一覽在目。此《青囊》之秘訣，亦《青囊》之捷訣也。嗚呼，此言自曾公安剖露以來，於今幾何年矣，而世無一人知者。哀哉！

更有浄陰浄陽法，所謂真陰真陽，非世俗之紅黑字納甲法，故曰「更有」，非前所駁之浄陰浄陽。前向山。後消水。八尺尺乃「叉」字之誤。〇八卦八，三合各成一三叉。如三吉位、三般卦、《天玉》坤壬乙艮丙辛，是也。不宜雜。八尺，

① 下：原脱，據《地理辨正翼》補。

即三叉訣隔八相生，前後相隔八宫。如坤壬乙、艮丙辛二局是也。斜正三叉全作斜飛形，不言坐，而以龍當之，亦有正向者。受來立向。陰陽取，分順逆。氣乘生旺方無煞。不可顛倒。

此浄陰浄陽非「陽龍陽向水流陽」之浄陰浄陽也。蓋龍脈止從一卦來則謂之浄，若雜他卦，即謂之不浄。而辨浄與不浄，尤在貼身一節，或從前來，或從後至，須極清純，不得雜混。八尺，言其最近也，尺乃字誤，舉近亦不必言八尺。言此尤爲扼要，所謂血脈也，一節以後則稍寬矣。此節須純乎龍運生旺之氣，若一雜他氣，即是煞氣，吉中有凶矣。

來山起頂須要知，此以山喻運起頂，如章法，最親切。三節會統。四節元統四千五百五十年。不須拘。大運，可不必拘。只要龍神得生旺，生氣一節，可以引動天星。陰陽卻與穴中殊。遲之又久，則不旺者旺矣。

來水如此，來山亦然，須審其起頂、出脈、結穴，一二節之近，以脈喻元運。要得龍神生旺之氣；蓋龍頂上聚，受氣廣博，能操禍福之柄。即或直來側受之穴，結穴之處與來脈不同，而小不勝大，可無虞也。此以知山上龍神、水裏龍神皆以來脈求生旺，而尤①重在到頭一節，元運以小者爲引導，初年若屬衰囚，以後更無盛演。以小引大，乃爲長久之法。學者不可不慎也。蔣氏説以形爲喻，言在此，意在彼，非如俗師看形之説。

天上星辰與篇首「天上諸星」同，文「上」誤「下」、「星」誤「書」。「天下諸書對不同」，語既淺陋，又與「對不同」三字不合。

---

① 尤：原脱，據《地理辨正翼》補。

似織羅，「一經一緯義不窮」。水以水喻天，此書通例。交五、十居中。三八五、六爲天地之中，合三爲生數之中，八爲成數之中。又，所謂三八爲朋，舉中以統其餘，讀作三叉亦可。前「八尺」則當作「八叉」也。要相過。斗建與月將，謀德謀刑。水發城門《天文訓》七舍例卯、酉爲門。須要會，營衛每一周一會，五十周大會，一日百刻，兩大會皆在子、午。卻如湖裏雁下就於水中。雁雁爲空鳥，在上。交雁與鵝形似，故禮奠雁以鵝代之。上下雖分，情形則一，天氣是此星，形局亦此星，所以能交合也。鵝。鵝爲水鳥。《地理大全》本此節下尚有「穴上明堂并朝水」以下十一節，此本未録入。

此以天象之經緯喻水法之交會也。列宿分布周天，恒星如二十四山。而無七政指行星與日月。七政如旅客，往來行動。以交錯其中，列宿爲經，七政爲緯。則乾道不成，不動。而四時失紀矣。以行者爲主。幹水流行地中，山自西至東，水自東海逆行至西。而無支流以畍割其際，水亦分太祖少祖。量水之水，與看山同。則地氣不收，而立穴無據矣。以水比天。立穴下卦起星，須先看金龍。故二十四山之水，其間必有交道相過，所謂挨星，「真神路」。然後血脈真、地形。金龍動，天氣。大幹太祖。小支少祖。兩水交會，合成三叉而出，不指真水。所謂城門者是也。城門、水口，即三叉法。「湖裏雁交鵝」，言一水從左來，斗建順行。一水從右去，月將逆行。兩水相遇，「前行去到五里山，偶遇賓主相交接」。如鵝水鳥。雁山鳥。之一來一往也。大五行順逆兩行。詳言水龍審脈之法，天星。而立穴之妙來龍。在其中矣。知天即所以知地。

富貴貧賤在水神，全在得天氣。水天。是山家血脈地。精。地形非天，則是死地。山浄水動晝夜定，動不動。〇奇門以晝夜分陽貴陰貴，營衛以晝夜分順逆陰陽。亦如晝、夜各不相同，而以日行出没定之。水主財禄山人丁，水非真水，山非真山，財禄人丁亦非財禄人丁，不過以喻動浄而已。乾坤艮巽號御街，四大尊神戊己化爲四維。在内排。天星配八干。生尅須憑五行布，二四六八皆偶數，分四立。要識天機玄妙處。祖孫父子。乾坤艮巽水流長，得天星元運之旺氣。吉神先入家豪富。以地形求天氣爲根本。地形如土木偶人，非得天則無生氣，得天交媾，方能生動，然後再言元運。如既有生人，然後推流年氣運。

乾坤艮巽各有衰旺生死，非可概用，有去有取，乘時則用之，否則不用。須用五行辨其生尅。生即生旺，尅即衰死；生爲吉神，死爲凶神。如奇門之吉凶。要在玄空大卦，合九宫爲一卦。故云「天機玄妙處」也。紫白法俗師所傳，最爲乖謬。半逆半順必非一人之行程又至離九矣，如何能直穿中心到坎一宫？以起巽爲順、起乾爲逆，亦誤。總以九宫爲死局板格，所以生出種種乖謬。蔣注明言循環無端、周而復始，若如俗法，則非循環，亦不能復始。足見蔣氏别有秘法，非俗師所傳之紫白拘於洛書九宫之死法。

[證]《天文訓》：「子午、卯酉爲二繩，繩爲直。四正曰繩，如脈春之弦。丑寅、辰巳、未申、戌亥爲四鉤，鉤以曲爲句股形。如脈夏曰句，與弦相反。東北爲報德天父之居。之維，當爲乾，坤曰東北喪朋。西南坤母。爲背陽即老陰。之維，在西球，爲地之正二月。東南爲常羊之維，地不滿東南。西北爲蹏通之維。天不足西北，在北赤道而居西。日冬至則斗北中繩，正坎起一。陰氣極，陽氣萌，復卦。故冬至爲德。日一南而萬物皆生。日夏至則斗南中繩，正離起六。陽氣極，陰氣萌，姤卦。故夏至爲刑。從子至巳爲陽。〇日一北而萬物皆死。陰氣極，則北至北極，下至黄泉，故不可鑿地穿井。萬物閉藏，蟄蟲首穴，故曰德在室。坎，冬至。陽氣極，則南至南極，上至朱天，故不可以夷丘上屋。萬物蕃

息，五穀兆長，故曰德在野。」午。《淮南》七舍例。請驗一家舊日墳，族葬之法。十墳埋下九墳貧。形局、坐向大抵相同，而貧富迥別。惟有一墳能發福，試驗最宜注意，墳之所在，絲釐尺寸之間，即禍福所由分也。去水天氣。來山地形。〇即所謂山情水意。盡合情。以同與和求之。

宗廟本用人盤以合天地，如《陽宅》、《寶照》。是陰陽玄，此俱真法。得四失六難爲全。拘於成數，不知變通。三才六建奇門之三奇六儀。雖爲妙，得三失五盡爲偏。先師所傳法門不一，所以備各種妙用。《日者傳》，漢時日者已有陰陽、五行、叢辰、建除，校之共五家，各有所宜用，故不能偏廢，亦不必兼取。又如今之年命、五行、子平、紫微、鐵板，不下七八種，各主一家，皆有徵應；若拘泥一法，則學數淺薄，每至不能得半之數。蓋因一行擾外國，遂把五行顛倒編。此説書中屢言，必爲後人所竄。若唐之説，不出楊公。以訛傳訛竟不明，所以禍福爲胡亂。然則欲強中國，須先講陰陽矣。

此節旁引世俗五行之謬，以見地理《疑》、《撼》。之道，惟有玄空大卦此一法。看雌雄之法①，又一法。所以尊師傳，戒後學也。蓋唐以後，諸家五行雜亂而出，將以擾外國，外國指何國？傳此術數之學？而反以禍中華。至今以訛傳訛，流毒萬世，曾公所以辨之深切也歟！

① 之法：《地理辨正翼》作「一法」。

地理辨正補證卷三

井研廖氏　學

受業樂山黄鎔　筆述

天玉經　唐楊益筠松撰。

内傳上

江東以四方圖言，震、巽在東方。一卦從來吉，八神風、雷二卦六爻，合乾、坤初爻爲八神。〇八卦各生三爻，爲二十四山，以三分之，各得八神。初爻爲江東卦，三爻爲江西卦，中爻爲南北卦；八變爻中皆四陰爻、四陽爻，故互文言之。四箇一。八神四陽爻，即有四陰爻可知。江西一卦艮、兑當在西。排龍位，八神山、澤二少卦六爻，合乾、坤三爻爲八。四箇二。一爲陽爻，即畫卦之⚊；二爲陰爻，即畫卦之⚋，駢書作二，不可作數目字讀之。〇八神四陰爻，即有四陽爻可知。南北中男中女。八神坎、離六爻，合乾、坤中爻爲八。共一卦，端的應無差。中爻如坎、離別有八神，同爲四陰四陽。

《天玉内傳》，即《青囊奧語》挨星五行、坤壬乙、艮丙辛訣。玄空玄楊坐空。大卦之理。楊公妙用，止有一法，更無二門，實不止一法，此爲總訣。此乃反覆其詞，以授曾公安者也。江南江北江東江西，曾序已先下注脚矣，但南北西東應有四卦，而此云三卦者，以男、女合一之故。○天地人三元，故合南、北爲一。緣玄空五行，八卦排來，止有三卦故也。三索男女，分父母。江東一卦者，天元乾，統巽、震二長。卦起於西，生氣在西，如律吕申生卯。所謂「江西龍去望讀作向。江東」，故曰江東也。《天玉》專言八宫，此風雷，屬干。○此以飛宫立説。八神，三八爲二十四山。即八卦之中以八起算。經四位而起父母，即八三合法。故曰八神。四箇，言八神之中此别一法，非本篇之旨。歷四位也。文義太牽强。八神、四箇，舉其半而言之。一者，此一卦只管一卦之事，作數目，誤解。不能兼通他卦也。蔣氏誤讀《寶照》地元不言五土①，故爲此説。駁詳《寶照》。○别一法説此則誤，亦如何氏《公羊解詁》引師説是也，所附之條則非。江西一卦者，坤統二少，艮兑山澤。本乎地者親下，爲地元。卦起於東，生氣在東，如律吕寅生酉。反而言之，即謂江東龍去望江西亦可，誤解。故曰江西也。亦於八卦之中經四位而起父母，不如此。故亦曰八神四箇。二者，此一卦能兼管二卦之事，以二作數目解，大誤。而不能全收三卦也。與上同誤。蔣氏誤讀《寶照》天元取輔。此如坎至巽乃第四位，巽至兑亦第四位，八卦之中各經四卦，此法最要，然以解此節則誤。故曰八神四箇也。南北八神者南離北坎，中男中女，得六爻，分乾、坤二中爻，爲八神。乃江北一卦，所謂「江南龍來江北望」也。不云四箇者，不言四位者，上已明，省文也。

---

① 五土：疑爲「五吉」之誤。蔣氏解《寶照經》「辰戌丑未地元龍」等語云：「此元氣逼隘，不能兼地元爲五吉。」

此卦突然自起，不經位數，與東西兩卦不同也。八神其一卦者，此卦包含三卦，蔣氏以中一位統三卦，如言坤則包壬乙，以支兼干，爲三卦。如子、癸爲吉壬子凶，則癸只爲一卦，究非此條之義。說有所本，而此條經文則非此義，故於文義全未能安。總該八神，又非八神四箇二之比也。蔣氏誤讀《寶照》人元，創爲此說。實則三元皆同。亦如此三卦互文見義，其實皆同，并無三等之異。夫此東西南北三卦，有一卦只得一卦之用者，以爲地元。有一卦兼得二卦之用者，有一卦盡得三卦之用者。以爲人元。此謂玄空大卦秘密寶藏，非真傳正授，斷不能洞悉其妙者也。此傳蔣說多誤。

[證]《董子·循天之道篇》：「天有兩和，以成二中；歲立其中，用之無窮。是北方之中用合陰，而物始動於下；南方之中用合陽，而養始美於上。其動於下者，不得東方之和不能生，中春是也；其養於上者，不得西方之和不能成，中秋是也。然則天地之美惡，在兩和之處，二中之所來歸而遂其爲也。是故東方生而西方成，東方和生①北方之所起，而西方和成南方之所養長。起之不至於和之所不能生，養長之不至於和之所不能成。成於和，生必和也；始於中，止必中也。中者，天下之所終始也；而和者，天地之所生成也。夫德莫大於和，而道莫正他本作「止」。於中。中者，天地之美達理也，聖人之所保守也。《詩》云：『不剛不柔，布政優優。』此非中和之謂歟？」

① 生：原作「自」，據《春秋繁露義證》改。

「男女之法，法陰與陽。陽氣起於北方，至南方而盛，盛極而合乎陰；陰氣起於中夏，至中冬而盛，盛極而合乎陽。不盛不合，是故十月而壹①俱盛，終歲而②乃再合，天地久節，以此爲常。是故陰陽之會，冬合北方而物動於下，夏合南方而物動於上。上下之大動，皆在日至之後。爲寒則凝冰裂地，爲熱則焦沙爛石，氣之精至於是。故天地之化，春氣生而百物皆出，夏氣養而百物皆長，秋氣殺而百物皆死，冬氣收而百物皆藏。是故惟天地之氣而精，出入無形，而物莫不應，實之至也③。君子法乎其所貴。天地之陰陽當男女，人之男女當陰陽；陰陽亦可以謂男女，男女亦可以謂陰陽。天地之經，至④東方之中而所生大養，江東一卦⑤。至西方之中而所養大成，江西一卦。一歲四起業，而必於中。中之所爲，而必就於和，故曰和其要也。和者，天之正也，陰陽之半⑥也，其氣最良，物之所生也。誠擇其和者以爲

---

① 「壹」字原脱，據《春秋繁露義證》補。

② 「而」字原脱，據《春秋繁露義證》補。

③ 「也」字原脱，據《春秋繁露義證》補。

④ 「至」上原有「生」字，據《春秋繁露義證》删。

⑤ 此條注文原在「大」下「養」上。

⑥ 半：當從《春秋繁露義證》作「平」。

大德，天地之泰也①。天地之道，雖有不和者，必歸之於和，而所爲有功；雖有不中者，必止之於中，而所爲不失。是故陽之行，始於北方之中，而止於南方之中；陰之行，始於南方之中，而止於北方之中。南北合一，端的無差。陰陽之道不同，道並行而不相悖。至於盛而皆止於中，其所始起皆必於中。中者，天地之太極也，日月之所至而卻也；長短之隆，不得過中，天地之制也。兼和與不和、中與不中，而時用之，盡以爲功。是故時無不時者，天地之道也。順天之道，節者天之制也，陽者天之寬也，陰者天之急也，中者天之用也，和者天之功也。舉天地之道，而美於和，是故物生，皆貴氣而迎養之。」

江東卦

䷲震雷在天上，爲長男。大卦。

三神——
- 未　三爻變豐。
- 卯　中爻變歸妹。
- 亥　初爻變豫。

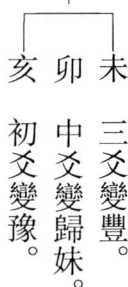

雷、風長者，近父。

① 上二句，《春秋繁露義證》本作「以爲大得天地之奉也」一句。

☴巽長女，在東。

三神——庚　初爻變小畜。
　　　　巽　中爻變漸。
　　　　癸　三爻變渙。

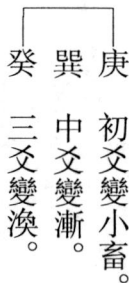

此二卦爲江東六神，分乾、坤初爻爲八神。

江西卦

☱兑

三神——丑　三爻變夬。
　　　　酉　中爻變隨。
　　　　巳　初爻變困。

山、澤少者，近母。

☶艮

三神——丙　初爻變賁。
　　　　艮　中爻變蠱。
　　　　辛　三爻變剥。

此二卦爲江西六神，分乾、坤第三爻爲八神。

艮當與乾巽位，坤壬乙、乾丙辛父母相對，爲二八局。

南北卦

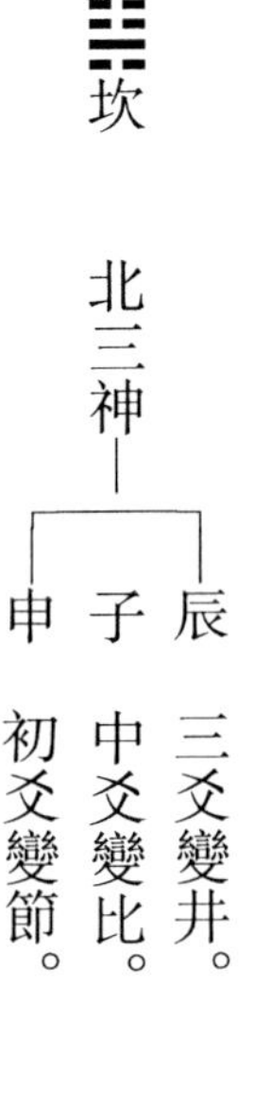

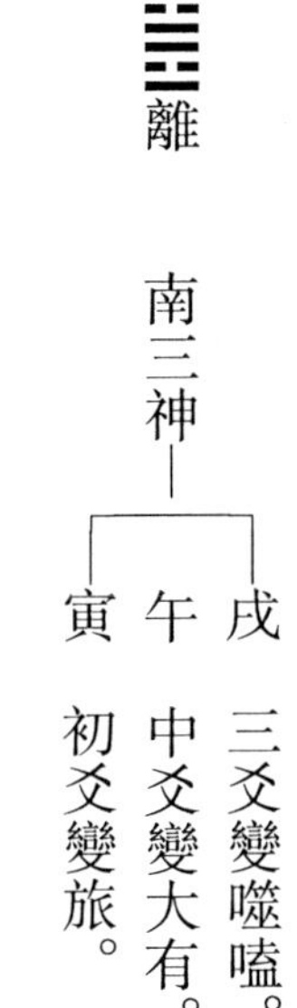

此二神爲南北六神，分乾、坤中二爻合爲八神。

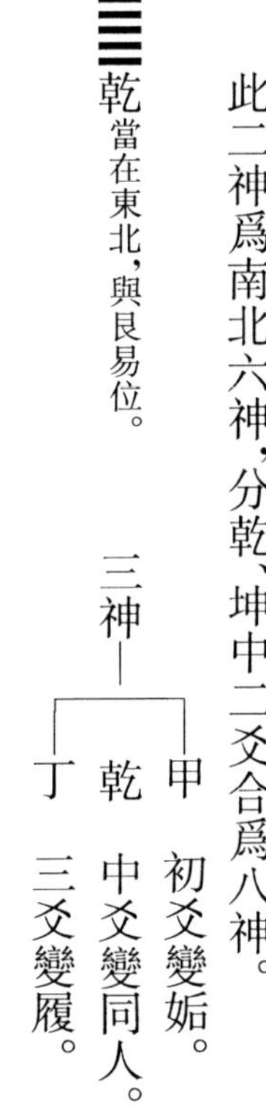

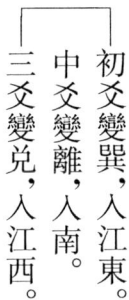

乾

初爻變巽，入江東。

中爻變離，入南。

三爻變兌，入江西。

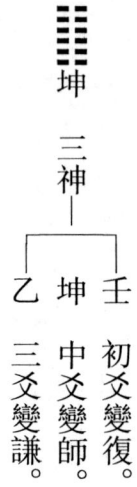

䷁坤　三神—

- 壬　初爻變復。
- 坤　中爻變師。
- 乙　三爻變謙。

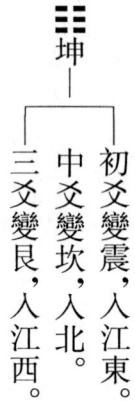

☷坤—

- 初爻變震，入江東。
- 中爻變坎，入北。
- 三爻變艮，入江西。

離
午
大有
中
丁
履
乾三
丙
賁
艮初
己
困
兌初
申
節
坎初
庚
小畜
巽初
兌
酉
隨
中
震
卯
歸妹
中

二十四龍即上三八神。○八卦爲父母，一卦生三爻，爲子孫，共得二十四。卦以三索分之，長局風、雷二卦六爻，合乾、坤之二初爻，爲八；少局山、澤二卦六爻，合乾、坤之二三爻，爲八；中卦坎、離二卦合乾、坤之二中爻，爲八。《易》曰三男三女。又分乾、坤爲一卦，管八龍也。管三卦，爲三才所統。莫與時師話。八龍分三元，亦爲二十四矣。忽然知得便通仙，代代鼓騈闐。

二十四龍，本是八卦，别卦和卦八父母，同生二十四子息。而八卦别和分順逆，各爲八卦。又分爲三卦。用三索之義，一卦生三，三卦爲四十八局。此玄空北方玄武，玄枵即玄空。之秘，必須口傳。若俗注，丙本南離而反屬東卦，壬本北坎而反屬西卦，牽強支離，悖理之極。且云：四箇一者，寅辰丙乙四箇在一龍；四箇二者，申戌壬辛四箇在二龍，又屬無謂。

天卦初爻配天，如長男震，長女巽。本乎天者親上，故謂之天卦。此當改邵子《先天圖》爲上下，則文義顯然矣。江東掌上尋，風、雷在東方，故以東言之。知了值千金。三局分長中少。地畫三爻爲少男艮、少女兑，本乎地者親下，故與坤地居下，爲地卦。長居東，少居西。八卦八爻仍變爲八卦，如《周易》。誰能會，山與水相對。山指地，水指天。對水對山①，又「翻天倒地對不同」之對。《天文訓》又以天二十八宿與地九州相對爲圖。

天地、東西、南北，皆對待之名，上下四旁。所謂陰陽交媾，《内經》五十營而復大會，午會於腦，子會於屏翳，與此相同。玄空大卦之妙用也。營衛周行有二：小一刻一周，如地之私轉，一日一會；大一年一周，如地之

① 山：原作「三」，據上文改。

公轉，一歲中各循道而二大會。此節方將山與水相對一言，山、水即陰、陽符號。略指一斑，泄漏春光矣！董子《繁露》發洩無餘。非分天卦於江東，分山水相對於地卦借山、水爲隱謎。西卦本屬艮兑，然言在此意在彼。○法以九宮配九星。也。若以辭害志，分別支離，即同癡人説夢矣。不能不分，又不可呆板。

證《五行大義》：「九天亦屬北斗九星①之數，故不對九州。炎天數九，屬斗第一樞星，應離宮，對揚州；變天數八，屬斗第二旋星，應艮宮，對兖州；昊天數七，屬斗第三璣星，應兑宮，對梁州；幽天數六，屬斗第四權星，應乾宮，對雍州；鈞天數五，屬斗第五衡星，應中宮，對豫州；陽天數四，屬斗第六開陽星，應巽宮，對徐州；蒼天數三，屬斗第七瑶光星，應震宮，對青州；朱天數二，屬斗第八星，應坤宮，對荆州；元天數一，屬斗第九星，應坎宮，對冀州。」此天與地相對也。《淮南·天文訓》二十八宿相對，則星與星相對。

父母以八卦爲父母，一卦生三②，二十四山爲子，七十二候爲孫。陰陽仔細尋，《太玄》方州部家如羅經，中地爲皇極，分陰陽，次分八卦，一卦生三爻，爲二十四山，一山又分三卦，則爲七十二方州部家，即所謂祖父子孫。前後相兼定。以八宮論，如壬子癸中子爲父母，壬在前，癸在後，合三卦爲一宮。前後相兼兩路看，壬居前，從坤來；癸居後，由巽來。分定兩邊安。兩旁爲他卦之子息，即爲挨星秘訣。

① 九星：原作「九宮」，據《宛委別藏》本《五行大義》改。

② 「三」下疑脱「爻」字。

卦中一爻。有卦之父母，兩儀，四象。爻謂兩旁二爻。有爻之父母，中一位，生兩旁。皆陰陽交媾之妙理。陰與陽交，干與支交，奇與偶交。此節「前」、「後」指卦爻而言，一卦之中八中位。○卦之父母，中一位也；爻之父母，倒排向上之二爻也。一以位言，一以氣言。爲父母，八宮，如《撼龍》八龍。卦前卦後、如子宮壬、癸。偏旁兩路，壬從坤來，癸從巽來。即爲子息。爲本宮他卦之子孫。若不仔細審察，竟以壬、癸爲同宮之子孫。恐於父母之胎元不真，而陰陽有差錯矣。八支爲四正子息，八干爲四隅子息。

證《董子·天辨在人篇》：「難者曰：『陰陽之會，一歲再遇於南方者以中夏，遇於北方者以中冬。冬，喪物之氣也，則其會於是何？』『如金木水火各奉其所主，以從陰陽，相與一力而并功。其實非獨陰陽也，然而陰陽因之以起，助其所主。故少陽因木而起，助春之生也；太陽因火而起，助夏之養也；少陰因金而起，助秋之成也；太陰因水而起，助冬之藏也。陰雖與水并氣而合冬，其實不同，故水獨有喪而陰不與焉。是以陽陰會於中冬者，非其案，他本「其」作「者」。喪也。春，愛志也；夏，樂志也；秋，嚴志也；冬，哀志也。故愛而有嚴，樂而有哀，四時之則也。喜怒之禍，哀樂之義，不獨在人，亦在於天；而春夏之陽，秋冬之陰，不獨在天，亦在於人。人無春氣，何以博愛而容衆？人無秋氣，何以立嚴而成功？人無夏氣，何以盛養而樂生？人無冬氣，何以哀死而恤喪？天無喜氣，亦何以暖而春生育？天無怒氣，亦何以清而秋殺就？天無樂氣，亦何以疎案，他本「疎」作「疏」。陽而夏養長？天無哀氣，亦何以激陰而冬閉藏？故曰：天乃有喜怒哀樂之行，人亦有春秋冬夏之氣者，合類之謂也。匹夫雖賤，而可以見德刑之用矣。是故陰陽之行，終各①六月，遠近同度，而所在異處。陰之行，春居東方，秋居西方，夏居空右，冬居空左，夏居空下，冬居空上，此陰之常處也。陽之行，春居上，冬居下，此陽之常處也。陰終歲四移，而陽常居實，非親陽而疏陰，任德而遠刑與？天之志，常直陰空處，稍取之以爲助。故刑者德之輔，陰者陽之助也，陽者歲之主也。天下之昆蟲隨陽而出入，天下之草木隨陽而生落，天下之三王隨陽而改正，天下之尊卑隨陽而序位。幼者居陽之所少，老者居陽之所老，貴者居陽之所盛，賤者居②陽之所衰。藏者，言其不得當陽。不③當陽者，臣子是④也；當⑤陽者，君父是也。故人主南面，以陽爲位也。陽貴而陰賤，天之制⑥也。禮之尚右，非尚陰也，敬老陽而尊成功也。』」

卦內八卦一貪狼中剥换各體。不出位，此指《撼龍》言。出位不指羅經方位，謂離脱本形。如貪狼龍剥换之時失貪狼

---

① 各：原作「合」，據《春秋繁露義證》改。
② 居：原作「當」，據《春秋繁露義證》改。
③ 不：原誤作「而」，據《春秋繁露義證》改。
④ 「是」字原脱，據《春秋繁露義證》補。
⑤ 「當」字原脱，據《春秋繁露義證》補。
⑥ 制：原誤作「刑」，據《春秋繁露義證》改。

本性，乃爲出位。代代人尊貴。謂「生子生孫巧相似」。向水流歸一路行，龍向水，所謂三般卦。上句形，此句法。到處有聲名。龍行出卦數里數百里，失卻祖宗面目性情。無官貴，不用勞心力。龍體雜亂。只把重讀「只」字。天醫福德裝，天醫福德，未嘗不可用。未解見榮光。形爲體，法爲用；若無其龍形而專言卦，則有用無體，不能得效。非深駁小遊年法也。

八卦經以龍言，蔣氏以法言。之内有三卦，如二挨一、三，八挨七、九，合爲三卦。在三卦之内所謂乾山乾向水流乾。則爲不出卦，而吉；指向水必合龍。三卦之外即爲出卦，而凶。非三叉則不能挨。向須卦内之向，水須卦内之水，一家骨肉，經四位起父母。二者皆歸本卦，則全美矣。如坤以壬來挨子，巽以癸來挨子，子則以申往坤、辰往巽，以爲挨星交媾。天醫即巨門，福德即武曲。經言「只把天醫福德裝」，重在無真形法無效耳。經語如此者，蔣間失其旨。此乃一行所造小遊年卦例，全出《五行大義》小遊年法。○按，小遊年法早見于隋，《五行大義》引之，則非一行所造明矣。蔣又有「滅蠻經」之説，蠻夷從不講葬法期課，唐之君臣至以此爲制夷之術，殊屬可笑。不審何所據。以溷挨星之真者也。蓋謂世人誤認卦例爲九星五行，由形生法。必不能獲福也。術者言法，遂拋荒形家一層。不知玄空大卦亦須有形，方能載物。

倒排父母自然而然，不可以「排」爲人力。蔭龍位，三合四局之四生①四維，四局之四剛日，皆在對方積漸生我，故父母必在向上。山指龍九星。向言向則包坐。同流水。水指乾流水。十二陰陽一路排，父母子息有顛倒之時。總

① 四生：疑當作「四正」。

是卦中來。支四局在四正，干四局居四維，各爲十二山，合之二十四山。由八卦生來。

倒排父母即「顛顛倒」之義，律娶妻，吕生子。陰陽交媾，皆倒排之法。俗云隔八相生，實則北斗數杓數魁、昏建旦建之異同，此乃爲真陰陽，取於北斗。山向與水神地盤，法形家作用。必倒排以定陰陽，順逆顛倒。十二陰支。陽干。即備二十四山之理。四正陰，四隅陽。言雖有二十四位陰陽，總不脱八卦《天玉》專詳八卦，以三山爲一宫。爲父母也。《天玉》專以三卦爲主，全局用八；《寶照》則全與《天玉》反，專用十二支。

關天關地《易大傳》以西北乾位爲當時周京在雍州之法，據經文，當在東北。乾坤相對，所謂東北喪朋西南得朋也。今讀羅經，須知此乾艮易位之理。定雌雄，陽左行，如月建；陰右行，如月將。富貴此中逢。翻天倒地移父母作子息。對不同，冬至夏至有南正北正之不同。秘密在玄空。陰常居於空。○《繁露·陰陽位》。

雌雄交媾之所坎離子午。乃天地之關竅；二至，陰陽交關。知其關竅，而後交媾可定也。五十營而復大會，大會即交媾。江南龍來江北望，生氣從對面而來，來爲生我。望，即向也。江西龍去望江東，實即三合生旺墓之説而變其詞耳。此爲翻天倒地。已詳《奥語》注中。

三陽人盤背陰向陽，無論二十四山，同以所向爲三陽，三陽左右則爲三殺方，此即玄空法。玄武空虚，對朱雀生旺也。水向《寶照》專詳向、水。盡源流，即向旺。朱雀發源生旺氣。天星由向水取之。富貴永無休。三陽奇門三奇，爲日奇月奇星奇。六秀奇門六儀訣。○三卦其爲九爻，取中一位爲三陽，兩旁六爻爲六秀。一神當，本宫子息往挨他宫。禮尚往來，往來爲挨。立見入朝堂。

三陽者，丙、午、丁也。只以離宫三卦當之。若巳、未，舊法以爲三煞者，在挨星則爲一家骨肉也。《天玉》、《青囊》既重挨星生旺矣，一挨二、四，父母乃爲生旺，則取坤、巽成三。三叉形。而此節提出三陽，别有深意，非筆舌所能道。丙午丁三陽，一説也，下文之三陽又别一法，爲挨星訣。六秀者，本卦之二爻，奇門以八卦爲歸宿。内外六爻。故曰二神。如坎之申、辰屬於本卦六秀之申，以此二爻爲一家骨肉，與他卦相挨，故尤重之。《天玉》以卦之父母爲三吉，如子與坤、巽挨爲一挨二、四，則坎、坤、巽三卦爲父母也。以卦合三卦言。之子息爲六秀。坎有壬、癸，坤有未、申，巽有辰、巳，共六爻，皆在兩旁，爲六秀。俗注艮丙巽辛兑丁爲六秀，非。六秀活法，以本宫主卦而定。八卦皆有六秀，非死法。

證《董子·陽尊陰卑篇》：「天之大數，畢於十旬。旬天地之間，十而畢舉；旬生長①之功，十而畢成。十者，天數之案，他本「數之」作「之數」。所止也。古之聖人，因天數之所止，以爲數紀。十如更始，民世世傳之，而不知省其所起。知省其所起，則見天數之所始；見天數之所始，則知貴賤逆順所在；知貴賤逆順所在②，則知天地之情著，聖人之寶出矣。是故陽氣以正月始出於地，生育養長於上，至其功必成也，案，他本「也」作「矣」。而積十月。人亦十月而生，合於天數也。是故天道③十月而成，人亦十月而成，合於天道也。故陽氣出於東

① 生長：原作「生成」，據《春秋繁露義證》改。

② 此句原脱，據《春秋繁露義證》補。

③ 「天道」二字原脱，據《春秋繁露義證》補。

北，入於西北，發於孟春，畢於孟冬，而物莫不應是。陽始出，物亦始出；陽方盛，物亦方盛；陽初衰，物亦初衰。物隨陽而出入，數隨陽而終始，三王之正隨陽而更起。以此見天之貴陽而賤陰也①。」

水到天氣。御街官便到，地死物，不動者也；天與地無媒不能交會，則以水爲媒。水引天氣，以動地氣，故尤重水神。神童狀元出。印綬若然居水口，以法言水引陽神印綬亦指星辰。御街近台輔。鼕鼕鼓角隨流水，若拱照夾輔之類。艷艷紅旆貴。

鼓角、紅旆，皆以形家言。《疑》、《撼》中多言理氣，此書中言形勢者亦多，或欲分形、法爲二門者誤。

上先看金龍。按三才與奇門之三奇。并六建，奇門之六儀，三、六合爲九宮。除中宮外，坐爲地，向爲天，兩旁六卦爲六秀。排定陰陽算。奇門之陰遁、陽遁，各五百四十局。下次認來龍。按玉輦捍門流，羅城、水口。龍去要回頭。此下地理。

三才即三吉，六建即六秀。此節上二句論方位，理氣。故須排定陰陽；奇門陽順陰逆。下二句論形勢，玉輦、捍門皆指去水，須纏身兜抱，謂之曰回頭也。

六建奇門六儀從戊至癸。蓋十干除甲不數，乙丙丁爲三奇，戊以下爲六儀。分明號六龍，坤宮逆行一二三，巽宮順行一四七。；更由此推之，可以周行二十四山。名姓達天聰。正山正向以干爲正。奇門三奇六儀皆干也。流支

① 此句《春秋繁露義證》作「以此見之，貴陽而賤陰也」，無「天」字。

上，流支，則陰陽乖。寡夭遭刑杖。此以干支分四正四隅。下二句緊接上二句而言。水之取六建是矣，然卦龍神，中一位。之山向在四隅卦中，四正之子息挨入四維宫中，如坎正，申、辰入四隅。則用本卦如坎之子。支神之六建；申、辰屬坎宫，非干之子息。在四正卦中，此指四隅龍而言，如四維。又當用本卦干神之六建。四維之子孫挨入四正宫中，如壬、乙、丙、辛是也。若卦取正山正向，干爲父母。又流他卦之支上，四正龍以支統支。是陰差陽錯，以干支分陰陽。而必有寡夭刑杖之憂矣。舉四正卦，而四隅卦不辨自明矣。此節以下專辨干支零正，陰陽純雜，毫釐千里之微。爲八宫向水之法，與《寶照》期課元運天星不同。

共路共宗同道，爲友爲朋，河圖五行是也。兩神一生一成互相起。爲夫婦，北斗月壓，爲大夫婦。認取真神路。挨排往來，顛倒五行。仙人秘密定元運取北斗。陰陽，合則順，異則逆。奇門陰陽二局皆順也，中有半順半逆，爲小夫婦。便是真龍岡。有合有離，必須得中位父母。

共路兩神，即一干一支也。此以一干一支言。如律吕法，律爲陽爲奇，吕爲陰爲偶。一干一支皆可爲夫婦，然有真夫婦，同宫可相來往。來巽四，庚往七，七巳來，巽能往來相挨。有假夫婦；真夫婦爲正龍，假夫婦巳丙無中爻，八丙艮來，巳乃在七，無往來。即非正龍矣。四七六九與七八同爲挨宫之法數。巽巳巳支爲四維，丙午午支爲四正，而巽午一隅一正，皆中一位有主權；若巳丙，則分二宫皆兩旁，又不爲真夫婦。此八宫法。若《寶照》則以巳丙爲吉矣。如巽、四。巳七。○以干帶支，同在四宫。爲真夫婦，庚往七，七巳來。丙、八。午九。亦真夫婦；以干帶支，同在九宫。若巳、七。丙八。○在離宫，在巽宫。若《寶照》，則巳、丙爲吉，巽巳、丙午皆爲凶。則不得爲真夫婦矣。無中爻，父母二爻占兩卦之間。若在《寶照》，則巳丙宜向天門上爲真夫婦矣。其他倣此。《天玉》專詳八宫，《寶照》則與此相反，以爲干若帶支，爲鬼龍矣。

證《董子·陰陽終始篇》：「天之道，終而復始。故北方者，天之所終始也，陰陽之所合別也。冬至之後，陰俛而西入，陽仰而東出，出入之處常相反也。多少調和之適，常相順也。有多而無溢，有少而無絶。春夏陽多而陰少，秋冬陽少而陰多，多少無常，未嘗不分而相散也。以出入相損益，以多少相溉濟也。多勝少者倍入。入者損一，而出者益二。天所起一，案，「益二」以下六字，他本闕。動而再倍，常乘反衡再登之勢，以就同類，與案，「以就」以下五字，他本闕。之相報，故其氣相挾，而以變化相輸也。春秋之中，案，「輸也」下六字，他本闕。陰陽之氣俱相併也。中春以生，中秋以殺。案，「生中」以下六字，他本闕。由此見之，天之所起其氣積，天之所廢其氣隨。案，他本闕「隨」字。故至春少陽東出就木，與之俱生；至夏太陽南出就火，與之俱煖。此非各就其類而與之相起與？少陽就木，太陽就火，木火相稱，各就其正。此非正其倫與？至於秋時，少陰興而不得以秋從金，從金而傷火功；雖不得以從金，亦以秋出於東方，俛其處而適其事，以成歲功。此非權與？陰之行，固常居虚而不得居實。至於冬而止空虚，太陽乃得北就其類，而與水起寒。是故天之道，有倫、有經、有權。」

證《董子·基義篇》：「凡物必有合。合，必有上，必有下，必有左，必有右，必有前，必有後，必有表，必有裏。有美必有惡，有順必有逆，有喜必有怒，有寒必有暑，有晝必有夜，此皆其合也。陰者陽之合，夫者妻之合，子者父之合，臣者君之合。物莫不合，而合各有陰陽。陽兼於陰，陰兼於陽；夫兼於妻，妻兼於夫；父兼於子，子兼於父；君兼於臣，臣兼於君。君臣、父子、夫婦之義，皆取諸陰陽之道。君爲陽，臣爲陰；父爲陽，子爲陰；夫爲陽，妻爲陰。陰道無所獨行，其始也不得專起，其終也不得分功，有所兼之義。是故臣兼功於君，子兼功於父，妻兼功於夫，陰兼功於陽，地兼功於天。舉而上者，抑而下也；有屏①而左也，有引而右也，有親而任也，有疏而遠也，有欲日益也，有欲日損也。益其用而損其妨。有時損少而益多，有時損多而益少；少而不至絶，多而不至溢。陰陽二物，終歲各壹出。壹其出，遠近同度而不同意。陽之出也，常縣於前而任事；陰之出也，常縣於後而守空處。此②見天之親陽而疎陰，任德而不任刑也。」

陰陽作向水讀。二字看零正，順逆兩途，零正無定。坐指龍星。向須知病。此書不言坐。若遇正神正位裝，此專主立向。發③水入零堂。本卦衰墓地。零堂屬水。正向屬山。須知好，《天玉》專言八宮法，三卦合爲

① 「屏」下原衍「送」字，據《春秋繁露義證》删。

② 此：原作「而」，據《春秋繁露義證》改。

③ 發：原誤作「撥」，據《四庫》本《天玉經》改。

生墓，兩挨卦一旺一衰，爲正零。認取來山腦。形、法兼論。水上天星。排龍金龍。點位裝，一卦周流。積粟萬餘倉。

《青囊》、《天玉》不言《寶照》，則別一法門。蓋以卦内生旺之位爲正神，如子字之申爲卦内生旺。以出「出」字當爲「本」字，後人誤改。卦衰敗之位如坎卦之辰爲入墓。爲零神，正神爲向，零神爲水。正、零以生墓分。故陰陽交媾此地盤法，與《寶照》不同。全在零正二字。中藏順逆顛倒。零正不明，生旺必有病矣。反成衰敗。若知其故，而以正神來氣方。裝在向上，爲父母。爲生入，如四正向四正。而以零神裝在水上，如四正流四墓。爲尅入，墓爲衰敗。則零堂正向，豈不兼收其妙乎？向水既妙，此地盤完善。而來山之腦此又指天星。未必與坐向相合，天、地各有取法。經論龍形，不論坐山。此來龍之腦，指坐而言。又當認取。果來山又與坐向羅經方位合龍身。同在卦内，天星與地形合。則來脈又合，非但一向之旺氣所謂天上。而已。以上以天星言。惟水亦然。水所以引星，故分言之。蓋山有來山之腦，格龍法。水亦有來水之源。水龍即是山龍，二法相同。亦須節節排去如格山法。俗法於龍身節節推排，而水則但一望而已。當以格龍之法格水，大約山以龍爲主，水則多用羅經方位。點位裝成。有補救法。果能步步零神，以水之節數配元運之推移。則水之來脈來源爲祖宗。與水之入口到頭。同一氣，山之坐向此乃詳坐。與山之來脈同一氣；百十里來龍。斯零正二途，別無間雜，而爲大地無疑矣。地盤爲形家言。向水既清，無遺恨，乃更求天盤，以元運旺處爲山水，隨時立向以求之。如二者相合，尤爲美善矣。正神向。百步始成龍，倒排父母，須得運氣旺相大運。若一年爲五日京兆，不足取。水短便遭凶。俗師元運，二十年移一宮，則不久。亦如吉水短，久則變凶，則不能吉。此二句天星。零神不問形局之水在衰方。長和短，即賞善從長，罰惡從短之義。吉則難，禍則易。吉凶不同斷。君子避禍多於求福。福不易求，先求避禍。

此承上文而言。正神正位裝，向固吉矣，然其向中來氣天氣。須深遠悠長，而後成龍；大運元會統以數百年爲始。若然短淺，則氣不聚，一章則只十九年。難以致福。求福難。至於水則不然，蔣就形局解水。一遇正神，所謂順逆顛倒，以便爲口。雖一節二節，以一章爲一節。其殺立應矣。得禍易。其零神之長短，又與正神有異。有形、法兩説，切宜細辨。使零神而在水，元竅相通。雖短亦吉；由一章引至統會。若零神而在向，以便爲口。雖短亦凶。先分順逆，然後再言長短。是零神之吉凶在水向之分，在水則吉，在向則凶。而不係乎長短也。有牽連引動之法。

父母四正。排來到子息，龍身居中一位爲父母，如貪狼以子爲父母，申、辰爲子息。立向則反，以兩旁之卦爲父母，龍身反爲子息。父母子息有顛倒之時。須去認生尅。如子申生辰墓。水上四維。排龍照位分，四隅與四正同。弟兄格水與龍法相同。此法今人所略。更子孫。即巨壬乙三局。

亦承上排龍而言，卦之中氣乾坤艮巽，子午卯酉。爲父母，卦旁二爻兩旁二爻。爲子息，而本宮他卦坎宮之壬、癸，坤宮之未、申。之父母支爲支父母，干爲干父母。爲兄弟。如壬癸來自巽坤，巽與坎爲兄弟。上二句言山上排龍，下二句言水上排龍。四隅又爲天星，四正又爲地形。山上排龍，從來。父母中。排到子息，去。總是一卦，三爻。則卦氣純矣。所得之字向。然須認其卦之生尅。順逆顛倒。若得卦之生氣，則純乎吉；水向。若得卦之尅氣，二者皆誤。則純乎凶矣。如以二便作向。豈可以其卦之純一而遂謂吉哉！其法最重順逆。六壬以冬夏二局分順逆，星命以男女分順逆。此當專心研究，定爲公式者也。山上排龍，來脈一路，倒排父母。則①都只在一卦之内。至於水上排龍則不然。水又指天星。有一路來者，亦有兩三路來者，星辰亦然。故須照位分開，夾拱冲合諸法。而不能拘一卦水以羅經定，羅經則不拘一形矣。之父母。生方。只要旁來之水亦在父母本宫他卦之父母。一氣之卦，相挨之卦之子孫。謂之兄弟，三陽爲兄弟，山取同姓爲同，水取異姓爲合。兄弟卦内又有子孫，所謂六建。雖非一父母，不一卦。而總是一家骨肉。此所謂挨星。如婚媾往來，結異姓爲昆弟，夫婦配合，姓雖異，仍爲一家骨肉也。來路雖多，不害其爲吉也。凶者反是。

二十四山分《天玉》以左右分，《寶照》以支帶干爲雙山。兩路，支干各有順逆。認取五行主。周行各有兩五行，大會之地爲主。龍中此龍，天星。交戰元運分大小，有彼此，好惡利害不同，則戰矣。水中裝，以水引星，水又雜取交戰團體。便是正龍傷。天星刑害，地失其權。前面由後推之。若無凶交破，有對衡，有合照。若無二害，重來破害。莫斷爲凶禍。有利有害，有吉有凶，尚屬平。凶星看在何公頭，此書孟、仲、季皆指三統元運而言，非俗説分房之法。仔細認蹤由。一元二百四十三章，有大小久暫之分。推其流年何時小利，何時小凶。〇玄空是一法，挨星是一法。《天玉》八宫挨星，與《寶照》十二宫不同。蔣注②分別甚嚴，姜氏則有出入矣。

① 則：別本作「大」，當從。

② 注：原作「法」，據文意改。

此一節專舉卦之差錯而言。兩路者，陰陽生死也。如三合説。二十四山每山皆有兩路，順逆成四十八局。陽見陽，順；陰見陰，順。陽見陰，陰見陽，皆逆。非分開二十四山歸兩路也。兩路之中，六壬法十二貴神以晝夜分陰陽，陽貴順行，陰貴逆行。亦如營衛運行，從旦暮卯酉分陰陽。同是貴神，而以所值之時分順逆也。須認取五行之所主。每宫排來皆五行，如人盤是也。五行所主，以主卦入中，如奇門遁局。貴在清純。若龍中所受之氣既不清純，而吉凶交戰矣，元統會章爲四神，不能兼全。如章會與我好，而見惡元統，則不悠久。倘能以水之清純者救之，庶龍氣遇水制伏，以水引星，凶者避之，吉者用之，亦趨避之法。或以期課營造轉移之。而交戰之凶威可殺；此補救之法。奈何又將龍中交戰之卦凶星。裝入水中，以水引之。則生氣之雜出者不能爲福，向。而死氣之雜出者適足爲禍，正龍有不受其傷者乎？蔣承上形局説之。然水之差錯，其力足以相勝；吉多者吉勝凶，凶多者凶勝吉。宜皆以星氣言。入口雖然交戰，而來水源頭若無凶星變正文作「交」。破，則氣猶兩平，雖不致福，亦未可遽斷爲凶禍。且凶星之應，亦有公位之分。吉凶雙到之局，只看某房受著，便於此房斷其有禍；不受著者，亦不應也。分房之説，經無此意。以下數節糾纏公位，皆失之。非如純凶不雜之水，房房受其殃禍之比。蔣説仍可以三元解之。故其蹤①尤當仔細認云。

先定來山後定向，來山謂龍形九星，非如俗説羅經方位，更非指坐下出脈而言。三般位龍向水，不言坐，言向則坐可

① 蹤：原誤作「終」，據經文改。

知。聯珠不相放。一家骨肉，三家相聯如貫珠。須知細覔五行蹤，大五行道路。富貴結全龍。此爲上文解説。

此節單就山上龍神而言，《疑》、《撼》。《青囊》、《天玉》原以來山所受之氣來龍。與向上所受之氣本局生方。分爲兩局，一天，一地。然兩局又非截然兩路，此則高人妙用。故云「聯珠不相放」。即交媾。此不可約略求之者也，有同姓異姓兩法。須當細覔蹤跡。若是富貴悠久之地，必然來山是此卦，由形定卦。而向首亦是此卦。兼同姓異姓。一氣清純，形局理氣合一。方得謂之全龍耳。但言其同，異而可推。

五行若然翻地形、天星用爲一類，以地召天，如貪狼形召貪狼星。天地配合，此爲第一法門。值向，有兩父母。八卦之中一位爲父母，兩旁爲子息，此中宫爲父母，至於子息二卦順逆值向，則由對方生我，則反以子息爲父母矣。百年子孫旺。以向爲父母，則中一位反成子孫。謂向旺，則受生氣。〇《董子・順命篇》：「父者，子之天也；天者，父之天也。無天而生，未之有也。天者萬物之祖，萬物非天不生。獨陰不生，獨陽不生，陰陽與天地參然後生。故曰：父之子也可尊，母之子也可卑；尊者取尊號，卑者取卑號。」陰陽配合亦同論，同，爲同聲同氣；異，則爲婚媾。富貴此中尋。若本星體不得好期課，則用婚媾法，陽地取陰星，陰地取陽星，以異姓相合同爲一法。

此節亦上二句言山上龍神，《天玉》八卦。下二句言水裏龍神。《寶照》十二宫。五行翻值向者，五行之旺氣值向也。地有是形，天運亦到。此尚同之法。翻即翻天倒地之翻，言生旺氣翻從向向爲客。上生入也。地爲主人。如貪狼向中，得貪狼照臨龍向相同，地天交泰。山管人丁，故云百年子孫旺，而富貴亦在其中矣。互文見義，不必拘泥。陰陽配合，水來配合也，如六合八合，彼此陰陽不同。亦與向上之氣同論，異姓爲夫婦，同姓爲兄弟。但用法有殊耳。辨别同異。水管財禄，故云富貴此中尋，而子孫亦在其①中矣。或曰：《天玉》八宫亦自有天星陰陽，爲形局之法；《寶照》專爲期課，臨時修改之法。

【證】《董子·天道無二篇》：「天之常道，相反之物也，不得兩起，故謂之一。一而不二者，天之行也。陰與陽，相反之物也，故或出或入，或右或左，春俱南，秋俱北，夏交於前，冬交於後，並行而不同路，交會而各代理。此其文與？天之道，有一出一入，一休一伏，其度一也，然而不同意。陽之出，常縣於前而任歲事；陰之出，常縣於後而守空虚。陽之休也，功已成於上而伏於下；陰之伏也，不得近義而遠其處也。天之任陽不任陰、好德不好刑如是。故陽出而前，陰出而後，尊德而卑刑之心見矣。陽出而積於夏，任德以歲事也；陰出而積於冬，錯刑於空處也。必以此察之。天無常於物，而一於時，時之所宜，而一爲之。故開一塞一，起一廢一，而至畢時而止，終有復始於②一。一者，一也。是於天凡在陰位者皆惡亂善，不得主名，天之道也。故常一而不滅。」

東西父母三般卦，即《寶照》三吉，每宫三山中一位，左右來路，即子息所挨之兩宫。算值千金價。二十四路

① 「其」字原脱，據别本補。
② 於：原作「其」，據《春秋繁露義證》改。

出高官，此皆上文之傳説，非有別義。緋紫入長安。父母不是未爲好，此又指向上父母生龍。無官只豪富。

此節發明用卦之理，重卦體此又指向上父母，如子之於坤、巽。而輕爻，如子之於未、巳。重父母而輕子息。兄弟之子息，爲他卦之子孫。蓋同一生旺，能挨，又得中氣。而力量懸殊也。出卦爻爲枝葉。言東西，而南北在其中矣。董子四方之説詳矣。《青囊》、《天玉》之秘，專指此書。只有三般卦訣，言挨星亦就八宫立説，與《寶照》不同。若二十四路不出三般之内，逆行一二三、三六九、九八七、七四一，順行一四七、七八九、九六三、三二一，爲八宫挨星秘訣。則貴顯何疑①？然卦内又當問其是卦之父母否。不拘方位，以星體元運言之。高官緋紫，必是父母之氣源大流長，前所指長短亦父母子息之謂。所以貴耳。三卦。弟兄則爲弟兄，異姓則爲婚媾，兩家互爲婚媾，如秦晉、宋陳。彼此往來之二爻皆屬子女，無主家之權，故必求異姓兄弟之父母卦。若非父母，而但乘爻神子息之旺，往來之二爻，申壬癸辰所不計。則得氣淺薄，坤之未爲三，巽之巳爲七，不同宫，出卦矣。僅可豪富而已。美中不足。

父母排來看左右，四正如申子辰以順示例，四維如坤壬乙以逆示例。以兩旁子息倒排爲父母，有左右兩局順逆之不同。向首形局之水向②。分休咎。順局順排則吉，逆排則凶；逆局逆排則吉，順排則凶。雙山雙向水零神，龍

① 此句原脱，據別本補。

② 水向：原誤作「求向」，據文意改。

有順逆兩局，爲雙山；向有順逆兩局，爲雙向。水承上而言，不言雙而雙可知矣。富貴永無貧。若遇正神須敗絶，以水排在旺方，則順逆顛倒。五行當分别。隔向一神仲子離爲中女，即謂仲子。當，千萬細推詳。陽生於坎，陰生於離。立向取正午，是向陰矣，然陰不敢當陽，必避一位，從巽上起一，則午正爲陽，正當爲向，非陰位也。亦承上文用卦須父母而言。父母排來，要排來山之龍脈也。來山屈曲，必不能盡屬父母，此父母指向而言，所謂倒排父母，不指山形。若山，則八龍皆父母矣。兼看左右兩爻子息若何；若子息清純不雜，又須向首所受之氣此左右專指順逆，非於來山中求左右。逢生旺則休，遇衰敗則咎。以上説是。若雙山雙向卦氣錯雜，順逆行即雙山雙向，所謂二十四山成四十八局。須得水之外氣，悉屬零神，尅入相助，則雙山雙向爲水神所制伏，誤解雙山雙向，生此障礙。而富貴可期矣。經文無此意。萬一水路又屬正神，則生出尅出兩路皆空，而敗絶不能免矣。水不合則敗絶，前文已詳，非龍身駁雜乃不吉。公位之説，乃因洛書八卦震兑坎離而定此説誤。孟仲季三子之位，《漢志》孟統仲統季統爲三統元運。隔向一神猶在離卦之内，故云仲子。八卦三合，坎宫在申辰兩①。三叉法：仲子爲離，從離至申隔一未，從辰至離，中隔一巳，所謂「隔向一神仲子當」也。《天玉》略露一斑，以爲分房分房之法出於晚師，最不通。此有别故，不當以部位分，亦不驗。取驗之矩矱。蔣所言之分房，即分三元，一元之中又分三統，一統之中又分九會，一會之中又分九章，皆以孟仲季爲起例。非如俗師所謂之分房也。言仲，而孟、季可以類推矣。經本説

---

① 此處疑有脱文。

離卦中男中女，注以爲孟仲季三元；言各異端，皆爲古法，所當細求。

若行公位五、十居中，爲公位。看順逆，五行到此，所謂「前行去到五里山」。接得方奇特。「偶遇賓主相交接」。

宮位若來以立向交會之地爲公位。見逆龍，夫婦以順爲主，若逆，則反目矣。男女失其蹤。陰陽，喻雌雄。男女失蹤，謂不相交媾，夫妻反目之象。〇順逆之法，男順女逆爲常。若男遇陰年則逆，女遇陽年則順。此子評男女順逆之法，可推之宅基。

承上文仲子一神，而槩言公位之説。誤。順則生旺，逆則死絶説成死語，與前後均不合。然不云生死而云順逆者，若論山上龍神，則以生氣爲順，死氣爲逆；若論水裏龍神，則又以死氣爲順，生氣爲逆故也。山以來爲來，水以去爲來，本有此説，然以釋此節，則非也。

更看父母八卦八父母，即《撼龍》之八星。下三吉，所謂「乾山乾向水流乾」，三叉之三位。三般卦第一。《天玉》專以三般地盤爲主，故詳卦氣。

通篇皆明父母三般卦理。《天玉》所以與《寶照》不同。反覆詳盡矣，言重意複，發明極矣。終篇復申言之，若曰千言萬語，以地盤言之。只有此一事而已，無復他説矣。《天玉》三吉，《寶照》則言五吉，此二篇天地之分、奇恒之别也。蓋致其叮嚀反覆之意云。《天玉》專言八龍形局，又言八宮向水法，《寶照》專駁八卦。《寶照》言三元年運期課，隨時立向，與《天玉》一動一浄一奇一偶相合，乃爲大成。

内傳中①

二十四山起八宫，《天玉》專言八宫卦例，即玄空大法。貪巨武輔雄，以四星爲吉。四邊專指四邊言。盡是逃亡穴，下後令人絶。不在四邊，則不逃亡矣。

此節反言以見旨，興起下文之意。一行所作《小遊年卦例》以二十四山起八宫，而貪、巨、武、輔爲四吉；若其説果是，則宜乎隨手下穴皆吉地矣，何以四邊盡是逃亡穴，下後令人敗絶哉！則知《卦例》不足信，而别有真機，如下文所云也。小遊年卦例亦是古法，非一行所造。前云「但把天醫福德裝」，亦因「龍行出卦無官貴」耳。蔣氏因誤讀前章，遂力排游年，經文之本意不如此。

惟有挨星最爲貴，此節另起，非承上文。先游年，而推重挨星。泄漏天機秘。天機若然安在内，陰陽相會，入中位爲父母。家活當富貴；《淮南子·泰族訓》。天機若然安在外，兩旁子息無旺氣。家活漸退敗。兩旁氣薄，不能久長。五星當作「行」。配《董子·五行相生篇》。出九星名，太乙下行九宫。《董子》之南北會，《淮南》之卯酉，皆入中宫法，各有取舍不同。天下任横行。律吕娶□②生子，爲《寶照》十二宫之挨星，《天玉》則八宫挨排。嫁娶往來，干支交媾，每卦只挨兩宫，非如俗説八卦皆可挨、合十合五等僞説也。

---

① 此三字原脱，據《天玉經》補。

② 此處缺字疑爲「妻」字。

緊接上文。《卦例》既不可用，誤連上讀之。惟有挨星、三般卦。玄空、八風順逆。大五行此又二法合宮①。乃爲陰陽之最貴者。九宮飛宮法。天機秘密，不可流傳於世，但可偶一泄漏而已。既已著書，何又如此掩藏？安在内，不出三般卦之内也；安在外，出三般卦之外。外，讀作「兩旁」。兩旁爲子息。出卦不出卦，禍福迥分，安得不貴耶？此于不出卦之中又分厚薄。夫挨星五行非如《遊年卦例》但取四吉而已。蓋八卦五行經。「星」字當作「行」。配出九星，上應斗杓，知九星之作用，坤壬乙、艮丙辛，即挨星真訣。○傳。書言北斗星辰變化，如《説卦》八卦象物之例。此法無人研究，可鈔出細心研究，以補此事之不足。便可横行天下，無不響應矣。《卦例》云乎哉！《癸巳類稿》。九星古説已詳於《青囊經》中卷。

證《淮南・泰族訓》：「天設日月，列星辰，調陰陽，張四時，日以暴之，夜以息之，風以乾之，雨露以濡之。其生物也，莫見其所養而物長；其殺物也，莫見其所喪而物亡：此之謂神明。聖人象之，故其起福也，不見其所由而福起；其除禍也，不見其所以而禍除。遠之則邇，延之則疎；稽之弗得，察之不虚；日計無算，歲計有餘。」

證《易緯乾鑿度》：「易一陰一陽，合而爲十五之謂道。太乙取其數，以行九宮，四正四維皆合於十五。」鄭注：「太乙，主氣之神，下行八卦之宮，每四②，乃還於中央。中央，北辰之

① 合宮：「宮」疑係「言」字之誤。

② 四：原誤作「入」，據《周易乾鑿度》鄭氏注改。

所居，因謂之九宮。始坎，次坤，次震，次巽，次中央，次乾，次兑，次艮，次離，行則周矣，乃返於紫宫。出從中男，入從中女，亦因男女之偶爲始終云。」

《董子・繁露》陰陽南□會之説，已補證於《青囊》，茲不贅。

證《淮南・天文訓》：「陰陽刑德有七舍。何謂七舍？室、堂、庭、門、巷、術、野。十二月德居室三十日，先日至十五日，後日至十五日，而徙所居各三十日。德在室則刑在野，德在堂則刑在術，德在庭則刑在巷，陰陽相得則刑德合門。八月二月，陰陽氣均，日夜分平，故曰刑德合門。德南則生，刑南則殺，故曰二月會而萬物生，八月會而草木死。」

干維乾艮巽坤壬，水裏龍神，不上山。陽順「陽從左邊團團轉」。星辰輪。四維之四陽干皆爲逆行，此以順言之者，如女命遇陽年，則順行。支神坎震離兑癸，「山上龍神不下水」。陰卦「陰從右路轉相通」。逆行取。十幹寓支法：壬寄亥，癸寄丑，如男女命運順逆相排。○子午卯酉之寅申巳亥四生爲順排，然男遇陰年則逆排，此勿論。陰與陽各有順逆二局，每十二宫順逆各爲二十四，合陰陽則各爲十八局。分定陰陽山，水。歸兩路，各分十二宫。順逆推排去。干陽順行亦有逆，支陰逆行亦有順。知生乘氣爲生。知死過去爲死。亦知貧，留取教兒孫。

此節分出玄空大卦本挨星法，故以此亂之。干支定位，以足前篇父母子息之義。分父母子息爲挨星，玄空則不必分。四維之卦，以天干爲主者也，干維曰陽；四正之卦，以地支爲主者也，地支曰陰。此正説。此陰陽非交媾之陰陽也。此言作法轉變。知卦之所主，中一位爲父母，只作八龍分之。則父母子息兩旁子息。不問而自明矣。説已詳前。其陰陽兩路，《内經》營衛運行，從心昂以北爲陰，以南爲陽。六壬：日占陽貴，爲順行；夜占陰貴，爲逆行。皆以晝夜分兩路。每一卦中皆有陰陽兩路可分，陰遇陰年逆、陽年順，陽遇陰年順、陽年逆。非將八卦分爲兩路，何者屬陰，何者屬陽也。不以卦分。○蔣注好作翻筆推致其極，閱者每目迷五色，所以難讀。其順逆推排，以相見與時各別。即陰陽兩路分定之法，二十四山作四十八局。非乾艮巽坤爲陽順，坎震離兑爲陰逆。每山皆有順逆。若如此分輪，則皆順也，奇門陽局順從一坎起，九離止；陰局從九離起，一坎止。數目雖有不同，實皆順也。《國語》以十二支配乾坤六爻，有順逆之分，其實皆順也。名曰順逆，起法不同，而其實則皆爲順。諸書有此説，宜細求之。何云逆乎？至於四卦之末各綴一字，曰壬從坤到子爲順行。曰癸，從巽到癸爲逆行。此又挨星秘中之秘。彼此往來真爲挨星之秘。知者少矣！可以心傳，而不可以顯言者也。陽生於坎，陰生於離。此以二至子午中分之，從壬至己爲陽，從丁至癸爲陰。一説以子字爲主，癸爲四，一四七順行爲陽；壬爲二，一二三逆行爲陰。後説於挨星尤切。

天地天地定位八方，八卦中一位父母，兩旁子息。此一法也。父母倒排父母，則以兩旁生龍之卦爲父母，本身之龍反爲子孫。父子顛倒，所謂倒排。又一法也。三般卦，常變二種法。時師未曾話。挨星。玄空大卦神仙説，日南萬物生，日北萬物死。陰陽順逆各行一周，以中宮爲主，則八方一統矣。本是此經訣。玄空訣。不識宗枝但亂傳，向爲父母，龍身爲子，水墓爲孫。此又一三般法。開口莫胡言。若還不信此經文，但覆古人墳。須求實驗，勿徒空談。

曰天地，上下。曰東西，四旁。曰父母，生我。曰玄空，立向，人盤。曰挨星，向水。異名而同實。亦小有差別，此又隱謎。若於字義層層分疏，則支離矣。混二爲一，鴛鴦繡出憑君看，不把金針度與人。此節蓋恐學者得傳之後，以爲太易而輕忽之，故極言贊美，以鄭重其辭，非別有他義也。其實不止此。能以經傳説解別爲訂本，則易明。說到覆古人墳，是徵信實著。予得傳以來，洞徹玄空之理，獨言一法。今故注此經文，駁前人之謬，直捷了當，略無畏縮，皆取信於覆古人墳。蓋驗之已往，證之將來，深信其一毫之無誤。自許心契古人，此又大言覆古墳而曰無誤，其取信又何在？此亦如名醫之案。而可以告無罪於萬世也。覆墳一法，自是入門要訣，然流弊無窮。得免爲圓誑，難矣！

分卻東西向水。兩箇卦，龍如腹胷，向爲元首，口受飲食，水如二竅，此爲玄關竅。以順逆言之，順如申子辰，逆如坤壬乙；使順逆顛倒，則以二竅居上頭，口反居下矣。會者傳天下。學取仙人經一宗，切莫亂談空。五行山下「北斗七星去打劫」、「前行去到五里山」，同此。問來由，由雌雄順逆之兩五行求之。入首便知蹤①。奇門冬、夏分局，《靈樞·九宮八風篇》詳之。

此亦叮嚀告戒之語，而歸重於入首。蓋入首一節，初年立應，尤不可不慎也。

分定子孫十二位，四正三叉卦，四隅三叉卦，各有十二子息，以干支分之。災禍相連值。言災禍則福祥可知。有連帶關係。千災萬禍少人知，尅者論宗枝。各有刑衝恩怨。

此節直糾時師誤認子孫之害。誤以每宮中一位爲父母、兩旁爲子孫，以致陰陽差錯。蓋子孫自卦中分出，中一位爲父母，所挨他宮兩旁乃爲本宮之子息。坤之子息爲壬、乙是也。位位不同，分兩旁，各成三叉形。豈

① 蹤：原誤作「縱」，據文意改。

如俗師干從支、如以壬從子爲雙山屬水。支從干，如以艮從丑爲金。二十四路止作十二位論。此雙山之説。若如此論法，必致葬者災禍相連矣。既連災禍，而俗師終不知所以災禍之故，胡揣亂猜，或云干凶，或云支凶，總非真消息也。夫災禍之發，乃龍氣受尅所致；而龍氣之受尅，實不在干支，蓋有爲干支之宗者焉，所謂父母是也。本宫之中一位。知其宗之受尅，則知干支亦隨之而受尅，所以不免災禍耳。深言十二位分子孫之説其謬如此。

雙山五行圖

乾亥同宫，木長生位；　寅艮同宫，火長生位；

巽巳同宫，金長生位；　坤申同宫，水長生位。

甲卯同宫，木旺位；　丙午同宫，火旺位；

庚酉同宫，金旺位；　壬子同宫，水旺位。

丁未同宫，木墓位；　辛戌同宫，火墓位；

癸丑同宫，金墓位；　乙辰同宫，水墓位。

證《管子·四時篇》：「是故陰陽者，天地①之大理也。四時者，陰陽之大徑②也。刑德者，四時之合也。刑德合於時則生福，詭則生禍。然則春夏秋冬將何行？東方曰星，其時曰春，其氣曰風。風生木與骨，其德喜嬴，而發出節時。其事號令，修除神位，謹禱弊梗。宗正陽，治隄防，耕芸樹藝，正津梁，修溝瀆，甃屋行水，解怨赦罪，通四方。然則柔風甘雨乃至，百姓乃壽，百蟲乃蕃，此謂星德。星者掌發爲風。是故春行冬政則雕，行秋政則霜，行夏政則欲。是故春三月，以甲乙之日發五政，一政曰：論幼孤，舍有罪；二政曰：賦爵列，授祿位；三政曰：凍解，修溝瀆，復亡人；四政曰：端險阻，修封疆，正千伯；五政曰：無殺麑夭，毋蹇華絶芋。五政苟時，春雨乃來。南方曰日，其時曰夏，其氣曰陽。陽生火與氣，其德施舍修樂。其事號令，賞賜賦爵，授祿順鄉，謹修神祀，量功賞賢，以動陽氣。九暑乃至，時雨乃降，五穀百果乃登，此謂日德。中央曰土，土德實輔四時，入出以風雨。節土益力，土生皮肌膚，其德和平用均，中正無私，實輔四時。春嬴育，夏養長，秋聚收，冬閉藏。大寒乃極，國家乃昌，四方乃服，此謂歲德。日掌賞，賞爲暑；歲掌和，和爲雨。夏行春政則風，行秋政則水，行冬令則落。是故夏三月，以丙丁之日發五政。一政曰：求有功，發勞

① 天地：原作「天下」，據《新編諸子集成》本《管子校注》改。
② 徑：原作「經」，據《管子校注》改。

力者而舉之；二政曰：開久壙，發故屋，辟故窌以假貸；三政曰：令禁扇去笠，毋扱免，除急漏田廬；四政曰：求有德，賜布施於民者而賞之；五政曰：令禁罝①設禽獸，毋殺飛鳥。五政苟時，夏雨乃至也。西方曰辰，其時曰秋，其氣曰陰。陰生金與甲，其德憂哀，浄正嚴順，居不敢淫佚。其事號令，毋使②民淫暴，順旅③聚收，量民資以畜聚，賞彼群幹，聚彼群財，百物乃收。使民毋怠，所惡必察，所欲必得，我信見克，此爲辰德。辰掌收，收爲陰。秋行春政則榮，行夏政則水，行冬政則耗。是故秋三月，以庚辛之日發五政。一政曰：禁博塞，圉小辯，鬬譯誋④；二政曰：無⑤見五兵之刃；三政曰：慎旅農，趣聚收；四政曰：補缺塞坼；五政曰：修牆垣，周門閭。五政苟時，五穀皆入。北方曰月，其時曰冬，其氣曰寒。寒生水與血，其德淳越，温怒周密。其事號令，修禁徙，民令浄止，地乃不泄，斷刑致罰，無赦有罪，以符陰氣。大寒乃至，甲兵乃強，五穀乃熟，國家乃昌，四方乃備。此謂

---

① 罝：原誤作「置」，據《管子校注》改。

② 使：原誤作「佚」，據《管子校注》改。下「使民」同。

③ 旅：原誤作「放」，據《管子校注》改。

④ 誋：原誤作「認」，據《管子校注》改。

⑤ 無：《管子校注》作「毋」，當從。

月德。月掌罰，罰爲寒。冬行春政則泄，行夏政則靁，行秋政則旱。是故冬三月，以壬癸之日發五政。一政曰：論孤獨，恤長老；二政曰：善順陰，修神祀，賦爵禄，授備位；三政曰：效會計，毋發山川之藏；四政曰：捕姦遁，得盜賊者有賞；五政曰：禁遷徙，止流民，圉分異。五政苟時，冬事不過，所求必得，所惡必伏。是故春凋、秋榮、冬雷、夏有霜雪，此皆氣之賊也。刑德易節失次，則賊氣遬至；賊氣遬至①，則國多災殃。是故聖王務時而寄政焉，作教而寄武，作祀而寄德焉。此三者，聖王所以合於天地之行也。日掌陽，月掌陰，星掌和。陽爲德，陰爲刑，和爲事。」

五行位中出一位，仔細秘中記。一說大五行取中一位五、十同途，乃爲交媾。假若來龍骨不真，從此誤千人。律呂法：律子寅辰午申戌占六陽支，呂未巳卯丑亥酉占六陰支，亦避一位。○《堪輿經》陽起坎，陰起離，此冬至夏至姤復二卦之説也。若然，則陽從坎起一，陰亦當從離起一。今以午爲陽位爲六律四數者，陰不敢當陽，避一位，由巽起一，震二艮三坎四入中宫四行，有明文可查。

此節又詳言出卦不出卦之秘旨。蓋同一出位而有卦内卦外之不同，若在卦内，則似出而非出；若在卦外，則真出矣。此中有秘，當密記之：在卦内，則龍骨真；在卦外，則龍骨不真矣。

① 此句原誤置於下文「是故聖王務時而寄政焉」之下，據《管子校注》乙正。

一箇由本卦起。排來千百箇，奇門陽局五百四十，陰局五百四十。此期課調用星辰之法。莫把星辰錯。龍要合向向合水，玄關竅相通，「乾山乾向水流乾」是也。水合三吉位。本身自有三吉，兼玄則爲五吉。合禄合馬合官星，期課。本卦生旺尋。合凶合吉合祥瑞，何法能趨避。元、統、會、章分四等，元四千六百一十七年，統一千五百三十九年，會五百一十三年，章一十九年；各有久暫尊輕之等差。但看太歲《淮南·地形訓》。是何神，六壬天盤十二節分。立地見分明。成敗定斷何公位，孟仲季三元三統。三合年中是。《淮南》三合、《内經》歲氣會同。

一箇排來，變化不一，故有千百箇也。此亦推流年法。龍、向、水相合，前篇已盡。禄馬官星，在本卦生旺則應，不然則不應。此見生旺爲重，而禄馬官星，在所輕矣。

排星仔細看五行，看自何卦生。以《撼龍》星辰爲本。來山八卦不知踪，不辨龍形，無以起卦。八卦九星空。不辨來龍，則無主宰。順逆排來各不同，如陰遁、陽遁與三奇六儀各有順逆。天卦天然之卦位。在其中。周以伐紂之年、月、日、時定卦爲鶉火，此下卦起星之一法，即以期課定卦氣。然期須由龍身而起，方能合天氣。

五行總在卦中生，八宫。不在支干中定，兩旁。所謂父母子息也。干從干，支從支，不相混，爲分子息法。不知八卦踪跡從何而來，則九星無處排矣。不先定踪跡，則無以下卦。蓋星、卦之順逆各有不同，以陰陽分，又有時不以陰陽分。即此一卦入用，來龍又有以期課定者。或當順推，或當逆推，其法於奇門流年中見之。有一定之氣，而無一定之用，如男順女逆，男見陰則逆，女陽年則順，無一定之法。所謂「天下諸書對不同」也。此又誤據坊本。要而言之，則「玄空」二字之義盡之矣。

甲庚丙壬在四正之右。○《寶照》詳干支，本篇所用之干與《寶照》不同，《寶照》所用之干爲支所帶，如附庸，本篇之干則屬四正之左右二宮。乙辛丁癸在四正之左。俱屬陽，剛日。順推由坤到子爲順行，餘①同此例。五行詳。順推，本性也；逆行爲翻天。俱屬陰，柔日。逆推由癸到子爲逆行，餘干同此例。論五行。逆爲本性，順爲倒地。陰陽順逆亦爲順逆之例。不同途，各有順逆，合爲四十八局。須向此中求。九星雙起此爲玄空法。雌雄異，互起南北，彼此周匝，各爲十數。一二三四五則入中，六七八九十則入中，周遊八方，合入中則爲十行。玄關入中。真妙處。

此略舉干神卦氣之例，陽四干則順推八卦，經四位起父母陽干，順行。陰四干則逆推八卦，由本宮起。如坤壬乙，坤至壬爲順，由坤至乙爲逆。四局皆同，四正則相反。一順一逆，雖不同途，陰陽同道不同途。而此中有一定之卦氣，以本宮起卦爲主宰。可深求而得者。每因所遇而變。至其每卦之中單言一卦，不指一干。皆有一雌一雄左順右逆。雙雙起之法，奇門陰遁陽遁各有順逆，從五十分。乃陰陽交媾、玄關妙處也，一卦言交媾，又挨星法。又不止一卦有一卦之用而已。一卦挨二卦，合爲三卦。舉八干，而支神之法亦在其中矣。

東西二卦兩旁子息。真奇異，子宫東癸西壬，壬從坤來，癸從巽來。須知本向水。申辰三合，申生爲向，辰墓爲水。本向本水四神奇，向、水二也，順、逆則爲四神。由二化四。代代著緋衣。

① 「餘」下當脱「支」字。

此節又重言向、水各一卦氣八卦向水兩分，《寶照》合爲一。兼收生旺之妙。向上有兩神，順逆二局，爲二神。水上有兩神，故曰四神。地盤八卦向水分布，天盤則向水可合可分。有時地盤之水即爲天盤之向。

水流喻天氣元運。出卦有何全，水運合，大運乖。一代作官員。初運盛，出則衰。一折一代爲官禄，如大運折，愈多愈久。二折二代福。三折父母共長流，長，久。〇格水之法亦如格龍，有祖宗到頭之分，非一望指遠水以爲長者。馬上錦衣遊。馬上斬斬，當爲「折」。頭水出卦，一代爲官①罷。直山直水去無翻，場務小官班。

水不出卦，格水如格龍。須折折在父母本宫；所謂乾山乾向水流乾。若折出本宫，雖折而後代不發矣。論龍多以形局，格水則主羅經。《水龍經》水分九星，不足據也。馬上斬頭即一折父母，便流出卦，如斬頭而去也。二語惡劣。本卦水又以曲折爲貴，乃許世代高官；若止直流，雖然本卦，而官職卑矣。以法合形而定。

内傳下②

乾山乾向二十四山中一位爲父母者，以八龍論之。八卦管二十四山，一卦三爻皆以《疑》、《撼》九星形體而論，非以羅經

---

①「官」字原脱，據《天玉經》補。

②「内傳下」三字原脱，據《天玉經》補。

格脈，由方位分八龍。但以羅經分，則有二十四龍形。水流乾，乾甲丁。乾峰出狀元。卯山卯向亥卯未。卯源水，驟富石崇比。午山午向午寅戌。午來堂，大將鎮邊疆。坤山坤向坤壬乙。水坤流，富貴永無休。四正舉卯午，四隅舉乾坤，八宫挨星起例於此，交互爲用。

此明玄空天卦挨星。向、水兼收之法。舉四山二正二維。以例其餘，皆卦内之清純者也。乾宫卦内之山武曲以乾名之。作乾宫卦内之向，順丁逆甲。而收乾宫卦内之水，亦在甲丁，特互易耳。則龍、向、水三者俱歸生旺矣，非回龍顧祖之説也。此不得其法而誤於形者。或云狀元，或云大將，或云驟富者，亦錯舉以見意，不可拘執。

辨得陰陽兩路行，順逆大五行。五星要分明。泥鰍浪裏跳龍門，「陰陽若能得遇此，蚯蚓逢之便化龍」。渤海便翻身。陰陽大會，背子取午。

陰陽兩路，上文屢見，此重言以申明之耳。下二句，言變化之易。

依得四神爲第一，順逆分二局，雙向雙水爲四神。官職無休息。穴中「中」作「上」，是也。八卦要知情，五、十居中。臨馭八方，則以龍穴言之，四維即在八卦之内。穴内卦裝清。如前乾山乾向之法。○《周禮》「地中者天地」四句，立穴仿之。居中建極，又如北辰居所，衆星拱衛；故下卦起星，以中一卦馭四維。

前篇「本向本水四神奇」是姑置來龍，而但重向水，此節「穴上八卦要知情」如八百環拱京城。又從穴上逆推到來龍，以補四神之不及。穴上是龍，即四神八卦。穴内即向也。即穴作向。○「又從穴上」以下又變易其説，不肯漏泄真秘，故以他語亂之。

證《周禮》：「日至之景尺有五寸，謂之地中，天地之所合也，四時之所交也，風雨之所會也，陰陽之所和也。然則百物阜安，乃建王國焉。」

要求富貴三般卦，挨星。出卦家貧乏。不成三叉。寅申巳亥四隅卦。四生在右，四墓在左。水來長，此四正之水交。五行向中藏。以四正順行作向。辰戌丑未叩金龍，天氣元運。動得永不窮。以逆行四正作向。若還借庫正在左方，則以墓爲向。富後貧，自庫樂長春。旺在右方則衰，在生方爲逆局。〇干維節以干支分，甲庚節八干以剛柔分，此節八支以生墓分，名異實同。

前篇甲庚壬丙一節是四正之卦，此節又補四隅之卦。觀此，則支水去來凶之言當活看，不可死看矣。八大水口，流支者半。支龍則以支爲凶，若干龍①又不同。辰戌丑未，雖俗云四庫，其實玄空挨星。不重墓庫之説，干亦有四墓，顛倒則八庫。借庫出卦也，借則非己所有。自庫不出卦也。在本宮則非他人所有。是重在出卦不出卦，不重在墓庫也。

大都星起何方是，中宮起星下卦，足以統馭全局。五行此指向收天星元運。長生大運長久。旺。火旆相對起高岡，四旁護衛，在星爲對照夾拱。職位在學堂。此句山。捍門官國華表起，此句水。山水亦同例。統上二句。水秀峰奇出大官，四位一般看。四位即上四旁。

此節言水上星辰即山上星辰，天地合。只要得生旺之氣，在山在水，一同論也。

① 干龍：原作「千龍」，據文意改。

坎離《董子》之南還北還。水火中仲統。天過，五十入中宮。龍墀移帝座。太乙下行九宫，四十五日一移。寶蓋鳳閣四維寅申戌辰，皆在四維卦中。朝，寶殿登龍樓。勾陳、三台，皆就天星説。罡刧弔殺休犯著，以期言，兼論形。四墓季統。多銷鑠。南還陽在寅，陰在戌。金枝玉葉四孟孟統。北還陽在申，陰在辰。裝，《淮南》六合。金廂玉印藏。《董子》三陽皆在孟，三陰皆在墓，此當仔細推尋。

坎離水火一句乃一章之所重，其餘星宿，總是得生旺則加之美名，逢死絶則稱爲惡曜。名非有定，星隨氣變者也。四孟天，四仲人，四季地。《漢・律曆志》一元三統孟仲季。

帝釋佛書以諸天星辰爲帝釋。一神一恒星。定縣府，以佛書言之，則一星辰世界如地上縣府耳。紫微紫微垣，帝星北。同八武。由向取運，帝星所臨爲旺。倒排父母以兩旁子息卦作向，爲倒排法。養龍神，三合四局之四生方。富貴萬餘春。順者如此，逆亦可知，特順者易知，逆者難見耳。

帝釋，丙也；太微在丙午方。八武，壬也；紫微垣在壬亥方，天市垣在寅艮方。紫微，亥也。帝釋，神之最尊，故以縣府名之，其實陰陽二宅得此，貴之極矣。然其妙用在乎倒排，非正用也。

識得父母三般卦，《天玉》詳三卦。便是真神路。北斗七星帝車所旺，一日一年，有形迹可考。若元運之説，各立法以推之，有三年、五年、九年之古法，而十九年一章之説爲最詳。去打劫，《癸巳類稿》所引《星經》，説已詳《青囊經》中卷。離宫要相合。向南離宫。○《董子》陰陽相合尤重南宫。合指一，雌雄異類乃言合，爲交媾。○俗講元運分三元，由巽入中至乾六逆行，此最不通。北斗一年皆順行，四月在巳，五月在午，六月在未，七申，八酉，九戌，十亥，此一定之例，從無逆行。世所傳九宫法所謂洛書者，一二三四爲陽，北斗所行，六七八九爲陰，日躔所行；誤以二神一時同行之步數合爲北斗所行，指爲元運半順半逆，狗尾羊頭犬肉，是爲妖怪。以是爲元運，真所謂牛鬼蛇神，全不識元運爲北斗之理矣。

上二句引起下文之義，言識得三卦父母，三叉皆父母。已是真神路矣，猶須曉得北斗七星打劫之法，此玄空人盤之法。則三般之精髓方得，地盤向、水已合，又得朱雀生旺。而最上一乘之作用也。北斗云何？知離宮之相合，《内經》五十營而復大會。即知北斗之義矣。律吕法以七爲破，北斗七星爲杓，名破軍。凡人盤坐北向南，避居離宮一位，爲反吟伏吟。左右兩旁，巳與未、申與辰，皆爲合宮也。

子貪。午廉。卯禄。酉破。四龍岡，指龍體，非方位。以羅經出脈定龍。作祖人財旺。以八支在四維者爲子息。水長百里佐君王，水引天氣元運。久爲長，暫爲短。水短便遭傷。但得一章之運。取子午卯酉，以其父母氣旺也。言四正，則四維可以例推矣。水短遭傷，以見出卦之故。

識得陰陽兩路行，大五行。富貴達京城。玄空。不識陰陽兩路行，挨星三卦亦重順逆。凡言兩路者，皆爲玄空。萬丈火坑深。陰陽。

此即顛倒之意，皆上文所已言而詠歎之。

前兼龍神前兼向，天星盤。聯珠莫相放。一家骨肉。後兼龍神後兼向，地盤。排定陰陽算。以地召天。明得零神子息。與正神，父母。指日入青雲。不識零神與正神，代代絶除根。陰差陽錯，其禍最大。

龍神向首，皆有兼前兼後之法。兼者，父母兼子息，子息兼父母。此即正神零神之義。

倒排父母凡言顛倒者皆飛宮法。是真龍，如貪以申立向爲父母，中一位龍神。子息反爲子息，所謂長生生帝旺。

達天聰。順排父母以中位爲父母。倒子息，立帝旺之向作子癸。代代人財退。

父母子息皆須倒排，而不用順排。如旺氣在坎癸，倒排則不用坎癸而得真旺氣，順排則真用坎癸而反得殺矣。似是而非，毫釐千里。玄空大卦千言萬語，惟在於此。

一龍宫中十九年一章。水便行，脱運。子息受艱辛。不得大運。四元。三統。二會。一章。龍逆去，四子均榮貴。龍行位遠主離鄉，四位發經商。

此節又申言本卦水須折折相顧，若一折之後便出本卦，雖然得發，必受艱辛矣；必三四節逆去皆在本卦，乃諸子齊發也。位遠即出卦，一出卦即主離鄉；若出卦之後又還歸本卦，反主爲商，得財而歸。其應驗之不爽如此。

時師不識挨星學，三般卦往來爲挨星。只作天心摸。東邊財穀引歸西，北到南方推。老龍終日臥山中，何嘗不易逢？止是自家眼不的，亂把山岡覓。

東邊財穀二句託喻，即「江南龍來江北望」之義，玄空妙訣也。歎息世人不得真傳，胡行亂走。旨哉，言乎！

世人不知天機秘，洩破有何益？汝今傳得地中仙，玄空妙難言。此人盤法。翻天倒地更玄玄，挨星地盤。大卦不易傳。

更有收山出煞訣，張九儀①《地理琢玉斧增釋》於王文恪公祖地説收山出煞法甚詳。亦兼爲汝説。相逢大地能幾人，箇箇是知心。若還求地不種德，穩口深藏舌。

篇終述敘授受之意，深戒曾公安之善寶之也。結語歸重於種德。今之得傳，不慎擇人，輕泄浪示，恐雖得吉地，不能實受其福矣。而泄天寶者，重違先師之戒，其不干造物之怒而自取禍咎者幾希矣！

① 九儀：原誤作「允儀」，據《地理琢玉斧》改。

地理辨正補證卷四①

井研廖氏　學

都天寶照經　天光下臨爲照。

上篇　此主天盤元運期課，事事與《天玉》相反。天盤地盤各其妙理，合而用之，有經有變，乃爲兩盡。

楊公稱楊公者，後人尊稱之詞。妙訣不多言，實實作家傳。人生禍福由天定，天盤天星。○其理與果老、子平通。賢達能安命。得天即受命，趙氏汸駁造命説，更折中其義。貧賤安墳富貴興，造命之學。全憑龍天。穴地。真。得地不得天，亦不真。龍星。在山中天上。不出山，掛在大山斗建。間。所謂「水裏龍神不上山」。若是沙曲星辰正，論形體，次察血脈，認來龍。收得陽神定。「先看金龍動不動」。○本經中篇：「陰山只用陽水朝」。斷然一葬便興隆，父發子傳榮。地不可求得，亦由乎德命。○龍星合天運，又以期課補足之。

蔣氏曰：此一節專論深山出脈，老龍幹氣，生出嫩支之穴。此皆謎語，非真解。

好龍水法。脱劫出平洋，百十里來長。大元運，四千餘年。離祖廉貞，離宫。離宗星辰「北斗七星去打劫、

① 卷四：原無。按此書前面各卷皆標卷數，此爲第四卷，故補。

離宮要相合」。出，大水爲祖宗。此是真龍骨。石，骨。○龍與運合。前途節節出兒孫，格水之法與山同，亦分祖宗孫子。文武脈中分。《撼龍·貪狼篇》乘龍主文，帶劍主武；《禄存篇》帶禄主文，橫劍主武。直見大溪方住手，讀作守。諸山皆不走。個個回頭向穴前，城郭要周完。《撼龍》：「羅城恰似城牆勢，龍在城中聚真氣。」

傳 水口亂石堆水中，此地出豪雄。若得遠來龍脱劫，發福無休歇。

説 穴見陽神三摺朝，此地出官僚。不問三男並五子，富貴房房起。津湖溪澗同此看，衣禄榮華斷。

大水大河齊到處，千里來龍住。水口星體合數千百里共言之。羅星鎖住門，似大將屯軍。落頭定有一星形，非火土即金。不用俗註五星説此，不過謂結穴處星必收盡。正脈落平三五里，見水山與水相見。方能止。天地交合。○《青囊經》「界水則止」，《葬書》「過水所以止來龍」。

傳 二水相交不用砂，只要石如麻。更看硤石高山鎖，密密來包裹。此是軍州大地形，細説與君聽。《撼龍·羅星篇》。

蔣氏曰：此一節專言大幹傳變、行龍盡結之穴，謂之脱劫龍，又名出洋龍。雖云城郭要周完，總之，城郭都在龍身上見，不必於穴上見。蓋龍到脱劫、出洋，雖衆山擁衛而行，前數節群支翼張，羽儀簇簇，至於幾經脱卸之後，近身數節將結穴時，龍之踪跡愈變，而龍之機勢愈疾，此非左右二砂所能幾及。往往龍只單行，譬之大將，匹馬單刀，所向無前，一時偏裨小校都追從不及，所以有不用砂之説也。此專就形立説。高山不甚重水，獨此等龍穴以水爲證者，何與？山剛水柔，水隨山之行以爲行，山不隨水之止以爲止，而云直見大溪方住者，非謂山脈遇水而止也。正因山脈行時，水不得不與之俱行，則山脈息時水不得不與之俱息；故幹龍大盡之地，自然兩水交環，有似乎千里來龍遇水而止也。既云不用砂，而又云密密包裹者，何也？夫結穴之處，雖不取必於兩砂齊抱，要之，真龍憩息之際，定不孤行。外纏夾輔，隱隱相從；水口星辰，有時出現。大爲硤石，小爲羅星，近在數里，遠之二三十里，皆不可拘。前所謂砂，指本身龍虎而言；後所謂鎖，指外護捍門而言也。只要石如麻，則不止謂水口而已，正言本身結穴之地。蓋幹龍剥換數十節，其渡水崩洪，穿田過峽，不止一處，若非石骨龍行，何以見真龍結體？今人平地墩阜，誤認來龍，指爲大地，正坐此弊也。凡去山數里，即有高阜，或由人工，或由天造，既無真脈相連，又不見石骨稜起，總不謂之龍穴；所以落平之龍重起星辰，必要石如麻也，有石脈乃爲真龍，有石穴乃爲真穴。山龍五星皆結穴，其云落頭一星獨取火土金者，大約近祖支龍蜿蜒而下，都結水木，出洋幹結，踴躍而起，都作火土金；雖不可盡拘，而大體有如是者。前章一葬便興，父發子榮，是言山中支結，龍穉而局窄，往往易發；此章言發福無休歇，五子房房起，是言出洋大盡，龍老而局寬，往往遲發而久長。意在言表也。蔣氏於龍法詳矣。俗謂蔣知法不知形者，大誤。

姜氏曰：前章言山谷初落之穴，此言出洋盡結之穴。山龍之法雖不盡於此，而大略已備於此矣。言形即是言星。蔣氏之説亦如何君《公羊解詁》，所言皆相傳師説，所引不必與經合。然皆古典，所當細研。

天下軍州此指官衙陽宅言。總住空，據中篇，此指官衙而言，非謂城郭。王者向南而治，故官衙皆坐北向南，即《董子》「陽常處實、陰常處虚」，前所謂玄空與朱雀發源生旺氣也。何曾撑著後頭龍。形家每拘來脈坐實此立向，求生旺多向南方。廉貞法。只向水神以水引天星。朝處取，此專詳立向坐虚朝實，以朱雀玄武比之。舊説皆誤。莫説後無主。言後即包前在内，不須擬對好奇峰。立穴動浄中間求，以龍星之浄求天星之動。須看龍「先看金龍動不動」。到頭。此爲立穴人盤法。

蔣氏曰：此節以下皆發明平洋龍格，平洋，即天星之隱語。與山龍指《撼龍》形。無涉矣。楊公唐末人，唐之言軍州，即今之言郡縣也，蓋以軍州爲證。見城邑鄉村人家墓宅，如陽宅以向爲主，古法全不論坐，言向即包坐。龍向水之龍即坐也。舊説皆誤。凡落平洋，謂理法。並不論後龍來脈，三吉位專論向水，不言坐，俗法言坐，則爲四卦矣。來龍指星形，不指方位。但取水神朝繞，立向法。便爲真龍以向合龍，以地召天。憩息之鄉。夫地，浄物也，《天玉》地盤。水動物也；《寶照》天盤兼人盤。水之所止，即是地脈所鍾。遇水則止。一動一浄之間，天星流行，以地召之。陰陽交媾，牝牡化育萬物之源；所謂玄竅相通，大陰陽，真陰陽。即丹家所謂玄關一竅也。任督二脈即南北。《丹經》最詳順逆二法，説在《營衛運行》中。此便是龍之到頭，氣止水交。非舍陰陽交會之所而別尋龍之到頭也。不指呆形言。識得此竅，則知平洋真龍訣法，天星口訣，非以平洋爲水龍。而楊公《寶照》之秘旨盡矣。看龍到頭有口訣①。蔣注山龍平陽皆爲隱語，後人失解，遂誤爲二法，别造《水龍經》，皆誤也。楊公一本作平洋。妙訣無多説，因見黄公此黄公讀如丹家之「黄婆」，以隱謎求之。心性拙。謂形勢雖佳，乃死物，無生氣。全憑掌上起星辰，編星辰于掌中，即天星元運各種學説。此楊公自謂，非謂黄公也。類聚其法不一，故曰類聚。裝成爲妙訣。如奇門法。大山北斗垣局。唤作破軍星，招摇爲帝車。五星五緯。所聚聚奎。脈難分。期課詳五緯，實測最難。但看出身一路脈，以天星臨運言，大者爲元。到頭即上龍到頭，謂向上天星。要分水土金。小運分統會章，十九年乃小運，如州縣，不足恃。又從分水脈脊處，俯察。便把羅經照出路。此格水之法，用羅經。節節同行於大水亦分太祖少祖，與格山龍相同。過峽真，前去水以去爲來。必定有好處。此指穴前乾流水。子字冬至朔。出脈地。子字坎宫。〇玄枵宫。尋，大抵形勢用地盤八宫，期課用天盤十二月律吕法；《寶照》專取天光，所謂移光定位，故分爲十二次，不用八卦八宫法。莫教差錯此篇屢言差錯，以八宫論天也。丑别爲一宫，名星紀，應十二月。與壬。壬爲亥，下半月别爲一宫，曰娵訾。若是陽差與陰錯，一見差錯。水以羅經格之，差錯即地盤之所謂出卦。勸君不必費心尋。水來路不清，與山同。

蔣氏曰：自此章以下，皆楊公平洋秘訣，天星天盤法。字字血脈，而又字字隱謎，其實以前亦同。非真得口口相傳天機鈐訣者，未許執語言文句、方寸羅經，而妄談二十四山八卦九星之理也。此篇如天盤，分八宫爲十二支。地盤如《淮南》之《地形訓》，天盤則如《天文》、《時則》二訓；必知此，然後

① 「看龍」一句，榮錫勳《地理辨正翼》云係「舊本旁注」，後人竄入正文。

能解，故舊説皆誤。苟得口傳心受，一言以蔽之曰：月令法。則雖愚夫穉子，可悟如有誤説參雜，則難於索解。楊公心訣；不得口傳心受，縱智過千夫、讀破萬卷，何能道隻字耶！此書皆楊公當日製成掌訣，傳與黄居士妙應者。大山唤作破軍星，斗杓古名破軍。言水法涣散迷茫之處，五星混雜，出脈未見分明，槩名之曰破軍，而不入龍格；誤。○斗杓，周天之喻。只取龍神一路出身之脈，月令法，但取斗杓所指一宫言。其脈又分水、土、金三星，合貪、巨、武爲吉，而餘星皆所不取。此三星者，乃形局之星，非卦爻方位之貪、巨、武也，蔣氏原分爲二，法不止一端。學者切莫誤認。天星以當運者貴，以地召天，則無吉凶可分。九星形勢有吉凶，右北斗太乙所臨即爲壬方，有吉無凶。自分水脈脊以下，乃有方位理氣矣，故云便把羅經照出路也。蓋看得水神。龍脈既合三吉星格，其地似可取裁，乃將指南辨其方位，以定卦之合不合也。「羅經」乃心中經緯，非形器之羅經。以元運言，如《漢書》《天文志》、《律曆志》是也。合卦，則用之；不合卦，仍未可用也。此卦非八卦之卦。節節同行，月令專言節氣。卦無偏雜，乃許其爲過脈峽真，而知前去定有好穴；不然，則行龍先見駁雜，到頭何處翦裁？以十二支分卦。子字以下，乃直指看龍訣法，而舉坎卦一卦爲例。此又説謎語，指十一月，不用八卦名目。若出脈是子字，冬至節。須行龍只在子字癸爲下半月，小寒。一宫之内，此一宫爲十二次之一，非八宫之宫。乃爲卦氣清純；如偏於左，而癸與丑雜，「卦」字誤下，「癸」字當删。是子癸一卦，合爲一月，《時則訓》有表。而丑字又犯一卦也。爲十二月節大寒。如偏於右，而壬十月下半月。與亥雜，是壬子癸。一卦，舍德。而亥「壬」與「亥」二字誤。字又犯一卦也。此爲卦中之陽差陰錯，非全美之龍，故云不必費心尋也。《漢書・律曆志・三統表》：三統四千六百十七年，以三合之年爲主，分元、統、會。十九年爲一章，二十七章爲一會，八十一章爲一統，三統爲一元。

署仄與羅經相似。

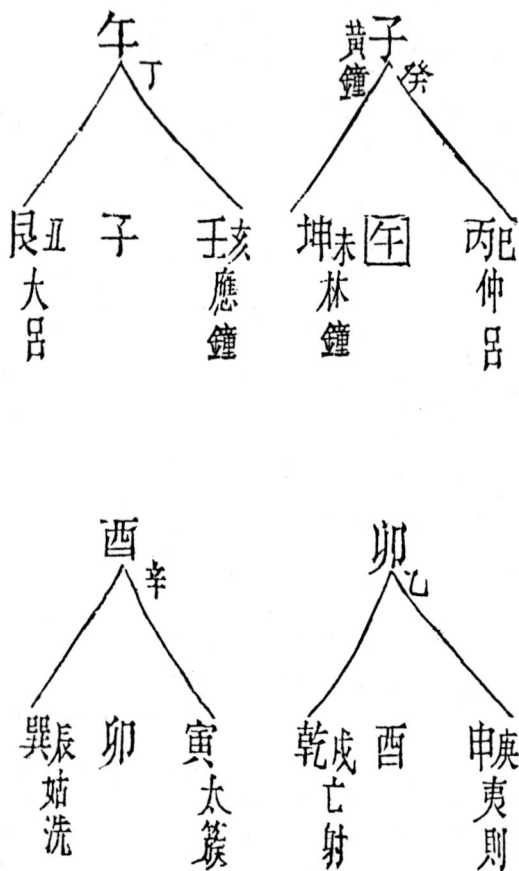

子 癸 黃鐘

丙巳 仲呂　午　坤未 林鐘

卯 乙

申庚 夷則　酉　乾戌 亡射

午 丁

壬亥 應鐘　子　艮丑 大呂

酉 辛

寅 太簇　卯　巽辰 姑洗

子冬至。癸小寒。午夏至。丁小暑。天元宫，中統，八十一章。卯春分。乙清明。酉秋分。辛寒露。一路同，干附支爲下半月中氣，支則爲十二節也。若有山形。水氣。一同到，中篇言單行脈。半穴所生之一半。中篇作坐向。乾戌乾卯生。坤未坤子生。艮丑艮午生。巽辰巽酉生。宫。取得輔星成五吉，本元有三吉，再兼中元下元，合爲五輔星。俗以爲下元舉下以包中元。取輔之法，或以期課，或以方位，或以元運，臨時斟酌。山中有此是真龍。山非山，龍非龍，皆隱語，以詳元運。

蔣氏曰：此承上節羅經照過峽，詳言方位理氣，即《天玉》玄空大卦之作用也。《天玉》自《天玉》，玄空自玄空，初非一法，用則合之。其法分子午卯酉爲天元宫，所謂仲局四宫。寅申巳亥爲人元宫，所謂孟局四宫。辰戌丑未爲地元宫，所謂季局四宫。隱然天元之妙理，以十二會分，爲《天文》、《月令》之法。引而不發，欲使學者得訣方悟，其敢妄泄天秘，犯造物之忌哉！此取四仲之支爲天元宫者，遁法以甲巳爲符頭，值子午卯酉爲上元。非此四支皆屬天元，其符頭初值起例如此。乃謂此四支之中有天元者存也。甲子曰起上元，越五日己巳，起中元，又越五日甲戌，起下元，又越五日己卯，復起上元。如上元起坎一宫，歷坤二震三巽四申五乾六而甲子一周，則於兑七宫起中元，歷艮八離九坎一坤二震三而甲子一周，則於巽四宫起下元。而其本文不正言子午卯酉乙辛丁癸，地、人二元即如此。必錯舉子癸午丁卯乙酉辛者，以支帶干，合二山爲一，以象天之十二次。此其立言之法，已備出脈以支帶干。審峽左右不雜。定卦十二次。分星二十八宿。之密旨，觀「一路同」三字，以支帶干，以節統氣，上半月統下半月。同中微異，有節氣之分。須加剖别，已在言外；下文乃全露其機，云此八宫同到半穴乾坤艮巽宮矣。律呂隔八相生訣。一同到，非謂此八宮一同到也，八宮乃四局。亦非謂八宮之山與八宮之水一同到也，謂此四支中任舉一支，一宮一局。與此四干中一干比肩同到，相挨者合爲一月。即雜「雜」字誤下，當作「合」字。乾坤艮巽之氣矣。蓋子午卯酉本是四正之龍，四仲月。而與八支同到，即有一半四隅之龍，一月爲一局，一局之中必詳三合，則與四隅相交。正交隅，隅亦交正。不可不辨①；辨之不清，則欲取天元，而非純乎天元矣。《寶照》不以八宮正隅立説，蔣氏猶就《天玉》八卦言之，恐太明洩，故錯亂其辭耳。末二句，輔星五吉指天元宮最清②者言，三吉位專指本宮之一七四，二周爲二五八，三周則三九六矣。蓋天元龍雖包諸卦，一七四。而九星當作本元。止有三吉，三吉即三合之律呂相生，詳《漢志》。舊説皆誤。恐日久發洩太盡，末祚③衰微，故須兼收輔弼宮龍神，合氣入穴，以成五音，五音即三元之别名。然後一元而兼兩元，兩，當作「三」。龍力悠遠不替矣。以一元爲本，兼采三元之法。故目之曰真龍，極其贊美之辭也。此節言山者皆指水，單指山中之山言。蓋平洋以水爲山，水中即有山矣。此又隱謎，不如讀山指天之直切。輔星即是九星中左輔右弼。蓋有二例：是非一法。一則九宮八卦例，《天玉》八宮法。以一白配貪狼，二黑配巨門，三

① 辨：原作「知」，據《地理辨正翼》改。
② 清：原作「親」，據《地理辨正翼》改。
③ 末祚：《地理辨正翼》作「末胤」。

碧配禄存，四緑配文曲，五黄配廉貞，六白配武曲，七赤配破軍，八白配左輔，九紫配右弼，出《九宫經》。此《天玉經》八宫八卦，爲《天玉》地盤法。玄宫大卦之定理也。玄空别一法，《董子》詳矣。一則八宫卦例，將輔、弼二星并一宫，分配八卦，製爲掌訣，二十四山係于納甲之下，三合，浄陰浄陽盤。互起貪狼，爲立向消水之用，僞法日新月異，更僕難數①。陽宅天醫福德亦同此訣；此所謂翻卦。竊以之彰往察來，皆無明驗，蓋即《天玉》所辨二十四山起八宫，《天玉》屢言，八卦地盤法。唐一行所造，後人指爲《滅蠻經》者也。二説真僞判然，不可誤認。二十四山②之分八宫始於《尚書大傳》之四卦四隅、《淮南·天文訓》，亦詳羅經，晉、唐前説尤多，以爲出一行者誤。《滅蠻經》之名大抵附會，地理卜葬，中人猶多不信，蠻中實無此。五吉即三吉，蓋形局九星以水、土、金三星爲貪、巨、武三吉，而輔、弼爲入穴收氣之用。此形家説。方位九星此法家説。亦有三吉，雖以貪狼統龍，而每宫自有三吉，凡當運皆吉，不分形體美惡，以此星無美惡可言。不專取巨、武。法家吉凶與形家不同。此節天元宫兼輔爲五吉，中有隱語，一見輔爲起例，天元必包中下元爲五也。非筆墨所敢盡，既云五吉，則分輔、弼作兩星經上元則云取輔，下元則云兼貪，互文見義。不見中元之星者，省文也。若合輔弼，有下元無中元；若貪又兼輔，以成五吉，此必後來刊本之誤。以配九宫，其非八宫之訣明矣。蔣注

① 更僕難數：原誤作「更難僕數」。
② 「山」字原脱，據文意補。

未嘗不漏泄春風，無如學者之不悟何！若在人、地兩元，別有兼法，見諸下文。此節以下，所舉①干支卦位俱帶隱謎，若從實推詳，不啻説夢，非楊公言外之真旨矣。有隱謎，是也；若謂不可從實推詳，則又自下隱謎矣。

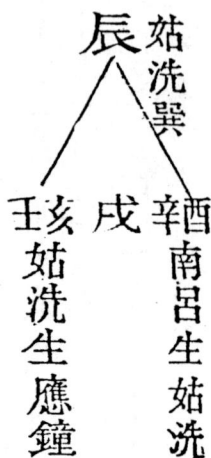

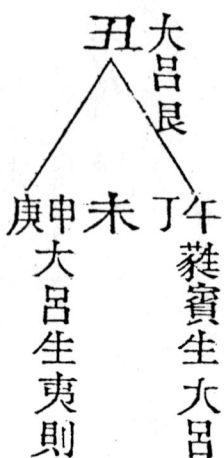

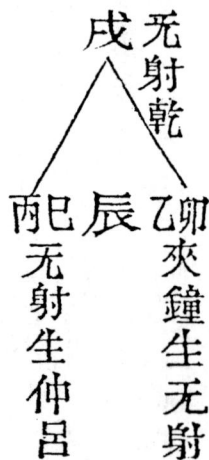

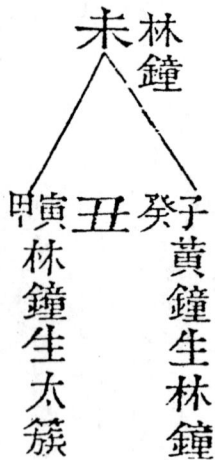

辰　姑洗巽
酉辛　南呂生姑洗
戌
亥壬　姑洗生應鐘

戌　无射乾
卯乙　夾鐘生无射
辰
巳丙　无射生仲呂

丑　大呂艮
午丁　蕤賓生大呂
未
申庚　大呂生夷則

未　林鐘
子癸　黄鐘生林鐘
丑
寅甲　林鐘生太簇

① 「舉」上原有「取」字，當係衍文，今刪。

辰立夏。戌寒露。丑小寒。未大暑。地元以甲己爲符頭，值辰戌丑未，爲地元。龍，季統八十一章，一千五百三十九年。乾霜降。坤大暑。艮大寒。巽穀雨。夫婦宗。以支帶。四卦仍爲以支帶干，考《律吕》自明。俗法所謂雙山。甲庚壬丙爲正向，脈兼取之法，或以峰巒，或以期課，或以營造，其法不一。取貪狼護正龍。取貪亦兼中元言，合爲五吉。凡此，皆互文見義。三元義例相通。

蔣氏曰：此取四季之支爲地元龍者，出遁甲法。亦謂此四支中有地元龍存也。《時則訓》所謂四墓。此四支原在乾坤艮巽卦内，故曰夫婦宗。《天玉》、《寶照》四正同與四隅相交。《天玉》三合法隔八山，坎宫取申子辰成三合。《寶照》則取三煞方，正衝左右之二山，如子坐林鍾，未爲子孫，巳仲吕，生黄鍾爲父母。同在四隅，而寬狹不同。此元氣局①逼隘，不能兼地元②爲五吉，此乃蔣氏分三元爲三爲二爲一之誤説，駁前見於八神四個二四個一下。止取貪狼一星真脈入穴，護衛正龍根本，言貪則兼包中元，文不備耳。則卦氣未值，其根不摇，卦氣已過，源長流遠，斯爲作家妙用。誤説三元。以法言，其例相同，形家乃有差别。貪狼即在甲庚壬丙之中，貪狼但爲上元之符號耳。故但於此中取正向乘正脈，與天、人兩元廣收五吉者有殊。望文生訓，此爲誤説。不言輔星，輔弼已在其中故也。以輔弼爲下元。本宫三吉，取上元之貪、中元之廉，合爲五吉。省文互見例。楊公著書，泛論錯舉之中，其金鋮玉線、一絲不漏蓋如此。

① 「局」字原脱，據《地理辨正翼》補。
② 地元：《地理辨正翼》作「他元」。

太族甲
寅
坤未　申　辛酉
林鍾生太族　太族生南呂

夷則庚
申
艮丑　寅　卯乙
大呂生夷則　夷則生夾鍾

仲呂丙
巳
乾戌　亥　癸子
無射生仲呂　仲呂生黃鍾

應鍾壬
亥
巽辰　巳　丁午
姑洗生應鍾　應鍾生蕤賓

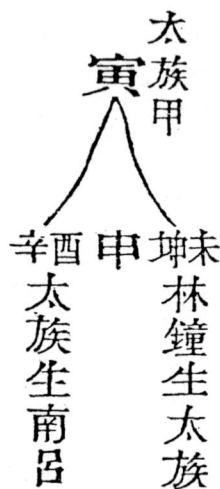

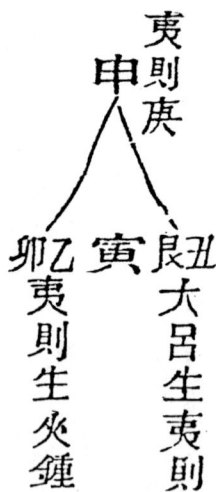

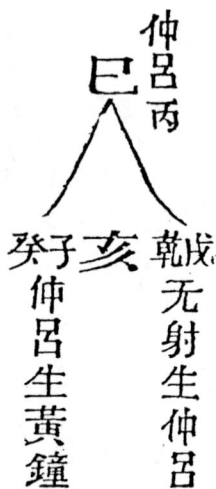

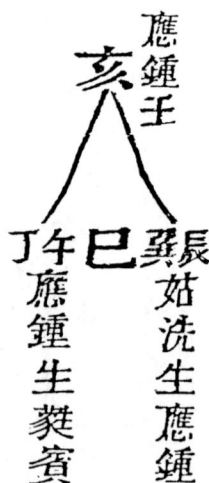

寅立春。申立秋。巳立夏。亥立冬。人元來，孟統八十一章。○符頭值寅申，巳亥爲人元。乙雨水。辛處暑。丁小滿。癸小寒。水來催。更取貪狼成五吉，人元上取貪，下兼輔，以成三元不敗。見貪不言輔，亦省文。如蔣注，則取貪止有四吉，五吉又加何星數之？寅如第一圖。坤林鍾生太簇。申艮大呂生夷則。御門開。如第二圖。巳丙仲呂，以支帶干。宜向天門上，戌帶乾，爲天門。○如第三圖。亥壬十月應鍾。向得巽辰爲壽星。風吹。

辰巽爲地户。〇如第四圖。

蔣氏曰：此四孟之支，亦屬四隅卦。此四卦中，有人元龍者存也。《寶照》以十二起例，不用八宫説，故篇中屢駁八卦。天元之後即應接人元，以上中下數之。楊公因三才天、地、人。三正子、丑、寅。之序，顛倒錯列，先地後人，有天地而後人生焉。亦隱秘其天機，使人不易測識耳。此卻無甚關係。此元龍格亦必兼貪狼，省輔，不言可知。而後先榮後凋；當作「長榮不凋」。若不兼貪狼，慮其發遲①而驟歇矣。人元止有三吉，上不兼貪，下不取輔，則非三元不敗矣。説誤。用乙辛丁癸水催之者，謂此四水中有貪狼也。乃本宫所生之方，非貪狼。駁見前篇。此宫廣大兼容，誤。故旁及坤艮，亦所不礙，以支帶干，十二局全同。故曰御門開；若是巳丙亥壬相兼，則犯陰陽差錯之龍矣。經本立此爲法，乃以爲差錯，大謬。法宜去丙就巳，去壬就亥，以清乾、巽之氣。乃以八卦立説，誤。此則專爲人元辨卦而言，處處欲要歸一路；蓋一路者當時直達之機，本局三吉。兼取者先時補救之道。兼取别元。不直達，則取勝無先鋒；當云立局之根據。不補救，則善後無良策。二者不可偏廢也。此説是。總觀三節文義，子午卯酉配癸丁乙辛，辰戌丑未配乾坤艮巽，爲夫婦同宗；而寅申巳亥獨不配甲庚壬丙爲夫婦，以上二節例之，故不再言。則其本意不以甲庚壬丙屬寅申巳亥可知矣。經文互文見義，偶不言耳。律吕十二次，其例可推。此注大誤。此正合《天玉》

① 遲：原誤作「達」，據《地理辨正翼》改。

大五行作用，而非十二支配十二干爲一路之俗説也。未嘗不知，故爲謬説，有意遮掩耳。故不曰寅帶甲。申帶庚。坤艮，不能如此，以此支不帶此干也。而曰寅坤申艮，非以寅爲坤、以申爲艮也。不相聯，不能帶。巳屬巽八卦如此。而反曰天門，十二宮辰帶巽。亥十月上。屬乾九月下。而反曰巽風，以上皆誤。顛倒裝成，其託意微而且幻類如此。蔣氏注，有一段真訣，必作一段隱語以掩蓋之，所以使人目迷五色。至其立言本旨，不過隱然説出陰陽交互之象，然篇中皆錯舉名目，不肯分明；至後節主客東西，方露出端倪，而終不顯言。先賢之毖慎蓋如此，使我有浪泄天機之懼矣！蔣氏于「八神四個一」、「八神四個二」、「南北八神共一卦」，不知互文見義之例，創爲一卦通三卦、一卦通二卦、一卦只通一卦之説。此篇天人二元言五吉、人元偶不言者，互文可知，故省其文；蔣乃拘文牽義，以此元過隘、不能兼他元爲五吉，則大誤也。又云止取貪狼一星真脈入穴云云，則尤爲誤舛。考天元自有三吉，兼取輔星，合爲五吉，謂取下元之輔中元之武以成五吉，言輔而省武，兼取三元乃成五吉，言輔而武可知。地元以輔爲主，本宮自有三吉，又取上元中元之二吉，合爲五吉。地元之取貪，亦如天元之取輔，所謂三元不敗者，必兼取二元也。輔爲本局，兼取貪、武；今乃謂取貪狼一星真龍入穴，則賓主不分，與天元取輔之義不合，與楊公互文取義之旨大爲剌謬，當急爲改正者也。又云貪狼即在甲庚壬丙之中，則亦誤。律吕十二宮，以對衝本宮之左右二宮爲父母子孫，亦如八宮之三義，特有闊狹之不同；如辰、巽爲姑洗，酉、辛爲南吕，所以生姑洗之父母，亥、壬爲無射，則爲辰。姑洗之所生三吉，一陽律二陰吕合爲三位，爲三般。上元之貪，中元之武，則別有取法，初不在此陽干甲庚壬丙之中取之作向，三元十二局皆同此法。兼取之星辰不必在向上，且作向則犯差錯矣。又云與天人兩元廣收五吉者有殊，不言輔弼，輔弼已在其中，云地元以輔爲主，非爲天元之取輔，語欠分明。至於以地元與天人不同，則不知互文見義之法。前已駁之矣。

證《淮南・天文訓》：「日行一度，十五日爲一節，以生二十四時之變。斗指子，則冬至，音比黄鐘。加十五日指癸，則小寒，音比應鍾。加十五日指丑，則大寒，音比無射。加十五日指報德之維，則越陰在地，故曰距日冬至四十六日而立春，陽氣凍解，音比南吕。加十五日指寅，則雨水，音比夷則。加十五日指甲，則雷驚蟄，音比林鍾。加十五日指卯中繩，故曰春分則雷行，音比蕤賓。加十五日指乙，則清明風至，音比仲吕。加十五日指辰，則穀雨，音比姑洗。加十五日指常羊之維，則春分盡，故①曰有四十五日而立夏，大風濟，音比夾鍾。加十五日指巳，則小滿，音比太簇。加十五日指丙，則芒種，音比大吕。加十五日指午，則陽氣極，故曰有四十六日而夏至，音比黄鍾。加十五日指丁，則小暑，音比大吕。加十五日指未，則大暑，音比太簇。加十五日指背陽之維，則夏分盡，故曰有四十六日而立秋，涼風至，音比夾鍾。加十五日指申，則處暑，音比姑洗。加十五日指庚，則白露降，音比仲吕。加十五日指酉中繩，故曰秋分雷戒，蟄蟲②北鄉，音比蕤賓。加十五日指辛，則寒露，音比林鍾。加十五日指戌，則霜降，音比夷則。加十五日指蹏通之維，則秋分盡，故曰有四十六日而立冬，草木畢死，音比南吕。加十五日指亥，則小雪，音比無射。加十五日指壬，則大雪，音比應鍾。加十五日指子。故曰：陽生於子，陰生於午。陽生於子，故十一月日冬至，鵲始加巢，人氣鍾首。陰生於午，故五月爲小刑，薺麥亭歷枯，冬生草木必死矣。」

貪狼此指五吉之貪狼。○據蔣注，此專指兼取五吉之貪狼而言。言貪狼，而上元之輔武、中元之貪輔、下元之貪武均在其内，舉貪狼一星以示例。不可望文生訓，死於句下。**原是發來遲**，本運已過，乃及兼運。○本宫主本元，兼取則在其次

① 「故」下原衍一「故」字，據《淮南子》删。
② 「蟲」下原衍「雁」字，據《地理辨正翼》删。

後，故曰遲。坐向穴中兼取二元。人未知。五吉法，世所略。○本宮三吉，人所共知，兼取則人多忽略。立宅以陽宅爲主。安墳陰宅附之。過兩紀，猶言二統。本元已過。上元主貪，中元主武，下元主輔。方生貴子好男兒。如此則所謂三元不敗矣。貪狼在天元爲本局，則早發不遲矣。

蔣氏曰：貪狼，諸卦之統領，得氣先而施力遠，何云發遲？此説正貪狼。此言人地兩元非天元數。兼收之脈不當正卦，本局。傍他涵蓄，三吉外之五吉。故力不專，是以遲也。本運久則必衰，所以兼取正運。其遲，非遲則無以長久。兩紀，約略之辭。生貴子，正見誕育賢才，以昌世業，隱含悠久之義，非若他當讀爲本字。宮一卦乘時催官暫發之比。若夫應之遲速，是不一端，烏可執此爲典要也。若天元爲本局，則發速矣。

立宅安墳二見。要合龍，金龍，動者，非山龍。○《天玉》爲地盤，主八宮方位，《寶照》天盤主十二次，中兼期課辨法，故此篇專詳立向以水，以引天氣。故立向之文二十餘見，實則全篇皆明此義。不須擬對好奇峰。此駁形家自然生向之説。蓋形家專主奇峰，以爲天生之向。主人形局，以龍言。有禮有禮，即山情。客天星，以水召之。尊重，即水意。客在西兮①主在東。《禮記·鄉飲酒義》：「賓主象天地也，介僎象陰陽也，三賓象三光也。讓之三也，象月之三日而成魄也。四面之坐，象四時也。天地嚴凝之氣，始於西南，而盛於西北，此天地之尊嚴②氣也，此天地之義氣也。天地溫厚

① 兮：原誤作「分」，據《地理辨正翼》改。

② 嚴：原誤作「凝」，據《禮記》改。

之氣，始於東北，而盛於東南，此天地之盛德氣也，此天地之仁氣也。主人者尊賓，故坐賓於西北，而坐介於西南以輔賓；賓者，接人以義者也，故坐於西北。主人者，接人以仁以德厚者也，故坐於東南，而坐僎於東北，以輔主人者也。仁義接，賓主有事，俎豆有數曰聖，聖立而將之以敬曰禮。」

蔣氏曰：山龍形家之說。真結，必對尊星而後出脈，《撼》、《疑》。或迴龍顧祖，或枝幹相朝。先有主峰，乃始結穴，故必以朝山爲重；非重朝山，《天玉》詳矣。正重本身出脈真僞也。平洋法家之說。既無來落，但以水城論結穴，《左》、《國》：周之分野，以伐紂歲月而定；立國天星，又以見災時自定。分野吉凶，此爲選擇所從出。水自水，理氣。山自山。形勢。雖有奇峰，兼取則可。並非一家骨肉，以運氣論。向之無益。以形家言，尊星必共一家骨肉，以元運言則不必。當運尊星或在休囚之方，此必須妙手剪裁調和其間，既得地形，又收天氣。故只從立穴處消詳堂局，舍峰坐空，所謂玄空。收五吉之氣，向王專以天運言。謂之合龍，金龍在天，非山龍。而不以朝山爲正案也。其法亦有以外朝取者，隨時變易。末二句乃一篇之大旨，精微玄渺之譚。所謂主客，又不止於論向，而指龍非坐。爲主人，向爲客也。顛倒言之，則向爲主，龍爲客。主客猶云夫婦，實指陰陽之對待，天陽地陰。山地。水天。之交媾，同二姓之好。一剛一柔，一牝一牡，玄竅相通，皆在於此。此中有剪裁補救之法。言有此主便有此客，有此客便有此主，主客皆有實物，見於天象。主客雖云二物，實一氣連貫，同則取同，異則取夫婦。如影隨形，如谷啓①響，交結根源，一息不離；必有事實，與俗説迥殊。非謂既有此主，乃更求賢賓以對之也。求得之初實如此，不過深者，妙極自然耳。東西蓋舉一方而言，亦可云主在西兮客在東，亦可云主在北兮客在南、主在南兮客在北，八卦四隅，無不皆然。所謂陰陽顛倒②顛也。《頤卦》十朋之龜，□□《小過》十翼之鳥。所□顛拂即顛倒。○此爲傾筐倒篋之言，即全書精神所在。自天下軍州至此，統論平洋龍法，其中卦位干支秘訣，總不出此二語，玄空城門專言法，不論形。故於結尾發之，以包舉通篇之義，學者所當潛思而曲體之者也。姜氏曰：《寶照》發明平陽龍格，求天氣之法。開章直喝「天下軍州總坐空，何須撐著後頭龍」，大聲疾呼，朗吟高唱，此爲楊公撰著此書通篇眼目，振綱挈領之處，不可泛泛讀過。蓋平洋龍格舉世所以茫然者，只因俗師聾瞽，將山龍溷入，無從剖辨，觸處成迷也。平洋之作法既迷，不知天。并山龍之真格亦謬，並不知地。失其一，並害其二矣。平洋、山龍，皆爲隱謎，後人不知此意，僞爲《水龍經》，以爲平洋、山龍不同，不知天下軍州看坐空，何嘗分平洋與山龍乎？即此可悟。楊公苦心，喝此二語，醒人千古大夢，使知平洋二宅不論坐後來脈，言向則坐在其中，故三吉五吉皆無坐。凡坐空之處反有真龍，向。坐實之處反無真龍，據坐則失向，所謂反吟伏吟。與山龍之胎息孕育

① 啓：《地理辨正翼》作「答」，當從。

② 下「顛」字原脱，據《地理辨正翼》補。

截然相反。欲學者從此一關打得透徹，更不將剥換過峽高低起伏、馬跡蛛絲、草蛇灰線等字纏繞胸中，只在陰陽大交會處天與地。悟出真機，而後八卦九星地盤。方位以次而陳，絲絲入扣，平龍消息始無罣漏之虞。平龍既無罣漏，而山龍亦更無罣漏矣。倘不明此義，只將後龍來脈膠轕糾纏，形家格龍俗説全誤。則造化①真精何從窺見？雖授之以八卦九星之奥，亦無所施也。窮年皓首，空自茫茫，高山平洋，總歸魔境，我於是益嘆楊公度人心切也。後篇所以復舉二語，重言以申明之，意深切矣。聞新繁李進士岑秋在滇服官，見同寮南人所藏蔣公所作墓宅圖，並有推其流年占應，與若干年則當於某方修方之類；至若干年折去，則又於某方修造，隨時補救，非一成不變之法也。又，紀曉嵐五種筆記言岳大將軍在京，邸舍開三十六門，隨時啓閉云云，竊以此即爲《寶照》坐虚向實之法。學者熟此，思過半矣。

中篇

此篇十三節，皆發明上篇第三節②。

天下軍州總住空，官衙，陽宅法。何須撑著後來龍？可見不分平洋、山龍，同是一法，則所謂平洋、山龍，皆隱謎矣。時人不識玄機訣，北方玄枵玄武。《董子》「陰常處於虚，陽常處於實」，此訣人罕知之。只道後頭少撑龍。形家專就地形立向，不取天星。

---

① 造化：原誤作「進化」，據《地理辨正翼》改。

② 節：原作「即」，據文意改。

傳 大凡軍州住空龍，官衙皆坐北向南。便與平洋墓宅三言宅。同。「三陽水向盡源流」。證 萬物負陰而抱陽，沖氣以爲和。州縣官衙。人家墓宅。住空龍，千軍萬馬悉能容。分明見者猶疑慮，龍不空時坐空。非活龍。朝不旺矣。

說 教君看取州縣場，陽基。盡是空龍撥擺蹤。莫嫌遠來無後龍，龍坐。若空時氣不空。天向取旺。兩水界龍連生窟，穴形。得水氣。兮何畏風。但能感召天星則吉。但看古來卿相地，平洋一穴合運得天。勝千峰。形局。板死。

蔣氏曰：天下軍州二語，前篇已經喚醒。楊公之意，猶恐後人見不真，信不篤，故反覆詠嘆，層層洗發，窮追①到底，罄其所以然之故。又恐槩説軍州大勢，尚疑人家墓宅或有不然，故指實而言，軍州如是，墓宅亦無不如是，如以形言，則其説絶不可通。蔣亦自言之。只勸世人揀擇空龍，玄武玄枵。切勿取實龍朱雀生旺。作撑也。內向據形，外向求氣。如坐宅有數重門，不皆一向，如岳公法，外門可以隨時改易。所以然者何也？山龍只論脈來，形。平洋氣。只論氣結，外向，專取運。空則水活以比天星。而氣來融結，以水引氣。實則障蔽而生氣阻塞。坐旺萬不可。肉眼

① 追：原誤作「迫」，據《地理辨正翼》改。

但見漭漭平田，毫無遮掩，此指天星言，不可誤認爲説形。疑爲坐下風吹氣散①之地，形卻是如此。不知水神界抱，天星照臨。陽氣沖和。平洋之穴，無水則四面皆風，不可誤以平洋爲説形。《水龍經》誤盡世人矣。有水則八風頓息，水即指元運，所謂界水則止之水。所謂氣乘風則散，界止則止。此亦以水爲星氣。古人之言，正爲平洋而發也。説天星。

證《董子·陰陽位篇》：「是故陽以南方爲位，以北方爲休；陰以北方爲位，以南方爲休。陽至其位而大暑熱，陽氣盛矣。陰至其位而大寒凍；陽氣衰矣。陽至其休而入化於地，北方不得陽氣。陰至其休而避德於下。《淮南》七舍，五月德在野，則陰殺退避，《太玄》所謂斗南而萬物盈。是故夏出長於上，《王道通三篇》：「陽常居實位而行於盛。」冬入化於下者，入則化，陽氣衰。陽也；夏入守虚地於下、所向之陽氣盛滿，則陰氣伏藏於地。冬出守虚位於上者，坐空則陰，處虚而不用。陰也。陽出實入實，陽宅招攝天靈，宜向實以進氣。陰出空入空，陰置之空虚，故宜坐空。天之任陽不任陰，順天者昌。好德不好刑，《淮南》「山爲積德」，取其高峻；「川爲積刑」，以其低下。如是也。」舉南北爲例。《堪輿》用此法取坐空。

子午卯酉四仲，爲仲統表。四山龍，遁甲法以甲己二干爲符頭，值子午卯酉爲上元。坐對乾坤艮巽宮。在右者爲四卦，在左爲四陽干。**莫**當讀爲「若」。依八卦陰陽取，《天玉》法。陰陽差錯敗無窮。此篇累言陰差陽錯，

---

① 氣散：原作「散氣」，據《地理辨正翼》乙。

謂拘形而不審氣。用《天玉》八宮地盤。百二十家十二律吕分占乾坤六爻。《太玄》以家字比班《志》之章法。渺無訣，此訣玄機大祖宗。證《淮南・天文訓》：「子午、卯酉爲二繩，丑寅、辰巳、未申、戌亥爲四鉤。東北爲報德之維，西南爲背陽之維，東南爲常羊之維，西北爲蹏通之維。」

說 來龍天星。須要望立向遥相望。龍穴，地形。後若空時即玄空。必有功。朱雀生旺。帝座天皇太乙。帝車北斗。竝帝位，五帝座。帝宫帝殿後當空。真訣專在立向，向旺、座空。向隨時改變，如喜神方道①。萬代侯王皆禁斷，予今隱出隱語。在江東。江東，即天卦求星辰，非地名。陰地。陽天。若能得遇此，非反吟伏吟，專就地分兩片。蚯蚓逢之便化龍。

蔣氏曰：此明八卦之理，即前子午卯酉屬坎離震兑四卦，乾坤艮巽又四卦之義也。所謂坐對，非指山向，言天，而非形局。蓋四正卦與四隅卦星二十八宿。兩兩相對，四正之山以四隅之坐向爲輔。故云然也。淮南對表詳矣。八卦陰陽者，指八卦五行，以乾卦領震坎艮三男而屬陽，坤卦領巽離兑三女而屬陰；此先天之體，地盤定位。非後天之用，合天。以之論陰陽，則差錯而敗不勝言矣。專就山水形局言。□□□□□合法與四正四隅卦相挨，子息彼此往來。如坎卦則在申□，坤巽二宫卦内則在寅、戌，艮乾二宫卦内十二次，坎則在□未，離則在亥丑，直指二宫，不得言卦内矣。譚陰陽者百

① 方道：疑當作「方位」。

二十家，皆此是彼非，渺無真訣天運分十二宮，合十爲百二十。惟有玄空大卦合爲一卦，乃稱大卦。由一卦以通他卦，即由小水以招引大水也。乃陰陽五行大祖宗，《素問》説詳矣。聖聖相傳，非人勿示也。識得此訣，雖帝王大地，瞭若指掌，特禁秘而不敢言耳。與《撼龍》元局同。楊公自言：既得至道，不敢炫燿於世，故披褐懷玉，抱道無言，然天寶雖秘惜，而救世之心未嘗少懈，曾於《天玉經》「江東一卦」諸篇隱出其旨，世之好陰陽者有緣會遇，信而行之，頃刻有魚龍變化之徵也。或云楊公得道之後韜光晦跡，背其鄉井，隱於江東。俟考。

子午卯酉此上篇第五節之傳。四山龍，四仲月。支兼干出最豪雄。二山合爲一宮。乙辛丁癸單行脈，上篇作一路，又云「若有山水一同到」，此云單行，若山水不同到也。半吉之時乘四仲之氣。又半凶。若偏而與墓同行。坐向前篇作「半穴」。乾坤艮巽位，兼輔而成五吉龍。如本運三山爲三吉，兼貪取輔爲五吉。

蔣氏曰：此皆楊公隱謎，三元天運，以十二支爲代名詞。舉四正爲例，四仲爲天元。若行龍在子午卯酉仲統。四支，長流不雜，合會統爲長久。雖兼帶干位，支帶干。總不出本卦之内，斗杓指支爲節，指干爲氣，合支、干乃爲一宮全月。其脈清純，前後不雜他宮，如子字①之丑壬。故云「最豪雄」也。若乙辛丁癸，雖屬單行，未免少偏，即犯他卦，如癸偏左則丑別爲一舍，爲十一月之節，與子宮別爲一次矣。所謂「莫教差錯丑與壬」。所以吉凶參半也。言子午卯酉，而乾坤艮巽不外是矣；隨元立向，因時

① 子字：疑當作「子宮」。

更易，此真訣也。○四隅之山又以四正之坐向爲輔。言乙辛丁癸，而甲庚壬丙不外是矣。辨龍既清，乃於諸卦位中隨便立向，因時變易，如宅之門向。則又以方圓爲規矩，而未嘗執一者也。隨旺氣而變，如《月令》之出四門。

辰戌丑未古有以姓之五音分吉凶法，或以吕才駁之，其説遂絶，不知此説今尚大行。姓以生爲聲，今通行法以生年干支爲主，宅、墓皆重之。如謂姓爲姓氏，則凡一姓吉凶皆同，無此理。姓爲生年，古法本如此。後來術士誤主姓氏，不知生年納音即五音説。四山坡，四支帶下四干，合八山爲季統四宫。甲庚壬丙葬讀作宅。墳多。立向。若依此理無差謬，清貴聲名天下無。爲官自有起身路，兒孫白屋出登科。八卦不是真妙訣，地、天二盤之分，《天玉》、《寶照》之所以别。時師休把口中歌。

傳 敗絶只因用卦差，天盤地盤之别。何見依卦出高官。陰山陽水皆真吉，下後兒孫禍百端。俗師以山水皆就形言，由地形自分陰陽，自相交媾。水天運。若朝來水來、當面。須得水，天盤隨時取旺元。莫貪遠秀好峰巒。立向專取坐空，不拘形局。如作室之門，隨時可以移動；若岳大將軍之一室三十六門，不拘正對。審龍若依圖訣葬，官職榮華立可觀。天盤。用羅經可立圖，形勢變化多，轉不可圖。

蔣氏曰：此指四隅龍脈而言，以二十四山分十二宫，則四正四宫；四孟四季皆在四隅，故亦分十二次，則不可以八卦拘之。而舉辰戌丑未爲隱謎也。謂此等行龍而取甲庚壬丙向者甚衆，地元四墓，四干爲四季所帶，合四季乃爲一次。必須龍法純全，地。向法合吉，天。毫無差謬，○以天地合言差謬。而後清貴之名卓於天下也。「起身路」正指來龍之路。八卦本是真訣，地盤形局。而誤用則禍福顛倒，以求天氣則誤。故云非妙訣，《天玉》則專詳八方。後章「八卦只有一卦通」乃始微露消息矣。八宮十二次之殊别，注不肯明言。收水之法，向云陽用陰朝、陰用陽應，乃卦理至當不易之言，合形、法言。而竟有陰山陽水、陽山陰水反見災禍者，則辨之不真，陽非陽天亦有陰。而陰非陰地自有陽，以地自分陰陽兩片。也。「得水」二字，世人開口混説，即謂天氣，故法家以水爲天之代名詞，不謂真水。然非果識天機秘旨，收入玄竅之中，召天合地。雖三陽六建齊會明堂，虎抱龍迴，涓滴不漏，總未可謂之得。若知得水此水非凡水。真訣，理氣。即陰陽八卦之理，形局。示諸斯乎！兼擅其長。「莫貪遠秀好峰巒①」，即上篇已發之義，致其叮嚀之意云爾。

玄機妙訣有因由，向指天法。山峰地形。細細求。起造宅四見。安墳依此訣，能令發福出公侯。

直向支山尋祖脈，十二支爲節爲初氣。干神下穴十二干乃爲中氣，下穴猶占下半月。永無憂。

寅申巳亥孟統之運。騎龍走，本龍。乙辛丁癸四仲之干。水交流。立向。若有此山四孟。并此水，四仲。白屋亦指居宅。科名發不休。昔日孫鍾扦此穴，從此聲名表萬秋。

蔣氏曰：通篇皆言平洋，天。此章乃插入山峰者，地。何也？蓋八卦九星乃陰陽之大總持，故凡有山之水由地召天，天與地合。可以不論山，八宮同於十二次。而有水之山地與天不合，須由作用。不能不論水。則專重在水。若遇山水相兼之地，形、法合。未可但從山龍而論，還須細

①「巒」字原脱，據上文補。

細尋求，亦必合此玄空大卦之訣，而後墓宅産公侯也。總以天星爲作用之妙。祖脈必要支山，《漢志》元運用支不用干。蓋從四正而論，四仲局。下穴立向則不拘支干矣。合支干乃爲一局，分初、終耳。此祖脈乃玄空之祖脈，天氣。非山龍之來脈也，形八卦。讀者切勿錯認。寅申巳亥、乙辛丁癸，俱屬易犯差錯之龍，故曰「騎龍走」、「水交流」，文有殊，義無别。此山此水而科名不歇者，不犯差錯故也。孫鍾墓在富陽天子岡，本山龍而收富春江長流之水，故引爲證。

來龍形局。須看坐正穴，地盤有一定之向。後若空時必有功。開門放水，隨時立異。州縣官衙五言宅法，以明朝王皆向南。人盤。爲格局，必然清顯立威雄。

[傳]范蠡蕭何韓信祖，不過借以爲比，不必實有其事。乙辛丁癸天元。足財豐。三人不當以財言之，此亦趁韵耳。亥壬十月小大寒。聳龍興祖格①，巳丙四月小大暑。旺相一般同。寅申巳亥人元。等五吉，乙辛丁癸四位通。地元以干爲向水，與前不同。紫緋晝錦何榮顯，三牲五鼎受王封。龍回朝祖貪、廉交互。玄字水，止水。科名榜眼及神童。

[説]後空已見前篇訣，即所謂玄空，玄枵爲空向，則朱雀發源生旺氣。穴要窩鉗説詳《撼龍》。脈到宮。

---

① 格：原誤作「閣」，據《地理辨正翼》改。

互文起義，不止二穴。州縣官衙專取官衙，以明坐空之義。及臺閣，六見。那個靠著後來龍。不指城郭，專指衙署。砂揖水朝爲上格，羅城擁衛穴居中。人盤合天。依圖言圖者五六見。取向專重取向。無差誤，不是王侯即相公。

蔣氏曰：後空之旨屢見篇中，即玄空，即廿八宿鶉火在南、玄枵在北之定位。今廿八宿位已移，以當運者爲主。而此章又反覆不已者，蓋後空不但無來脈而已，并重坐下有水，此水爲天氣。乃謂之①活龍指天星，非真水。擺撥，而成真空有氣也。故首句云「坐正穴」，實指穴後有水、此水亦指星氣，言地盤有。地盤前後天人各別，非一法。言水，非真。取爲正坐也。此地盤法。古賢舊蹟，往往如此。遍地鉗，所謂杜甫、盧仝、李白祖，此又引范蠡、蕭何、韓信，總合此格。互文義見。下列諸干支，言不論是何卦位，只要合得五吉收歸坐後，發福如許爾。故下文即接「回龍朝祖玄字水」，分明指出前朝曲水，抱向穴後，乃回龍顧祖之格也，此又蔣氏之謎語，假形以立說。神童黃甲，必可券矣。篇中又自言後空之訣已見前篇，然恐人誤認，只取坐後無來脈，便云有氣；不知穴後必須水星氣。抱成窩鉗之形，以水爲喻。而後謂之到宮。專論天，不求地。向必生旺。若但云空耳，非坐水之空，空何貴焉？有體有用，二者互異。砂揖水朝、羅城擁衛，皆就水神而論；即星辰。穴正居中，指坐穴也。此節直說出王侯將相大地局法，非泛論也。

① 「之」字原脱，據《地理辨正翼》補。

天機妙訣本不同，八卦只有一卦通。由一卦起星辰，流轉八宮，周而復始。考律吕法，十二律旋相爲宮，即下卦起星之法。每宮皆有五音，爲六十龍；羅經所列六十甲子，即納音，地元四季所舉之卦。乾坤艮巽躔何位，乙辛丁癸天元四仲所帶四干。落何宮，定位八宮。天盤人盤分十二宮。甲庚壬丙人元四孟所帶之干。來何地，舉干而隱支，十二干中藏三元十二支。星辰流轉要相逢。奇門、六壬，定盤之上皆加活盤，隨時流轉。

傳　莫把天罡北斗招摇。稱妙訣，太乙下行玄空法。錯將八卦《天玉》八宮法。作先宗。八宮定位，天盤别有宮次不同。乾坤艮巽出官貴，四墓所帶。以八宮言，四卦爲父母，《寶照》别與八干配爲十二中氣。乙辛丁癸四仲所帶四干。田莊位；甲庚壬丙四孟所帶。最爲榮，十二字爲干，附十二支爲中節。下後兒孫出神童。未審何山消此水，如律吕之父母子孫，隔八相生。合得天心造化工。專取天星爲天盤。〇奇門演卦之法，以八卦方位震東、兑西、離南、坎北、巽東南、艮東北、坤西南、乾西北爲外卦，以休一、死二、傷三、杜四、開六、驚七、生八、景九八門所臨爲内卦。如陽遁一局丁卯時，此時休門直使到巽第四宮，則東南即爲水風井卦；死門到乾六宮，則西北即爲地天泰卦；傷門到兑七宮，則正西即爲雷澤歸妹卦；杜門到艮八宮，則東北即爲風山漸卦；開門到離九宮，則正南即爲天火同人卦；驚門到坎一宮，則正北即爲澤水困卦；生門到坤二宮，則西南即爲山地剥卦；景門到震三宮，則正東即爲火雷噬嗑卦。

蔣氏曰：一部《寶照經》不下數千言，皆半含半吐，八卦十二次，其理同。至此忽然漏泄，法盡於此一節。蓋陰陽大卦不過八卦之理，八卦十二次，其理同。而篇中乃云八卦不是真妙訣者，正爲不得真傳，十二次，天星法。不明用卦之法故也。而其所以不明用卦之法者，皆因泛言八卦，八卦，死方位。而不知八卦之中止有一卦可用故也。下卦起星，以一卦爲主。大五行秘訣，斗杓之行次。不過能用此一卦，即從此一卦流轉九星，便知乾坤艮巽諸卦落在何宮，二十四干支落在何宮，而或吉或凶，指掌瞭然矣。八宮與十二次同有此法，如《地形訓》與《時則訓》。俗師不得此訣，其本皆①詳《淮南》各篇中。妄立五行，有從四墓上起天星②，以爲放水出煞之用，如何合得八卦之理？八宮，死法。夫收得山向旺。來，乃出得煞去，坐空。不知一卦作用《淮南》十二宮對法。山既無從收，向不得真旺。一卦不收，諸卦干支又何從流轉九星，求純棄駁而消水出煞乎？此水之煞即所坐之空。今人但知二十四山處處可出官貴，處處可旺田莊，處處可出神童，而不知二十四位水陸交馳，以地盤八宮言。果下何卦、由形招星。收何山，向。乃消得此水、坐。出得煞去。收山即出煞消水。此山、水即坐向，非向山與流水。夫既不能收山出煞，則其談八卦、《天玉》。論干支，《寶照》。皆胡言妄説而已，何以契合天心而造化在手也？天心即天運，元運旺相統元、統、會、章而言，非十九年之一章法，更非二十年移一宮之僞説。非善人合天之家，不能遇也。大五行斗杓之運行四方。所謂一卦，即指天心正運之一卦也。元運與形相合之一宮。篇中露此二字，其間玄妙，難以名言，楊公雖指出天心一卦之端，而其下卦起星之訣，究竟未

① 皆：疑係「旨」字之誤。

② 天星：《地理辨正翼》作「天罡」，當從。

嘗顯言，訣即在篇中，不肯顯言，故又以此亂之。則天機秘密須待口傳，不敢筆之於書也。

姜氏曰：篇中八卦干支，縱横錯舉，原非實義。實而不實，不實即實，須善悟之。細玩此節何位何宮何地等句，即知經文皆屬活句，非死句也。非板執死法。俗説皆誤，必研究隋唐以前古書，乃得其實義。我師於前篇注中切戒學者毋得執定方位，意在此爾。故凡言方位者皆誤説。凡讀楊公書者當知此意，非獨《寶照》而已，《天玉》、《青囊》，無不皆然。

五星一訣五星，當讀作「九星」，指《撼龍》言。後來廖公五星説皆僞書，不可信。非真術，《天玉》形局。城門城門，門即向也。《月令》法：天子居中，春出東門，夏出南門，秋出西門，冬出北門。以斗杓所指爲旺氣，即出其門；居中不易，而四門因時而改。以隨時立向，不板定一門之訣。一訣最爲良。《寶照》立向，取譬城門，不止一門矣。識得五星形。城門氣。訣，《天玉》。地盤定位如室堂，門則隨時而變。一淨一動，不可二法①。立宅九見。安墳定吉昌。

【傳】堪笑庸愚多慕此，指五星。妄將卦例定陰陽。專拘形勢。不向龍身觀出脈，此指金龍天星也。又從砂水死形。斷災祥。

【説】筠松《寶照》真秘訣，與《天玉》不同。父子雖親不肯説。若人得遇是前緣，天下横行陸地仙。

① 二法：似當作「一法」。

蔣氏曰：前章既言一卦下穴由小水引大水，由三吉引五吉。收山出煞之義，全爲立向訣。此章又直指城門一訣，定位與城門，一有定一無定。以有定爲無定之準，全爲立向作用。楊公此論，真可謂披肝露膽矣。蓋五星之用，其要訣俱在城門，以《月令》法推之即得。識得城門，而後五吉有用；於此作二宅，無不興隆者矣。城門一訣與龍身出脈正是一家骨肉，精神貫通，能識城門，乃能觀出脈；能觀出脈，便能識城門。由城門以召五吉，所謂三元不敗。三吉由當面小水而定，必與形局相合，至於左右與後之星辰，則萬難立此向；則其星值旺在數十百年以後，則由當面小運勾引之，臨時或於其位修方以提動之。故笑世人不識此秘，而妄談卦例，從砂①、水上亂説災祥也。拘泥形勢。此以下，皆楊公鏤精抉髓之言，得此便是陸地神仙，父子不傳。夫亦師傳之禁戒如是，豈敢違哉！《寶照》專詳天氣。千言萬語，止是立向，從向水上引天氣；其召引之法，則不止一端，亦如造命之名詞不同。

世人只愛週迴好，形局。不知水天星。亂山地形。顛倒。所謂陰差陽錯。大陰陽。時師但云講八卦，《天玉》，地盤。卻把陰陽合地與天，爲大陰陽。分兩下。地有地之陰陽，星有天星之陰陽。真陰陽則以形爲陰，星爲陽，以地合天，正是一大陰陽。分就形、氣各立陰、陽以爲交媾者，皆誤。

【傳】陰山只用陽水朝，陰水只用陽山收。如羅經浄陰浄陽法。俗夫不識天機妙，拘形勢，昧天星。自把山形。龍氣，錯顛倒。陰差陽錯。胡行亂作害世人，福未到時禍先到。

---

① 砂：原作「沙」，據上文改。

蔣氏曰：《道德》不云乎：「常無欲以觀其妙，常有欲以觀其竅」，如父在觀志，父没觀行兩等觀法。無與有，即獨行與會合之分。此正丹家所謂玄關一竅。大道無多，只争那些子，收山如口鼻受穀氣，消水如二便，穴則腹胃。故曰「不離這個」。人身有此一竅，天地亦有此一竅，如營衛運行，每日百營，兩大會之地。天地陰陽，順逆交會與人身全同。地理家須識此陰陽之竅。交會合和之地。今人只愛週迴好，而不知那些子。交感所在。些子合得天機，週迴不好亦好；些子不合天機，週迴雖好，皆無用矣。陰山陽山，地形之分。陰水陽水，天氣之分。皆現成名色，處處是死的，天不得地，亦無爲。惟有那些子是活的；些子一變，陰不是陰，但統曰形。陽不是陽，但統曰氣。陰可作陽，地承天。陽可作陰，天合地。故曰「識得五行形、氣同有五行。顛倒顛，天氣下降，地氣上騰。便是大羅仙」。世人不諳天機，誤將山龍來脈真山。牽合平洋理氣，真水。執定板格，陰陽反成差錯，乃真顛倒也。本欲造福，反以賈禍，楊公所爲惻然於中，而有是書也。

陽若無陰定不成，天比於父。○理氣屬於無形。陰地比於母。若無陽定不生。形勢雖得，不能召天氣。陽水陰山相配合，交媾。兒孫天府早登名。

蔣氏曰：此節并下節尤爲全經傾囊倒篋之言，而泛泛讀過，則不覺其妙，蓋舉平洋龍法天。穴法、地。收山出煞、收山即出煞，爲玄空坐虛向實。八卦地盤。干支天盤。之理一以貫之矣。一言以蔽之，曰交合而已。○凡安排一切皆僞説。孤陽不生，獨陰不育，此雖通論，而大五行秘訣形、法合。只此便了，學者俱在山水配合上著眼。所謂配合，自然配合，天與地，星辰，時令，自然之理。非尋一箇陽以配陰、尋一箇陰以配陽也。水即是陽，天。山即是陰；地。陰即是山，陽即是水。故只云陽水陰山，以山爲水，隱謎。而不更言陰水陽山。就形氣分言，乃有陰水陽山，所謂陰陽分兩下。知此者，可與讀《寶照》矣；知此者，亦不必更觀《寶照》矣。禮經以祖配天師説，詳《白虎通》。

證《文子·上仁篇》：「天地之氣，莫大於和。惟和乃生萬物。和者，陰陽調，日夜分，陰陽適均。故萬物春分而生，秋分而成，生與成，必得和之精。董子以東西爲兩和，北方陰動於下者，不得東方之和不能生；南方陽養於上者，不得西方之和不能成。故積陰不生，積陽不化①，陰陽交接，乃能成和。」舉東、西以示例，可推想山水陰陽之作用。

都天天光照臨。大卦總陰陽，直符直使演卦之法，以地盤直符所在之宮爲内卦，天盤直使所在之宮爲外卦。如陽遁一局，甲戌旬，辛巳時，地盤直符在坤二宮，天盤直使在離九宮，即衍成火地晉卦。餘仿之。翫水仰觀。觀山俯察。有主張。能知山情與水意，以地召天。配合方可論陰陽。此爲大陰陽真訣，除此皆支節及僞法矣。

蔣氏曰：急接上文。都天大卦豈有他哉，總不過陰、陽而已。真陰真陽非俗師之所謂陰、陽。只在山水上看，而翫山觀水，須胸中别自有主張；此主張非泛泛主張，如僞法挨星諸訣。乃乾坤真消息，所謂天心天地合一爲天心。是也。山情水意四字，全經之竅妙；今人孰不曰山

---

① 此二句，原誤作「積陽不生，積陰不化」，據《新編諸子集成》本《文子疏義》改。

水有情意，而不知世人所謂情意非真情意也。《撼》、《疑》與《辨正》合。《撼》、《疑》山情，《辨正》水意。識此情意，則是陰陽便成配合，青囊萬卷，盡在箇中。於戲，至矣！

證《葬書》：「委宛自復，回環重複，若踞而候也，若攬而有也。欲進而卻，欲止而深①；此數句發明山水情意，最有精神。來積止聚，沖陽和陰；此山水陰陽配合之局。土高水深，向實坐空。鬱草茂林；貴若千乘，富如萬金。言若、如者，皆狀山水之情意。經曰：形止外觀形局。氣蓄，内招天氣。化生萬物，爲上地也。」

「上地之山，若伏若連，言若者，皆形容山情。其原自天；若水之波，若馬之馳，其來若奔，其止若尸；若懷萬寶而燕息，若具萬膳而潔齊②，若橐之鼓，若器之貯；若龍若鸞，十二「若」字，詳喻山情。或騰或蟠；二「或」字活看。禽伏獸蹲，取譬極多，可以類推。若萬乘之尊也③。」

「法每一折，此言納水之法。瀦而後蓄；洋洋悠悠，顧④我欲留。此審水之情意。其來無源，其

---

① 深：原作「探」，據《四庫》本《葬書》改。

② 齊：原作「齋」，據《四庫》本《葬書》改。

③ 此句原作「此萬乘之藏也」，據《四庫》本《葬書》改。

④ 顧：原誤作「願」，據《四庫》本《葬書》改。

去無流。經曰：山來水迴，貴①壽而財；山因水流，虜王滅侯。」

傳《都天寶照》爲理氣之理氣。無人得，逢山踏路當作水。尋龍脈。前頭朱雀。走到五里廉貞在南，不入中宫。山，大五行午宫五月。遇著賓主相交自外至者，無主不止；自内出者，非客不行。接。營衛五十營而復大會。一日之中，子、午自相交接於腦、外腎，所謂活子午。欲求富貴頃時來，記取筠松真妙訣。蔣氏曰：上文説到山情水意，都天大卦之理盡矣，此節又贊嘆，而言此《都天寶照》不輕傳世，若有人得之，以此觀山翫水，一到山情水意賓主相交之處，其同者同聲相應，同氣相求，其異者雌雄夫婦，合爲一家骨肉。用楊公訣法扦之，專詳立向。頃刻之間，造化在手。蓋一片熱腸，深望人之信從，而發此歎也。

證《莊子·天運》：「中無主而不止，外無正正，當作「匹」。而不行。由中出者，不受於外，聖人不出；由外入者，無主於中，聖人不隱。」《公羊》與《淮南·原道訓》亦有此説。天有三奇乙、丙、丁爲三奇，乙日奇，丙月奇，丁星奇。九宫不數甲，前三爲奇，後六爲儀。地六儀，六儀三奇視冬夏陰陽而順逆布之，爲地盤。以甲子一周六戊、六己、六庚、六辛、六壬、六癸爲六儀。天有九星《素問》以地配天，説詳《青囊經補證》。地九宫。八宫九星。十二地支陰四正四局。天干十，陽四隅四局。干屬陽兮干以干爲子孫。支

① 貴：原誤作「富」，據《四庫》本《葬書》改。

屬陰。支以支爲子孫。時師專論這般訣，其弊在一「專」字。誤盡閻浮世上人。凡蔣訣即在所駁之中。陰陽動天氣。浄地形。如明得，配合生生妙處尋。能得根源，各法皆屬節目。以上皆定位地盤，此乃遁甲天盤活法。證《易·繫》：「夫乾，其浄也專，其動也直，是以大生焉。夫坤，其浄也翕，其動也闢，是以廣生焉。廣大配天地，變通配四時，陰陽之義配日月。」

蔣氏曰：前篇贊嘆，已足終篇，又引奇門以比論者，蓋奇門主地，從《雒書》來，謂陰陽二遁。陽遁五百四十局，始坎一，訖中五；陰遁五百四十局，始離九，訖中五。與地理大卦同出一原，小説多同。而時師用錯，蔣氏真訣每在所駁之中以奇門推之。地學別有竅道，非如俗師之用遁，且遁亦多失古法。所以不驗。惟有大五行，是奇門真訣。奇門爲《寳照》入門之門。欲知此訣，只在陰陽一動一浄之間求其配合同異二門。生生之妙，則在在有一陰陽，非干是陽而支是陰，此支節之陰陽。如此板格而已。入門先求板格，後講超渾。不先求板格，無下手之處。蓋動浄即是山情水意，即是城門一訣，即是收山出煞。用一卦法，所謂「龍到頭」者，此也；所謂「龍身出脈」者，此也；所謂「龍空氣不空」者，此也。是名真賓主，是名真夫婦，是名真雌雄。終篇又提出此二字，與上篇第三章「動浄中間求」一語首尾相應。楊公之旨，抑亦微之顯矣夫！蔣書本極詳明，或以爲有所隱諱者，非也。

證《列子》：「夫有形者生於無形，則天地安從生？《老子》：「有物渾成，先天地生。」故曰：①有太易，有②太初，有太始，有太素。太易者，未見氣也；太初者，氣之始也；氣主動，爲陽，流行於六合之内。太始者，形之始也；太素者，質之始也。形質主凈，爲陰，如大地球是也。氣形③質具未相離，陽以相陰，陰以含陽；陽生於陰，柔生於剛。故曰渾淪。《禮運》：「夫禮，必本於大一，分而爲天地，轉而爲陰陽，變而爲四時，列而爲鬼神。其降曰命。」渾淪者，言萬物相渾淪而未相離也④。範圍天地之化而不過，曲成萬物而不遺。視之不見，聽之不聞，循之不得，故曰易也。生生之謂易。易無形埒⑤，易與天地準，故能彌綸天地之道。易變而爲一，道立於一，造分天地。一變而爲七，七二「七」字當作「乂」。乂，古五字。變而爲九。由一至五爲陽順，由五至九爲陰逆。九者，變之究也，乃復⑥變而爲

---

① 「曰」字原脱，據《新編諸子集成》本《列子集釋》補。
② 「有」字原脱，據《列子集釋》補。下二「有」字同。
③ 「形」字原脱，據《列子集釋》補。
④ 「也」字原脱，據《列子集釋》補。
⑤ 埒：原作「畔」，據《列子集釋》改。
⑥ 復：原誤作「後」，據《列子集釋》改。

一。終而復始，循環無端。一者，形變之始也①。」

下篇

尋得真龍地真。龍虎飛，砂水不佳，俗師所棄。水城天運。屈曲抱身地穴。歸。前朝旗鼓馬相應，皆就期課言。下後離鄉不從俗作「離鄉砂」，讀作離向，丙、午、丁三陽位。著紫衣。專取天令。

蔣氏曰：此節專指山龍而言。地形，非天星。真龍之穴，龍虎分飛，形局。離鄉砂法辨正。○俗以《疑》、《撼》無法無形，皆誤。非其病也。真龍行急，龍虎之相隨亦急；急則兩砂之末乘勢逆回，有似分飛。昔人指爲曜氣，正真龍靈氣發露之象也，前已有説。然情既向外，則人事亦應之，主子孫他方發達，謂之離鄉砂也。

乙字水纏天星當運。在穴前，兩畔朝歸穴後。下砂收鎖穴天然。當中九曲九星配九州。來朝穴，悠揚瀦蓄斗量錢。

傳 兩畔朝朱雀發源。歸穴後歇，玄空出煞。定然龍在水中蟠。若有聲爲數錢水，催官上馬御街前。

蔣氏曰：自此以下八節，皆平洋水局天星以水引氣，故以水名之。形體吉凶之辨。此節言曲水

① 「也」字原脱，據《列子集釋》補。

纏身之格，歇在穴後，正前篇所謂後龍空坐正穴也。數錢水，假借爲義，俗而巧。

【安】讀作宅。墳最要看中陽，丙、午、丁爲三陽。寬抱明堂水星水同。聚囊。出夾來山坐下。結成玄字樣，玄空。朝來鸞鳳舞呈祥。朱雀生旺。

【傳】外陽起眼人皆見，形。乙字彎身玉帶長。氣。更有内陽朝實。坐穴坐空。法，即所謂收山出煞。神機出處覓仙方。穴，當讀作「空」。

蔣氏曰：此言堂氣形局之美。至於内陽收山入口鼻，故曰内。坐穴法，讀作坐空。正前篇所謂來龍正坐及城門一卦之訣也。非神機仙術，烏足以語此！

【傳】水直朝來最不祥，不合時運則爲煞。一條直是一條鎗。小運十九年。兩條名爲插脇水，三條即是三形傷。四章七十六年。四水射來爲四殺，八十一章。八水名爲八殺殃。三統二百四十三章。直來反去拖刀殺，徒流客死少年亡。

【説】時師只説下砂逆，禍來極速怎堪當？塋圳路街如此樣，亟宜遷改免災殃。

蔣氏曰：此節極言直來凶格。謂衰敗之水直來，不合生旺。蓋水神最忌木火，以其有殺氣無元氣也。縱屬來朝，亦有損無益，此就形立説。況諸路交馳，漏風沖泄乎？旺元猶可，衰運無噍類矣。此乃專就天氣言之。

【説】前水來朝又擺頭，謂有參差，不純正。淫邪凶惡不知羞。乾流自是名繩索，自縊因公敗可憂。惡形與衰敗之氣爲一類。

蔣氏曰：此曲水凶格。水神雖以曲爲吉，然曲處須節節整齊，乃合星格。若擺頭斜去，及如繩索樣，或大或小，或疏或密，或正或欹，皆似吉而凶；縱然發福，必有破敗。

傳 左邊水反①長房死，四孟長局，孟統八十一章。右邊水射小兒亡。四墓季局，季統八十一章。水直若然當面射，四仲中局，中統八十一章。中子離鄉死道傍。元運之三局即三元，非分房之説。東西南北水射腰，以方位分三局。房房横死絶根苗。形凶，則無論何運同爲凶。貪淫②男女風聲惡，性情。曲背駝腰家寂寥。形體。

説 左邊水反長房死，所謂天卦，江東，長男長女居之。離鄉忤逆皆因此。説長局。右邊水反所謂地卦，江西。小兒傷，少男少女居之。風吹婦女隨人走。説少局。當面水反中男當，南北八神，中男中女。仲統八十一章。斷定二房中局。有損傷。左天中。右地季。中人孟。反房房絶，切忌墳塋遭此劫。證 按左長、右少、中次房，《寶照》言之，時師莫不承用，而不知底藴所在；實本易卦之方位，有如丹家之活子午，非拘執坎北離南震東兑西之位次也。法：如墓、宅卯山酉向，則由坐宫起坎，午方爲震爲長男，子方爲兑爲少

---

① 反：《地理辨正翼》作「射」。

② 貪淫：原作「姦淫」，據《地理辨正翼》改。

女，西方爲離爲中男。故左孟右季中仲之説，隨地而驗。歐陽理菴風水二書有分房詩云：「須將卦氣定陰陽，一一排來有主張。陽氣震宮長子貴，震藏陰煞孟男傷。坎離二卦專言仲，艮兑三房可細詳。卦氣更兼山水斷，陽生陰死莫張皇。」《寶照》據形而論，歐陽氏加以挨星之陰陽；形氣合參，方爲完備。

蔣氏曰：以上數節，雖義淺而辭鄙，然其應甚速；以其切於用也，故存之。惟公位之分，不可盡拘耳。本非公位分房。

【説】一水裹頭名斷城，四章七十六年。下之雖發未爲榮。年短不長。兒孫久後房房絶，水到砂收反主興。如星辰拱照之類。形與氣同法，説形即説法。

蔣氏曰：平洋穴取近水，三方皆可逼窄，唯穴前明堂須寬容不迫，展舒穴氣。若一水裹頭，穴無餘氣，雖環抱亦不發。若面前另有一枝水到，則又以接水呈秀，其逼窄之氣有所發洩，反不爲凶爾。

【證】《地理鐵案》：「有沖有劫，富貴可得。有劫無沖，永世貧窮。」近穴有水流出謂之劫，明堂有水朝入謂之沖。

茶槽①之水實堪憂，莫作陰龍一例求。穴前太偪割唇脚，不見榮兮反見愁。

---

① 槽：原誤作「糟」，據《地理辨正翼》改。

蔣氏曰：穴前池塘，水聚天心，名蔭龍水，本爲吉局①；若硬直深坑，形似茶槽，既非佳格，或明堂寬曠，猶未見凶，更加急葬，失在急促，不疏緩。穴氣太偪，則有凶無吉矣。同一穴前池水，形局軟硬、立穴緩急，其應不同，形如此，法亦然，所謂雙管齊下。不可不深辨也。

傳 玄武玄空之玄。擺頭有多般②，未可慳然執一端。或斜左。或側右。或正中。出，以左右中分三局。須憑直節對堂安。三局過堂，皆須正出。

說 擺頭直出是分龍，須取何家龍脈蹤。大山一元五千餘年。出脈分三訣，三統各八十一章。未許專將一路即下所云小水。窮。一章十九年。

蔣氏曰：玄武水來，所謂衰氣、死方。本合後空活龍之格，即所謂玄空。宜爲正坐之穴矣；向必旺。然亦須詳其來法，以辨純雜、定吉凶，即格衰旺法。未可執一也。蓋水有偏出正出不同，惟「直節對堂安」，乃是真玄武水。中局。若擺頭曲來，而又直出前去，一曲一直之間，龍脈不一，是謂分龍，以上誤。不必分兩道而後謂之分龍也。分□即□元運三局之分，非以分龍爲凶龍名詞。須察其曲來是何脈，直去是何脈，細細推詳，而後可定其何家蹤跡，以便下卦。

---

① 局：原作「格」，據《地理辨正翼》改。

② 般：原作「端」，涉下句而誤，據《地理辨正翼》改。

分别元氣衰旺。若是水大，則不止一宫之氣，正坐是一脈，偏左又是一脈，偏右又是一脈，故云「分三訣」也。論坐後之脈精詳曲當，搜剔無遺，乃至於此，可謂明察秋毫者耶。

說 家家墳宅十見。後高懸，坐實以兼形、法，兩言之。太陽不照太陰偏。必主其家多寂寞，男孤女寡實堪憐。

蔣氏曰：此節後空之義，玄空大法。因世人都喜後高，形家有此説，法家之補山法以坐爲山，亦同。故復叮嚀如此。人但知後高爲有坐托，形、法同。不知其掩蔽陽光而偏照陰氣，生機斬絶，人口伶仃，故有孤寡之應也，可不戒與！此就形言之。以法言，坐旺則向反不旺矣。予觀人家①穴後，有挑築兩三重照山以補後托，未有不大損人丁，甚至敗絶無後者。利害所關②，特爲指出。此節單言平洋格法，若是山龍之穴，又以後高爲太陽正照而吉，山穴後高丁禄盛，水穴後高絶人丁。後空爲太陽失陷而凶，讀者莫錯會也。迷離其辭，惟深於古者知其趣耳。

貪武輔弼巨門形吉。龍，即形即法，不可分爲二法。方可登山細認蹤。再求合天。水去天氣。山朝地形。皆有地，所謂「山情水意相交媾」。不離五吉在其中。三元到輔兼貪，義詳上卷。

蔣氏曰：此節及下文九星皆指形局而言，蓋見其星體合吉，形家。方登山而定其方位；法

① 人家：二字原脱，據《地理辨正翼》補。
② 所關：《地理辨正翼》作「攸關」，當從。

家。若形局方位皆吉，形、氣合。即水去亦吉。今人動云「第一莫下去水地」，謬矣。水不指真水。俗法以水分來去，皆誤。

破禄廉文衰敗之氣。凶惡龍，以氣言。世人墳宅十一見。莫相逢。「但逢死氣皆無取」。若然誤作陰陽宅，縱有奇峰此乃指形。到底凶。有形無氣，則反爲凶地。

蔣氏曰：此二節專言平洋九星水法。

本山來龍立本向，陽遁一局，如甲子時天蓬直符不動，所謂伏吟也。又，甲子時休門直使不動，所謂伏吟。返吟返吟者，乃天盤地盤子居午位、午居子位，三傳皆衝，故名返吟。伏吟六壬三傳九式：六曰伏吟，七曰返吟。伏吟者，天盤地盤皆同；所謂三傳，只是一字。禍難當。自縊離鄉蛇虎害，作賊充軍上法場。明得三星三見。五吉元統會章。向，《漢志》三統五行：日、月、北斗，與五行星。轉禍爲祥大吉昌。

蔣氏曰：本山本向，非子龍子向、丑龍丑向，倒騎龍之謂也，俗法如此，皆就形局分陰陽，不知太陽在天不在地。蓋指八卦納甲而言。山龍有納甲，本卦向法皆浄陰浄陽，專就形分陰陽。其在平洋向法取氣真訣。反不拘浄陰浄陽，地浄天動，分爲二法。天氣在星辰。而以本卦納甲干支位位作返吟伏吟，凶不可當。同者爲伏吟，異者爲返吟，皆以其同類重叠言之。凶課之名目多矣，獨言二吟者，謂但就地形分，雖自有陰陽之分，其實同爲二吟。必取天氣，乃非返、伏。三星與五吉不同，三星言龍體，五吉言卦氣，本元三卦爲三星，兼取二元爲五吉。其説已詳。消詳龍體卦氣之中，分形、法。即有天然向法，可不犯本宫，地形之兩片。而災變爲詳矣。

說 龍真穴正形家。誤立向，不得天運。陰陽差錯悔吝不合五等元運。生。幾爲奔走赴朝廷，纔到朝廷帝怒形。緣師不曉龍何向，墳頭下了剥官星。

蔣氏曰：此言龍穴雖真，形局好。而誤立本宫之向，專就形分陰陽，不知天星元運。陰陽不和，地不召天。至於剥官也。蓋地理雖以龍穴爲重，發與不發，專由龍穴，以形家爲本，形不成局，則不能召感天星。而立向坐宫即坐虚朝實。又穴中迎神引氣之主宰，專重立向以求天，故不重奇峰也。此處不清潔，如玉之瑕，不成美器矣。致廣大地。而盡精微，天。又何可不詳審也耶！此所謂向，非以山向五行起長生爲消納也，僞法由地起例，板局。亦非小玄空生出剋出生入剋入之説，學者慎之。蔣説可謂明白極矣。觀其所駁斥諸法，則真諦自得矣。

尋龍天運。過氣尋三節，統、會、章爲三節。父母宗枝要分別。三統表四等統□□矣。孟山孟統一千五百年。須要孟山連，形亦孟統。仲山仲統八十一章。須要仲山接。此爲人元。不言季統，省文可知。干奇支耦細推詳，節節照定元運共分五等差别。何脈良。若是陽差與陰錯，得小不得大，其或刑沖衝敗。縱吉星辰發不長。出元即敗。一節吉龍如十九年一章。一代發，如逢雜亂便參商。但合章法推之。會、統、元均有妨礙，則不吉矣。

蔣氏曰：此等卦理，中、上二篇論之已詳，反覆叮嚀，致其深切之意，又指明發福世代久暫之應全在龍脈節數長短，故「父母宗支要分别也」。此非分房説，俗以分房説之，大誤。

先識龍脈認祖宗，「先看金龍動不動」。蜂腰鶴膝是真蹤。三元表，如《漢志》所言是也。要知吉地此乃言形局。行龍止，遇水則止。兩水北斗雌、雄二神。相交五十營大會。夾一龍。可以左右取水立向。夫婦同行天地皆分兩片。脈路明，地爲婦，天爲夫。須認劉郎天氣爲陽。别處尋。陰陽順逆爲小陰陽，大陰陽則地陰天陽。平陽大水收小水，所謂三節五吉，小水到穴，乃爲到頭。○以水爲運，大水小水即元統會章，各不同也。不用砂關發福久。水口大運統會，千數百年。石似人物形，有特别形局，上應天星。定出擎天調鼎臣。

蔣氏曰：此節兼論山龍、平洋。即形、法。言山龍地。真脈，則取蜂腰鶴膝爲過峽，而平洋則不然，天氣。只取兩水相交以水引氣。爲來龍行脈，乾流水之説。不在過峽上看脈也。但須脈上推求，識干支純雜、夫婦配合之理，如此宫不合，又當别求一宫，立向法，宜細研。不可牽強誤下。故云「劉郎别處尋」。且山龍取砂爲關，地。而平洋不用砂關，取星，空處亦可。只要大水行龍收入小水結穴，天運悠久，由小運牽引之。有此小水引動龍神因章法以求會統。千流萬脈，大元四千五百餘年。其法初見《韓非》。其精液皆注歸小水，以蔭穴氣。一節引動全體。此平洋元運。下穴章法。秘旨，一語道破，混沌之竅鑿矣。元運作用在小水章法，亦即乾流。觀此，則知所謂兩水相交，星。非謂左右兩水會穴前，而龍從中出謂之行龍也，此則形家。正謂大水與小水相交之處小運由大運而分。乃真龍之行、天氣。真穴之止也。地形。既有此小水收盡源頭，得運。又何用砂水之爲我用與否，形家。豈砂之攔阻能強之者耶！人且不可強，而況於水！若水口捍門，此山龍大地雄峙一方之勢，蓋將山比擬。楊公秘慎之旨，互文隱意，雖若竝陳，大旨偏重平洋，天氣。而以山龍相映發，以辨其不同途爾。形家。所貴學者言外會心，宗旨在言外。若不知剖析，不讀古書。而視爲一合之説，將雜亂而無緒矣。如俗傳之書。明、清之醫多不讀唐以前書，故醫道愈亂。地學亦然。必盡棄宋、元以下誤説，專留心秦、漢古書，久自有得。

龍金龍。若直來水來當面。不帶關，讀作「載干」。支兼干出是福山。此劃界限，不得不主支；非重支，支不過一符號而已。立得吉向專重立向。收山即出煞，向旺即坐衰。無差誤，催禄催官指日間。

蔣氏曰：此亦上下二篇所已詳。蓋以四正爲例，此又以八宫法合言之。而其餘自在言外，非位位取地支也。

乾坤艮巽天元之子息。脈過凹，天元龍取四隅之水。節節支爲十二節，詳《淮南》對宫表。同行不混淆。「若有山水一同到」。向對甲庚壬丙四孟所帶支干，即地元取貪狼。水，兒孫列土更分茅。

傳 仲山天元四仲。過脈不帶關，讀作「載干」。三節以三節爲五吉。山地。水天。同到前。形氣合。斷定三代三代，謂三元。出官貴，古人準驗無虚言。

蔣氏曰：此則單言四隅龍格乃專言天元。反取干神，竝不言及辰戌丑未，支以干爲兩旁，言干而支在其内。則其非專重地支可知矣。實重支，别有取義。脈是内氣，而向對之水是外氣，兩不相妨也。如天元，子以己未爲一家骨肉，四卦在右，四孟在左，元運在左則向巳丙，在右則向未坤。蔣説誤。楊公辨龍，口口説重地支，而本旨實非重地支，言支即帶干，言干内隱藏有支，蔣説此條誤。世人被他瞞過多矣！豈知一隻眼逗漏於此節，學者其毋忽哉！

發龍多向支神取，十二宫法，以支統干。若是干神又不同。爲下半中氣。支若載當作「帶」。干爲夫婦，支干合爲一月，支主節，干主氣。干若帶支是鬼龍。陰差陽錯。子癸爲支帶干。吉壬子凶，干帶支。三字如壬、子、癸。真假在其中。子癸真，壬子假。乾坤艮巽天然穴，四墓局，天元以四卦爲子息。水來星氣。當面是真龍。金龍動。要識真龍天。結真穴，地。只在龍脈兩取三元四吉。三取三元五吉。節。穴前乾流，可以剪裁修造。三節不亂兼取五吉三元不敗。是真龍，此篇真龍專指星氣。有穴定然奇妙絶。天心一卦。千金難買此玄文，福禄遇者毋輕洩。依圖立向專重主向。不差分，三言圖。榮華富貴無休歇。取五吉三元不敗。時師不明勉強扦，專據形局。雖發不久即敗絶。

蔣氏曰：發龍多取支神，此乃用支之卦也，《寶照》取天氣期課法。干神不曰無取，而乃曰「若是干神又不同」，明明有用干之時，而特與用支者不同爾。二十四山分十二宫，支主節，干主氣。干帶支爲鬼龍，只就子癸、壬子一宫爲例，互文見義。其真其假，三字之中迥然差别。何以乾坤艮巽四卦即天之代名，以辰戌丑未帶之，爲支帶干。獨名天然穴？蓋直以乾坤艮巽爲龍，不更轉尋名相，故曰天然；此又謎語。若他龍，則干支卦位非一名矣。卦名只作干讀。「水來當面是真龍」，此語石破天驚，鬼當夜哭。千言萬語，精要只在此。蓋乾坤艮巽之穴又與取支惡干者不同；非惡干，此蔣氏謎語。觀此，則《寶照》之訣實非單重支神，洞然明白矣。忽又正言莊論。至於格龍之法，只要兩三節不差錯，則卦氣已全，專説元運，非格山脈。不必更多求於四五節之外。五吉之五，又隱語。恐人拘泥太過，遇着好龍當面錯過，所以發此，非楊公遷就之説也。但此兩三節定要清純，若到頭節數略有勉強，不能無誤，又戒作者須其難其慎也。注中忽形忽法，忽山忽水，以《寶照》求之，宗旨自見。

一個星辰天星，運氣。一節龍，下卦起星。龍來長短定枯榮。水長則數多。孟人元。仲天元。季地元。山無雜亂，凡言孟仲季，出《漢志》三元之孟統仲統季統，非分房俗説。數産人龍上九重。節數多時統會大運。富貴久，遁法，推之至千五百餘局。一代風光一節龍。一章只十九年，以水定代數，然則五吉即在此中矣。

蔣氏曰：此亦論平洋龍神節數，元運法。以定世代近遠之應，總在行度之純雜上斷也。

姜氏曰：以上六節，皆言平洋大五行之法，天運斗杓。蓋中上二篇所已明，而反覆互見者也。

地學答問

廖平 撰
邱進之 校點

校點説明

據廖宗澤《六譯先生年譜》，民國三年（一九一四）二月，王潛（聘三）自漢口致書廖平討論地學，蓋術數家言，附陳疑問十一條，廖平逐條答之。其往來問答，後合刊爲《地學答問》。此書雖言地學，而以經説律曆及緯書等爲據，於《青囊》、《天玉》諸書之秘奥，昔日術家所不傳者，皆發其覆，闡其微。全書多推重蔣平階之説，力辨飛宫挨星之誤，以輔弼分九星，並繪順逆交會各圖，以資證明。《續修四庫全書總目提要·子部·術數類》（稿本）云：「按中國術數吉凶之説，其法最古，兩漢尤盛，實則源於天文星象，其中如地理堪輿之學，亦多至理。漢、晉以前，各有師承，習者多秘而不傳，且文字簡略，術亦深奥，至唐已爲絶學。楊筠松撰爲《撼龍經》、《青囊奥語》、《天玉經内外傳》，後世即取爲法。然其書傳其理，不言其術。先生此書，即欲理、術兼明，以經學、天文、律曆爲本，探原於漢、晉以前諸書，爲之鈎玄而提要，使楊氏絶學復明於世，所謂發其秘密之義，示大公於天下，誠斯道之快事矣！又先生之學，固不在是書，然是書雖究地學，亦足傳焉。」民國三年（一九一四）《國學薈編》第一、三期連載，民國四年（一九一五）四川存古書局印入《六譯館叢書》，民國十二年（一九二三）重印，今據此本整理。

目録

地學答問

答王聘三問地學書

聘三先生同年大人：

在宜本擬隨侍左右，登山度穴，藉資考證權奇，突追同舟，未得如願，至爲悵歉！頃得來教，江天遥佇，彼此同情；别易聚難，古今所歎。來書推獎踰量，使人愧仄無極！弟專以研經爲主，醫與堪輿，餘力及之，不過故紙堆中略見斑豹，至於臨證游山，無此暇時與此足力，能言而不能行，紙上談兵，終成畫餅。每欲約集友朋，共相研究，推空言於實踐，學業當更有精進，知力交换，庶可成家，於世不無小補。空山足音，徒勞夢想，濠上之游，實難其人，亦莫如何耳！台端學理既粹，練習尤深，偶相對談，使我心醉。昔太原隱於醫，在宜尚不知公深於醫，故僅言堪輿，未能將醫學新解一頁所疑，是爲至憾！平階潛於地，皆勝朝遺老，既以消閒，兼可濟世。台端才力兼包二賢，大智淵廣，不廢芻蕘，敢不悉罄鄙懷，以資採擇。前函十二條，謹爲條對，别紙另呈。稱心而談，居然有當仁不讓之勢。愆謬所至，更望加以教言，使就繩墨。不勝懇禱！基圖一紙，弟於諸法心略知其意，尚未經行家考驗確實。圖敬謹收存，一俟稍有實驗，再爲質疑請教耳。弟平頓首謹覆。

所有十二條疑義，謹抒管見，奉覆高明裁奪而賜教之，幸甚！

（一）古緯説有以七星分配九州者，《癸巳彙稿》引《五行大義》所引《遁甲》有破軍，占三宫者是也；《九宫經》又加輔、弼，從離起貪，以九星分配九宫，爲夏至局，與楊公説相同。九宫專指太乙下行方位而言，不過借九星爲符號，不必分五行、雌雄。前人又有太乙、天乙之説，《癸巳彙稿》甚詳。隋以前已以輔、弼配九宫，非楊公所補。《道藏》《太上飛行①九神玉經》：「第八洞明星，則輔星之②魂精陽明也。」「第九隱元星，則弼星之魂明空靈也。隱元星則隱息華蓋之下，潛光曜於空洞之中。」當爲楊公所祖。以弼爲隱元，與《撼龍③》以弼爲隱曜尤合。

《撼龍》以右弼居中，爲隱曜星，左輔則在離外，占八方之一方。此如井田，右弼爲公田，左輔則八家私田之一。不可因弼牽輔，謂二星爲楊氏始增。《天官書》輔在第六星旁，《星經》弼在第四星旁。

---

① 飛行：原作「雁行」，恐誤，據《雲笈七籤》卷二〇《太上飛行九神玉經》改。

② 之：原脱，據《雲笈七籤》卷二〇《太上飛行九神玉經》補。

③ 龍：原作「星」，恐非指《星經》，因據文意改。

九星不論五行，故《撼龍》之九星與《天玉》、《寶照》全同，形、法合一，以地之九州，分配天之九野。一言以蔽之，廖金精《五星》則爲僞書，廖傳楊法，萬不能改易師說。○以方位言，亦可配五行，特不可如俗說，直以五行說九星耳。五行，蔣每以爲人五行。俗所謂脚板印竝無分別，不過偵探家借此以辨蹤踪耳，非有實物分配五行。

（二）鄙說坤艮易位，謂定位與飛宮之分。相易者，謂考其行步之次序數目，非改其位次序。《序》云「陽從左邊團團轉」，指斗建言，《靈樞經》之《九宮八風篇》四時八節是也，原書有圖可考。非順行至巽宮，忽又從中穿過，逆行六七八九也；「陰從右路轉相通」，則指日纏月厭逆行周天，亦不半順半逆也。以陰陽言，順則全順，逆則全逆。如斗建指子，後指丑、寅，不指未、申，此一定之理也。日月逆行，由酉到申，由申到未，由未到午，循次逆行，直至東北之艮宮。此逆行之定位也。此理易明，後人誤於「後天」、「洛書」之說。○九宮排位，宋儒固誤，鄭君太乙下行九宮次序，專就父母三男三女立說，尤不知本旨。非打破「洛書」九宮之舊說，不能入門也。

太乙下行九宮法，儒者皆誤，其訣猶傳於數術家。如今之奇門相傳，以宋儒所謂「洛書」者爲冬至局，陰陽各行半途，別有夏至局，合兩局，乃爲一年陰陽所行全數。順行者雄，逆行者雌。有二圖，在菊丞處。此洛書爲一大迷津。

艮坤爲飛宮，飛則皆飛，循則皆循，何以獨二八兩宮乎？大抵飛宮爲挨星例，爲律呂，娶妻生子、陰陽交媾之挨法别爲一門，非雌雄二神。道經①所謂「一生二」即黄鐘生林鐘，「二生三」即林鐘生太簇，倒排「父母三般卦」，得此皆可通貫也。《寶照》專明此理。飛非從本宫忽然生翼，而衝對宫也。我陽則彼陰，我陰則彼陽。飛爲挨星互相往來，如一生二、二生三一局，以二宫林鐘爲主，二偶數，一奇，三亦奇，一爲二之父母，三爲二之子孫，祖孫同氣，皆陽也。二以陰吕與之交會，所謂娶妻生子，「坤壬乙，巨門從頭出」，坤，二也，壬在一宫，乙在三宫，此八宫之配法，其挨合之理，亦與律吕同。湖北官局所刻小叢書中多律吕説，可參考。律吕爲第一要緊事。所疑坤艮二八兩宫爲定説，舉二宫以示例者，可以借證矣。定法循道而行，飛宫陰陽交媾。以飛言，則一坎二坤三震，四當在乾，五當在離，六當在艮，七當在兑，八當在巽；不數五，則一坎二坤三震四乾六離七艮八兑九巽。冬至局則陽在正，陰在隅；夏至局則陰在正，陽在隅。此即挨星之真神路也。

(三)蔣氏改文曲爲巨門，又改巽庚亥甲癸申，恐皆誤記，否則筆誤。「據舊注，原文皆取隔八相生之三合」，似無此舊註。如有，則不可駁。然隔八相生乃十二宫律吕法，不可借用。蔣氏謂之徑四位起父母可名之三叉，原書所云「水對三叉細認蹤」，對即山與水相對之對，每宫皆隔八成三叉形也。

①　道經：原作「道路」，據文意改。

「八局皆當一例」，此説顛撲不破。八局指《撼龍》八龍而言，非指羅經之四正四隅。原書非訛誤，勢不得已而爲之。今列二圖，加説以明之：

巨爲二宮正例，不用飛宮，則以對衝三位之星列於本宮，則艮二丑三寅一。如從壬數起，一、五、九三位皆巨門，所謂始於一，壯於五，終於九，此巨門一卦之定例也。二居一、三之中，占一、五、九方位，而以一、三填其空，則子三、癸一、丑三、寅一、甲一、卯三。從壬、乙分界，以巨統貪、禄，餘皆同此例。艮丙辛爲輔星正例，不飛，則坤八、申七、未九，八居七、九之中，與二統一、三同，此改破爲輔之所以然。輔以八爲主，統七、九，八居一、五、九正位，而以七、九填其空。飛固别有取義，然非不飛則二八局爲起例之説不明，故爲此圖以明之。

以二八宫起例分界，則二、一、三爲一局，八、七、九爲一局，各歸統屬，惟四、六兩局不能排位。飛行則擠安於一宫，而曰武武文、文文武，與二八局迥然不同。俗師猶以此爲挨星定例，豈不可笑！是書書不盡言，言不盡意，有隱有顯，非真知其根原起例之所在，不能讀之也。故蔣氏《補注》爲巽庚癸、乾甲丁，則與二八兩局同例。此四隅四卦八干挨宫之定法。以前舊説，誤中又誤。《四庫提要》云：坤壬乙艮丙辛，説者皆不得其意義之所在，足見其難矣。

三合乃古法，不可駁，此圖即俗所謂八个三合也。蔣氏之駁三合者，乃指俗師所傳種種三合僞法耳。此又歧道，每至亡羊。

蔣氏以四隅爲水龍，四正爲山龍，與原文「山管山，水管水」、「山上龍神不下水，水裏龍神不上山」等語，皆以水、山二字代干、支。蔣氏所謂「中一位爲父母，兩旁爲子息」，「本宫他卦之子孫與他卦之父母爲昆弟」等説，前人皆失其旨。所謂「中一位爲父母」，即指《撼龍》之八星而言；如二局爲巨門，其子息則在他宫，干爲干之子息，支爲支之子息。如坤壬乙順行，則乙爲父母，坤爲本身，壬爲子息；父母作向，子息消水逆行，則壬爲父母，坤爲龍星，乙爲子息。父母如口，子息如二便，皆成三叉形。所謂「坤山坤向水坤流」爲一家骨肉，以三宫皆干也。壬非子之子孫，乙非卯之子孫，所謂本宫他卦之子孫也。

艮丙辛　本身如腹，取陽氣生氣則在向。如口消水，則在二便，出糟粕，秘精華。

巽庚癸　本身專指龍體，不指卦盤方位。

乾甲丁　以上四卦居四隅，爲巨門、文曲、武曲、輔星龍。立局皆用此例。即所謂玄關竅相通。

子申辰　貪狼龍順行則向申消辰，逆行則向辰消申，如口與二便。若顛倒用之，雖屬一家骨肉，則不爲福而爲禍。所以必順必逆之法，奇門以冬至順夏至逆爲起例，推命以男順女逆爲大例，其中各有變例。請再研究，定爲公式。僕此時尚無定説。

午寅戌　廉貞龍乃爲真法，五午入中宫。

卯亥未　禄存　《圖書集成》《乾象典·星辰部》外編言九星名號甚詳。

酉巳丑　破軍　皆同此例。兹畫八圖以明之。順逆分兩局，故八宫爲十六圖。

別卦順行二十四局圖《樂記》：「禮之别也。」〇中有二十四卦，可輯爲一全卦盤，則父子祖孫之説可明矣。

坤壬乙二局：二與一、三相挨。

艮丙辛八局八與七、九相挨。

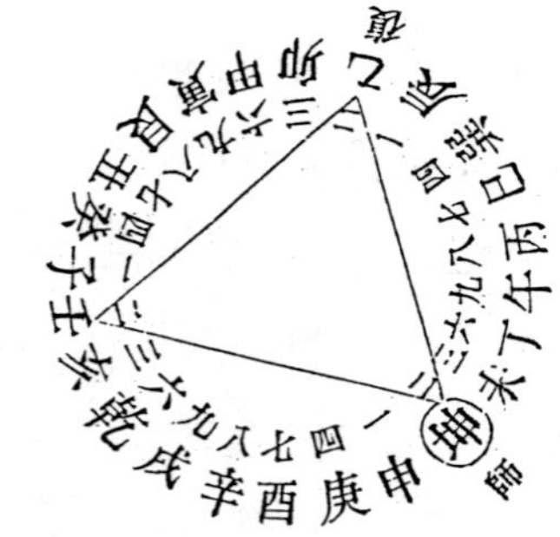

順行歌

一四七，七八九，九六三，三二一。

一四七，七八九，九六三，三二一。

一四七，七八九，九六三，三二一。

逆行歌

一二三，三六九，九八七，七四一。

一二三，三六九，九八七，七四一。

一二三，三六九，九八七，七四一。

巽庚癸四局：四與一、七相挨，彼此往來。

乾甲丁六局六與三、九相挨。

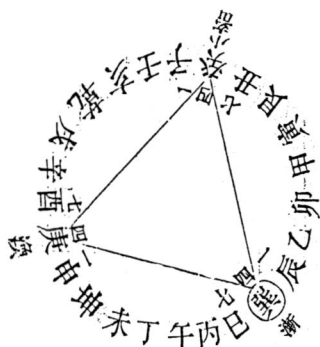

子申辰一局：一挨二、四。

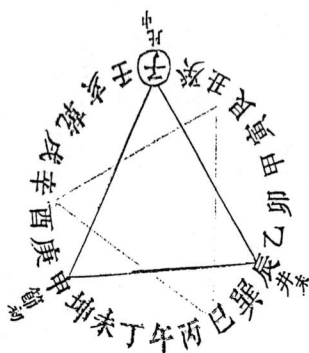

卯亥未三局：三挨一、二。

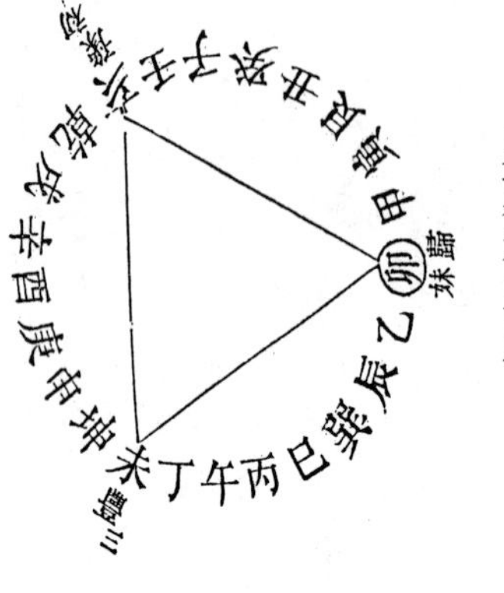

午寅戌九局：九挨六、八。

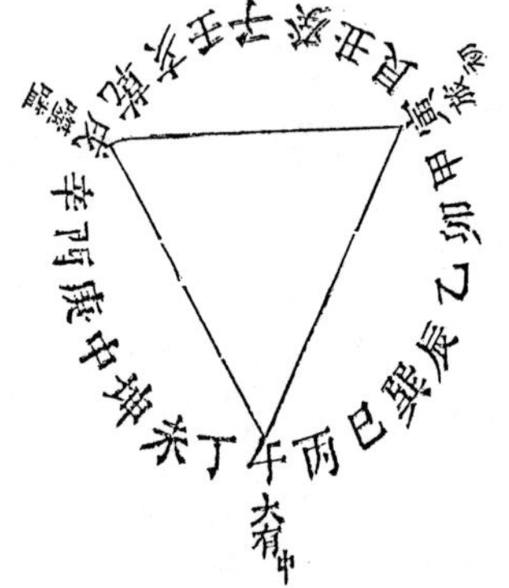

酉巳丑七局七挨四、八。

此乃二十四山分屬八卦之總例，知此，可悟原書山、水不指真山真水，乃干、支之隱謎，全書可解七八矣。

（四）陰、陽二神，舊有以太乙、天乙説之者。空言陰陽，使人無從摹捉，今爲進一解：四陽神指斗建，陰神指月將，日纏月厭。則順逆交會，胥爲坐實矣。

交媾必有所在之地，不能野合。若徒見面攜手，非天人不能生子。講陰陽第一大義，地陰而天陽。《撼龍》爲地盤之九形，《青囊》爲天盤之九野。地有其形，乃能感召其星，所以形、法同用九星名目，是二是一；能透其旨，則《撼》、《疑》無非法，《青囊》無非形。打破此關，則頭頭是道。天地相合不易得，乃别立法門，所謂玄空挨星，種種名目，皆别立法，以求感召天氣。或以期課，或以修造，皆以求交媾之法耳。知得大意，則種種俗書謬説皆可束之高閣，不必空勞神思矣。

「天上諸書對不同」，今改爲「天上諸星對不同」。《淮南·時則訓》言二十八宿十二月，四正每宫占四宿，四隅每宫占三宿，詳言彼此對衝方位，爲挨星取法之要訣而言，不指楊公所著之書也。若書，則唐以前古法甚多，不能獨異。

（五）「審氣則翻卦之説」云云，翻卦不審即小游年否？凡由人安排造作者，皆僞法。

挨星有二法：有以八宫言者，如八龍諸説是也，此爲地盤；有以十二宫言者，《寶照經》專用律吕法，分二十四山爲十二宫，此爲天盤。此期課因時感召之法，故《天玉》主八宫，

《寶照》駁八卦，至於五六見。若二書分門，《天玉》則地盤龍形，當爲《撼龍》之旨；《寶照》則天盤，專詳十二宮，如所謂「子癸爲吉壬子凶，三字真假在其中」，又「子字出脈子字尋，莫教差錯丑與壬」，以支帶干，分應十二月。《天文訓》中有此法，則如漢之叢辰，爲期課之所本。

總之，言運者皆順行一周，決不用飛宮法。近人所傳九曜飛宮挨星，誤中之誤，必須淘汰此等學説，方得真解。元運之説，《癸巳彙稿》已詳。文見《漢書·律曆志》，《太玄》由此起例。在滬作一卦，稿在菊丞處。有自然之妙，父子祖孫，一目了然，撥去一切僞法，獨標真諦。「八神四箇一」、「八神四箇二」，菊丞專心致志。於其生辰，諸客盈坐，鈔有圖説三紙，以證蔣氏之誤。請函索之。

（六）俗本元運之説，最爲荒謬。考元運之法，專主北斗，斗柄一日旦東午南夕西夜北，所指何方，即爲旺氣所臨，此明而易見者也。北斗又一歲一周天，春東夏南秋西冬北，期課家專用之，此明而易見者也。講元運者，必先明一日一歲衰旺，然後元運之理明而有徵。惟國家衰旺吉凶，不能以一日一歲計之。此言元運之所窮也。於是舊法創爲三年移一宮、五年移一宮、九年、十二年，各等不同。《南齊書》本紀篇首論可考。而《太玄》則用三統法，十九年爲一章，移一宮，最爲通行。十九年移一宮，中更七閏，《月令萃編》有圖可考。所謂十九年爲一章者是也。每章首必十一月朔旦冬至，《漢書·律曆志》以三統立表填寫年代，由文王四年至王莽時，此古法，每移一宫必以朔旦冬至爲憑，不如後世俗説二十年移一宫、以六甲分三元者。奇門有此説，與相宅墓不同。如以同治三年爲上元，謬種流傳，千人一律之謬法。

考元運之根源最爲繁難，宋元以後晚師以十九年移一宫不便紀算，乃創爲二十年花甲、一周移三宫，如六甲説，則爲十年移一宫，每一宫少一年。當其初傳之弟子，尚無大謬，然二十年差一歲，二百年差十歲，二千年差百歲，則下元混入中元，中元混入下元。此二十年移一宫之説必當革除者也。

舊法，元運分爲四等，四千六百一十七年爲元，一千五百三十九年爲統，五百一十三年爲會，十九年爲章。章如州縣，會如道府，統如督撫，元如政府。三元，每元四千六百一十七年，共計一萬三千八百五十九年，則如皇帝，歷時久長，州縣雖利害相關，最爲親切，然不能不受制於上三等。故凡數千年數百年之休咎，則元統會司之，章法不過五日京兆，僅司一二十年之小利小害。近講元運者專言章法，此《論語》所謂媚奥媚竈，不問獲罪於天與否。此必當修改者也。

考北斗依時順行，帝座爲太乙。至尊帝星只一，不能見其運行，故以北斗爲帝車，凡斗柄所指，即爲帝星照臨。《尚書》法天，二月東巡狩，斗柄指卯，即爲皇帝巡狩東方。四時同例。此天人應合之法。每年一宫，即《靈樞·九宫八風篇》一定不移之理。今之術家，每據宋儒所指「洛書」爲憑，一坎冬至，丑月寅月，斗建本指艮隅，乃用飛宫法，以爲二坤，三月、四月本指①巽隅之辰、巳，五月指午，六月指未，一定不移之成例，乃以爲五在中宫，六在乾宫。由六至九乃陰神逆行之法，非斗建之軌道。舍北斗而言元運，其説最爲乖謬。此當用《靈樞》順行八宫之法而改訂者也。

又，古法：每章移宫必朔旦冬至，此三統舊説也。乃考晉宋以後史志，則朔旦冬至不概見，《隋志》、《宋志》、《元志》偶一有之，則曆家以爲奇異，後人遂謂《三統曆》最爲疏舛，此當以歲差之法消納之。嘗考近時《萬年曆》，或數十年不一見，惟三四年前偶一有之，然每隔十八九年，閒有初二三四與朔旦相近者，其餘則與朔旦相隔甚遠，或在中旬，或在下旬。欲考求根源，請就深明曆法者推求之。

先年曾命兒子將歷代年表用《漢書·律曆志》之法推之，當今大運小運皆在西方。

移宫之法，四者皆同。以九星排次，一坎，二艮，三震，四巽，五離，六坤，七兑，八乾，皆以斗建爲根本，不飛宫，不入中宫，不順一半逆行一半。

收取元運之法，大致以地爲陰神，天爲陽神。考其交會合和之法不能恰合，則用人盤與期課以調劑之。陰陽家古法，有天盤、地盤、人盤之别，奇門中亦有之。本屬三事，俗師

① 指：原作「旨」，據上下文意改。

以縫、正、中三針言之者，師以古法繁難，其名不能廢，乃以三針代之，故存虚名而隱真法。地盤言八龍八卦，此地之定形，如《天玉經》是也。天盤由十二宫十二月以求天之十二次，當另置一紙盤，加於地盤之上。所謂人盤者，在天盤、地盤之外，由人而定。凡人坐宅與陰地，無論二十四山，皆以向午背子立法，其吉凶得失，亦與天盤、地盤有相通之義。如演戲然，其尊者向外，則附從儀仗皆向外；尊者向内，則附從儀仗皆向内，隨之轉移。左右亦然。青龍、白虎、朱雀、玄武皆無定方，隨一人而轉，如坐南向北，則兑爲青龍，震爲白虎，子爲朱雀，午爲玄武；天星地形，皆因此而轉移。當另置一人盤於天、地盤之中，所有吉凶亦與天、地盤同看。大抵玄空近於人盤，挨星近於天盤。

（七）《寶照》别爲一法，已詳於前。其書亦如《撼龍》，有經有傳，後師添補，自不能無所區别。「道不同，不相爲謀」。紀大奎專從《玉尺經》求生活，《提要》云：明以前舊書，《玉尺》諸法皆無其説，刊始於徐之謨《天機會元》，故蔣氏專與《玉尺》爲敵。大抵紀之攻蔣，實不能解蔣書，道聽塗説，不足據爲典要。紀涉理既淺，又有意攻人，急宜屏之。

（八）一卦有一卦之水口，即前八三合之説。《玉尺》四大水分陰、陽，亦爲八局，特不如蔣之四正四隅、以干支分八局之自然。

《玉尺》陰局從死逆生，如寅午戌順時安生旺墓，其理甚明，盛衰顯然。若到酉宫，八月陽火已死，陰火乃生，逆行十二宫，其時已過，豈非游魂成形？考隋、唐以前數術各書皆無此例，凡言逆順，皆係二物，同是一火，不能顛倒。雖古有陰火陽火之差别，須知四生四墓乃時令順行之序，方可相推；若其時已過，豈有逆行生長之理？所疑如此，請再推之。

（九）《尚書》别有特解，姑不具論。凡古人立言，多取大山大水以爲標題；如孔林或指爲泰山，實則相距數百里。大抵遠水當與遠山相比。今人言山重坐下，太祖、少祖在所輕，山取近，水獨舍近求遠，不可也。大抵山從崑崙東行，水從東海西灌，山陰水陽，兩相叉於穴之前後，化生腦人字紋，爲山之嫩枝。乾流水亦須以化生腦人字紋求之。故山以來爲來，水以去爲來。大水亦如遠山，爲水之太祖。比類觀之，可以證明。

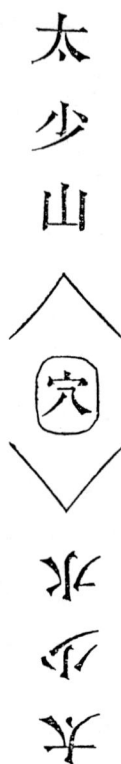

太少山

水少太

山之太祖少祖與水之太祖少祖有同有異，山水到盡頭與祖宗有同有異。以格山之法格水，斯得之矣。泰山非中幹，其説原於黄河入淮。泰山左右河皆可以入海，則必非中幹可知。此説發明於康熙時代，前人如主此説，誰能信之！

少昊，西帝也，而曲阜爲少昊之墟。今有少昊陵，去孔墓不遠。孔子素王素統，亦在西方。古説有此踪跡。予則以泰山從海底過脈，當從美洲而來。美在崑崙之西，應屬少昊從西潛行到東，中土江河夾其左右，東西合併，乃篤生至聖。所謂西方聖人，故從素稱商。引古以證近説，請高明指教之。

（十）所云皆僞説。

古法，宅墓首重以人姓五音定吉凶。行之數千年，吕氏才。駁葬法猶言之，今則絶無傳者。大抵六十龍分金分金，疑「分經」之誤，乃分二十八宿經星之度數，故又曰分星。即五音之隱謎，惟古人以之分姓氏，今人假爲方位。可兼不可兼，一切皆晚師臆造。迷人之局，諸法紛紜，予所見者已數十家，各不相同，不如一筆勾之。

（十一）方位五行之説，蔣氏已駁之。雖有其理，然不可如俗説之呆板。五行如南以北爲三殺，東以西爲三殺，以其相對衝破也；以律吕言，巳爲子之父母，未爲子之子孫，二宫夾午而居，正俗所謂三煞，而實爲一家骨肉。午蕤賓，亦同此例。大抵三合法不入本宫者爲三煞，律吕法除對一宫外，相夾者即爲骨肉矣。言不一端，不必其同，不必其異。《寶照》「隔向一神①仲子當」，以人盤言。如以巳爲父母立向，午爲中女，所謂仲子，但避與龍神對冲之一宫。

十二宫正取八宫三殺，左右爲一家骨肉。

五行二字名義，非五原質，如化學家之五質。行字讀爲太乙下行九宫之「行」。經傳每以春夏秋冬代東西南北，以爲天道流行，此金木水火不過代名詞，不拘物質。又，蔣氏

---

① 隔向一神：原作「隔相一辰」，恐誤。又，此句出《天玉經》。

有所謂大五行者，則以陽行一二三四五、陰行六七八九十爲冬至局，陽行九八七六五、陰行四三二一爲夏至局，以九宫配十數。《洪範》名雖曰九疇五福，兼六極則爲十。《太玄》所謂「一六共宗」云云即雌雄二神之説。所以名之爲行者，但計二家行程遠近，步數多少，此所謂不沾沾於形質之衰旺。

凡中國人言分野形勢理氣，皆就一隅言之。如分野以中國地域占全天列宿，此誤也。須有全球思想，以天應地，則斗建指南爲南洋之旺氣，指西則西球旺，指北則北球旺。一時之中有十二時之差，一朔有十二朔之比。彼此衰旺，循環無端。放大光明，乃能洞悉衰旺之原。

今之理氣學，動舉先天後天、河圖洛書爲言，須知此等謬説皆始於北宋，古無此説，亦楊公所未聞。一涉此圖，皆爲僞訣，可斷然者。先天當爲上下圖，後天當爲四方圖，河圖爲生成數，洛書爲太乙下行九宫法，所有各等名目，皆宋人所杜撰，最悖於理，爲講理氣之迷陣。不能解脱，則無以超凡入聖也。

（十二）撼龍九星之號，北貪狼，狼，當作「很」。南廉貞，二名取《齊詩》六情説。水性貪狼，火性廉貞，其説詳於《漢書·翼奉傳》。巨、禄、文、武、破，則《癸巳類稿》詳言之。舊説以廉貞入中宫，如洛書以五入中心，穿心而過，四以前順行，六以後逆行，亦相同。一圖之中，兼包數法，此不可望文生訓，據爲典要者也。廉貞屬火，當居南方。若以順序言之，北十七星從魁數到柄，一坎貪。二艮三震四巽，五當在離卦，爲廉貞，六當在坤，七爲柄之破軍，乾爲左輔，中爲右弼；此順行一周、不飛不①半順半逆之法。廉本在南方，亦得爲中宫者，以地球言之，黄道爲中，黑道在北，赤道在南者，中分天下兩局之説。若以一統言之，從赤道中分，合南北，則赤道爲中。故《易》、《詩》、《山經》皆以南爲中。此廉貞本在南方亦可以居中之本義也。九星次序，依太乙下行九宫法爲之，此不可以爲定例。《撼龍》之次序仿九宫法，此《撼龍》即法之本旨。

① 「不飛不」之下疑脱「挨」字。

〔附〕王聘三與廖季平書①

季平先生同年：侍者邂逅彝陵，叨聞緒論，一字啓發，勝於十年讀書，乃知古人學術之重有師傳也。惜以匆匆逆旅，甫侍霽光，征帆遂發。是日適值遊山，返已日晡，猶疑先生尚未解纜。趨步河干，上下訪詢不得，薄暮始歸，惘然若失，積今兩月餘，未嘗不拳拳在抱。然先生新學説，使人驚猶河漢，凡海内鉅子，大都在下士聞道之列，淺陋如潛，復何贅辭！謹當與《宛委》奇書、《龍威》秘籍同珍篋笥爾。獨堪輿之學，素苦理氣一家無從問津，得先生微示端倪，遂如暗室獲燈，忽若有睹。顧乃未及請業，交臂而失，爲憾何如！竊以此事在漢、晋以前各有師承，而文字簡略，至唐已爲絶學，獨楊公得之，著爲《青囊》、《天玉》諸書。而義主秘密，引而不發，傳其理不傳其術，使人如射標覆，各生一解，詭異歧出，轉滋世惑，而貽之害。今先生甚推重蔣氏之説，而謂有不盡合。竊觀蔣氏之書，尤侈言秘傳口訣，而滋世惑，然則彌願先生證其得，糾其失，而發其秘密之義，示大公於天下，詎非斯道快事耶？前見手批《天玉》、《青囊》兩種，暨卷首所標卦例，匆匆一讀，未及鈔録，欲乞嘉惠再批一册。凡鄙見蓄疑十數則，另紙

① 此文原闌入廖氏答書第二條，今乙正。

繕呈，並冀先生以淵海之學、玄解之識，探原於漢晉以前諸書，爲之鈎玄而提要，必能使楊公之學復明於天壤，可斷言者。夫堪輿之義，兼有天學地學，爲儒者所宜究，人子安親，其事尤重；楊公既著書垂後，轉以秘密禍世，真所謂大惑不解者。意先生宜有以發其微而矯正其失。比得菊丞書，亦願先生疏解諸書以利世，未識先生許之否？又，賜之詳答，其挨星用法，非詳示條例無從領解，幸先生毋再秘惜。又，善言古者，必有驗於今。潛此次宜郡葬地一穴，就形勢論，殆無可疑，而理氣則屬茫然。另繪詳圖一紙，請以挨星法判其吉凶衰旺，俾藉此爲一隅之示，毋任厚幸！如他日先生有此學新箸傳世，當爲任剞劂校讎之役，尤所至樂也。潛嘉平初旬葬事畢，始旋漢上。身世百無足言，都不贅陳。耑肅。王潛頓首。原名乃徵，改字櫟菴。

附上疑問十一條

（一）古法北斗九星不列輔、弼，楊公始增此二星。《撼龍》云：「祇緣龍宫有九曜，是以強名右弼星。」則此二星真八九兩宫星之代名詞。第古以九宫之方位分五行爲一坎水二坤土等，不以九星分五行也。《撼龍》論形，原書祇稱廉貞爲「獨火」，餘亦不言五行，後人註之，乃有貪木巨祿艮皆土等之説，不知是否楊公本旨？若按以九宫方位之五行，則不合矣。且《撼龍》既論形，則照原書，巨當爲金、武當爲土。諸書亦誤。

（二）先生所列卦例，謂坤、艮當易位。坤、艮之位出《説卦傳》，後人又以洛書推衍，亦然。先生所據，其詳若何？

（三）《青囊奥語》坤壬乙四語，據舊註，則原文皆取隔八相生之三合。蔣氏改文曲爲巨門，此據九宫義，於三合如故也；又改下二句爲巽庚①亥、甲癸申，則非三合之義矣。先生不駁蔣説，第祇取首二語，而改破軍爲輔星，是照九星龍宫法，八局②皆當一例。與舊註異，與蔣註當尤異。蔣書固取此爲挨星條例者，其條例合耶？否耶？又，原書何以四句皆訛誤耶？

（四）先生以《淮南》之雌雄二星釋《青囊序》之雌雄，證之絶可驚喜。第此二星用法意義，此書後無發明。若在《奥語》及《天玉》之言雌雄，則似陰陽交媾之代名詞耳。然則仍以此二星爲陰陽交媾之代名詞，何如？

（五）辨吉凶在審氣，辨衰旺在審運；審氣則翻卦之説也，審運則九曜龍宫所謂挨星之説也。此事是一抑是二？第卦屬於易，逐爻變動，以之分屬二十四山，自當各有條貫，若挨星一卦三山義，剖之與卦爻相符。是否屬於自然？

（六）元運之説，以三宫統管一元，每宫分管二十年，不知據自何書？若太乙九宫，本逐年一

① 庚：據《地理辨正》本《青囊奥語》，當作「辰」。
② 局：原作「句」，據廖氏答語改。

移，上元甲子年一白管運，移至中元甲子，適值四綠，下元值七赤，百八十年而一周。今以一宫管二十年，二三等宫又各分管二十年，非其義矣。且中五一宫統運時作何用法？

（七）《都天寶照》三篇，讀其正文，似與《青囊》、《天玉》各不相涉，下篇詞義淺陋，尤疑非楊公之書。蔣註則據以爲《天玉》挨星之真精髓，然於疏解文義，牽强割裂，如紀氏所攻，殆不爲誣。先生於意云何？

（八）蔣書辨《玉尺》四大水口之僞，固矣。第所稱圖南之闔闢水法，謂「洛書」八卦一卦有一卦之水口者，其詳可得聞否？

（九）先生謂三叉水即穴前之乾流水，可以人力爲之者。然《青囊》於「水對三叉細認踪」之下接「是以聖人卜河洛，瀍澗二水交華嵩」，似即爲三叉水之註脚，宜非指乾流也。抑二者理可一貫耶？「瀍澗」句亦有疑義，洛都龍脈出自華山，若嵩山分脈甚遠，自熊耳山後東南行，趨伊水右，始到嵩山，與洛都瀍澗絶不相涉。祇可爲洛都之遠秀朝拱耳。又，泰山之脈出北幹，由旅順渡海，今人大都了然，然楊公以來皆以屬中幹，其皆古人之疏耶？

（十）羅經中針、縫針，其解不一；分金之説尤異，如謂癸丁可兼子午，而子午不能兼癸丁。通行羅經皆然，惟紀書謂左水癸丁可兼子午，右水子午可兼癸丁。其義若何？

（十一）蔣説衰旺論時令不論方位，固已，然既以方位分五行，則五行之氣亦自有判於方位者，如木旺於東金旺於西，夏得北風而涼，冬得南風而温，亦似有自然之理；且翻卦、挨星，皆以方位之五行爲義，非方位必無衰旺也。此義若何？《撼龍》於廉貞有「此龍必從南方落」，似亦謂旺方。

漢志三統曆表

廖師慎 撰
黄 鎔 補編
邱進之 校點

校點説明

《漢志三統曆表》，廖師慎撰，黄鎔補編。原附於《地學答問》後，因實單獨一書，兹分出别行。首民國三年（一九一四）甲寅黄鎔序。據《凡例》，是書根據班固《漢書·律曆志》所列曆表，清釐其蹤跡，繹絡其秩序，收縮爲圖，提綱挈領，俾讀者一目了然，易於尋究。《律曆志》僅記每章朔旦冬至之干支，而於每章記歲之干支闕焉不録。廖氏據《世表》、《世經》、《通鑑》、《年表》等書掇拾彙輯，並繫各代年號，以便稽核。民國七年（一九一八）成都存古書局刊本，收入《六譯館叢書》，今據此本整理。

目録

漢志三統曆表序

孔經之制創新，夏正之曆特起。《典》定四時，積小餘以閏月；《範》稱五紀，陳大法之九章。璿璣建杓衡之準，《春秋》記災異之文。變占見於天，吉凶降於地。繇是子韋司星，梓慎言火，史墨論歲，甘石因時；五行之傳徵休，六律之書立法。馮相辨列宿之敘事，保章觀天下之妖祥。《董子》「出入」之篇，《淮南》「刑德」之訓，凡傳説所實驗，皆經恉之名言。乾笠植綱，坤輪應度，故曆家統會之推步，本地學元運所權輿。樂丘固葬之善，卜兆爲孝之終。羊祜之墓，貴許三公；孫鍾之仙，昌期四世。玄參定數，理著前知。奈何達人閒出，術士失真，章首差例，攝提乖方。龍耳三年，郭公奚驗！雀悲二載，管氏何靈？置算既非周髀之遺，刻期安有洛鐘之應？錦囊無色，金斗韜光。仰天道之至公，猥人謀其未當。聖法不章，古微宜究。井研廖君慶餘者，四益先生喆嗣也。髫齡穎異，斑管華生。伯魚獨聞乎《詩》、《禮》，老泉善誨以文章。傳經子政之心，與《玄》揚烏之慧。爾其鉤墜拾遺，搜奇補闕，考三統於《漢書》，成一家之曆表。繫年取則麟經，紀元胥符國史。淳風三志之篇，號稱卓絶；騶衍五德之運，自備始終。迺嵇紹方挺出群之姿，子夏遽增喪明之痛。慶餘僅以弟子員，修文地下，秀而不實，能勿惜乎！但所撰述，每透單微。予於丙午主講青校時得此圖表，近十年矣！藉覆舊墳，如操左券，私儲行篋，不輕示人。頃四益先生刊刻《辨正補證》，予以此稿爲推運之根柢，亟請付梓。嗟乎！延翰玉函，天機畢洩；希夷金鎖，人世尠傳。名山久藏龍門之作，寶劍終騰牛斗之光。故人何處，片羽僅存；文字有靈，遺珠足貴。捘星獲此而啓苞符，諏吉據此以爲經緯。天道彰，人紀立，地理闡，經術明。楊公掌上之圖，蔣氏謎中之語，合轍造車，爲屨適足。吸天官之精髓，扼渾蓋之玄樞。陰陽歸於掌握，日月任其提攜。覽千秋於須臾，俟百世以不惑，莫非此圖表之效果也。猗與偉與！民國三年甲寅之秋，世愚弟黄鎔序。

漢志三統曆表凡例

一、此表根據班書《律曆志》所列曆表，清釐其蹤跡，繹絡其秩序，收縮爲圖，提綱挈領。俾讀者一目了然，易於尋究。

一、《漢志》專爲曆法而設，故於統母、閏法、日法、統法、元法、會數、章月等法反覆推勘，特詳其理與數，而元運之旨寓焉。但其列表分章，鱗爪東西，不相條貫。王氏《補注》依據錢氏《三統術衍》與《鈐》，臚列諸法，以九爲節，而算數周密。爲推曆之善本，究非推運之捷訣。

一、《律曆志》僅記每章朔旦冬至之干支，而於每章記歲之干支闕焉不録。今據《世表》、《世經》、《通鑑》、《年表》等書掇拾彙輯，並繫各代年號，以便稽核。

一、此表以十九年爲一章，《太玄》一章閏分盡。二十七章五百一十三年。爲一會，《太玄》一會日食盡。八十一章一千五百三十九年。爲一統。《太玄》一統朔分盡。雖備三統，四千六百一十七年。僅爲中元。《太玄》一元六甲盡。照此成例推之下元，曆年如是，再推之上元，曆年亦如是，乃爲三元之足數。

一、《太玄》謂元有三統，統有三會，會有二十七章，九會而復元。按，三元共計七百二十九章，爲一萬三千八百五十一年。恰當二萬七千里之大九州爲方千里者七百二十九之數，每方千里當一章。《周禮》土圭之法則一日千里。天光地德，下臨上載，兩相印合，流轉無窮。是爲大堪輿、大雌雄、大陰陽。

一、經制九州，以九起算。小而井田，大而鄒衍八十一州，莫非九數之所始終。《曆表》八十一章，即九九之乘數，蓋由一而三、由三而九，由九遞推，至於小終、大終，三終而止。孟康注：「黄鍾之律長九寸，圍九分，以圍乘長，得積八十一寸。」即此理也。而元運學説實根源於此。

一、《律曆志》云天之數始於一，置一得三，三三而九。終天之數得八十一，黄鍾之實也。地之數始於二，置一得二，終地之數得六十，林鍾之實也。又曰：參天九，兩地十。是九數周流於天，即九星之運行也；十數推衍於地，十干、十日，至於一月爲地數三十。終於六十，即花甲之整數也。九星以花甲記年，次第循環，見象於九宫八風。故人者，繼天順地，序氣成物，統八卦，正八節，以終天地之功，極天地之變，而應六十四卦。按，八卦八方環衛中央，故八風九宫可分可合，仍如《太玄》之九區九誉九行九虚九度，爲元運挨星之定數。

一、元運之法，以九星輪轉九宫。九宫之數，在《洪範》爲九疇，在《大戴・明堂》爲二九四七五三六八一①，皆以數目爲符記，經傳古意如此。其後乃有貪、廉等名，貪、廉之名，初見《翼奉傳》。

① 據王聘珍《大戴禮記解詁》，爲「二九四七五三六一八」。

又其後乃有天逢、天内、紫白等説。術家謂九星出於北斗，考斗僅七星，樞、璇、璣、權、衡、開陽、摇光，《春秋緯·運斗樞》之説。名目具在，蕭吉《五行大義》以北斗分配九州，而第八第九星名蓋闕，王冰《素問注》謂楊益相宅求九星名，雜以左輔右弼，可知九星不繫於北斗。《武經總要》云：天有九星，以鎮九宫；《乾鑿度》太一下行，《靈樞》叶蟄等名。《淮南·天文訓》謂之九野。地有九州，全球大九州。以應九土，然則天覆地，地承天，二九合符，陽施陰化，斗爲帝車，遊巡九天。古義衹以九數效法天地。故此圖表仍以數目字樣爲記，不巧立名目以炫世駭俗。大數八十一章，爲一統；中數二十七章，爲一會；小數九章，爲一蔀。按之元運，一章當一星一宫，九章當九星九宫，全數相符，而取令星，得正運。求方位之所在，則細研《辨正補證》自知之耳。

一、《地理辨正》傳書不傳訣，隱謎迷人，終古長夜。究之《辨正》一書，蛛絲馬跡，本有脈絡可尋，惟元運變更古曆，斯作用不合星躔。違天而行，安能知生知死？實覘不驗，造僞猜疑，或託古以欺人，或改經以就己，種種弊謬，欲以人親嘗巧，實《辨正》之蟊賊也。盍於曆法求之乎！

一、今之俗術，以二十年爲一運，既於漢曆之章法不符，又於九星之流年不合。且相沿已久，年歲與星氣顛倒參差，故術家談玄説空，付諸河漢。今以此圖表糾正謬誤，勿謂古法不適時宜也。

一、堪輿之學，肇始經傳，如公劉荒豳，周公營洛，《帝典》璣衡，《月令》律吕，皆聖門精良之古義。後學流衍失真，禍福違反，莫測端倪，迺以迷信嗤之。摧殘國粹，至寶棄塗，不知《孝經》卜兆即《青囊》之五兆，一六、二七、三八、四九、五十。爲元運之機緘。蓋孝子喪親，當慎其終；而卜葬裕後，當謹其始。種族強弱，關係匪輕。倘不竭力研求，徒以速朽爲愈，不啻上世之委親於壑，是可忍也？文明之子，豈其然乎？

一、俗術支離，往往無驗，或偶有小驗，而難恃爲常。捕風猜謎，全失古誼。今以此圖表起廢鉤沈，發明絶學。試爲按訣推求，何難靈應如響。

一、古之地學傳人，如公明、景純、丘、楊、廖、賴，凡所推記，皆能不爽。良由曆數無差，是以施行有效。今此圖表原始要終，本根確鑿，據此覘運考時，源清自然流潔。

一、圖表繕成，作者絶筆，則前清光緒中也。迄今梓行，不免時年未備。亟爲補葺，以供一覽。

一、表以横推，圖以圓轉。表詳中元之統，圖總三元之會。表則次遞其蔀章，圖則纂集其樞要。檢表而知順序之年，覽圖而識當元之令。如舟有舵，如車有輗，互相爲用，必利於行。

一、圖表不過具元運之綱要，其中尚有挨排之法。華亭謂「活潑潑地，並非死格板滯」是也。又須審地力之厚薄，以印證元運之大小，庶刻應可以無差。否則皮之不存，毛將安傅？

一、元運之説，或疑其誕，不知蟲首鵲巢，尚知歲陰之所建；田鼠淮雀，亦識氣候之所宜。時令值旺，確有可徵。至理精玄，人患不好學而深思耳。

三統曆圖

一周三元九統之圖

三元之曆，卦在乾六。

一元三統九會之圖

三統之曆，卦在兌七。

一統三會九節之圖

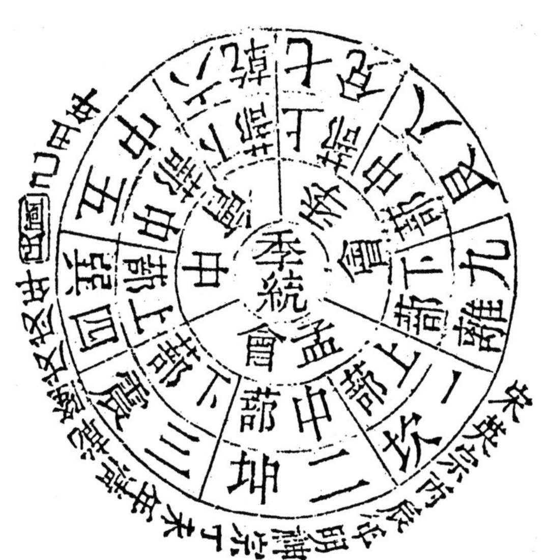

三會之曆，卦在震三。

季統孟會上部九章全圖

季統孟會中部九章全圖

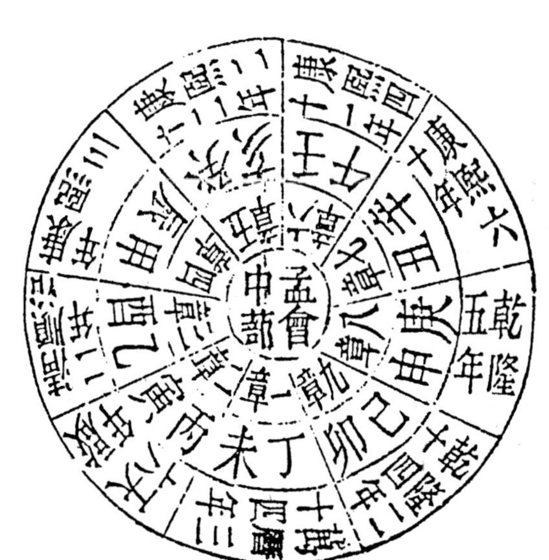

季統孟會下蔀九章之圖

九章之曆，至宣統三年辛亥，始交艮八運。

三統曆表 并圖

井研廖成學録

此爲地學家三元最古之説。《前漢·律曆志》班氏曾立爲表，由孟統五章表至中統七章新莽始建國三年，共一統零三章，合爲一千五百九十六年。今補足其文，從中統八章東漢建武六年起，續增至民國十九年，共一統二十章一千九百一十九年，以爲講元運者之準則。

中元 孟統 三會八十一章。	中統 三會八十一章。	季統 三會八十一章。
孟會 二十七章，每章十九年。	孟會 二十七章。	孟會 二十七章。
一 甲申 戊戌	一 甲子 漢太初元年。 按丁丑	一 甲辰 英宗正統元年。 丙辰
二 癸亥 丁巳	二 癸卯 昭帝始元二年。 丙申	二 癸未 代宗景泰六年。 乙亥
三 癸卯 丙子	三 癸未 宣帝地節四年。 乙卯	三 癸亥 憲宗成化十年。 甲午

序	干支	注	干支
〤四	癸未		乙未
〥五	癸亥	伐桀後十二年癸亥，朔旦冬至。	甲寅
〦六	壬寅		癸酉
〧七	壬午		壬辰
〨八	壬戌		辛亥
〩九	壬寅		庚午
〡十	辛巳		己丑
〢卜	辛酉		戊申
〣匕	辛丑		丁卯

序	干支	注	干支
四	癸亥	初元二年。	按甲戌
五	癸卯	河平元年。	按癸巳
六	壬午	按，成帝元延四年。	壬子
七	壬戌	始建國三年。	辛未
八	壬寅	東漢光武建武六年。	庚寅
九	壬午	建武二十五年。	己酉
十	辛酉	明帝永平十一年。	戊辰
卜	辛丑	章帝章和元年。	丁亥
匕	辛巳	殤帝延平元年。	丙午

序	干支	注	干支
四	癸卯	孝宗弘治六年。	癸丑
五	癸未	武宗正德七年。	壬申
六	壬戌	世宗嘉靖十年。	辛卯
七	壬寅	世宗嘉靖二十九年。	庚戌
八	壬午	穆宗隆慶三年。	己巳
九	壬戌	神宗萬曆十六年。	戊子
十	辛丑	神宗萬曆三十五年。	丁未
卜	辛巳	熹宗天啓六年。	丙寅
匕	辛酉	清順治二年。	乙酉

序	干支	干支	序	干支	紀年	干支	序	干支	紀年	干支
三	辛巳	丙戌	三	辛酉	安帝延光四年。	乙丑	三	辛丑	康熙三年。	甲辰
〤四	庚申	乙巳	四	庚子	順帝延康元年。	甲申	四	庚辰	康熙二十二年。	癸亥
〦五	庚子	甲子	五	庚辰	桓帝延熹六年。	癸卯	五	庚申	康熙四十一年。	壬午
〧六	庚辰	癸未	六	庚申	靈帝光和①五年。	壬戌	六	庚子	康熙六十年。	辛丑
〨七	庚申	壬寅	七	庚子	少帝建安六年。	辛巳	七	庚辰	乾隆五年。	庚申
〩八	己亥	辛酉	八	己卯	獻帝延康元年。	庚子	八	己未	乾隆二十四年。	己卯
〡九	己卯	庚辰	九	己未	蜀漢後帝延熙二年。	己未	九	己亥	乾隆四十三年。	戊戌
〢廿	己未	己亥	廿	己亥	後帝景耀元年。	戊寅	廿	己卯	嘉慶二年。	丁巳

① 光和：原誤作「光河」，今改。

己亥　戊午	己卯　西晉武帝咸寧三年。丁酉	己未　嘉慶二十一年。丙子
戊寅　丁丑	戊午　惠帝元康六年。丙辰	戊戌　道光十五年。乙未
戊午　丙申	戊戌　愍帝建興三年。乙亥	戊寅　咸豐四年。甲寅
戊戌　乙卯	戊寅　東晉成帝咸和九年。甲午	戊午　同治十二年。癸酉
戊寅　甲戌	戊午　穆帝永和九年。癸丑	戊戌　光緒十八年。壬辰
丁巳　癸巳	丁酉　簡文咸安二年。壬申	丁丑　宣統三年。辛亥
丁酉　壬子	丁丑　孝武太元十六年。辛卯	丁巳　中華民國十九年。庚午
中會二十七章。	中會二十七章。	中會二十七章。
丁丑　周文王一十二年。辛未	丁巳　安帝義熙六年。庚戌	丁酉

[illegible] 丁巳　周公五年。　庚寅	[illegible] 丁酉　劉宋文帝元嘉六年。　己巳	[illegible] 丁丑
[illegible] 丙申　伯禽十七年。　己酉	[illegible] 丙子　文帝元嘉二十五年。　戊子	[illegible] 丙辰
[illegible] 丙子　康王六年。　戊辰	[illegible] 丙辰　明帝泰始三年。　丁未	[illegible] 丙申
[illegible] 丙辰　魯煬公五年。　丁亥	[illegible] 丙申　齊武帝永明四年。　丙寅	[illegible] 丙子
[illegible] 丙申　煬公二十四年。　丙午	[illegible] 丙子　梁武帝天監四年。　乙酉	[illegible] 丙辰
[illegible] 乙亥　煬公四十三年。　乙丑	[illegible] 乙卯　武帝普通五年。　甲辰	[illegible] 乙未
[illegible] 乙卯　幽公二年。　甲申	[illegible] 乙未　武帝大同九年。　癸亥	[illegible] 乙亥
[illegible] 乙未　微公七年。　癸卯	[illegible] 乙亥　陳文帝天嘉三年。　壬午	[illegible] 乙卯
[illegible] 乙亥　微公二十六年。　壬戌	[illegible] 乙卯　宣帝太建十三年。　辛丑	[illegible] 乙未

甲寅　微公四十五年。　辛巳	甲午　隋文帝開皇二十年。　庚申	甲戌
甲午　厲公十四年。　庚子	甲戌　唐高祖武德二年。　己卯	甲寅
甲戌　厲公三十三年。　己未	甲寅　太宗貞觀十四年。　戊戌	甲午
甲寅　獻公十五年。　戊寅	甲午　高宗顯慶二年。　丁巳	甲戌
癸巳　獻公三十四年。　丁酉	癸酉　高宗儀鳳元年。　丙子	癸丑
癸酉　慎公三年。　丙辰	癸丑　武后兲册萬歲元年。　乙未	癸巳
癸丑　宣公二年。慎公二十二年。　乙亥	癸巳　元宗開元二年。　甲寅	癸酉
癸巳　宣王二十一年。懿公九年。　甲午	癸酉　開元二十一年。　癸酉	癸丑
壬申　宣王四十年。孝公九年。　癸丑	壬子　大寶十一年。　壬辰	壬辰

壬子	平王二年。孝公二十八年。	壬申	壬辰	代宗大曆六年。	辛亥	壬申
壬辰	平王二十一年。惠公十九年。	辛卯	壬申	德宗貞元六年。	庚午	壬子
壬申	平王四十年。惠公三十八年。	庚戌	壬子	憲宗元和四年。	己丑	壬辰
辛亥	春秋桓王八年。隱公十一年。	己巳	辛卯	文宗太和二年。	戊申	辛未
辛卯	莊王四年。莊公元年。	戊子	辛未	宣宗大中元年。	丁卯	辛亥
辛未	惠王三年。莊公二十年。	丁未	辛亥	懿宗咸通七年。	丙戌	辛卯
辛亥	惠王二十二年。僖公五年。	丙寅	辛卯	僖宗光啓元年。	乙巳	辛未
庚寅	襄王十六年。僖公二十四年。	乙酉	庚午	昭宣帝天祐元年。	甲子	庚戌

季會二十七章。	季會二十七章。	季會二十七章。
庚午　頃王二年。文王十年。　甲辰	庚戌　後唐莊宗同光元年。　癸未	庚寅
庚戌　定王九年。宣公十一年。　癸亥	庚寅　後晉高祖天福七年。　壬寅	庚午
庚寅　簡王七年。成公十二年。　壬午	庚午　宋太祖建隆二年。　辛酉	庚戌
己巳　靈王十二年。襄公十三年。　辛丑	己酉　太宗太平興國五年。　庚辰	己丑
己酉　景王四年。昭公元年。　庚申	己丑　真宗咸平二年。　己亥	己巳
己丑　景王二十三年。昭公二十年。　己卯	己巳　真宗天禧二年。　戊午	己酉
己巳　敬王十七年。定公七年。　戊戌	己酉　仁宗景祐四年。　丁丑	己丑

戊申 敬王三十六年。哀公十一年。 丁巳	戊子 貞定王四年。 丙子	戊辰 貞定王廿三年。 乙未	戊申 考王十四年。元公四年。 甲寅	丁亥 威烈王十八年。 癸酉	丁卯 安王十三年。 壬辰	丁未 烈王六年。 辛亥	丁亥 顯王十八年。康公四年。 庚午
戊子 仁宗嘉祐元年。 丙申	戊辰 神宗熙寧八年。 乙卯	戊申 哲宗紹聖元年。 甲戌	戊子 徽宗政和三年。 癸巳	丁卯 高宗紹興二年。 壬子	丁未 高宗紹興二十一年。 辛未	丁亥 孝宗乾道六年。 庚寅	丁卯 孝宗淳熙十六年。 己酉
戊辰	戊申	戊子	戊辰	丁未	丁亥	丁卯	丁未

上	中	下
丙寅 顯王三十七年。 己丑	丙午 寧宗嘉定元年。 戊辰	丙戌
丙午 赧王二年。 戊申	丙戌 理宗寶慶三年。 丁亥	丙寅
丙戌 赧王二十一年。 丁卯	丙寅 理宗淳祐六年。 丙午	丙午
丙寅 赧王四十年。 愍公二十二年。 丙戌	丙午 度宗咸淳元年。 乙丑	丙戌
乙巳 赧王五十九年。 乙巳	丁酉 元世祖至元二十一年。 甲申	乙丑
乙酉 秦始皇十年。 甲子	乙丑 成宗大德七年。 癸卯	乙巳
乙丑 始皇二十九年。 癸未	乙巳 英宗至治二年。 壬戌	乙酉
乙巳 漢高祖八年。 壬寅	乙酉 順帝至正元年。 辛巳	乙丑 商太甲元年。

甲申 呂后八年。 辛酉	甲子 順帝至正二十年。 庚子	甲辰
甲子 文帝後元三年。 庚辰	甲辰 明太祖洪武十二年。 己未	甲申
甲辰 景帝後元二年。 己亥	甲申 洪武三十一年。 戊寅	甲子
甲申 武帝元朔六年。 戊午	甲子 成祖永樂十五年。 丁酉	甲辰

按，元運之説，不知者以爲小術，豈知出於經史，如《周禮》、《左》、《國》，言之甚詳。《漢書・律曆志》早有一表，以明上古元運由孟統二十八章至仲統七章，孟統五十四章仲統七章，共六十一章，從文王四十二年至王莽始建國三年而止，共一千一百五十九年。因倣其法，補至民國十九年，由中統八章至季統廿七章，中統七十四章季統廿七章，共一百零一章、一千九百一十九年。廿七章以前爲孟蔀，以便查考。

元運以十九年爲一章，起於韓非。《緯書》、《太玄》、班《志》所以分章必係十一月朔旦冬至，以推蔀統元，各有明據。以九星論，十九年移一宫，一定不移，皆有憑據。宋、元以後，術士教人，苦於元統蔀章之緐難，創爲二十年一宫之説，以六十年當三宫，合三甲子，爲百八十年。蓋二十年一宮，去十九年不過只隔一年耳。其始弟子用其術不能過四十年，則僅錯二年。故師立此法，圖簡便，亦無大差。學者不察，互相傳受，至今近千年矣。夫一章差一年，六十章則差六十年，星辰舛易，三統倒置，故今之言元運者紙上談兵，毫無證據，亦無實驗。蓋師法失傳久矣。

元運有大小之分。元、統、蔀、章，分四等，如人事之天子、諸侯、守牧、令長。七十六歲一易者，如今廳、縣。今人專言章運移宮，故多不應。廳、縣上有道，道上有軍使，軍使上有中央、内閣。必合元、統、蔀、章兼言之，乃得。

三統曆圖

一周三元九統之圖

三元之曆，卦在乾六。

一元三統九會之圖

三統之曆，卦在兑七。

一統三會九蔀之圖

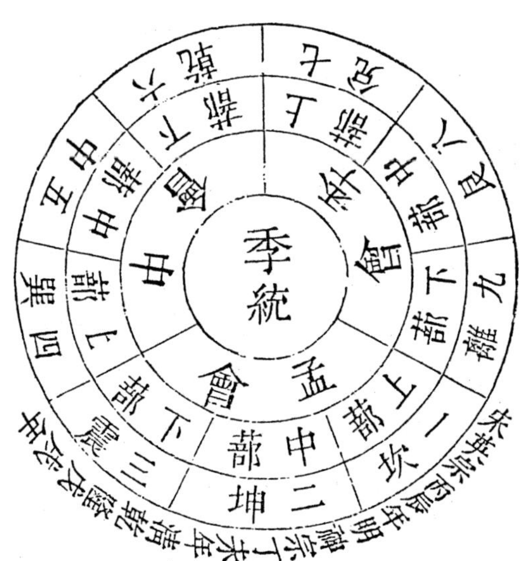

三會之曆，卦在震三。

季統孟會上部九章全圖

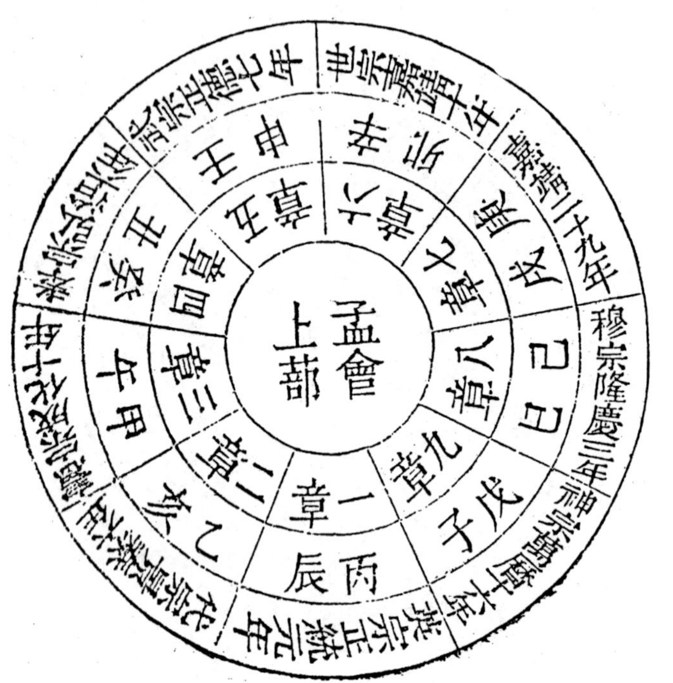

季統孟會中蔀九章全圖

孟會
中蔀
一章
丁未
萬曆三十五年
二章
丙寅
天啟六年
三章
乙酉
順治二年
四章
甲辰
康熙三年
五章
癸亥
康熙二十二年
六章
壬午
康熙四十一年
七章
辛丑
康熙六十年
八章
庚申
乾隆五年
九章
己卯
乾隆廿四年

季統孟會下部九章之圖

孟會下部

九章之曆，至宣統三年辛亥，始交艮八運。

撼龍經傳訂本注

廖平 撰
邱進之 校點

校點説明

《撼龍經傳訂本注》一卷，廖平撰，黄鎔筆述。黄鎔跋引鐵嶺高公之語云：「世傳唐楊筠松所撰諸書，皆後人僞託，惟《撼龍經》、《疑龍經》爲真書，如魯靈光巋然獨存。而《撼龍經》自《統論》、《垣局》、《貪狼》至《弼》九篇、《變穴》一篇，此下則明隆慶、萬曆後庸師僞託，其辭陋劣，其理踳駁。故井研廖平以治經之法治《撼龍》之書，仍仿《王制》、《周禮訂本》，分經、傳、説之例，掇其要語爲綱，採其詳説爲目，審辨部居，判劃門類，『此法施於孔經，披沙鍊金，不愁至寶不獲，而於堪輿術藝，何難導窾解牛哉！』」廖平注此書雖爲術數，實亦關乎經學。原目録共分十二篇，按「第一」至「第十二」順序排列，正文各篇則只有篇名，而無「第一」等字。書後有黄鎔跋。是書曾連載於《國學薈編》一九一四年第七、十期，一九一六年第四、十期。民國六年（一九一七）四川存古書局印入《六譯館叢書》，民國十二年（一九二三）重印，今據此本整理。

目録

撼龍經傳訂本注

井研廖氏　學

受業樂山黄鎔　筆述

此楊公古本，流傳既久，高公謂經後人竄易增益，故各篇之中，章法淩亂，真理翳霾。今仿《王制》、《周禮訂本》，分經、傳、説三等級，舉大綱以張細目，抽絲剥繭，乙乙就緒。其枝生節外、無關經旨者，則在害馬當去之例，要期理求其是云爾。

垣局

經 北辰《爾雅》：「北極謂之北辰。」一星《春秋合誠圖》：「天皇大帝，北辰星也。含元秉陽，舒精吐光。居紫宫中，制御四方。冠有五采文。」○辰爲不動之處，不指星言，此以帝座言之。天中尊，《青囊經》：「紫微天極。」上相上將二星在太微垣，紫垣則爲上輔上弼。○三垣，互文相起。居四垣。垣當作「方」。○垣周圍十五星居四方。天乙太乙明堂照，二星在紫微垣南畔，兩邊對立。華蓋七星在後。三台六星在前。相後先。此垣局，楊公止説四句，以引起下文，而散見《破》、《輔》兩篇，秘之也。

傳 輔爲上相此專説紫垣。弼次相，北斗七星之外，以輔、弼配成九宫，就輔弼名義，以爲二相。○《太微垣步天歌》：「上相迤①東次相迎。」至於紫垣，當名上輔少輔。○由此句至「近侍」，舊簡在《左輔篇》。破、正西，七。禄正東，三。宿衛上衛少衛，左右共四星。廉五，在南方。次將。《步天歌》：「上將居南次將隨。」在紫垣當云少弼。文曲第四星，宫在巽。分明是後宫，此就七星立法，天門地户分陰陽。○《天官書》：「後句四星②，末太星正妃，餘三星，後宫之屬也。」巨門此以三星配三垣。二不飛則巨在寅位，所謂「東北一星人不識」。貪狼第一魁星，正北。帝星樣。《星經》：天皇大帝一星在鈎陳中央，天市帝座一星在市中。《史·天官書》：太微，三光之廷；其内五星，五帝座。更有武曲西北，乾，爲天門。最尊貴，一、二、六三宫皆在北方。唤作極星《天官書》：「中宫天極星，其一明者，太乙常居也。」事非誣。三垣：正北、東北、西北。居北面南，天象也。乾位當在東北，與坤相對，爲父母；周人以帝京在雍，故移易乾、艮，位次東北③。京師已久④，此當移乾於艮宫，以正東北之位。三垣紫微、太微、天市，以一、二、六當之。各有垣内星，西人言星，皆以形求，所謂形下之器，至聖乃推以爲形上之道。凡大統人事法象，皆以推合於天，正名立制，故全見於緯候，孔子以前無此説。所謂善言人者必驗於天，地學則又舉天以名地，所謂形、法合一，不能歧視。

① 迤：原作「倚」，據《欽定儀象考成續編·星圖步天歌》改。
② 後句四星：原誤作「後四句星」，據《史記·天官書》乙。
③ 位次東北：疑當作「位次西北」。
④ 按此句疑有脱文。

凡是星粵本作「群」。峰皆内向。所謂垣局。

【說】星辰備具八星行龍。入垣弼星入穴。時①，怪怪奇奇②合天象。《青囊經》：「天之所臨，地之所盛。」

【經】垣星本不許人知，舊制不許藏帝王相，恐以邪説生亂，大地亦同，特有隱顯之别。若不明言恐世迷。凡爲人求者皆小局，然必先明垣局，而後小局可以例推。只到京師此垣局試驗之所。君便識，歷代《都城考》詳矣。重重外衛内垣低。外高内低。〇《圖書集成》此門亦甚詳。

【傳】我到京師唐都長安，後唐都洛陽。驗前説，如覆墓法。帝垣果有星羅列。以山爲星，亦如天象三垣。南北雖短東西《説文》：「一爲東西，丨爲南北。」長，大爲橢圓之義，小則中。長安東西順龍行，南北爲河、江所界，故有長短之分。東華太微垣次將一星爲東華。水繞西華次相一星爲西華。岡。垣局同有此水。水從闕門復朝入③，黄河從河套後由北而南行。九曲九回朝帝闕。「入到懷中九回曲」。前星儼若在南上，渭南諸山爲案。周召《尚書》指洛言，此借以説西京。到此觀天象。《康誥》：「周公作新大邑於東國洛。」《召誥》：太保至洛

---

① 時：原作「行」，據榮錫勳《撼龍經批注校補》改。

② 怪怪奇奇：原作「奇奇怪怪」，據《撼龍經批注校補》乙。

③ 復朝入：《四庫》本《撼龍經》作「復來朝」，《撼龍經批注校補》同。

卜宅。上了南岡望北岡，王者背子向午，南上。南北當互易。聖人卜宅分陰陽。北岡乾以京師居西北。峙立天門上，《詩緯》「亥爲天門」，宋均云：「天門，戌、亥之間，乾所據者。」分作長垣《晉書》：紫宮一曰長垣。在兩傍。三垣以天市居中，二微左右。垣上兩邊十五個，《晉書·天文志》：紫微垣十五星，西蕃七，東蕃八。○粤本據徐本或作「七八個」，亦通，舊誤「分九個」。兩垣夾帝中央坐。三垣舊尊紫微，今以日中爲市之義，以天市爲中。要識垣中有帝星，三垣中皆有帝星。皇都坐定甚分明。

經君如要識左輔宿，九星以弼爲隱曜，居中，輔在正南，廉貞作向。凡入皇都辨垣局。弼在中，輔在外。重重圍繞八九重，九重之外尤重複。北辰居所，衆星拱之。

傳重山複嶺看輔星，舉輔以概其餘七星。高山頂上幞頭橫。左輔正形如幞頭。低處恰如千官入，《玉髓經》：「萬卒景從成禁衛，千官環列是朝廷。」戴弁朝服。横班如覆笠。《左輔篇》：「有脚横排如覆笠。」仔細看來真不同，在垣之輔，與别行者不同。應是爲垣帝王垣局。皆富局。合田爲富，統一天下。

説要知此星左輔。名侍衛，紫微垣星十五，太微垣星八，天市垣星二十二。入入字當作「八」，八門、八風。到分界者言四至八到。垣中最爲貴。左輔本爲貴龍，入垣作向尤貴。東華西華門燕京以東、西華命二門。水横，當面，謂漢横過。水外四圍合四隅爲八。立①峰位。四宫，四獸。此是垣前南居前，如向。執法

① 立：《撼龍經批注校補》作「列」。

星，此即所謂玄空大卦。〇《晉書》：左執法，廷尉之象也；右執法，御史大夫之象也。郤分左右爲兵衛。坐子向午，左禄右破，即一九宫局。

【經】方正此恐以形言。之垣當就太微全局形勢考之。號太微，《晉書》：太微，天子之庭也。垣有四門日中爲市。四門四方，在市外。號天市。《正義》：天市二十二星，主國市聚①交易之所。紫微垣外前後門，《晉書》：紫宫，天子之常居也。華蓋三台前後衛。垣既有三，又就三垣星局形勢分以爲等，爲下文以都城各局分配三垣張本。〇全以紫微居中，抑兼别局言之。

【傳】中有過水名御溝，抱城屈曲中間流。紫微垣内星辰足，星辰名目最多。天市太微少全局。二垣不如紫微之完足。朝迎未必皆真形，因不足而命以二垣。朝海以水喻。拱辰《葬書》：「天光發新，朝海拱辰。」勢如簇。千乘萬騎，有似乘輿。千山萬水皆入朝，入到懷中九回曲。此紫微垣局。

【説】入垣弼在中，故言入；輔居外，故言在。輔當作「右」字。弼形微細，以弼居中宫。隱隱微微在平地。立穴之處。左衛西蕃七星。右衛東蕃八星。星旁羅，侍衛。輔在垣中此乃專爲輔。爲近侍。以輔爲南向。〇紫垣中有四輔星。〇以上《左輔篇》文。

【經】此星萬里不得一，垣局甚少，中幹三，北幹一，南幹三而已。此龍不許時人識。此指開創墓宅言，與藏帝王

---

① 市聚：原作「聚市」，據《史記·天官書·正義》乙。

像同。識得之時不用藏，《論語》：「舍之則藏。」留與皇朝鎮家國。大地有鬼神守護，非其人不得，説亦無益。

附《疑龍》

《撼》、《疑》同爲楊公之書，今以其言垣局者附解於此。

經 大抵山形雖在地，九星形體。地有精光屬星次。朱子發①《易傳》引：「班固曰：陰陽之精，其本在地。張衡曰：地有山岳，精鍾爲星。蓋星辰者，地之精氣上發於天而有光耀者也」。體魄②在地光神氣。在天，天光下臨。○《青囊經》：「是故天有象，地有形，上下相須，而成一體。」識得星光真精藝。觀山形而識星光，是上乘法。

經 橫城寬抱「南北雖短東西長」。有垣星，星峰侍衛成垣。

傳 長垣長垣四星，在太微垣外。便是橫朝班，橫城。局心禁城。便是明堂山。明堂朝諸侯。○《緯》云：明堂者，所以通神明、感天地、正四時、出教令、崇有德、章有道、褒有行。鉤鈐紫垣直對房、心星，房下有鉤鈐星。垂脚向垣口，《索隱》引《元命苞》曰：「鉤鈐兩星以閑③防，神府闓舒，爲主鉤距，以備非常也。」北面重重尊聖顔。君南面，臣北面。

---

① 「發」字原無，下爲朱震《漢上易傳》語，因補。
② 魄：《四庫》本《疑龍經》作「魂」。
③ 閑：原作「閉」，據中華書局本《史記》改。

經 更以三垣論交結。此以各都分配三垣。

傳 橫城水遶太微勢，橫局。直朝射入紫垣氣。直局，所謂前後門。百源來聚天市垣，垣有四門，號天市。一水抱曲是天園。《晉・天文志》：天苑南十三星曰天園，植果菜之所也。《曆學會通》曰：天園，天子菜果之園。更有天苑《晉・天文志》：天苑十六星，昴、畢南，天子之苑囿，養獸之所也。内無澗，由三垣分出五垣局。卻有大水環三邊。左、右、前三面環水，後倚來龍。

經 交結多時垣氣深，「重重圍繞八九重」。

傳 洛陽宛然是紫微，以京都配垣局。河中河曲皆天市。偏霸之夷，有在此立都者。關中亦是天苑星，長安。伊洛洛陽之二水。亦合擬議之詞。是天肆。天肆，疑「東肆」之誤。○《星經》：東肆二星，在天市門垣左星之西，主市易價直之官。《隋・天文志》作「車肆」。○但舉伊、洛二水爲垣局之外衛，與上「宛然紫微」交互成局。

說 京師唐之西京。華蓋是前星，「前星儼若在南上」。東京三水洛陽伊、洛、瀍三水。入中庭。以上兩京垣局。

傳 燕山最以燕京爲最。高象天市，所謂「東北龍神少人識」者也。天津津舊誤「市」，據粵本改正。○北京之水聚於天津。碣石《水經》説碣石山在遼西臨渝南水中，今山海關九門口是故縣矣。轉抱縈。左右環抱。

說 太行之東有天市，即幽、燕，北京。馬耳峰《禄存篇》：「太行頂上馬耳峰，禄存身上貪狼龍。」

上有侍衛。以上燕京垣局。

【經】交結少時垣氣①泄。立都不久，又多偏安。〇中國大垣局，都城皆在中幹，江之北、河之南，惟幽燕獨在河北，爲北幹。南幹在江之南，小垣三而已。

【傳】長江環外有三結，江南三垣，當以金陵、臨安、廣州當之。三結垣前爲中幹之案。水中列。垣局皆在北方。中垣北爲上等，南次之。已是帝王州，六朝都之。只是城垣氣多洩。南京年代短促。海門環合似天市，臨安。天目山在杭州臨安西北，上有兩峰，峰頂各有一池，若左右目，故以天目名。天池生侍衛。浙江。萬里飛騰垣外挹，據徐本，舊誤「色」。〇此指廣州、臨海。海外諸峰補垣氣。此論江以南之垣局。

【説】盛衰長短固有時，天運人事所關，此直是史論。亦是山川積氣司。司舊誤「圍」。〇亦由地主之。略舉諸垣與君説，粗舉大略，總結前文。更有難言誰得知。不能言、不敢言者尚多。凡書皆言不盡意，在舉一反隅。〇以上《疑龍篇》文。

【經】請從垣外論九星，三垣合數，十星爲一局。北斗星宮係幾名？此以北斗九星立名，一星爲一局。貪、巨、武星並輔、弼，五吉。禄、文、廉、破四凶。地中行。《葬書》：「夫氣行乎地中，其行也因勢之起，其聚也因形之止。」

① 氣：《四庫》本《疑龍經》作「局」。

垣局既不可言，則請從九星分別吉凶。按《星經》，一天樞，二天璇，三天璣，四天權，四星方爲斗魁，即渾元陰精，象地；五玉衡，六闓陽，七瑤光，三星爲斗杓，即渾元陽精，象天。輔在第六星左，常見；弼在第七星右，不見。二星所以佐斗成功也。斗以七星爲四方之使，於是貪狼木，隸第一星，而角、斗、奎、井四木宿屬焉；巨門金，隸第二星，而四金宿屬焉；禄存土，隸第三星，而四土宿屬焉；文曲水，隸第四星，而四水宿屬焉；廉貞火，隸第五星，而四火宿屬焉；武曲水，爲柔星，隸第六星，而四月宿屬焉；破軍金，爲剛星，隸第七星，而四日宿屬焉。此七政二十八宿。五行爲斗宿之用，主宰萬事萬物，非斗宿轉屬木、金、土、水、火、日、月也。楊公取九星論山龍形體者，以山實本九星陰陽之氣而行故也。夫九星性情剛柔不同，故山龍形體變態不一，望龍者即形以認星，即星以求氣；惟陰陽欲其沖和，斯剛柔不妨迭用，初不在五行討消息。後人以九星所配之五行既多舛謬，求之天元九炁，又難强合，則其屬木以爲貪狼、屬土以爲巨禄云云，概屬臆度，甚無謂也。

傳 **九星人言**凡此皆舉俗人拘泥舊説而辨剖之。**有三吉，**貪、巨、武。**三吉之餘有輔弼。**共爲五吉，此但據星體分吉凶，是爲一説。**不知**此爲玄中之玄。**星曜定錙銖，**其中作用最爲繁賾，吉星有凶，凶星有吉，其分別最微，在毫釐間，非一形體所能了事。**禍福之門**《破軍篇》：「山形在地星在天，真氣下感禍福驗。」**教君識。**二十四山有珠寶，亦有火坑，非形體所定。

望氣

經 **尋龍望氣**此詳望氣法。古有望氣專門家。○《史·天官書》：自華以南，氣下黑上赤。嵩高、三河之郊，氣正赤。恒山之北，氣下黑上青。勃、碣、海、岱之間，氣皆黑。江、淮之間，氣皆白。北夷之氣，如群畜穹閭，南夷之氣，類舟船幡旗。海旁蜃氣象樓臺，廣野氣成宫闕然。雲氣各象其山川人民所積聚。《晉書》曰：東海氣如員罃，附漢河水，氣如引布；江漢氣勁如杅，濟水氣如黑豘，渭水氣如狼白尾，淮南氣如白羊，少室氣如白兔青尾，恒山氣如黑牛青尾。先尋脈，望氣仍以龍爲主。雲霧多生是龍脊。泰山之雲，觸石而起。春夏之交與二分，春分秋分。夜望①雲霓生處覓。天朗氣清時方好望氣。

傳　雲霓先生絶高頂，山大者雲氣先起。此是龍樓寶殿定。廉貞作龍祖。大脊正龍脈脊。微微雲自生，貴者必隱微。霧氣如嵐②反難證。着眼當在一縷初生之時，多則漫山徧谷，不可辨認也。

説　先尋霧氣識正龍，雲氣先生正龍。卻望枝龍次生枝龍。觀遠應。次及應星之峰。因就正龍既得脈脊。行脚處，再觀支脚。認取破禄中間行。舉破、禄示例，而九星皆可以推認。

統論《破軍篇》大勢　平洋

經　須彌山此用佛經名。佛書合數十世界爲一須彌，如西人日系之説；以中國名義言，當爲《禹貢》之昆侖。○前清李若

---

① 望：原作「向」，據《四庫》本《撼龍經》改。

② 嵐：原作「多」，據《四庫》本《撼龍經》改。

農文田所注①《撼龍》，於輿地之學最爲詳明。是天地骨，以坤輿言，即今印度北高原。中鎮天地西人以帕米爾高原爲全球之屋脊。爲巨物。爲地球最高處。如人背脊與項梁，人以腦爲主，舉督以示例。生出四肢龍人由項脊生出兩手兩足，山由須彌分出四方。突兀。《淮南·地形訓》：「河水出昆侖東北陬，貫勃海，入禹所導積石山。赤水出其東南陬，西南注南海丹澤之東。赤水之東，弱水出自窮石，至於合黎，餘波入於流沙，絶流沙南至南海。洋水出其西北陬，入於南海羽民之南。凡四水者，帝之神泉，以潤萬物。」

傳 四肢分出四世界，大地三萬里，爲千里者三十，故經傳以全地球稱世；所謂必世、避世、離世，皆指全球言。佛書以一球爲一世界，以外四邊空虚，即《詩》無邪之「涯」字。○《法苑珠林》引《長阿含經》：佛説四天下，須彌山北有天下名鬱單越國，其土正方，縱廣一萬由旬；須彌山東有天下名弗於逮，其土正圓，縱廣九千由旬；須彌山西有天下名俱耶尼，其土形如滿月，縱廣八千由旬；須彌山南有天下名閻浮提，其土南狹北廣，縱廣七千由旬。《順正論》名之爲北俱盧洲、東勝身洲、西牛賀洲、南贍部洲。南一極各萬二千里，合中央爲五極。北東西佛經所説爲星辰，崑崙在本世界。以五方分全球。爲四派。《淮南》：「凡地形，東西爲緯，南北爲經。」又云：「闔四海之内，東西二萬八千里，南北二萬六千里。」説同《山經》、《管子》、《吕覽》、《廣雅》及《藝文類聚》引《河圖》。西《禹貢》：「弱水既西。」北北美。空峒北宮在天爲玄武。《爾雅》：「北戴斗極②爲空桐。」數萬程，此舉全球之西北，故有數萬程之遥。東入三韓隔杳冥。

① 注：原作「著」，據文意改。
② 北戴斗極：原誤作「北斗戴極」，據《爾雅·釋地》乙改。

東海。惟有南龍「南龍高支過葱嶺，黑鐵二山雪峰盛」。入中國，以地形言，中國實東北，兼采佛經南贍部洲說。胎宗孕祖來奇特。數萬里枝分派別，各有宗祖，其數不可究詰。黄河九曲爲大腸，川江中國惟江、河二水同出同歸，最長遠，故以比二便。屈曲爲膀胱。此中國一人之説，詳於《皇帝疆域圖》。〇《赤霆經》云：「昆侖天柱，萬脈由起。西北綿亘，幽寒莫詣。爲背爲項，爲脊爲尾。下爲贅臀，上爲髮際。面居秦雍，耳目口鼻。幽冀川蜀，分左右臂。懸心關隴，腹垂洛汭。胃脘出納，爲汧爲渭。大江大河，經絡營衛。大腸膀胱，震澤漯濟。青徐以降，是爲髖髀。泄爲尾閭，茫洋無際。海洲萬國，糞滓塵穢。」分枝劈脈縱南北爲縱。横東西爲横。去，山從西到東。氣血勾連水以東海爲根源，故曰水以去爲來。逢水住。《青囊經》「界水則止」，《葬書》「過水所以止來龍」，又曰「支有止氣，水隨而比」。〇住，謂山從後來，水從前來，陰陽相媾於穴場。水來路與山來路必合，近水如近山，遠水如遠山。後人每指遠水以配主山，非也。

大勢 此段「傳」以下舊在《破軍篇》，所論皆中國形勢，故列入《大勢篇》。

經 大爲都邑帝王州，幹龍，垣局。小爲郡縣居公侯。枝龍，小局。其次偏方小鎮市，枝，中枝。亦有富貴居其地。此四句舊簡連接上文。〇俗所謂物物一大極，大可包小，小亦化大。各有九宫四鎮。

傳 與君略舉大形勢，以下舊簡《破軍篇》。舉目一望皆山河。粤本作「江山際」。天下《詩》「普天之下」，言天下，即統舉全球。江山幾萬重，高批：非楊公，孰能言此！我見破軍此破指斗柄，言旺氣所臨，不謂凡山皆破軍形體。或云文在《破軍篇》，故舉以示例。到處是。

【說】祿存文曲輔弼星，舉四星以示例。低小山形總相類。小山小局亦相同。只有高山一說貪、巨、廉、武、破多高山。形象殊，大勢，非名山大川不能當。略舉大綱與君識。所謂「大爲都邑帝王州」。

【經】昆侖此甘肅之昆侖。山脚出于闐，西域國名，在葱嶺南。○舊作「闐顏」。隻隻脚是破軍山。北斗以杓爲主運。杓爲破軍，言破足以包九星，非單指破軍一形。舊法七、八、九三宫同爲破軍。

【傳】連緜走出瀚海北，沙漠名瀚海。風俗強悍人粗頑。生兒三歲學騎射，骨鯁方剛是此間。《匈奴傳》：「匈奴居於北蠻，兒能騎羊引弓射鳥、鼠，少長，則射狐、兔用爲食。士力能彎弓，盡爲甲騎。其俗：寬則隨畜，因射獵禽獸爲生業，急則人習戰攻以侵伐，其天性也。」

【傳】山來隴右甘肅蘭州渭源縣，隴水出焉。故蘭州舊名隴西。尖如削，尖貪。盡是狼貪狼之狼。峰高更粵本作「更高」。卓。貪狼貴體。此處如何不出文，關西出將。只爲峰多反成濁。以少爲貴，多則亂。

【說】高山大隴峰多尖，貪狼爲貴。不似平原一錐卓。高批：一錐卓，在平原爲貴，取其特也。

【傳】行行退卸大散關，在陝西鳳翔府寶雞縣南五十二里。百二山河《高祖紀》：秦，形勝之國，帶山河之險，持戟百萬，得百二焉。在彼間。西安垣局，酈《注》詳矣。大纏大護到函谷，河南陝州靈寶縣南，關城在谷中，深險如函，故名。水出黄河如闕粵本據張本作「玦」。環。

【說】低平漸漸出熊耳，陝州西南。兩峰奇秀，望若熊耳，跨盧氏縣南界。萬里平陽漸如砥。大梁今河南省。形勢亦無山，到此尋龍何處是。洛陽，亦爲垣局。

傳 識得星峰「星辰下照山成形」。是等閒，「正龍身上不生峰」是也。平處尋龍大局多在平陽。最是難。平陽龍脈最貴，自不如山龍之易尋。若無河流與淮水，中幹豐、沛，在江、淮之間，此舉河、淮二瀆，謂泰山在二瀆之間。〇淮水出南陽府桐柏縣西之胎簪山。〇以河、淮兩水相夾之中辨認龍脈。渺渺茫茫不見山。泰山脈從美洲西來渡海，故不見。來脈結作孔林，爲全球第一大地。故以下數節專詳之。

説 河流衝決有山不能衝決，衝決則無山可知。〇此後世黄河改道奪淮之事，其形勢早見於此書。山斷絶，中龍至洛陽而止，其枝出安徽。黄河，泰山左右均可入海。又無石骨又無脈。無石骨山脈，故河可兩行。君如到彼謂山東河流改道之地。説星峰，以泰山爲從，中幹自洛陽臨海，如舊所説。一句不容三寸舌。證明孔林實由西來。

經 黄河在北大江金沙江，與河同出一嶺，非岷江。南，兩水夾行同起同止，龍在水中。勢不絶。以江、河分爲兩界，中爲中幹。〇此二句，西龍到東。

經 行到背脊枯瘠，非要害吉所。忽起峰，此指西龍，由海而來者。兖州山東。東嶽中國之東，乃少昊之墟，爲全球之西。插天雄。泰爲孔林祖山，相去數百里。分枝劈脈鍾靈氣，龍由西球度海而東，故曲阜爲少昊之墟。聖賢多孔聖之門多賢。在魯邦中。東西合併，乃篤生至聖。此爲全球有一無二之地，帝王京都不如也。〇經義：素王爲西皇。

傳 自古英雄出西北，長安舊都，詳《西京賦》。西北西，據下文當作「東」。北，指幽燕言。龍神即陰陽形法，不可連文讀之。少人識。唐以前，長安、洛陽、金陵，帝王故都，人皆以爲有垣局，惟幽燕未顯。自宋以後，乃爲都城，年代最久長。紫微垣局《天官書》：中宮天極，環之匡衛十二星，藩臣，皆曰紫宮。太微宮，《天官書》：太微三光之廷，匡衛十二星，藩臣；西將，東相；南四星，執法；中，端門；門左右，掖門。天市《星經》：天市垣五十六星，在房星北，主權衡。○以上爲三垣。天苑《晉・天文志》：天苑十六星，昴、畢南，天子之苑囿。○天苑與三垣對舉，恐即四垣之舊說。太行獨點太行，知爲東北，非西北。東。此東字上誤作「西」。太行之東，即今京師。○謝在航《五雜俎》言之甚詳。

傳 南龍「惟有南龍入中國」，謂崑崙山之南。高枝過葱嶺，《通鑑注》：山高數十百丈，上多連蔓葱。黑山在大漠北。沈括曰：山上石皆紫黑，似磁石，黑水出焉。鐵莎車國有鐵山，出青玉，在葱嶺南邊。一山雪峰天山一名雪山，即祁連山，匈奴呼天爲祁連也。盛。河以北。分出秦都關中。川甘肅秦州。及漢都兩京。川，漢水，經漢中。○江以北。五嶺《唐書》注：大庾嶺在虔州，永明嶺、白芒嶺在道州，臘嶺在郴州，臨源嶺在柳州。○江以南。分星入桂、廣西桂林。連。廣東連州。

說 山行高山。有斷脈平陽。不斷，直到江陰水以南爲陰，凡江以南爲江陰。臨安亦有垣局。大海邊。海門五代周顯德中初置海門縣，楊公時無此名，當舉沿海門户言之。旺氣連閩福建。越，浙江杭州。南廣東。水兩夾粵本據《人子須知》作「南龍支隴」。相交纏。南幹盡結於此。此是海門唐時名，與今不必同。南脈粤本據張本作「徼」。絡，貨財文武相交錯。濱海之地，交通便利。

經 何處是貪何巨門，據粤本改，舊作「處文」。何處辨認武曲尊。三吉星。○此二句起下《九星篇》。

傳 峰形。以星法。名《撼龍》。○《史·天官書》：「天有列宿，地有州域；三光者，陰陽之精，氣本在地，而聖人統理之。」取其類，名，所謂符號。星辰下照《寶照》由此得名。山成形。《易》曰：同聲相應，同氣相求。○《春秋文耀鉤》：斗者，天之喉舌，玉衡屬杓，魁爲璇璣。布度定紀，分州繫象。華、岐以北，龍門、積石，至三危之野，雍州，屬魁星。太行以東，至碣石、王屋、砥柱，冀州，屬樞星。三河、雷澤，東至海、岱以北，兖州、青州，屬璣星。蒙山以東至羽山，南至江、會稽、震澤，徐、揚之州，屬權星。大别以東，雲夢、九江、衡山，荆州，屬衡星。荆山西南至岷山，北距鳥鼠，梁州，屬開星。外方、熊耳以東，至泗水、陪尾，豫州，屬瑶光。此九州屬北斗。星有七，州有九，但兖青、徐揚並屬二州，故七星主九州也。龍地陰。神星陽。二字尋山脈，神天星。是精神看神乃尋龍最要緊之工夫。龍地形。是質。質者地之形。質，呆物也，堪輿家當求合天星，得其精神，乃可謂之認龍。此如醫家之觀色、相法之觀氣，匪但診血脈、論骨格而已。○此專言形、法合一，天盤地盤皆用之法，故形法之書同以九星名之。

平洋

經 大率行龍自有真，真，胎孕之地。星峰磊落脊骨，不結穴。是龍身。《寶照》：「離祖離宗星辰出，此是真龍骨。」高山須認星峰起，以高爲祖宗。平地龍行所謂低落穴。别有名。此言落平洋大地。

傳 高山既認星峰起，此認山龍之法。平地落平。兩傍尋水勢。低一寸亦爲水。《詩》：「逝彼百泉，瞻彼溥原。」兩水夾處是真龍，從兩水中間尋龍。此仍用山龍法，與俗言水龍者不同。枝葉以木爲喻。周回中如木之幹，故稱幹龍。者是。《禄存篇》：「但看兩源相夾出，交鎖外結重重圍。」莫令山反外山宜抱。枝葉本身枝脚。散，山若反兮水散漫。外山反背，則水隨而去。外山百里作羅城，此極遠羅城。〇高批：龍遠，故局大；局大，故用遠。「外山百里作羅城」，則環繞又不止四旁也。此是平洋龍局段。蔣氏山龍、水龍本指支、干，後人因其語造爲《水龍經》，謂水與山全反。考之此篇，平陽仍從高落，連高、平爲一局，不必歧分，如同水火。

經 星峰頓伏入平去，高、平合看。〇《大雅》：「陟則在巘，復降在原。」外山先有内纏。隔水來相顧。〇高批：此雖認本龍來歷，其氣魄體段，能用得起方妙；不可以孤獨無從之山脚，妄扯遠山作護也。平中仰掌此卻不畏水濕。似回窠，以窩穴示例，平陽不盡窩。隱隱微微地愈大，穴愈微茫。立丘阜。高一寸爲山，低一寸爲水。

傳 便從丘阜結穴本支必略高。覓回窠，於高中求窩穴。或有勾夾如旋螺。皆以水言。勾夾是案粵本據徐本作「砂」。螺是穴，水注明堂聚氣多。《詩》：「相其陰陽，觀其流泉。」四旁纏護以水言。如城郭，此貼近羅城。水遶貼身之水。山環隔水之山。聚一窩。以水爲山，平陽無山，以水爲流神。

經 霜降水涸言秋冬也。尋不見，隱微，難於自審。春夏水高龍背現。水不能没者，爲龍身所行。此是平陽平陽仍尋龍背，與《水龍經》説不同。看龍法，平陽以水爲測量之具。過處如絲或如線。脈跡愈細愈佳。

傳 高水一寸即是山，仍以山名，知爲高低合法。低土一寸水回環。以土爲水，不必真水。水纏便是山纏樣，與山龍以高山爲纏相同。纏得真龍山高水低，止在一二寸間。如何掌。「重重外圍内垣低」。窠心掌裏此如上窩穴。或乳頭，上以窩示例，此兼言乳，鉗突同此。言不盡意。端然有穴地形。明天象。天星。○其實高、平同法，特有隱顯之别耳。

說 山纏水遶近者。在平坡，即平陽，「坡」字不可泥。遠有圍山近有河。只愛山來抱身體，不愛水反去從他。上文「莫令山反枝葉散」。水抱應知山來抱，水不抱兮山不到。此山以形言，水以天氣言，非山水也。若真山水，則不待言矣。

經 莫道高山龍易識，行到平陽此指平田。失蹤迹。

傳 莫道高山方有龍，指專求高穴者。卻來平地失真跡。習看山龍，或不知平陽法。平地龍從高脈發，「或從高峰落平陽」。高起星峰祖宗。低落穴。大地數千百里，總爲一局，勢必如此，小結在所不拘。

經 藕斷絲連正好尋，與尋山脈同，但脈之隱顯有異耳。退卸愈多愈有力。

傳 高龍多下低處藏，脱煞化吉。四没神機便尋得。祖宗起祖分宗。父母臨落媾山。○俱在高山。數程遥，距離甚遠。誤得時師皆不識。

說 凡到平陽莫問蹤，只觀水遶低一寸亦爲水。是真龍。秘訣無多，念得龍經《撼》、《疑》之前有書。無眼力，萬卷珍藏也是空。

貪狼篇

《漢書·翼奉傳》：北方之情好也，好行貪狼，申、子主之。南方之情惡也，惡行廉貞，寅、午主之。按，狼當爲「很」。俞氏《癸巳存稿》：翼氏六情，術家惟取貪很、廉貞之名。貪狼，北方俗以爲木星者誤。本篇「莫來此地認高峰，道是玄武在其中」，玄武北方水宿，即貪很之別名。

經 貪狼自有十二樣，地理專以龍向爲要訣。龍爲貪狼，所謂玄空；向爲廉貞，所謂「朱雀發源生旺氣」。六情之中，獨取貪、廉，以見龍向主賓之要訣。知貪廉，則於地理思過半矣。

傳 問君來此如何觀，莫道貪狼貪與廉對，很與貞對，説詳《漢書》注，今作狼者，形近而誤，當讀作「很」。總一般。此爲晚師所加。

經 尖圓平直小爲上。上，吉體。

傳 平地卓然頓起笋，經提總綱，傳乃分析言之。此是尖貪高批：尖是貪狼正體。世以尖貪爲燥火，不知楊公本言尖貪如笋，天下豈有圓頭之笋耶？本來性。專言尖貪。圓與巨門同。無傾斜四面同，圓貪剥换，以下四體同。平與武曲同。若臥蠶在高嶺。《武曲篇》：「平尖貪狼如一字，生在山嶺如臥蠶。」直如決脊粵雅堂本作「峽脊」，言如峽脈之脊也。引繩來，《武曲篇》：「貪狼直走如僧參。」小似筆頭插高頂。尖之小者在山頂，不似尖笋由平地起。

[說]五者方爲貪正形，由貪剥换巨門，武曲爲正形。吉凶禍福要詳明。明粤雅堂本作「定」。○以形言爲五吉，下爲五凶。

[經]欹斜側石倒破空，禍福輕重自不同。

[傳]欹粤雅堂本作「倒」。是崩崖破是坼，坼，裂也。舊誤作「折」。斜是邊有邊不同。側是面尖身直去，空是巖穴多[石]玲瓏。石字缺，多或即「石」之誤。倒粤雅堂本作「欹」。是飛峰偏不正，七者未是貪狼龍。謂爲剥换凶體一星，傳變九星，非有此即凶，不過以形言有此吉凶之别耳。

貪狼頓起高批：樓殿下頓起大貪，是分大宗；應星頓起小貪，是分小宗。本篇不言應星，然總有應星在。笋生峰，包上五吉而言，非單謂尖笋。若是斜枝便不同。總括七者變體。斜枝側頂爲破面，若斜枝而頂猶端正，仍屬貪狼；若又側頂，則成破軍之面也。尖而有脚號乘龍。脚下横拖爲帶劍，文武功名乘龍主文，帶劍主武。從此辨。

[傳]横看是嶺側是峰，尖而漸高漸大。此是貪狼出陣龍。出陣行龍，與下「朝」對。側而成峰身直去，此爲正幹前行，以下爲腰落。不是爲讀作去聲。朝朝即向星。便不住。朝住，即所謂賓主交媾。朝不虚生，有客，則主必止，即所謂「遇水則止」。此爲腰落。

[經]火星俗説以廉貞爲五，入中宫，太乙下行，數五，乃在午方，經故曰「此龍多向南方落」，力闘五黄之説，故以爲火星。

《尚書》「南曰明都，北曰幽都」，即廉、貪之本旨。要起廉貞廉貞，南方火，與《廉貞篇》「此龍多向南方落」同義。貪狼與廉貞爲坎離交媾，故同用六情之名。廉貞南火，則貪狼北水可知矣。位，位指南方巳午末，所謂「三陽水向盡源流」。

經 生以外生内。出貪狼以形言，則以廉生貪；以向，則倒排父母，謂以向生龍。此廉貞在前，不謂來龍。由此勢。《廉貞篇》「祖龍遠遠是朝峰」，謂以廉貞作向，如明堂面南而治。若是火星玄空與朱雀發旺爲活子午，二十四山同爲向午。動燄時，向爲天陽，龍爲地陰，天地交媾，非板定之貪、廉。看他蹤跡落何地。所謂「江南龍來江北望，江西龍去望江東」，望即向也。言方言位即理氣之説，《撼龍》形、法兼言，故與《天玉》、《寶照》同用九星。

傳 此龍指金龍之廉貞作祖。此篇與下《廉貞篇》經出，大約經以朝向爲主，下爲廉貞本形專篇。不是尋常貴，水火交媾，故貪貴有廉，别星不同。生出貪狼此指來龍。向此指立向。亦奇。「朝迎必應數百里」。火星若起廉貞高批：尖秀者爲笋，貪①「貪狼頓起笋生峰」是；尖而帶石赤黑、嵯峨破裂者爲廉貞。「高山頂上石嵯峨，傘摺犁頭裂絲破」，是形象自明。位，巳午方。落處須尋一百里。《廉貞篇》「遠有威權近凶怪」。經指向言，此指龍言，互文見義。○廉貞作祖，不即作穴，故以百里言之。中有百里之中。貪狼小小峰，不出卦，「生子生孫巧相似」。有時回顧火星宮。《廉貞篇》「廉貞多生顧祖龍」，即「祖」與「向」同爲廉貞，所謂「向亦奇」。

説 世人只道貪狼好，《易》「水流濕」爲玄武，「本乎地者親下」。好，謂「北方之情好也」，説詳《翼奉傳》。不識

---

① 此「貪」字疑衍。

廉貞「火就燥」爲鶉火，「本乎天者親上」，以向招天氣也。是祖宗。龍爲子孫，以天星照臨之。所謂由外生內。貪狼形勢，真龍。若非廉作祖，不得朱雀生旺，徒爲玄空。董子説：天任陽而不任陰。爲官也不到三公。

高批：應星大貪，自祖廉貞，其分去兄弟；即祖大貪不得祖廉也，故貴不三公。此其嫡庶之分、枝幹之别。

【經】高山頂上平平爲五吉之一。如掌，即貪「平①若臥蠶在高嶺」。《正宗》改頂上爲「之上」。中分細脈如蛇樣。蠶長似蛇。《武曲篇》「平尖貪狼如一字，生在山頂如臥蠶」。樣，粵雅堂本作「漾」，繪出蛇脈之動勢，「樣」則不見字法之妙。貴龍多是穿心出，中出。富龍只從傍生上。旁支上平爲貪，下平則非貪。

【傳】高山如帳後面遮，與「平如掌」互文相起。帳裏微微似帶斜。高批：平處是面，龍從此出。可知廉貞應星出面之方矣。

【説】帶舞下來如鼠尾，呼形。此是貪狼上嶺蛇。蛇頭在上。帶舞下來伸鶴頸，此是貪狼下嶺蛇。蛇頭在下。此晚師附益之説。上嶺解生朱紫客，下嶺須爲朽腐家。晚師多言禍福。○粵雅堂本「朽腐」作「貫朽」。

【傳】莫來此處即廉貞祖山。認高峰，因下有小貪，遂以祖山爲貪狼。道是玄武玄空即玄武，即玄枵；枵，空也。《董子》「陽常處於實，陰常處於虛，以見天之任德不任刑」，即玄空之義。○玄武北方水宿，主坎卦，與貪狼異名同實。

---

① 「平」字原在「貪」上，據《四庫》本《撼龍經》乙。

在其中。中，如「中有一條是真龍」之「中」，謂以玄武爲祖廉貞，亦爲貪狼之廉貞，如破、祿九星。亦有高峰「高山頂上平如掌」。是玄武，十二樣中無「高」字。此謂貪狼亦作祖山，與廉貞同爲高峰。火星起燄，玄武如笋，而行龍不必貪狼。此句祖宗貪狼。玄武落處此指結穴，非行龍。四獸聚。四獸，即青龍、朱雀、白虎與玄武也。如人盤，隨地變換，皆有四獸，不拘定方向。二句貪狼結穴之山。

説 聚處高批：須想出身處四獸開面相向，是何等局面。方爲龍聚峰，粵雅堂本「峰」作「宮」。○《巨門篇》云：「玄武①若無輔弼落，高嶺如何住得龍。」初落頓起，高峰四面團聚，亦爲形止氣蓄。四獸不顧只成空。孤峰無輔，四山無情。空亡龍上莫尋穴，此下無穴，縱去亦成空龍。縱然有穴易歇滅。龍孤穴賤，安有久福？

經 或爲關峽旁支。似龍形，粵雅堂本「形」作「停」。○辨真僞，疑形如疑龍。正身如貪狼。潛在峽中行。峽有不見正身者，則皆剥換別星。時師多向峽中覓，以峽爲正身，爲落穴。上辨祖山無穴，此論關峽非穴。不識真龍貪狼龍。斷續情。詳《剥換篇》。○高批：「斷續」二字，是認貪狼最要緊處。大峽前後尋斷續，斷續中間如何尋？曰：在平原大阪，尋蛛絲馬跡之脈；在平岡小嶺，尋決脊眠轉之貪。此中又有小斷續也。

傳 亂山除正身以外，皆名亂山。回抱在面前，此初落，即四獸聚。不許一條正身。在外邊。重重纏護，如

① 此「玄武」恐誤。右引作「貪巨」，榮氏《批注校補》本作「貪武」。

車駕，不能獨出微行。只有真龍貪狼正身。坐峽裏，與「潛在峽中行」有别。行爲行龍，坐則結穴。亂山在外卻爲纏。行龍則前面必定有好處，中落則精華聚此。腰落以外，纏護無穴。

傳 此龍多未盡之辭。從腰裏落，高批：貪狼乃多如此，餘龍不盡如此。回轉餘枝所謂亂山。作城郭。在外爲纏。灣環水口生捍門，羅星在外。門外羅星當腰著。時師多向此中尋穴。

剥换

九星中互見，各篇非專論一星，故於各篇别立篇名。共十篇。

經 大抵九星提明九星，不單言貪狼。有種類，合論形、體，非斬斷枝節言之。生子生孫與人種族相同。巧相似。合數十里數百里統名以一星，非割裂言之。相似方知骨氣真，不出卦。剥换不真皆不是。所謂非我族類，其心必異。

經 大山特起小爲貴，大則取小。小山忽起大小則取大。爲勢。乘勢爲上。高低大小高小爲正，低大爲變。斷則變。續則復。行，剥换。○高批：高低大小斷續而行，乃真貪狼，故前言「不識真龍斷續情」也。高山既然，平地亦爾。於此悟入①，即可識平地之貪狼矣。此是貪狼真骨氣。經言九星，傳詳貪狼。

傳 剥换如人换好裳，好，當讀「冠」。如優伶之脚色，生旦丑淨，以一人爲之。如蟬退殼《禮・檀弓》：「范則冠

---

① 悟入：原誤作「誤人」，據榮氏本「高批」改。

而蟬有蕤。」蠶當作「蟹」，《禄存篇》「大如蟛蟹」。退筐。《禮·檀弓》：「蠶則績而蟹有筐。」或從大山落低小，由大而小。或從高峰落平陽。由高而低。○此解大小高低句。

說 一剥一换大生細，從大剥小最奇異。愈小愈真，故不喜大。剥换退卻見真龍，處處不脱本體。小峰依舊貪狼起。

傳 退卻剥换成幾段，别立門户。十條九條亂了亂。九星互見，重複變换。中有一條卻是真，非於衆條紛亂之中擇其一條，所謂亂中自有本體耳。若是真兮斷了斷。斷者，變换形體，幾不可辨，必俟續時方見真面目。

羅星篇

四維爲羅。《淮南子》：東北爲報德之維，西南爲背陽之維，東南爲常羊之維，西北爲蹏通之維。羅城，與四獸同。

經 羅星羅星平地生峰，亦貪體。要在羅城外，八脈有陽維陰維，維取聯絡之義。城郭又以羅星作關鎖，則内氣緊密，如藏府之有筋絡。此與火星九星亦稱廉貞爲火，與後世五星有别。常作對。又以爲水曜。○《辨正》：城門與龍身一氣，又非水口。火星龍以廉貞作祖。始有羅星，貪之餘氣於水口外結羅星，與祖相對。火爲山祖宗，羅爲水祖宗。若是羅星不居内。在内則不得名羅星，下云「水口山」，是也。

【傳】居內多言「多」不盡然，亦有吉者。○粵雅堂本多作「名」。爲抱養騍，又爲病眼墮胎山。此指山形於穴有碍者言，下「水口山」又不在此例。

【說】羅星若生粵雅堂本作「坐」。羅城口，口當爲「外」，下同。城口高批：在羅城外，所謂鎖也。皆爲玉筍班。護衛如藩屏。○筍班即「筍生峰」，爲貪之應星。羅城卻粵雅堂本作「恰」。似城牆勢，如城郭周圍，備非常。龍在城中聚真氣。龍如君主，以城郭爲國。

【說】羅星若在城郭粵雅堂本作「闕」。間，時師喚作水口山。《辨正》：城門非水口，《破軍篇》關攔之山似水口。

【說】欲識羅星真妙訣，一邊枕水一邊田。謂從外生內。田爲客山，逆來捍抵，非本龍餘氣爲之。田中有骨脈相連，如泰山從東海石脈相連，渡海而西行，與崑崙支脚由西到東者有別。或作頑石焦土堅。羅星以石骨爲貴，內柔外剛之義。此是羅星有餘氣，謂捍鎮有餘氣，非本身餘氣。卓立爲星所以得星之名。在水邊。因卓立，謂之星。

【經】貪巨羅星尖貪。與圓，巨。武曲輔弼方武。匾輔。眠。弼。禄文廉貞多破碎，破軍尖破最爲害。五吉四凶。上云火星龍始有羅星，此云九星皆有羅星者，謂以九星分別羅星之體，非謂九星皆有羅星，又與本星形體相同也。

【傳】只有尖圓方匾星，五吉體。此是羅星得正形。羅星亦以五吉形爲正，非五吉龍則爲五吉形，四凶龍則爲四凶形也。忽然四面皆是水，卓立水中。兩山環合鬱然生。粵雅堂本「生」作「青」。〇外有護衛。

說 羅星亦自有種類，浪説星辰在水邊。粵雅堂本「邊」作「濱」。

巨門篇 正形　剥换　關峽認龍　入穴

此北斗第二星也，《春秋運斗樞》謂之璇。《五行大義》引《黄帝斗圖》，云北斗「二名巨門」，楊公因之。

經 巨門舊以此篇爲《武曲》，今據高本校正爲《巨門》。星峰覆鐘釜，鐘高釜矮，皆圓形，爲巨門正體。鐘釜之分有何故？·鐘高釜矮事不同，高即爲巨矮爲輔。輔乃巨門剥换之輔，非以矮釜爲左輔正形。

傳 二者雖然皆吉星，大小不容有差互。高大如鐘者爲巨，矮小如釜者爲輔。巨門端嚴富貴牢，粵本作「全」。輔弼隨龍厚薄有輔、弼爲吉龍，須審力量之厚薄。助。粵本據葉本作「取」。

經 貴龍若行五六程，臨落謂落脈落穴。之時剥輔星。

傳 如梭如印如皎粵本作「側」。月，按，皎月形圓，側月半圓，均備採用。三三兩兩牽連行。《輔星篇》剥换無巨門，可以梭、印、皎月補之。

經 前關後峽相引從，「或爲關峽似龍停，正身潛在峽中行。時師多向峽中覓，不識真龍斷續情」。峽若多時武曲少關峽，巨門每多關峽。龍猛勇。剥到輔星三四重，高批：剥輔節多，故峽多。仔細來此認龍在關峽處認龍。踪。巨、輔。

【傳】端峰若生四花關峽處覆鐘開脚，成四花。穴，端峰生脚出脈之處有似穴形。花穴端嚴「巨門端嚴富貴牢」，端嚴與武曲之端莊、端正有别，蓋端莊端正皆方體也。要君别。雖有穴形，勿爲所誤。真龍直去向前行，真龍從中而去。四向四方照護正脈。謾成龍虎穴。粤本作「結」。

【説】此是巨門夾峽據粤本。他本作「鉗峽」。○「峽若多時龍猛勇」。來，間氣來此偶生峽。粤本作「貽」。此龍誤了幾多人，定來此處説真形。過峽處前迎後送，四山團聚，最易誤人。要説粤本作「識」。四花穿心過，正脈直穿花心而過。但看護衛不曾停。護衛不止，必無融結。○此段舊以爲武曲。按，武曲少峽，巨門多峽；此段辨認過峽疑龍，當爲關峽認龍之傳。

【傳】貪武兼説貪、武。若無輔弼落，三吉合貪、武。高嶺如何住得龍。貪尖武方，穴每落低。

【説】雖然輔弼五吉合輔、弼。是入穴，高批：梭、印、月是落穴左輔。作穴隨形又不同。穴隨星辰作鉗乳，《變穴篇》：「武曲作穴釵鉗覔」、「貪狼作穴是乳頭」，至於巨門，仍當作窩穴。形神大小隨龍宗。楊公流星定穴法，從分宗處認之。○高批：葉本此下即説官鬼明堂，而巨門性情行度言之未詳，疑有脱簡。按，梭、印、皎月三兩牽連，即巨門之性情也；前關後峽相引，即巨門之行度也。要言不煩，可與他星參看。蓋鐘、釜、梭、印、月，乃將入穴之吉體也，故不詳行度，而他星之樓殿、帳幙諸格，皆可作巨門之行度，此《巨門篇》經文所以不多耳。

禄存篇 正形　轉移　平漫　亂山　高低　九星剥换

此北斗第三星也，名曰天機，《書·帝典》、《春秋緯》謂之璣。《五行大義》引《黄帝斗圖》云，北斗「三名禄存」，楊公因之。

【經】禄存上形高處。如頓鼓，下「第一禄存如頓鼓」。〇以下總論正形。

【傳】頓鼓上形。微方粵雅堂本據下「圓浄爲武曲」句作「微圓」。似武曲，禄與武爲挨星。〇高批：禄存頂平，身微方，便似武曲，可知武曲形方，而世多認此等禄存爲玉屏頓笏，正坐不讀書之故耳。武曲端正下上同下異。無足。有足周圍真禄存，禄以足爲辨。圓浄方爲武曲尊。按，粵本謂頓鼓禄存四圍俱圓，面平仰天，本似武曲，以其有脚，故不如武曲正體之尊；以其脚多，故非禄存身上所帶之武曲。

【經】下生粵本作「下形」。有脚低處。如瓜瓠，下「有脚方是真禄存，無脚名爲禄推巨」。

【傳】瓜瓠前頭有小粵本據張本、葉本作「好」。峰，足又有足，如支中支。此是禄存帶禄處。以小峰爲帶禄。小圓《春秋緯運斗樞》：「璣星散爲橘」，即是小圓之形體。帶禄圍本身，瓜瓠帶小峰，如頓鼓之帶瓜瓠。將相公侯出方虎。晚師多言禍福。〇《詩·采芑》方叔南征北伐，《江漢》召虎平淮夷。

【説】頂上生形頂必正，此詳上形。平地生形脚亂行。此詳下形。請君看我細排列，禍福皆從龍上生。以龍爲斷，總貴識龍。

【記】形在高嶺爲高形，所謂上形。山頂上生禄存星。上生。形在平陽此詳下形。山卓立，頂矮脚手亦横平。下生。

【經】大如螃蟹小前段言小，此兼言大。蜘蛛，去螃蟹、蜘蛛之脚而觀之，其體小圓，即《運斗樞》所謂橋。多脚乃禄存本性，故喝其形爲螃蟹、蜘蛛。此是禄存吴公曰：禄存之星，突而無面。帶煞處。煞即解「禄」字，非禄、煞對文，一美一惡。方、虎武將。故以煞言之。煞中若有横磨劍，第一禄存「平行右脚如劍鋒」，非有横劍，不斷爲武。可見禄不盡爲煞，即煞，亦非干戈。此是權星先出武。因劍言武，非劍不言武。

【傳】若然尖脚禄存脚。亂如矛，較劍凶惡。○高批：尖、亂二字，實凶星之赤幟。粤本矛作「茅」。唤作蚩尤星名。旗爪距。此二句與下四句舊在《廉貞篇》，今以爲傳説。

【説】大抵星辰泛論九星。嫌破碎，端正之反。不抱本身多作怪。小圓圍本身吉，不抱爲凶。端正小圓。龍神須無破，出方叔、召虎。醜惡尖亂。龍神多破敗。破碎凶惡之處，切忌立宅安墳。

【經】龍家須要仔細辨，禄存面、背易混，以爲九星之面背起例。疑似亂真分背面。與《疑龍篇》參看。禄存四面皆脚，背、面易淆。背是面非豈有真，從脚中分面背，與他星喜面惡背同。此是禄存大移轉。以下言轉移。

【傳】凹處是面凸是背，辨面、背由龍體分。作穴詳《變穴篇》。分金立向分金，兼法言之。○分金，沈六圃謂之分經，言分經星之度數。一説分別四金煞。過如線。一線，言其細微。禄存剥換，蜈蚣節、頓鼓、瓜瓠本象，只行度長遠中及應星處一再見也。

傳 凡看星辰看轉移，如《詩》之「輾轉反側」。審龍行度，必先知反側，然後正面可知。轉移須要母顧兒。出脈爲母，接脈爲兒。知向、背，則一貫。枝分如樹一本，枝葉萬殊。派別如水千流萬派，同歸於海。有真種，詳《剥換篇》。忽作瓜蔓瓜蔓隨處有脚，亦如禄存之脚。○《運斗樞》：璣星散爲菝葜。《集韻》「葜」亦作「菰」，與此瓜蔓相合。無東西。禄存「有脚如瓜瓠」。瓜藤蔓延，不拘方位。

經 禄存好處落平漫，「莫道高山方有龍，卻來平地失真蹤」。

傳 十里半程五、十里，約略言之。無岡嶺，上下枝脚皆化。平陽禄存化平陽。沙磧煙塵迷。高批：平中沙磧亂石，皆禄存體段。到此君須看水勢，無岡嶺，以水考之。水勢莫問江大水。與溪。小水。只要兩源分龍脊。相夾出，龍在水中出。交鎖外羅城。結捍門。重重圍。水口外之纏山。禄存不作穴，化作平陽，則結穴矣。

經 大作方州小鎮縣。方州，即唐之省會。

傳 此是神龍作州縣，雄據十州並一路。唐置十道，元初定十路，繼置十三路。

説 忽然諸山作垣局，《左輔篇》：「星形備具入垣行，奇奇怪怪合天象。」更求吉水爲門户。《辨正》：水合三吉位。若得吉水爲門户，粤本作「門户收吉水」。萬水千山不須做。《左輔篇》云：「此龍不許時人識，留與皇朝鎮家國。」

【經】平粤本作「坪」。中時復亂石生，曰「復生」，則前此行度時生亂石可知。此即禄存流露處。或起横山或梭面。《破軍篇》：禄存「不作蛇形即擲梭」。

【傳】破、禄二星禄東破西，即卯酉二門，故以二星並論，亦如貪、廉。又，惟二星兼詳九星。形無數，惟東西二卦兼九體。也有正當作「上」。形落低處。下生。也有低形上隴頭，上生。雜亂分形君莫誤。

【經】九星行龍俱要禄，禄詳九體，九星俱如此。藉禄存以示例，其餘八星皆從同。最要夾貪夾兼剥换。經無第一貪狼附正形可知。兼巨軸。粤本據張本作「輔」。武曲三吉合巨、武。或從粤本作「或從武曲」。左右起，此等貴龍看不足。不足，當爲「下足」。

【傳】若遇九星相夾行，只分有足與無足。所謂「此等貴龍看下足」。

【經】燕雲嶺下粤本作「下嶺」。出九關，北幹。中帶禄存三吉山。即「巨貪兼武曲」、「五吉」二句。高山粤本據張本作「出」。峽裏非穴地。多尖秀，此貪狼也。也有圓禄巨圓。生巖巉。尖秀，剥换貪狼；巖巉，主武。〇峽裏尖秀，勢似貪狼行龍，以生有圓禄，知爲禄存。粤本作「巉巖」。君看山須分種類，九種禄存。亂粤本作「莫」。指横山作正班。分向背，又分賓主。

【傳】此等星辰出大江，中有小貪第一貪狼，此爲明文。並小粵本作「武」。巨。第二禄存詳此。輔弼第八、九詳之。時從左右生，五吉。隔岸山河遠相顧。

【經】第一此詳九星剥換之法。依次第一當爲貪狼，此以正形爲主，而貪則附在第八。禄存如頓鼓，禄存本星。脚手對對隨身去。「正龍多是穿心出」。平行有脚如劍鋒，上文「煞中如有横磨劍」。旌節播幢排次序。「旌幡對對端正立」。

【傳】怪形異穴出凶豪，殺戮平民終大壞。草頭粵本作「寇攘」。作亂因此山，赤族誅夷償命債。

此四句與下四句俱在《廉貞篇》，移注於此。

【説】只緣龍上有欃槍，《爾雅》：「彗星爲欃槍。」賊旗破粵本作「倒」。仄非旌幢。旌幢對對端正立，獨立欹側名欃槍。按，《晉書》妖星二十一，四曰天槍，五曰天欃，六曰蚩尤旗。《河圖》云：天槍，歲星之變；天欃，熒惑之變；蚩尤旗，熒惑、填星之變。在天成象，在地成形，其義一也。

【經】第二以第二爲起，則九星當依次排之。禄存與巨門參看。如覆釜，釜，當作「鐘」。覆鐘爲巨門，覆釜矮，爲輔。脚尖禄。如戟粵本作「柔戟」。按，當作「矛戟」。周圍布。「禄存身上巨門龍」。有脚方名真禄存，無脚名爲禄推巨。禄變巨，即剥換也。此巨字爲第二之標目。

【傳】此星不是有威權，白手成家積粵本作「即」。巨富。

【經】第三不數禄存，則三當爲文曲。此武曲，當在五。禄存與武曲參看。鶴爪布，「禄存身上武曲龍」。兩短中長龍出露。个字中出。出露高批：忽起峰也，必剥吉星。定爲低小形，隱隱前行忽蹲踞。「平行穿珠武曲禄」。○《葬書》「若踞而候也」，又曰「禽伏獸蹲」。

傳 有穴必生龍虎巧，「武曲作穴釵鉗覓」。又，禄存多脚，故必結龍虎之巧穴。醜陋穴形龍不住。決斷言之。此楊公流星定穴之法。

經 第四由武曲而破軍，六、七次序，「三」當作「六」、「四」當作「七」也。禄存破軍、禄存。肋扇具，泰山禄存多脚，如肋如扇骨。脚手又似扛絲勢。高批：其脚紛多，必硬直也。

傳 此龍只好結神壇，破軍與禄對衝。別有星峰主秀氣。

經 第五此爲廉貞第五。禄存如鶉懸，鶉，鶉火，南方七宿之名。懸，謂星懸於天。○《運斗樞》：璣星散爲雉，爲鶡，爲鶉。破碎多脚則破碎。箕帚摺無數。上句廉貞，此句禄存。

傳 此龍只去平中作，禄、廉多煞，必脱煞然後作穴。橈棹回來斬關做。枝脚收回，穴從中落。

説 此星便是行龍身，嶺上鶉尖、脚如箕帚，必是行龍。二手生枝自頂分。高山大峽開三門，舊本止此。高批：此下必有脱誤。一門一穴三停均。粵本據蔣本補此句。

説 平地勢如蜈蚣行，禄存多脚，故如蜈蚣。脚長便如橈棹形。脚短如蜈蚣，脚長如橈棹。停橈向前穴即近，正龍正結。撥橈向後龍未停。龍行得勢，橈有掙力。橈棹回頭忽峰起，穴星挺露。定有真龍居此地。「橈棹回來斬關做」。只看護托回轉時，朝揖在前拜真氣。再證以朝迎而穴的也。〇此八句在《武曲篇》，粵本提入第六祿存，今附此。

經 第六此爲輔星，當在第七。〇粵本作第七。祿存落平洋，輔星矮，如覆釜。勢如巨浪橫開張。《破軍篇》：「凶星消磨生吉氣，定有星辰巨浪波。」

傳 此處或如輔弼形，祿存脱煞剥輔。輔弼無枝祿多瓣。「有足周圍真祿存」。瓣，花瓣，即脚。祿是帝車《天官書》「斗爲帝車」。第三今以爲六，倍數也。星，斗七星之第三。也主爲文脱煞浄盡者主文。也主兵。有橫磨劍而帶煞者主武。

説 他星亦有落平者，概論九星。此星平地亦飛揚。祿存性質之不同。脚擺時復生巨石，高批：脚擺帶石是祿存，可知石星峽及泥田中石露脊者，皆祿存也①。石色只是黑與黃。高批：廉貞之石赤黑，在頂面；祿存之石黑黃，在脚下。宜辨。兩傍請看隨龍峽，長短大小宜細詳。再看隨龍之石形，以辨祿存之體段。

經 第七此當是第四，四、七音近，因排於此。〇粵本作第四。祿存文曲、祿存。如長蛇，「文曲正形蛇行樣」。左右

---

① 按，此引高批疑有脱誤。據榮氏《批注校補》本，作「而脚擺帶石如石星，峽及泥水中有石露脊者，皆祿存之種類也」。

二字有説。無護下有傳。無闌遮。

【傳】護龍轉時看他此解「護」字。落，

【説】落處當隨水文曲似水。斟酌。右轉皆右不參差，解「右」字。左轉皆左無剥粵本「皆駁」。雜。解「左」字。

【説】朝迎指正真穴形，粵本作「指點正穴情」。左右高低君莫錯。

【傳】此龍非是粵本據葉本作「自作」。貴龍從，枕在水邊身横斜。此即「無闌遮」者。

【説】不作蛟潭爲鬼穴，長蛇之勢。在正龍後者，必結鬼穴。定作羅星水口遮。其「枕在水邊身横斜」者，必作羅星。○二句舊簡在第九，今移此。

【記】鬼山多是横龍作，横方生鬼。正龍多是平地落。文曲，柔星。禄存鬼形如披鬟，此詳正鬼形，别自有説。雖曰衆多勢如掠。

【經】第八此爲貪狼第一。禄存在高頂，「貪狼笋生峰」。如戴兜鍪尖貪。有肩領。粵本作「額」。漸低漸小去作穴，定有窩鉗疑當作「乳頭」。極端正。

【傳】若逢此星遠尋穴，莫向高山尋局促。粵本作「促局」。此龍只是粵本作「號爲」。八輔當八，爲艮丙辛。貴龍，粵本作「貴山」。捉穴真時最昌盛。

【經】第九此以弼星爲第九。祿存如落粵本作「蘆花」，謂：但言落花，究係何花？故以蘆花之輕浮爲比。花，弼星爲隱曜星。片片段段水夾砂。此下疑有闕文。

【經】天下山山有祿存，以支脚而論。或凶或吉高批：按祿存夾九星皆在山頂，不獨三吉。要君分。高批：看此，知祿存矣。三吉皆在龍上另起峰，非如破軍，三吉即兼在本形中也。莫道祿存全不善，大爲將相公侯門。凡山特別成星體，每百里內外，皆同此形狀；如萬縣梁山，山多支脚，周圍皆同。

【傳】要知五嶽真龍落，半是祿破相參錯。泰山爲祿存，山皆支脚溝條，無一畝平地，頂上乃略平，無十畝者。大行頂上馬耳峰，祿存身上貪狼龍。以馬耳尖峰爲貪狼。泰山頂上有日觀，南天門以上有峰，曰日觀。上有月亭粵本作「下有越觀」。高一半。古之封禪處，最高，秦無字碑、金泥玉檢在焉。此是祿存泰山多支脚，無平地。上有貪，以今玉皇殿爲貪狼。如此星峰孰能判。脚爲祿存，上生貪狼。

【經】海中洲渚亦有山，水淹不見耳，其中亦有脈絡。君如論脈應難言。不知地脈此指外洋，如美洲。連中國，由西至東，目不可見。○高批：石骨渡水，皆是祿存之氣。遠出山形在海間。海中沙島亦有脈絡，特未出水面耳。

【傳】東當作「西」。出青齊曲阜爲少昊之墟，以由西至東也。爲東嶽，爲美洲西來之脈，與東龍相反。東西至此而合併。過盡平洋太平洋。大江壑。由朝鮮結泰山來脈，接煙台。地脈連延隨勢生，曲阜地脈數萬里，由西而來，與黃河水界相終始。○歐洲之脈渡地中海而爲非洲。南洋群島接連澳洲。界水止龍君莫錯。崑崙東龍至曹州一帶而止，以黄河之水爲界。

說 我觀破禄滿天下，九等分星無識者。即前九節剥换之説。君如識得禄存星，珍寶連城貴無價。

文曲篇 正形　九星剥换　行度　間星　尊星

此北斗第四星也，《春秋緯》謂之權，《五行大義》引《黄帝斗圖》云北斗「四名文曲」，楊公因之。

經 文曲正形似蛇行，此從粵本，舊誤作「蛇行様」。此星柔順最高高，當作「有」。情。此二句言吉體。若作邪淫爲撒網，二、三句舊顛倒。形神恰似死鱔様。此二句言凶體。

傳 問君如何生此山，定出廉貞絶體廉貞火性炎上，脱卻剛氣，以柔爲用，遂成文曲。間。間，舊誤「上」，此皆兩句轉韻。問君如何尋絶體，本宫山上敗絶氣。廉貞火體雖已歇絶，然尚有餘氣，以爲文曲行龍之作用。問君如何尋本宫，寶殿《廉貞篇》：「只縁尖餤聳天庭，其性炎炎號火星。起作龍樓並寶殿」，又曰「高尖是樓平是殿」。之下初出龍。高批：他星初出龍高聳，有輔弼；文曲初出龍低平，有外護。

經 凡起粵本作「文曲」。星峰必有情，「此星柔順最有情」。自然連接左右生。側面成峰，或左或右，繹絡相生。若是無峰如蛇粵本作「鱔」。様，死龍吉體似蛇乃生蛇，死龍即如死鱔。散漫空縱横。

傳 縱饒住處有穴形，社稷粵本據杜本作「壇」。神廟血食腥。若是作墳並建宅，女插花枝逐客行。

說 男人破家因酒色，女人內亂官訟興。變出瘵癆鬼怪病，令人冷退絶人丁。以上極言文曲凶體之爲害。

經 認最宜詳認。得星峰初出面，總在出面上認之。看得何星八星各有形狀。細推辨。九當作「八」。星皆挾「挾」字宜玩。文曲行，若無文曲星無變。高批：挾者，九星挾之而行，文曲不能自主也。

傳 變星便看何星多，多者爲主文曲柔星，全以變星爲主。分善惡。

經 文曲星柔晉皇甫謐《年曆》：北斗「四曰權星，辰星主之」。按，辰星，水星也，故爲柔星。最易見，每遇旺方生側面。高批：氣旺處土起而峰生側面，仍是曲折直串，無横行之帳也。〇側面行龍，乃文曲正體。側面成峰身直行，直去多如絲雜練。似蛇形。

傳 此星没骨少星峰，若有星峰輔弼同。各星皆以剥換輔、弼爲吉，文曲以星峰爲貴。平地蛇行生蛇活動。最①爲吉，半頂粵本作「嶺」。峨眉側面如眉形。最得力。

---

① 最：《批注校補》本作「卻」，似當從。

說 若有此星粵本作「蛾眉」。連接生，女作宮嬪后妃職。男家因婦得官班，又得資財並美色。以上極言文曲吉體之應驗。

間星

經 大抵尋龍少全格，左輔大龍，乃合全格，故曰「次第生峰無雜形」。雜出星峰多變易。各星枝葉多半參雜而出。輔星似巨弼似文，葉本作「弼星似巨輔似文」，徐本作「輔星似弼巨似文」，恐皆非是。○此所謂雜。長短高低細辨識。最宜細辨以識之。

傳 莫道凶龍不可裁，也有凶龍起家國①。如果成龍，形體雖凶，亦可裁取。蓋緣未識間星龍，須看間星。貪中有廉文有弼。武有破軍間斷生，祿存或有巨輔②力。五吉四凶，舉以示例。

經 十里之中卓一峰，小者成大弱者雄。此段言文曲之間星，亦可推之別星。此是龍家間星法，大頓大則突起。小伏小則低伏。爲真蹤。高批：頓，頓起高峰；伏，低過細脈。卻在此處看間星。一山便斷爲一代，看在何代生間龍。《寶照經》：「一節吉龍一代發。」便向此星定富貴，困弱興粵本作「生」。旺困弱之龍變而

① 家國：原作「國家」，據《批注校補》本乙。

② 輔：原作「武」，據《批注校補》本改。

興旺。隨星峰。總以星峰爲斷。

傳 困弱之龍無氣力，不起間星。死鱔煙包粵本作「相抱」。入砂礫。敗絶無生氣。千里百里無從山，獨自單行少收拾。單獨不能成龍。

說 君如識得間星龍，到此粵本作「處」。鄉村可尋覓。龍非久遠少全氣，易盛易衰非人力。

粵本以末二句改入《貪狼篇》。

尊星

經 困龍坪文曲弱，龍多落於坪。下數十里，忽然卓犖粵本作「立」。星峰起。左右前後忽逢迎，左右生者蛇行曲折，故前後之峰不正對，而左右參差也。〇相迎相送，便合行龍過度之格。貪巨武輔取次生。五吉尊星。五者之中隨生一峰，非必全見。

傳 只得一峰高批：一峰，謂貪巨武輔之一。〇「十里之中卓一峰」。龍便活，小者成大，弱者成雄。蛾眉也變輔弼形。輔弼所以佐斗星成功，故七星皆宜有輔弼。平形雖云變輔弼，只是低平少威力。平行，不如峰之得力。

說 若得尊星生一峰，便是粵本作「使」。柔星困龍、柔星，皆指文曲。爲長雄。困龍變而生旺。男人端貌取科第，女人主家權勝翁。此文曲得尊星之應驗。

廉貞篇 □□ 作祖　九星　剥換　分支　顧祖　方位　纏托　帳池　羅星

此北斗第五星也,《春秋運斗樞》謂之衡,《五行大義》引《黄帝斗圖》云北斗「五名廉貞」,楊公因之。

經 廉貞已具貪狼内,以水火之情故。更述此篇爲詳載。本篇。有人曉得紅旗星,火星,廉貞。遠有威權百里。近凶怪。近處不作穴。

傳 古人深識廉貞體,唤作紅紅乃火之正色。旗並曜氣。火必生曜。此星威烈屬陽精,天地至陽之精。高燄赤黑赤黑乃廉貞之色。峰頭禄存赤黑之石在山脚,廉貞赤黑之石在峰頭,以此分之。起。權星斬砍得自由,不統兵權不肯休。廉貞主武貴。

説 紅旗氣燄威靈在,愚妄時師駭妖怪。不識者以爲怪。權星威福得自專,縱入文階亦武權。

經 廉貞如何號獨粵本據徐本作「亂」。火,此星得形最高大。粵本作「碩」。高山頂上生粵本作「石」。嵯峨,傘摺犂頭裂絲破。高批:「號獨火」非謂火也,本文明言尖燄嵯峨□□赤黑之山,如傘摺、如犂頭有裂絲破痕者是。俗以尖秀貪狼當之,不經甚矣。

傳 凡是粵本作「起」。星峰皆有粵本作「要」。石,若是土山全無力。土山則失廉貞之威力。廉貞獨粵本作「亂」。火氣衝天，石骨稜磳粵本作「棱棱」。平處覓。高批：平處是面，龍從此出。可知廉貞出面之方矣。

只緣尖燄聳天庭，其性炎炎號火星。

經 廉貞怪粵本作「惡」。石衆所畏，不曉陰粵本作「真」陽火裏精。粵本作「氣」。〇本篇「此星威烈屬陽精」，則「氣」仍當作「精」，上「畏」字可作「驚」。若遇廉貞不起石，脚下也須生石壁。總以石之剛勁認廉貞之體。

傳 石壁是背面土平，開面有上①，方爲吉形。平處尋龍出踪跡。高批：廉貞雖純石嵯峨，而出脈仍在有土及平面處。

經 起作龍樓此廉貞作祖之正形。並寶殿，貪巨武曲廉貞一變貪巨武。因此生。

傳 高尖是樓火尖高聳是樓。平是殿，火尖平排爲殿。請君來此細推辨。

説 大龍大峽百粵本作「數」。十程，寶殿龍樓去無數。忽逢此等入長垣，萬仞打圍君莫顧。癡師偷眼旁睥睨，曉者默然佯不覷。此六句舊簡在《禄存篇》。

經 看他辭樓並下殿，尋龍妙訣。出帳聳起生何形。粵本作「何星應」。應星生處別立形，自立門户，別爲星體。此是分枝劈脈證。分龍。

---

① 上：依文意，當係「土」字之誤。

傳 廉貞不生吉星峰，定隔江河作應龍。所謂應星別立形。朝迎必應數百里，遠望應星雖遠，可望而見。鼓角聲鼕鼕。雖不可見，亦如鼓角之可以聞聲。

經 亂山頂上亂石間，亂石，即廉貞嵯峨之形。此處名爲聚講山。聚講既成即分去，分宗分宗是真去。拜祖拜祖是回頭。迢迢路。尋宗大宗爲正枝，小宗爲旁枝。尋嫡正幹。更尋兒，「一剥一换大生細」，「生子生孫巧相似」。龍來此處最堪疑。

傳 祖宗分了蟬聯祖宗。分兄弟，並列兄弟。來此分貪廉貞分宗，即成尖貪。識真性。如《貪狼篇》之貪。分貪之處莫令差，分貪，以貪爲龍。他星分宗亦然。差謬一毫千里迴。以一貪示例，故兼言五吉。

說 筍峰貪狼從此出，詳《貪狼篇》。○廉貞剥换爲貪狼。鐘釜爲巨。枕爲輔。梭爲弼。巨輔弼。以上四吉。方峰是爲武曲程，合五吉。最要來辨嫡庶行。分枝劈脈，不止一星。如一大祖，下九星各爲體段，如嫡庶然。嫡庶嫡庶，喻正龍旁龍。不失出帳形，便是龍家五吉星。此以吉星言。

傳 真龍身上有正峰，時作星峰拜祖宗。前二段言分宗，此二段言拜祖。但看護送似龍蟠，又有迎龍同虎踞。隨龍山水皆朝揖，狐疑來此失蹤跡。所謂「差謬一毫千里迴」。

經 貪巨武輔弼星行，統言五吉。出身生處是真星。所謂「真龍身上有正峰」。剥龍换骨雖經剥换，骨氣不變。若九段，「若是真龍斷了斷」。此是公侯將相庭。

傳 廉貞一變貪巨武，文武全才登宰輔。廉貞不作變換星，子身亂倫弒君父。

經 凡見廉貞高聳石，尖石高聳，乃廉貞形體。便上頂頭看遠跡。可以尋龍。細認真龍真龍不易識，故當細認。此處生，華蓋穿心「正龍多自穿心出」。正龍出。認得正龍，則旁龍皆□纏護。

傳 此龍最貴難尋覓，五吉貪、巨、武、輔、弼。要聳華蓋出。此等真龍不易逢，華蓋三峰品字立。真龍形狀，在此七字。

經 兩肩華蓋必生兩肩。分作兩護龍，有兩護，則以中爲正龍。此是兄弟同祖宗。共祖同宗，兄弟一氣。

傳 兄弟便爲纏護龍，前迎後送正龍居中，迎送合格。分雌雄。雌若爲龍雄作應，龍之變換莫測，或以兄弟分雌雄，則變爲夫婦同行。雄若爲龍雌聽命。雌雄二龍，互相照應，都能作穴。

說 問君如何辨雌雄，高低肥瘠事粵本作「便」。不同。低肥爲雌雄高瘠，只來此處識踪跡。

經 廉貞多生顧祖龍，「有時回顧火星宫」。祖龍遠遠是朝峰。「朝山皆是宗與祖，不拘千里遠迢迢」。

傳 此龍多向南方即「火星要起廉貞位」。落，火南則水北，餘皆倣此。北此方位理氣之説。止北面而朝，作向。衆山即貪狼。多粵本作「驚」。錯愕。如君南面臣北面。低頭斂衽出朝來，所謂「向亦奇」，即「回顧火星宫」。莫向他方東西。妄參錯。方位理氣。貪狼中子主之，廉貞寅午主之。

經 更看鬼脚回轉處，高批：自背後纏向前，故爲鬼脚。護粵本作「送」。托須隨粵本作「生」。數十重。

傳 送龍之山短在後，送龍直而短。托山不抱左右手。托山横互以應穴。纏龍纏過龍虎前，纏在左右。三重五重福延緜。以多爲貴。

說 龍若無纏又無送，縱有真龍不堪用。無纏送，非貴龍。護纏多愛到穴邊，不必纏過穴前。三重五重福緜緜。一重護衛一代貴，據張本，舊誤「富」。護衛十重據《人子須知》，舊誤「里」。宰相地。兩重亦任典專城，一重只出丞簿尉。此段舊簡在《右弼篇》。

帳篇

經 卻來此處横生嶂，形如帳幙開張様。一重入帳一重出，四重五重如巨浪。

傳 帳中有線粵本作「脈」。穿心行，帳粵本作「脈」。不穿心不入相。帳幙多時貴亦多，一重只是富豪粵本作「家」。様。

說 兩帳兩幙是貴龍，帳裏貴人最爲上。帳中隱隱仙帶飛，《貪狼篇》：「高山如帳後面遮，帳裏微微似帶斜。」帶舞低垂「帶舞下來如鼠尾」，爲上嶺蛇；「帶舞下來鶴伸頸」，爲下嶺蛇。主興旺。上嶺主貴，下嶺主富。天關地軸兩邊迎，異石龜蛇關、軸、龜、蛇，皆出脈處之貴秀。過處往。往，粵本作「生」。

池篇

經 高山頂上有池水，此水四季不盈不涸。兩邊夾得真龍行。兩邊有夾護，真龍居中。

傳 問君高山何生水，此是真龍樓上氣。

經 樓殿之上水泉生，水還落處兩邊迎。粵本作「停」。

傳 真龍卻在池中過，也有單池在傍抱。粵本作「泊」。單池終不及兩池，池若崩傾反生禍。

經 池平兩水夾又清，此處名爲天漢星。天漢天潢入閣道，此星入相居天庭。《史・天官書》：北宮，漢曰天潢①。《元命苞》曰：「天潢主河渠。」宋均曰：「天潢，天津也。」按，天漢東起於鬼，經天潢、閣道而西没於尾，冬至夜半，天漢全體見於天，環抱紫微垣。樓殿上有雙池，則上合天象，必應貴居天庭。

傳 更有衛龍在高頂，水貼龍身入深井。更無水出可追尋，或有蒙泉如小鏡。此又一種，池水在山腰者。

---

① 按，「北宫」二句，文字似有脱誤。

羅星

［經］水口重重生異石，異石乃廉貞所發露。定有羅星當水立。火星龍始有羅星。

［傳］羅星外面有三關，高批：人但知要有羅星，不知羅星外仍有三層關闌。上生首逆水上生者爲真。下生首順水下生者爲假。細尋覓。蓋緣羅星有真假，真假天然非人力。龍上三關關龍氣，羅外三關關水氣。

［説］纏多不許外山走，羅城關鎖，真氣團聚。那堪長遠作水口。羅星必居水口。護送托龍若十全，富貴雙全真罕有。

［經］羅星旁粵本作「傍」。水便生石，羅星端正「貪巨羅星尖與圓，武曲輔弼方匾眠」，惟廉貞羅星以端正爲體。最高職。

［傳］尋龍千里看纏山，一重纏是一重關。關門若有十重鎖，有關須有鎖，有關無鎖貴難言，有鎖無關富不久。如夔門爲關，灧澦石爲鎖；有關有鎖，富貴長久。定有王侯居此間。

武曲篇

正形　脈迹　行龍　纏護　明堂　高穴　三吉行龍　花穴

此北斗第六星也，《春秋運斗樞》謂之開陽，《五行大義》引《黄帝斗圖》云北斗「六名武曲」，楊公因之。

【經】武曲舊以此篇爲《巨門》，今據高本校正爲《武曲》。尊星性《中庸》：「天命之謂性。」九星各有禀賦於天之性，宜詳辨之。端莊，《禄存篇》謂「武曲端正」，與此相符，是楊公本以武曲方、巨門圓爲二星之别。纔離祖宗即高昂。星峰自與衆星別，不尖尖爲貪。不圓圓爲巨。爲體方。以方爲武曲正體。

【傳】高處定爲頓鼓他本作「笏」。樣，《禄存篇》：「頓鼓微方似武曲，武曲端正下無足。」但是無脚生兩旁。禄存多脚，武曲無脚，以此分之。如此星峰只一二，尊星不可多得。方岡之下如驅羊。方岡獨高，以下小峰奔走送龍。方岡或如四角帳，帳中出帶微飛揚。「帳中隱隱仙帶飛」，比喻出脈。飛揚高批：武曲端莊，惟出脈處微有飛揚之狀。要得穿帳去，帳上兩角隨身張。正形。

【說】尊星自有尊星體，方正如屏證明尊星。將相位。

【經】枝葉不多禄存則多枝脚。關峽少，卻有護衛隨身旁。有護衛方爲正龍。○禄存護衛生於本身，武曲護衛生於兩旁。

【傳】帶旌帶節來擁護，旌節之峰多是雙。「旌幢對對端正立」。更有刀劍同護送，以上言護龍之帶貴。刀劍送後前圓圓，當作「方」。岡。離踪斷處以上言出脈之形狀。多失脈，抛梭馬跡蛛絲長。細脈悠揚，真龍隱伏，如草裏蛇，如灰中綫。梭中自有絲不斷，如藕斷而絲連。蜂腰過處多趨蹌。旌節刀劍，多來擁護。

【說】自是此星性尊貴，護衛重重來就體。按，輔在第六星旁，故此星護從極多。每逢跌斷過處粵本據張本作「去」。時，兩旁定有衣冠吏。此即輔星在旁之應。衣冠之吏似圓峰，圓峰立體，如人形，故曰「衣冠吏」。兩旁有脚衛真龍。若是獨行無護衛，定作神祠佛道宮。神祠總是無護。今人藉口大龍是廟宇佔住，何也？

經 武曲行龍少鬼劫，端莊之性使然。蓋緣兩旁多羅列。護衛既多，無鬼劫散漫之地。小公謂少祖也。分處挾龍行，「護衛重重來就體」。不肯單行走空缺。他星單行者則有鬼劫。

傳 小公高批：小公者，上分八字，中間一脈從小頂而去，所謂公頭也。分處亂生枝，枝葉雖多夾水隨。兩山之間必有川，兩川之間必有龍。

說 護龍亦自有背面，背後如壁面平夷。分別背、面，以辨龍之性情。平夷便是貼龍體，開面向，護正龍。龍過之時高批：壁立陡削砂之背，平夷肥浄砂之面。護龍開面，以衛正龍。正龍過處尚如此，可知穴處諸砂無不開面相向者矣。形怪異。正龍居中卻異常。不起圓峰粵本作「尖圓」。即馬旗，攢劍繙粵本作「盤」，通「蟠」。龍歸此地。護送纏繞如打圍，重重包裹外山歸。致令粵本作「星令」。武曲少關峽，護送無容左右離。輔星在武曲旁，在天爲並曜，故護龍與武曲正龍不離左右。

經 明堂斷定無斜瀉，武曲端莊之性使然。橫案重重拜舞低。平貪覆巨按，武巨二星各家争執，至於改易經文；今此「覆巨」二字合於覆鍾釜之説，則巨圓武方，據此可以定案，諸家亦可息喙矣。低據粵本，他本作「如」作「似」。武曲，低必方正，如氈、如席、如印、如棋枰之類。尖圓方整不能齊。

傳 三星尖貪。圓巨。方武。整處，向此辨別無狐疑。識龍須識辨疑處，辨其真的，毋稍疑似。識得真龍是聖師。此段辨明堂三吉之分別。

經 平行穿珠行數里，忽然又作方峰方峰是武曲正體。起。方峰直去如橋杠，背長頗類平尖貪。但從山下看之，則相類耳。

傳 平尖貪狼如一字，生在山頂如臥蠶。武曲山頂一字坦平，貪狼山頂臥蠶微凸，此以山頂別之。武曲高批：此「武曲」是俗師改易未盡處。橫從身中出，貪狼直去如僧參。高批：直頭落脈是貪狼，橫腰出脈是武曲也。〇此以出脈言之。夾輔護龍第六星旁即輔星，故武曲以輔爲護龍。次第轉，五吉見二。真龍在內在兩護之中。左右函。左右收斂，少支脚。

說 此龍住處無高隴，「貪、武若無輔、弼落，高嶺如何住得龍」。間生窩穴武曲不作窩穴，謂之間生，非正法也。隱深潭。獨在山峽中間去，粵本作「者」。穴落高岡謂枝脚處亦有穴結高岡者。似草菴。穴山之形。四圍若粵本作「要」。高來朝護，前案朝迎亦高舞。必須四獸皆高，方與穴相應證。卻作高穴如此方可穴高。似人形，如仙人出□囟門等穴。按劍端嚴似疑當作「是」。真武。有劍爲真武、爲將軍，此辨別人形立穴之法。〇真武端嚴。即端莊之尊星。

經 此龍若行三十里，內起方峰只三四。大致十里一見。峰峰端正方與長，不肯斜欹失尊體。所謂尊星。

傳 峰上忽然生摺痕，高批：摺痕即不吉，況巉巖破碎、滿身惡石者乎！此與廉貞何以異。生摺痕者爲僞體。凡起星峰不許斜，斜者非尊星。更嫌生脚照他家。照護他家，爲奴龍。

破軍篇　正形　開帳　星峰　八種變換　總論　羅星

此北斗第七星也，《春秋運斗樞》謂之瑶光，《五行大義》引《黄帝斗圖》，曰北斗「七名破軍」，楊公因之。

經 破軍星峰在天有星，在地生峰，故曰星峰。如走旗，前頭高卓尾後低。頭高在前，尾低在後，爲破軍走旗之正龍，反是則非。兩傍失險落坑陷，壁立側裂形傾欹。正形。〇他星以側裂傾欹爲凶，惟破軍祖山不忌。

傳 破軍忽然横開帳，開帳乃各星行龍之必要。帳裏戈旗出生旺。帶戈旗，爲破軍行龍。此龍出作將軍形，破軍戈旗作將軍穴，武曲按劍作真武穴，以類喝形。前遇溪流爲粵本作「排」。甲仗。溪流之外，武備排立。

經 出粵本作「山」。逢六秀方爲舊作「位」，據粵本校正。上，上與六氣六秀上應天之三台六府，不以方位論。横天河。六氣變而生六秀，天有六氣，地有六秀，雙尖、雙圓、雙方與之應。若以艮丙巽辛兑丁説之，則拘也。凶星按，北斗第七爲剛星，故主凶。到此亦消磨。有此六秀，化凶爲吉。

傳 凶星消磨生吉氣，剥换而後有穴。定有星辰巨浪波。凶星化而氣不衰，故勇猛前奔如巨浪。此是神仙絶妙法，尋龍妙法。不比尋常格地羅。天然，不用使羅經。

經不知此星出六府，文昌六府六星。上有三台上台、中台、下台，皆三星。遠爲粵本作「爲遠」。祖。然後生出六曜星，貪巨禄文兼「兼」據粵本，他本作「廉」，則七曜也。武輔。破、廉爲龍祖，弼星無形，故九星除廉、破、弼外謂之六曜。六曜皆秀，亦爲六秀。

傳三台《史·天官書》：魁下六星兩兩相比，名曰三能。星辰粵本作「形」。號三階，三台，名三階，亦名泰階六符。六星兩兩魚眼挨。雙尖雙圓如貪巨，粵本作「雙方樣」。卻在絶頂雙安排。尖、圓、方兩兩並列，三處安排，相去甚遠，與文昌六星連串如半環者不同。雙尖定出貪狼去，尖爲貪。方圓生出武巨來。方爲武，圓爲巨。上台中台下台出，行到六府文昌台。《天官書》：「斗魁戴匡六星，曰文昌宫。一曰上將，二曰次將，三曰貴相，四曰司命，五曰司中，六曰司禄。」

經文昌六星如偃月，狀其形。穿排粵本作「琲」，言穿珠也。六星似環玦。高批：三台雙排，六府單串，是兩種，人多誤爲一種。

傳平頂上頭生六星，六處微堆作凹凸。凹中微起似六星，文昌六星連串，形如環玦，與三台六星兩兩相挨者不同。生出九星若排列。龍由三台六府起祖，行來生出九星，次序不亂，與輔星天門龍一樣行度，其結作必成垣局。○楊公掌靈台地理事，洞明天文，故能言之鑿鑿。

經破軍皆受九星變，剥换。逐位生峰自貪至弼，次第生出。形象天有象，地有形。現。山形在地星在天，在地九山行龍，在天九星垂曜。天象地形，相須相對。○《春秋感精符》：「山川之精，上爲星辰，各應其州域分野，爲國作精符驗也。」張衡《靈憲》：「地有山岳，以宣其氣，精種爲星。星也者，體生於地，精成於天，列居錯跱，各有逌屬。」真氣下感北斗運行，星氣下降。○《青囊經》曰：「天光下臨，地德上載。」禍福驗。《葬書》：「經曰：氣感而應，鬼福及人。是以銅山西崩，靈鐘東應。木華於春，栗芽於室。蓋生者氣之聚，凝結成骨，死而獨留。故葬者，反氣納骨，以蔭所生之法也。」「山者，勢險而有也，法葬其所會，乘其所來，審其所廢，擇其所相，避其所害。禍福不旋日。」

傳 尊星頓起真形天降真氣，地生真形。了，枝葉指支脚言。皆是破禄占。曜氣發露。尊星雖云有三吉，貪、巨、武。三吉之餘有輔弼。共爲五吉。

說 不知三吉承上當云五吉。不常生，百處觀來無一實。辨認未真。蓋緣不識破軍星，高批：破之五吉皆兼，兼者，五吉即寓破軍之中；禄之五吉皆帶，帶者，五吉别生禄存之上。人知五吉爲吉，不知浄盡五吉少，破、禄兼帶五吉多。於此不能詳究，故不識星峰。只說走旗拖尾出。

經 走旗「破軍星峰如走旗」。拖尾「前頭高卓尾後低」。是真形，若出尊星形變生。生出五吉之尊星，變凶爲吉。

傳 與君細論破軍體，合五吉三凶而詳言之。逐一隨星種類名。「逐位生峰形象現」。

經 貪狼北斗星第一天樞，漢翼奉已名爲貪狼，術家仍用之。破軍如頓旗，破形。一層一級名天梯。旗峰卓立，層級如梯。頂尖貪狼之性。衝前有巖穴，《貪狼篇》不以巖穴玲瓏爲貪正形，乃貪破也。伸頸猶如鷄乍啼①。繪出貪狼形狀。頂頭有帶出脈。下巖去，引到平處如蛛絲。吉脈細長。欲斷不斷馬蹄過，東西隱顯曲折閃伏，不易摹捉。梭中絲。高批：禄於剥换處看變化形模，破於剥换處看串落脈跡。

傳 過坪過水皆如是，定有泉塘兩夾隨。脈從中過。貪下破軍巨門去，貪下爲巨，以下逐位生峰。舉此示例。去爲垣局不須疑。

説 三吉之星。貪、巨、武。總如此，言落脈均如此。此處名爲吉破地。有吉破，尚有凶破。

經 巨門北斗星第二天璇，術家名爲巨門。破軍裂破形。十字，頂上微圓巨形。欹側破形。取。高批：微圓者巨門之形，欹側者破軍之形。勢《葬書》：「千尺爲勢。」如啄木鳥名。上高枝，直上高崖石露嘴。補巨門剥换。〇石嘴露於高崖，乃破軍真性。

傳 此星出龍生鼎足，高批：鼎足者，楓葉三叉之體。爪甲巉巖若雞距。頭圓而下生鼎足，俗謂天罡正體，烏知爲巨、破行龍乎！〇出脈如雞距尖利，破軍之氣發見。

説 此龍富貴「巨門端嚴富貴牢」。生王侯，五换六移出宰輔。脈如貪狼之蛛絲馬蹄，移换凶煞，則吉至宰輔。

---

① 乍啼：《批注校補》本作「作啼」。

【經】祿存北斗星第三天機，術家名爲祿存。破軍在平頂，兩脇蛇行文曲之蛇行曲行，祿存之蛇行直行。肋微露。破形。○《祿存篇》：「第七①祿存肋扇具。」前如大木倒懸崖，挺幹直出爲龍。獨幹幹在上，枝葉在下。生枝葉無數。祿存多足。○高批：露肋者破軍之性，枝葉無數，祿存之性也。

【傳】葉中生出嫩枝條，剥换秀嫩。又作高峰下平去。「或從大山落低小，或從高峰落平陽。」當知爲穴亦不遠，剥换吉形，自當作穴。護送不來作神宇。孤獨，爲賤龍。

【説】破祿明言破軍、祿存。形象在地成形，在天成象。最爲多，枝蔓懸延粵本作「崖」○所謂「懸崖獨幹生枝葉」也。氣少和。不爲尖刀即劍戟，此在枝脚上認破、祿。不作蛇行此爲文曲、破軍。○按，「文曲正形似蛇行」。即擲梭。梭即文曲側面生峰之形狀，故爲文、破。以此一句繫於祿存，蟬聯遞下，亦合挨星次序，非九變獨無文曲、破軍也。○此四句，舊簡在「出逢六秀」上，今繫於此。

【經】破軍廉貞北斗星第五衡，漢翼奉已名爲廉貞，術家仍用之。高崔巍，火形。水流關峽聲如雷。高批：畢竟是二星兼體。

【經】武曲北斗星第六開陽，術家名爲武曲。破如破廚櫃，方形。身形擁腫崩傾破形。○粵本作「漰澎」，他本作「崩形」。勢。前頭走出雞粵本作「鵝」。○《運斗樞》：玉衡之星散爲雞。伸頸，雞乍啼之伸頸乃嶺尖向上，此雞伸

---

① 第七：據《四庫》本《撼龍經》，當作「第四」。

頸乃出脈向下。嶺上下來如象《運斗樞》：瑶光之星散爲象。鼻。出脈長而微曲。

傳 一高一下脚不尖，武曲方。作空乳頭以鵝頸象鼻脈來，故作乳穴。出富貴。武曲之應。〇高批：破廚櫃，武曲之形；崩傾勢，破軍之形；脚不尖，兼武曲之性也。亦要蛛絲馬跡而過。蓋破軍兼三吉之過脈，必要串斷；禄存帶三台之小峰，必要浄盡，方是吉氣。

經 輔星《史·天官書》有輔星，孟康曰：輔在第六星旁。《星經》「八曰輔」，術家因之。破軍由凶化吉。如幞頭，輔形。兩傍有脚如拋毬。脚曲而尖，則破軍之性也。

經 弼星《右弼篇》：弼星「名爲隱曜星」，楊公列之於第九。〇以上皆挨星次序。破軍北斗星第七瑶光，術家名爲破軍，《尚書》謂之玉衡，《禮記》、《淮南》謂之招摇，《史記》謂之杓。斗杓所指，建四時，均五行，移節度，定諸紀，皆杓之作用也。故破軍九變，逐位生峰，次第不雜，以成大地。如鯉躍，弼隱於地，如鯉藏於水。鯉躍即兼破軍之性，而有發動之勢。行到半中亦時粤本作「時一」。卓。三三兩兩平中行，直出身來如鯉露背脊。横布脚。兩旁布脚，稟受破軍之氣也。

傳 爲壇爲廟爲富貴，此段總結八種變星。只看纏護細斟酌。纏多便是富貴龍，纏少只爲鐘鼓閣。高批：七種受變，破軍皆如此看，不獨弼破也。〇高以星變無文曲，故云七種。

總論

經 九星承上九星受變而言。皆有破破，疑「廉」之誤。禄文，九變有文曲、破軍，故以蛇行、擲梭當之。三吉貪、巨、武。真形輔弼尊。五吉。平行穿珠武曲粵本作「是爲」。禄，言禄存出脈之形狀。閫棹尖拖走旗拖尾。是破軍。凡變星支脚拖尖者，即破軍發見之形。

【傳】吉星之下無不吉，五吉。凶星之下凶所存。四凶。況是凶龍不爲穴，禄存之凶是砂磧亂石，破軍之凶是戈旗刀戟，廉貞之凶是嵯峨摺裂，文曲之凶是死鱔困弱，不能成穴。只是閒行引過身。但作閒龍而已。

【說】縱然有穴必是假，假穴如何保久存。《寶照經》：「破禄廉文凶惡龍，世人墳宅莫相逢。」時師只來尋龍脈，粵本作「說龍虎」。來此峽内空低蹲。便指纏護爲積粵本作「真」。氣，或有粵本作「誰知」。遠秀出他村。別爲一局，非專朝向。更說朝山朝水好，下了凶事自入門。《寶照經》：「若然誤作陰陽宅，縱有奇峰到底凶。」只緣不識真龍出，前面必出粵本作「自有」。星辰尊。尊星活了「只得一峰龍便活。」死龍骨，必須另起尊星，方能結作。換了破軍廉禄文。四凶化凶爲吉。

羅星

【經】天下山山全球之山大抵如此。有破禄，舉破禄以示例。破禄交横有地軸。水口爲地軸。禄存無禄只爲關，破軍不破只爲闌。禄、破爲關闌者與禄破行龍不同，只在有禄無禄、破與不破之分。關闌之山作水口，必有羅星《貪狼篇》九星皆有羅星。在水間。高批：此楊公特爲後人拈出處。

【說】破禄廉文多作關，近關太闊爲散關。關門定局有小大，關局大者地大，關局小者地小。破禄二星多外闌。禄存無禄作神壇，破軍不破爲近關。善論大地論關局，關局大小水口山。

此段舊在《右弼篇》「鬼山多向横龍作①」上。又，《疑龍經》第五段末亦有此文。

傳 大河之中有砥柱，河南峽州。禹導河鑿此，石形似柱，故名。又，山西平陽府平陸縣黄河中流亦有砥柱峰。西川元代乃名四川省。之口生灎澦。夔州府城東。瞿塘峽舊名西陵峽，又名夔門，兩岸對峙，灎澦堆當其口。大姑大姑山，近九江府城東南。小姑小姑山，近彭澤縣大江中。彭蠡前，彭蠡西接南昌，東抵饒州，九江在其西北，南康在其東南，亦名鄱陽湖。采石采石磯，在太平府城北大江中。金山金山在鎮江府城西北大江中。作門户。更有焦山羅刹石，焦山在鎮江府城東北大江中。雖是羅星門不固。此是大尋羅星法，識者便知識得大關局之羅星，始可以尋大地。愚未悟。

經 吾若論及破軍星，破軍正形罕有作水口關闌者。多是引龍謂行龍也。兼作護。護龍。大龍須論大破軍，破軍正龍，爲垣局大結。小龍小富貴之龍。夾亂破禄文。可見九種變星之中有文、破。

傳 廉貞多是作龍祖，龍樓寶殿，廉貞起祖。輔弼隨龍輔、弼所以佐斗成功。富貴分。廉貞若高龍不出，只是爲應「廉貞不生吉星峰，定隔江河作應龍。」兼爲門。廉貞羅星多破碎。

經 請君看此州縣關，大關局不易摹捉，因論小關局。何處不生水口山。隨處皆有。水口關闌皆破禄，

---

① 「多向」以下五字原脱，據《四庫》本《撼龍經》補。

「禄存無禄只爲關，破軍不破只爲闌。」無脚交牙高批：破、禄皆有脚，而爲水口關闌者無脚。無脚交牙，是絶妙看水口法。如疊環。水口曲折。

傳 或有横山如臥虎，「水口一山如虎臥，回頭不許衆山過。」或作重重如瓜瓠。《説文》：「瓜瓠結糾。」禹鑿龍門透大河，龍門山石壁峭立，大河盤束山陝間，禹鑿而通之，豁然奔放，聲如萬雷。便是當時關水處。太行走出河中府，即蒲州府。唐曰河中，屬河東道。河北河南唐十道之二。關兩所。大河北來北來之河，在秦、晉交界處。曲射東，曲而東流。西山即雷首山，亦曰首陽山，舊屬河中府河中縣，今屬蒲州府治。枕水如眠龍。此皆黄河關闌。馬耳山枕大江口，絶無脚手爲神功。此長江關闌。靈壁宿州屬縣。山來截淮河，更無一脚如横戈。淮河關闌。海門二山龕山、赭山，在海中。鎖二浙，浙東浙西。兩山相合如環玦。二浙關闌。文廉生脚鎖淄流，淄水出青州益都縣東南二十五里，由壽光縣北清水泊入海。横在水中爲兩截。淄水關闌。

經 大關大鎖數千他本作「十」。里，定有羅星横截氣。截住江河非但論中國之長江、黄河，推之全球流域，其關闌皆如此。不許流，關内不知多少地。既有關闌，内多吉地。

傳 小羅小鎖及小關，小地論小關鎖。圖大不能，可求其次。一州一縣須有闌。十闌十鎖百十里，定有王侯粵本作「羅星」。居此間。鄉落羅星小關鎖，但有關鎖，小亦可用。枕水如戈破軍之性發見。石横臥。但看無脚是關闌，「無脚交牙如疊環」。重數多少分將佐。以重數多少分别富貴之大小。

說 君如能識水口山，便識天戈《天官書》：杓端前有兩星，一外爲盾，天鋒。晉灼曰：「外，遠北斗也，在招摇南，一名玄戈。」即楊公之天戈。天戈在紫微垣外，守衛宫門，故關局外水口山象之。並禄破。

左輔篇

正形　分宗　行度　三台　九星　池水　剥换七星　總論

此北斗第八星也，《史・天官書》「輔星明近」，孟康曰：「在北斗第六星旁。」常位於左，故楊公名之曰左輔。

經 左輔正形如幞頭，《唐書・車服志》：「幞頭起於後周，便武事者也。」按，古以皂羅三尺裹頭，號頭巾，周武帝依古三尺裁幅巾，出四脚以幞頭，乃名焉。

傳 要識真龍真輔相，輔星佐斗，故名輔相。只看高低幞頭樣。山頂頭高頭低、兩脚匀排，即「幞頭樣」。若粤本作「凡」。是輔星自作龍，行行不失真形象。此從粤本，他本作「隱行不失真氣象」。

經 前高後低高批：左輔正形。俗指爲天馬、雙腦天財、凹腦天財，硬類入巨門，庸妄極矣。大小毬。《破軍篇》：「輔星破軍如幞頭，兩傍有脚如拋毬。」

傳 伸舒腰長如杖鼓，後大前小駝峰佇。駝峰腰長，幞頭腰短，由此别名。

説 此龍初發在高山，高處生峰亦生瓣。若不生瓣，是三吉正體也。肩瓣粤本作「頂」。須明是幞頭，若不是幞頭，又爲破、禄也。滚滚低來是輥音衮。《六書故》：輥，轉之速也。毬。

經 下有兩脚平行去，兩脚匀排，不拖、長、尖。長、尖爲破、輔。

傳 平行鯉鯽露背脊，有脚横拖粤本作「排」。如覆笠。覆笠，乃幞頭之低者。

經 或在武曲左右遊。分宗。

傳 此龍如何近武曲，《星經》輔在第六星左，故近武曲。自是分宗爲伯叔。武曲爲主，輔星爲佐。分宗定作兩貴龍，武、輔兩星爲龍皆貴。此與他星事不同。他星獨立，武、輔互相爲用。

經 武曲兩旁必生輔，以武、輔二星相近之故。不似他星變形貪輔尖，巨輔圓，禄、破輔如玉枕而中差凹，形較變矣。去。禄存破軍，九星受變，失去正形，武、輔則各有正形。左輔自有左輔形，方峰武曲正形。之下如卓斧。卓斧無脚，乃武曲剥輔。

傳 此是武曲輔星形，辨認武曲之輔，不令與真輔相混。若是真輔不如此。真輔自作貴龍身，指明真輔之龍。幞頭横脚高低去。此方是左輔真形。

説 高頂高峰圓落肩，低處低落肩頂圓。高低皆圓。忽然堆起如螺卵，又如黎栗堆簇繁。行度。頂粤本作「嶺」。上纍纍山結頂，斷定前頭深入垣。必爲垣局大結。

【經】若還三吉去作龍，輔星兼三吉行龍。隨龍變形卻粵本作「脚」。不同。輔星之脚兩邊匀排。貪狼仄①尖品字立，高批：仄、尖二字，可悟貪狼之狀。武巨方圓三箇峰。三吉。

【傳】三峰節節隨身轉，中有一峰是正面。正龍居中。兩旁夾者是輔星，此爲「真龍真輔相」。大小尖圓要君辨。

【經】如何識得左輔星，再語秘訣。次第生峰無雜形。破軍九變及輔星行龍，皆次序不雜，於此可悟挨星矣。天門上頭生寶殿，廉貞尖峰平排，爲寶殿。

【傳】天門粵本據徐本作「戈」。天戈即斗杓前一星。直指《淮南·天文訓》：招摇所指爲十二月。破軍路，破軍爲北斗第七星。此是天門《詩緯氾曆樞》：「亥爲天門，出入候聽。」宋均云：天門，戌、亥之間，乾所據者。《括地象》：「西北爲天門。」龍出序。若出天門是正龍，由天門乾亥方出來，乃輔星正龍方位。不出天門形不具。不合天道，不能次第行龍。一形不具便減力，違天而行，便非大地。次第排來君莫誤。高批：此處看星峰，看其自貪至破也。破軍之下，又必出左輔。

【説】自貪至破爲次第，北斗自一至七，自貪至破，乃天星運行之次第，輔星天門龍行度之序亦如此。顛倒亂行龍失序。顛倒者，地形不合天象，爲間氣，非正氣也。

---

① 仄：原誤作「灰」，據榮氏《批注校補》本改。下「高批」之「仄」同。

【經】寶殿引出龍樓横。廉貞尖峰排列，中高者爲樓。

【傳】樓上千萬尋池水，水是真龍樓上氣。此爲天池。兩池夾《廉貞篇》：「池平兩水夾又清，此處名爲天漢星。」出龍脊高，居中爲正龍脊。池若崩傾非大地。《廉貞篇》：「單池終不及兩池，池若崩傾反生禍。」

【説】池中石是輔弼星，只分有跡與無形。有形便是真左輔，無跡便是隱曜行。此辨認輔、弼之法。

【經】縱然不大也節《武曲篇》「帶旌帶節來擁護」，謂輔星爲武曲之護也。鉞，《廣韻》：鉞，斧也，鉞大而斧小。武曲剥輔爲卓斧。巨浪重重此喻龍身帳幙之多，所謂「貴龍重重穿出帳」。不堪粵本作「勝」。説。

【傳】看他横帶如巨浪，層層湧起，奔騰而來。滚浪一峰名出帳。帳裏貴人。帳中過處中央行，俗謂「个字中抽」。不出中央不入相。巨浪有帳帳有杠，杠曲生峰巧如玦。

【説】杠星便是華蓋柄，《步天歌》：「華蓋並杠十六星，杠作柄象華蓋形。」曲處生峰來作證。左輔龍生出星峰曲折，與華蓋杠星相應證。證出貪巨禄文廉，武破七星行龍，曲折羅列之形狀，與華蓋杠星相似。周而復始定。七星循環，周而復始，是爲得天之正氣。

【經】若是降樓並下殿，樓殿最高，龍必降下而行。節節殿樓下剥换。不剥换不能成吉體。

【傳】一剥一换尋斷處，變换不測，當於斷處尋龍。斷處兩旁生挾護。無挾護不成正龍。旌幢行粵本作

「衡」，通「横」。有蓋天旗，旗似破軍或斜去。「破軍星峰如走旗」。

經 請從九曜尋剥龍，九星次第行龍各有正形，亦有剥换之形，不可拘一以求。剥盡龘龍尋細迹。高批：要語秘訣。

傳 貪下剥换如拋毬，尖處帶脚毬形滚圓，拋球脚尖。如黿浮。黿浮水面，可想剥貪之形狀。此是下嶺方如此，上嶺逆行推覆舟。覆舟形如浮黿，而較長大。

說 尖圓若是品字立，世人誤作三台求。本篇「貪狼仄①尖品字立，武巨方圓三箇峰」，此三吉隨龍之説也。明提尖圓，即由貪遞下巨門；圓峰品字，爲巨門剥换。「高批」謂此下少巨門一種，是猶世人認作三台之誤也。況《巨門篇》以梭印月爲巨門剥换，既有明文，於此亦不必贅也。

傳 禄存剥换蜈蚣節，蜈蚣多足，譬出禄存之形。微微短脚身邊列。

傳 文曲梭梭形，即蛾眉側峰。中帶線行，欲斷不斷。曲曲飛梭《破軍篇》謂之「擲梭」。巧藏跡。

傳 廉丫②音「鵶」，山之歧頭也。變爲梳齒形，梳齒中央引龍出。《變穴篇》禄廉梳齒，此言梳齒引龍，是有結穴行龍之兩法。

---

① 仄：原誤作「灰」，今改。

② 廉丫：「丫」原作「了」，據下注文改。又，此二字，《四庫》本《撼龍經》及榮氏《校補》本均作「廉下」。

傳 武曲幞頭無改换，行到平中斷復斷。幞頭即輔，剥武曲。

傳 破軍之下夾兩槍，尖脚横飛。若作天戈如走電。閃爍奔走，必爲護纏。

説 亂行失序出頭來，不失次序爲天門貴龍，失序則減力。又似虎狼行帶箭。奔突亂竄。纏多便作吉龍斷，纏多尚有吉穴。若是無纏爲道院。此句破軍九變末段同例。

經 天下統全球而言。尋輔知幾處，河北河南舉中國以示例。只三四。更有終南山在陝西省城南五十里。泰華山在華陰縣。《山海經》：泰華之山，削成而四方，高五千仞，廣十里。龍，出没爲垣終南龍至泰華出函谷熊耳，爲洛陽。周公營洛，爲東周東都。光武都洛，卻在東都河之南，魏、晉因之。爲帝都垣局之地。盡如此。

傳 南來莫錯認南嶽，南嶽衡山。雖有弼星垣氣弱。如杭州臨安。卻有回龍金陵紫金山。輔疑當作「俯」。大江，水口三峰卓如削。北龍雖云粤本作「燕雲」。多輔星，又隨塞垣入沙漠。内蒙古。兩京後唐時東都即洛陽，北都即京兆，時號兩京。嵩山《詩》：「嵩高維嶽，峻極於天。」最難尋，已被前人會妄作。東洛陽。西長安。垣局並長江，長江亦有垣局。中有黄河入水長。長安、洛陽之水入黄河。後山紫金山。屏帳如負扆，制如屏風，繡斧其上。下瞰秦淮今金陵江寧府。枕水鄉。此論長江之垣局。輔弼隱曜入大梁，河南開封府。○此言河南之垣局。卻是英雄古戰場。爲歷代戰争之地。○以上參錯言之，不以地域分段。

說 大河九曲曲中有，輔弼九星①分入首。河千里一曲，每曲俱有大地結作。夫人識得左輔星，識之不易。識得之時莫開口。「留與皇朝鎮家國。」

右弼篇 脈跡 平陽

此北斗第九星也，舊以此星在北斗第四星右，常隱不見，故曰右弼。《宋·天文志》以爲弼在第七星右，不見；按，北斗只七星，《文耀鈎》以七星主九州，兖、青屬璣，徐、揚屬權。《五行大義》云北斗九星下對九州，前七星有名，後二星無名，謂二星「陰而不見」。按，輔星常見，故楊公左輔有正形，而以弼星爲隱曜，正與蕭說相符。

經 右弼本來無正形，形隨八曜貪、巨、禄、文、廉、武、破、輔。高低生。要識弼星正形處，八星斷處隱藏形。高批：可知粗峻之山斷脈處變爲平坦，即剥入弼星，凶氣化吉也。

傳 隱藏是形名隱曜，此是弼星最要妙。

說 右弼一星本無形，是以名爲隱曜星。隨龍剥换隱迹去，脈跡便是隱曜行。只緣飛宮有九曜，九宮分配以九星。因此强名右弼星。此段舊誤入《左輔篇》，乃弼星傳說。

---

① 九星：《四庫》本《撼龍經》及榮氏《校補》本均作「九曲」。

經　拋梭以下皆曲屈閃跌之脈。馬跡脈如粵本作「線而」。絲，蜘蛛過水上灘魚。驚蛇入章以上皆右弼無形之形，有氣有趣，最宜領略。失行跡，斷脈斷跡尋來無。

傳　每每隨星作過脈，脈是尊星名右弼。二句從粵本。君如識得右弼星，每到垣中多失跡。剥龍失脈失跡時，地上朱絃琴背覓。此直出細長之脈。若識弼星隱曜宮，處處觀來皆是吉。九星脱煞剥換處，皆弼星之作用也，故皆以吉斷。

經　此星多吉少傍凶，蓋爲藏形本無實。

傳　藏形之時形粵本據張本作「神」。藏殺，卻是地中暗來脈。北地舉明顯之北地以示例。平陽千百程，不知舊誤「然」，據粵本改正。彼處都是弼。坪中還有水流波，高水一寸即是阿。又指明弼星之蹤跡。只爲時師眼力淺，到彼茫然無奈何。心粗者不易領取。

説　便云無處尋踪跡，容易忽略。直到有山方認得。恐於山龍亦不能辨認。如此之人豈可言，最多。有穴在平原自失。穴在路旁人不識。

經　只來山上覓龍虎，只道高山方有龍。又要圓粵本據徐張本。葉誤「乳」，高作「公」。頭始云吉。不知山窮落平原，「卻來平處失真蹤」。穴在平中貴無敵。脱煞净盡，福澤綿遠。

傳　癡師誤了幾多人，又道葬埋畏卑濕。謬説滋多，去道愈遠。不知穴在水中者，更是難憑怕泉濕。果得其真穴之憑據，則必不水濕。

說 蓋緣粵本作「緣何」。水漲在中央，「水漲在中」究是穴高於水，非水底眠也。水退即同乾地力。粵本據張本作「位」。且如兩淮平似掌，舉兩淮以例其餘。也有軍州落窠瀝。也有英雄在彼中，豈無墳墓陰穴。與宮室。陽宅。只看水注水注爲明堂，可尋穴。與水流，水流爲來脈。兩水夾流是龍脊。此平洋尋龍之真訣。

經 非惟弼曜在其中，八曜入平皆有踪。八星皆有入平陽者。

傳 前篇有時説平處，如《統論篇》「平洋龍」説，及《禄存篇》「禄存好處落平漫」一段。平裏貪狼高批：平中八星皆要認，舉貪狼，以例其餘耳。皆一同。時師識盡真龍脈，能識真龍之脈，自能點真龍之穴。但恐龍不易識耳。方知富貴與豐隆。果識龍脈，則隨處指點皆必富貴豐隆。

舊本於此後接論官鬼明堂，與弼星本旨不合。按《武曲篇》云「武曲行龍少鬼劫，不肯單行走空缺」，是以單獨開放者爲鬼龍，即散漫無用之龍也；《廉貞篇》「更觀鬼脚回轉處」，是以龍後送托爲鬼，非必穴後生出者也。茲於龍外多列鬼形，殊非經文重龍之意；且既説九星有鬼，而文只五吉之鬼，又□□□之鬼，並臆撰三十六鬼之説，描摹魑魅，雕琢枝蔓，究於大義無關，致後人習地理者如遊地獄冥府，吾則直斷爲無鬼論焉。況言鬼又兼官，全不見於經文，而後師因添禽獸之名，皆《論衡》所謂「語增」也。其言明堂，必取寬平紐聚，尚與《武曲篇》明堂無斜瀉之説相符，然果龍真穴的，則明堂斷無不吉者，雖無鬼亦可也。俗乃欲以鬼證穴之真，以官證穴之貴，不問龍星之真假吉凶，徒以官、鬼談封拜，每以明堂悦目爲美地，是則舍本逐末，買櫝還珠者也。今闡明《撼龍》之經義，直探本源，搜求精要，一切枝節傅會之説皆删之；蓋經之所無，不敢陰附，非故爲武斷也。

九星變穴篇

此言變穴，非穴之正法也。《武曲篇》曰「間生窩穴」，又曰「高穴人形」，《破軍篇》武、破「作穴乳頭」，《禄存篇》「第八禄存」、「窩鉗端正」，經中惟《巨門篇》貪武「作穴鉗乳」，與此相符可知。此篇穴法，楊公悉舉其名，將以備各星之通用，不拘拘於某星作某穴也。後師但説窩鉗乳突，則遺漏更多耳。

【經】貪狼作穴是乳頭，

【傳】《疑龍》：「乳頭之穴怕風缺，風若入來人絶滅。必須底下避風吹，莫道低形①龍裙絶。」

【經】巨門作穴窩中求。

【傳】《疑龍》：「窩形須要曲如窩②，左右不容少偏頗③。偏頗不可名窩穴，倒側傾摧可④奈

---

① 低形：《四庫》本《疑龍經》作「低時」。
② 如窩：《四庫》本《疑龍經》「窩」作「窠」。第三句「窩」亦作「窠」。
③ 偏頗：《四庫》本《疑龍經》作「偏陂」，下句「偏頗」亦作「偏陂」。
④ 摧可：摧，原作「推」，據《四庫》本《疑龍經》改。可，《四庫》本《疑龍經》作「禍」，即「禍」字。

何。」

經 武曲作穴釵鉗覓，

傳 《疑龍》：「鉗穴如釵挂壁隈，惟嫌頂上有水來。釵頭不圓多破碎，水傾穴内必生災。」

經 禄廉梳齒梳齒穴齒仍如乳頭，梳齒奪總仍如釵鉗，故《疑龍》無説。犁鐴頭。

傳 《疑龍》：「山來雄勇勢難竭①，便是尖形也作穴。只要兩②山曲抱回，針著正形官不絶。」

經 文曲穴來坪裏作，高處亦是掌心落。

傳 《疑龍》：「仰掌要在掌心裏，左右挨排恐非是。」

經 破軍作穴似戈矛，兩傍左右手皆收。定有兩山皆護轉，不然一水過横流。

傳 《疑龍》：「尖鎗之穴要外裹，外裹不牢反生禍。外山抱裹穴如鎗，左右包來尖不妨。」

---

① 竭：原作「遏」，據《四庫》本《疑龍經》改。

② 兩：《四庫》本《疑龍經》作「前山」。

經　輔星正穴①燕巢仰，若在高山掛燈樣。落②在低平是雞巢，或作「窠」。縱有圓頭亦凹象。《疑龍》無說，當與巨門窩穴參看。

《葬書》：「形如燕巢，法葬其凹，胙土分茅。」

高批：楊公穴法，只乳、窩、鉗、坪、梳齒、犁鏵、尖鎗七種。星有八，穴只七，蓋輔星凹象之窩與巨門正圓之窩同名窩穴，故穴只七種。然燕巢、掛鐙、雞窠，輔星之穴亦詳矣，弼何以無穴？凡入穴之處隱起毬簷，即弼象也。

傳　《疑龍》：「我觀星辰在龍上，預定前頭穴形象。爲鉗爲乳或爲坡，如犁鏵。或險或夷險、夷二字，包盡各穴。或如掌。歷觀龍穴無不然，大小隨形無兩樣。此是隨星定穴法，《巨門篇》：「穴隨星辰作鉗乳。」不肯向人謾空誑。下有「更有二十八舍間，星穴裁之最爲上」二句，最爲蛇足，即下文「奎星至參原是虎」十六句亦此段注脚，合并去之。

---

① 穴：原作「形」，據榮氏《校補》本改。

② 落：原作「若」，據榮氏《校補》本改。

跋

鐵嶺高公曰：「世傳楊公諸書，皆後人僞託，惟《撼龍》、《疑龍》爲公真書，如魯靈光，巋然獨存。」又曰：「《撼龍》自《統論》、《垣局》、《貪狼》至《弼》九篇、《變穴》一篇，此下則明隆、萬後庸師僞託，其辭陋劣，其理踳駁，所謂狗尾續貂者也。葉九升刻以行世，可謂無識。」是高於葉本已有所删節，而榮昌寇刻又於《變穴》後删去《九星吉凶》、《雌雄詩斷》、《左仙七星》等篇，惡莠亂苗，芟夷藴崇之，宜也；然翦裁於經後，尚未蒐薙於經中，珠雜魚目，不免爲大醇之累。今井研先生以治經之法治《撼龍》之書，仍仿《王制》、《周禮訂本》分經、傳、説之例，掇其要語爲綱，采其詳説爲目，審辨部居，判劃門類；此法施於孔經，披沙鍊金，不愁至寶不獲，而於堪輿術藝，何難導窾解牛哉！按《疑龍篇》真理無多，荆榛滿地，粤雅堂刊本目爲曾公所記，已非楊公手筆矣。《撼龍篇》次序每有參迕，二經之中，散卒潰兵，誤投主將；如《垣局》自有專篇，不宜佚在《左輔》，《大勢》宜歸《統論》，豈容混入《破軍》？官鬼不合經旨，明堂何必贅言？雲霓夜望，可覓真龍，舊入《破軍》。花穴端嚴，詎爲《武曲》？宜歸《巨門》。關闌墮落弼中，隱曜淆雜輔内，欃槍見於廉五，穴法僑於疑三。特建旗幟，招集逃亡，外寇既行驅逐，内政因以修明。河山整理，宏我漢京。俾地學從寇攘之餘重光日月，亦猶《尚書》之祛僞存真，宣昭孔義也。鎔參校字誤，得以贊襄盛業，略述梗概於後。民國四年乙卯，受業黄鎔謹識。

附録

附録類目録

四譯館外編

劉師培等 撰

楊世文 邱進之 校點

校點説明

《四譯館外編》收録廖平與友人、門生的部分著作。其中劉師培在民国元年、二年流寓四川，与廖平共事於四川國學院，二人雖學術取向有異，但惺惺相惜，切磋學問，建立了深厚的友誼。劉師培《與廖季平書》、《廖氏學案序》二文對廖氏學説頗爲推挹。門人施焕等《及門諸子書目序》，李堯勳《中國文字問題》、《中國文字問題三十論題解》，廖師政《四譯宬經學穿鑿記二卷》，黄鎔《命理支中藏干釋例》等文，據廖氏學説推衍闡發，雖寫作時間不一，要皆爲羽翼廖氏學術之作。故廖平將這些文章編爲《外編》，民國十年（一九二一）四川存古書局刊行，收入《六譯館叢書》，今據此本整理。

目録

與廖季平書

劉師培

季老經席：中江話別，裘葛代更，想履候惟宜，與時俱適。往奉清塵，獲覩《四變記》。天學各條，條勒經指，致極鈎深，理據昞然，無假掎摭；惟比同孔、釋，未消鄙惑。夫經論繁廣，條流舛散，仰尋玄旨，理無二適。蓋業資意造，生滅所以相輪；覺本無明，形名所以俱寂。勢必物我皆謝，心行同泯，理絶應感，無極機初，超永劫之延路，拔幽根於始造，非徒經緯地天，明光上下，逞形變之奇，知生類之衆已也。至於《詩》以明天，《老》、《莊》抱壹，《淮南》辨人極之宜，《山經》欿大荒之目，鄒書極喻於無垠，屈賦沉思於輕舉，雖理隔常照，實談遺夙業，使飛鳶之喻有徵，迓龍之靈弗爽。然巫咸升降，終屬寰中；穆滿神游，非超繫表。何則？清輕爲天，重濁爲地，無色之外，方屬化城，非想之中，猶稱火宅。雖復景跡峒山，同風姑射，觀始極之耑，翔虛無之軫，致化人於西極，聆鈞天之九奏；至於俱稟太始，同陶冥化，邅迍生死之塗，隱顯幽明之跡，清升濁降，輪轉寔鈞。是知宙爲遷流，宇爲方位；宙兼今古，宇徹人天。內典以道超天，故籍以天爲道；玄家所云方外，六合之外亦然。仍內典所謂域中耳。以天統佛，未見其可。竊以淵旨所寓，在極聖功，妙統三才，足章無外，至內典要歸，惟詮出世；譬之月不知晝，日不知夜，部居既別，內外有歸。引爲同法，無資崇孔，括囊空寂，轉蠹孔真，正恐《夷夏》、

《化胡》之論復見於今耳。不揣檮昧，犓揭所疑。書不盡言，幸更詳究。山川悠遠，引領綦勞，幸惠餘音，用披蘊滯。師培拜啟。七月十四日。

《説文》伊從人尹，是阿衡以前本無伊字；《夏書》有伊洛，《禮》有伊耆氏，均出阿衡之前。當阿衡未尹天下之前，果爲何字？引而伸之，足爲尊著孔製六書之驗。又如偰字及偓、佺二字，均以人名爲正詁，然必有取名之義。如申繻所言是。是知取名之義，字無正形；字有正形，因人而製。推之許書女部諸字，姬、姜皆水名，何字不從水而從女？厥例均同，亦足資尊説之助。師培附及。

廖氏學案序

去秋在滬，屬作哲學史序，惟書名弗雅馴，故易稱《廖氏學案》。不知尊意以爲何如？

劉師培

廖氏學案者，井研廖平諸弟子所輯師説也。書凡一卷①。序其耑曰：自蒼姬訖録，赤兑膺圖，庠序設陳，七經宣暢。扶風便秩於魯、齊，洨長諍訮於今古。發藏屋壁，斯諦從周；考瑞端門，因宣王魯。至於經邦要典，地域廣輪，牧伯之制既歧，畿服之名靡准。藩垣屏翰，巨君儗之而未周；甸采要綏，弘嗣通之而自貿。樞緘東觀，晦結南宫，錯綜前聞，參差綿歲。廖氏德亞黄中，智膺天挺，綜緒曲臺，聞風石室，慨洙泗之邈遠，悼禮樂之不舉，退脩玄默，嫥心六學，即《王制》而甄三《傳》，援官禮而徹七觀。嗣復景迹韋編，宣靈始際，契坤乾於殷道，協《雅》、《頌》之得所。覃精三紀，成書百袠。以爲緜古芒昧，綱紀夌遲，九流之軫未宣，六書之明翳察。孔子推集天變，卻觀未來，爰作六經，以俟後聖。託小包大，守約知詳，始於《春秋》，終乎《詩》、《易》。老、墨綰其初終，皇、霸樞其始極。推放准於四海，制瀍通於百世。古以託始，特因事以寄文；制弗空生，必應時而顯用。殊方所以會軌，異代於是率繇。察上下而極幽明，應變化而通殊類。治有廣狹，故損益異宜；紀有後先，故質文遞進。信乎躅歷世之疑，

① 一卷：劉師培《左庵外集》收此文，作「四卷」。

極尊聖之軌者矣！若夫周合群籍，沙汰衆學，探綜圖緯，鋭精幽贊；抗六典之崇奥，齊百家之雜語；執節掌握之間，正度胸臆之際；釋彼鈎鍵，通其流貫；各春部居，侔成埒類。閲一孔以總萬物，即共理以屬同條。契會歸於殊途，合節符於既析。堅者喪其墨守，辯者息其矛伐。景君奥集，愧斯瞻眇；洼丹通論，遜是幽玄。昔北海箋經，洽比《周官》之誼；洪休稽古，耀光魯壁之文。咸通六藝之歸，用成一家之業。以此方之，其詣一也。兹復牣杙弘綱，綴述大略，揭科表識，鱗次相承；等君山之《序志》，譬淮南之《要畧》；所以明統紀之宗，求尋媎之易也。惟是奇觚異衆，孤管噓吚，太常之讓未興，聖證之争斯集。河漢無極，肩吾驚其逕庭；玄素異尚，子雲惜其覆瓿。儃連傫隱之譏，寥落鈎深之契。竊以運有定次，雖變可知，見於未萌，體於未顯。孔子將聖天縱，應期命世，鈎効紀録，准萌纖微；援河洛而考禎符，序命曆以鈎文曜，用是立象盡意，察數究機，調暢萬物，瞻言百里；步遠邇之殊同，極成敗之符驗。遂知來物，具鑠前徵。至於孕育殷周，甄陶虞夏，紘維垓極，經緯天人，集鳳麟之嘉休，通魚鳥於寤寐；自非綜厥幽微，未易質其毗驗。方今景命聿新，孔業淑著，謹彼庸言，偭其矩度。雖聆言而成理，實叩端而易竭。欲弘經軫，貴極聖功。若必逞隅曲之觀，馳域中之智，則是《中庸》非讚聖之書，鄒衍息譚天之論也。域井鼃之語海，慕樊鷃之搶榆；無資式古之功，徒陷守文之惑。師培少耽古學，粗綴津緒，蜀都於役，獲奉清塵，降德忘年，屬製弁首，因綜述全書大恉，以告讀者。儀徵劉師培序。

及門諸子書目序

施焕 等

井研先生之摯友同邑楊静齋先達，其論曰：「四益經學美矣，盛矣！惟有三利未興，三弊未祛，終以爲恨。三利者何？一曰有王無帝，二曰有海内無海外，三曰有《春秋》、《尚書》，而無《詩》、《易》。三弊者何？一曰分裂六經固傷破碎，合通六藝則嫌複緟；二曰六經不能自立門户，各標宗旨，叠規重矩，勦説雷同；三曰今古相攻，同在中國，一林二虎，勢必兩傷。」楊公雖持其説，然翻古今之成案，合宇宙而陶鈞，貫串百家，自闢荒徼，未必許先生之能副之也，先生則引爲己咎，誓雪此恥。初刊《今古學考》，用許鄭法别今、古，中分天下是也。唯一國不堪二主，彼此交訌，成何政體？三弊。故丁酉以後，左古右今，專宗西漢。文武墜典，蘄合雒鎬，專書闢劉，語皆鐵案。然尼山宗統，固見同原，惟足以一夔，奚必重叠？一弊。以嚴、顔之法易丁、何，以齊、魯之文《詩》二家。解《公》、《穀》，亦齊、魯二學。於是胡越一家，水火相濟；故《公羊》大統，假借周、召；《商頌》大統，混同荆、楚。又楊公所謂床上床、屋上屋者也。二弊。嗚呼，所謂弊者，豈易致哉？蓋嘗勞心苦思，耗精竭智，積以二十年搜索之苦功，而三弊由淺而深，按程相赴，屢自詡乎精能，悉不出其圍範。所謂道高一丈，魔高十丈者，非耶？《四益館叢書》初集，皆總論學派宗旨凡例。本欲以此求正得失，考勘從違，蜀中學人，海外老宿，其指瑕索癡者蓋不止盈篋；師悉寫而藏之，隨加諟正。惟此大難，急欲求通，不能遽化，卸官杜門，謝絶書札，忘餐廢寢，鬢白齒落；如此又十年，專治《詩》、《易》，至於戊戌，乃得大通。在先生雖猶謙遜，不以爲定説；然三弊全除，三利全興，六合以内，悉隸版輿，兩漢淵源，並行不悖，苟欲再求，恐反入歧道。惜楊公不見成書而早卒也。先生從及門之請，因縣志本編，爲《經學叢書百種目録》等；又採《縣志》提要及各序跋，以爲解題。分作四卷：一入門，二王制，三帝德，四經總。編纂已定，望洋而歎，曰：「至於今，楊公三弊庶可盡除，三利庶可備舉也乎！」《尚書》斷自唐堯，史公以黄帝不雅馴，儒者遂以三王爲斷。《易大傳》之首伏羲、神農，《五帝德》之首黄帝、顓頊、帝嚳，《樂記》、郯子、《月令》、《尚書大傳》之五帝，《禮運》之大同，以爲稱引古事，於經無與，此先秦以至今，博士經生從來未發之覆也。師中分六藝，以《春秋》屬伯，《尚書》屬王，《禮》歸此統。《詩》屬帝，《易》屬皇，《周禮》歸此統，《樂》並從之。立《皇帝王伯表》，取《帝德》篇與《王制》相配，以分畫門户，各有宗旨、疆域之不同。則六藝不惟言帝，并補皇、伯，則首興利而三弊祛矣。《禹貢》言「聲教訖於四海」，博士立「王者不治夷狄」之説，故西漢十四家皆據《禹貢》立説，以爲王者方五千里；而《詩》之「海外有截」、「九有又截」，《易》之「鬼方」、「大同」、「大川」、「大人」、「大過」，《論語》之「浮海」、「居夷」，《左傳》之「禮失求野」，《中庸》之「洋溢中國，施及蠻貊」，鄒衍之「海外九州」者，非説以中事，則斥爲荒唐。近今海禁大開，大統之形已著，十年内，文士雅人欲於經中求鄒衍大九州之根原而不可得，則聖經終囿於五千里内，海外各邦不自外，孔子已先屏之；是可自遯於覆載之外，而祆教得反戈以相向矣。先生據《周禮》九畿、大行人、大九州即鄒衍大九州之八十一方三千里，推之《詩》、《易》，若合符節；《山經》、《莊》、《列》，尤屬專書。因以《詩》之「小球」、「大球」爲地球，別《周禮》爲大統禮制之書。與《帝篇》爲一彙。惟其專言海外，故九畿九州萬里，皆與《王制》中法不同。《王制》中國五千里，《周禮》海外萬五千里，廣狹不同，各主三經，兩不相害，不如東漢今、古之説於中國並行，一書矛盾函矢，互鬭不休。必如此，内可以化今、古之紛争，外可以擴皇、帝之大同，實皆因利乘便，並無勉强。六藝兼收海徼，則有海外之利，而三弊除矣。六藝既分二統，言王者爲祖述憲章，言帝者爲上律下襲；言王者爲上考三王，言帝者爲下俟百世。上考則文獻有徵，下俟則無徵不信。故《尚書》、《春秋》法古之書，則文義著明；百世以後之事，雖存於《周禮》、《山經》，傳之鄒衍、莊、列，而經則不便頌言質指，人人目爲荒唐幽渺。故《詩》、《易》之經託之歌詠，寄之占筮，以不可明言之故。地球未明之先，以隱語射覆，《詩》、《易》二經，言人人殊，不可究詰，無所徵驗，不足爲先儒咎；惟中外交通，明文甚著，則不可再作悠恍。今以《詩》、《易》專爲皇、帝，專治海外，以《周禮》爲主，編輯《海外會典》一書；此書已成，再撰注疏，務使明切，亦如《書》、《禮》，名物象數，語必有徵，一字難動，空言隱射，一埽而空。此《詩》、《易》體格與《尚書》、《春秋》不同，即帝王大小統之所以分也。《詩》、《易》昭著，如日中天，別營地域，毫無轇轕，則三利興而三弊除矣。昔師作《周禮删劉》、《古學考》，南皮張尚書不喜攻擊《周禮》，又謂《知聖篇》大有流弊；富順張檢討亦互相詰難；東南文士祖述《知聖篇》，其弊已著。故先生辛卯三《傳》定本，凡屬微言，悉從隱削；又以《王制》、《周禮》分海内、海外，以帝、王二字標目，不再立今、古名字。二派各有疆域，異道揚鑣，交相爲輔，既無删經之嫌，又收大同之效，當不至再有齟齬。至改制舊説，外間著有專書，違其宗旨，背道而馳。湘中有《翼教叢編》之刻，本屬憤兵，苦無深解，以此相攻，愈助其焰，特撰《家學樹坊》一編，專詳此事。此外諸弊，亦並及之。首以《孝經》者，取一貫之義；《容經》爲立身之本，機樞言行，總括禮樂，爲自修專書；帝、王二統，則以平治爲要。綜此百種，是爲大通，内以仁義爲宗，外括道德之蘊。《孟》、《荀》、《莊》、《列》分大小，無異同；博士百家有精粗，無取捨；統以忠恕，貫其始終，下愚可能，聖人無外。信乎！定古、今之成案，擷傳記之精華，集經生之大成，開寰瀛之治統，莊生不得鄙爲芻狗，武夫不得薄爲章句，庶維新之士得所依歸。四海會同，悉本賡歌八伯；中央立極，不外祖述三王。化其狡狂，一歸平正。至於慕德遠人，大瀛蕃服，亦如天地含容，早在陶成之内；舟車所至，願抒愛敬之忱。漸悟前非，共叨新化，凡有血氣，莫不尊親。煥等先後追隨，各有年所，備聞宗旨，或代纂分篇，或編定草稿。繙檢校寫，不無微勞；博大精深，難窺美備。謹就膚見，弁諸簡端，來者難欺，知必有合焉爾。己亥十月，受業施煥等敬敘。

施　煥夔夫　樊崇嘏子常　車有銓念輿

周炳煃德葭　周　口治棠　陶家鈺

賀龍驤 静軒
周　詩
胡　翼
任　嶧 叔泰
廖承銘
李正文
李傳忠
弟 承

季邦俊 澤民
帥鎮華 平均
李光珠 子璠
郭　樞 季良
陳國俊 在官
陳國儒 子珍
黄　鎔 經華
姪 師政

李邦楨
姚炳文
白秉虔
張樹芬
李邦藩
唐佳源 子琴
王翰章 少懷
子 師慎

四譯宬書目

廖　平

易類

- 《易經古本》二卷。提要。
- 《易古義疏證》四卷。提要。
- 《易大小中外義證》二卷。提要。
- 《易中和解》二卷。自序。
- 《十翼疏證》四卷。提要。
- 《易傳彙解》四卷。提要。
- 《生行譜》二卷。自序。
- 《易尊卑大小比例》二卷。自序。
- 《易例》六種。《十朋圖表》一卷，提要。《序象繫辭》一卷，自序。《六十四卦象》一卷。《易詩相通考》一卷，自序。《貞悔釋例》二卷，自序。《通例》二卷。
- 《數表》四卷。
- 《三易辨正》二卷。
- 《易象師法訂正》二卷。
- 《説易叢鈔》四卷。
- 《天官經説》四卷。

詩類

《詩本義》六卷。自序二。	《詩經提要》。附《詩學質疑》。成都刊本。
《詩圖表》一卷。	《賦比興釋例》一卷。自序，黃鎔跋。
《詩比》四卷。自序。耿樹憲同撰。	《山海經補畢》五卷。附圖一卷，《彙考》二。
《詩例》六種。《三家詩辨正》三卷，附《毛詩》一卷，提要。《天學三統五瑞表》，自序。《國風三頌説》二卷，《學詩紀程》四卷，提要。《詩事文取義表》一卷。自序。	《穆天子傳釋》。
	《楚辭新解》。
	《列莊上下釋例》。
《地球新義》。自序，成都刊本。	《内經三才學説》。

書類

《尚書備解》四卷。提要。	《三德考》四卷。自序。
《周禮傳釋》十卷。提要。	《尚書十篇中候十八篇考》二卷。

《王道三統禮制循環表》一卷。自序，附《先野後文表》。	《二十八篇爲備考》三卷。提要，附《百篇序正誤》。
《皇帝疆域圖考》。提要，成都刊本。	《洪範方術釋例》二卷。提要。
《逸周書經説考》。	《五運六氣説例》二卷。
《五紀釋例》一卷。	《書人學格光説》。
《五行釋例》一卷。	

春秋類

《春秋經傳滙解》四卷。提要。	《三傳事禮例表》三卷。
《三傳折中》一卷。	《春秋日月時例》五卷。自序。
《春秋圖表》二卷。	《大統春秋凡例》。自刊本，附《公羊補證》内。
《春秋分國鈔》四卷。	
《張氏屬辭辨例編》刪訂本，十卷。自序。	

穀梁

《穀梁古義疏證》十一卷。張序,湖南刊本。

《釋範》一卷。自序,成都刊本。

《穀梁集解糾謬》二卷。

《穀梁先師遺說考》四卷。

《起起廢疾》一卷。自序,成都刊本。

《魯學淵源考》二卷。

公羊

《公羊補證》十一卷。潘序,成都刊本。

《公羊先師遺說求真記》二卷。

《公羊解詁商榷》二卷。提要。

《齊學淵源考》二卷。

《公羊三十論》自序,提要,成都刊本。

《董子繁露補說》二卷。

左氏

《左氏古經說讀本》四卷。提要,成都刊本。

《左氏集解辨正》二卷。提要,成都排印本。

《左氏古經漢義補正》十二卷。潘序，宋序。	《左氏群經師説考》二卷。
《左傳漢義補正》二十卷。	《左氏天學考》四卷。
《杜氏左傳釋例辨正》二卷。	《五十凡駁正》一卷。
《國語發微》八卷。	《左傳三十論續三十論》。自序。
《國語補亡》二十卷。提要。	《左氏源流考》一卷。

禮類

《禮經義疏》十七卷。先刊冠、昏、相見、鄉飲酒。	《周禮大統義證》二卷。提要。
《饗禮未亡考》一卷。	《周禮鄭注商榷》四卷。提要。
《禮經釋例》二卷。	《容經解》一卷。提要，成都刊本。
《禮記札記》四卷。	《容經彙編》二卷。
《王制集説》二卷。成都刊本。	《容經韻言》。

《大學古本注疏》一卷。	《婦禮韻言》。
《中庸注疏》一卷。	《喪服經記傳問彙解》二卷。提要。
《禮運三篇經傳合解》一卷。薈編本。	《學禮考》二卷。
《坊記新解》一卷。成都刊本。	《學校議院考》二卷。
《官禮驗推補證》六卷。附綱領一卷，成都排印本。	《海外從質考》。
《禮經上達下達表》一卷。	《周禮書傳非舊史考》。
《五長禮制表》一卷。提要，存研。	《周禮海外政術考》。
《讀五禮通考札記》五卷。	《會典經證》。
《禮節互文考》二卷。	《倫理約編①》二卷。成都刊本。
《兩戴分大小學説》一卷。	《古文説證誤》。
《周禮辨微》一卷。自序。	

① 編：原誤作「篇」。

樂類

《樂經存亡集證》四卷。提要。	《禮樂宗旨表》一卷。
《樂傳記》四卷。提要。	《古今樂考》十卷。
《律呂要義》二卷。	《理學求源》一卷。

孝經類

《孝經古義》一卷。	《孝經廣義》二卷。
《孝經傳記》四卷。	《孝經一貫》一卷。自序。
《古孝子傳》二卷。	

論語類

《論語發微》四卷。提要。	《道德發微》。

《論語彙考》二卷。提要。
《小大天人學考》。
《待行録》。
《道藝說》。

子類

《老子經說考》二卷。提要。
《列子經說考》。
《莊子經義考》四卷。
《淮南經說考》。
《靈素皇帝學分篇》。
《尊孔篇》一卷。成都刊本。
《孟子直解》七卷。提要。
《荀子新解》十卷。

小學類

《孔氏古文考》。孔前無六書文字。
《秦焚字母文考》。
《九宮釋》、《釋公田》。
《翻譯名義》六卷。自序。

《中國一人例》。	《鳥獸草木託音取義考》四卷。
《天下一家例》。	《六書舊義》一卷。自序，成都刊本。
《推人合天例》。	
《釋射》、《釋車》、《釋五服》。	

經總 制作　源流　用工　次第

《六藝六經合爲十二經考》。提要。	《王制會通》四卷。
《五帝德義證》四卷。提要。	《博士會典》四卷。提要。
《古史皇帝篇經説》四卷。	《皇帝王伯表》一卷。自序。
《古經彙解》二卷。序。	《群經凡例》四卷。提要，成都刊本。
《群經天文考》二卷。	《經學題目》二卷。提要，成都刊本。
《古制佚存》二卷。	《經話甲篇》。提要，成都刊本。

《今古學考》二卷。提要。成都本，粵本，滬本。	《經學初階》一卷。自序，成都刊本。
《古學考》一卷。序、跋。	《經學程途》二卷。
《兩漢學案》二卷。	《白虎通訂釋》。
《知聖篇》二卷。成都本，國學扶輪本。	《五經異義釋》。
《家學樹坊録》二卷。提要。	《孔子繙經考》。
《經解輯證》二卷。提要。	

史部

《史記經説》二卷。	《王莽行經考》。
《戰國諸侯始行經術考》。	

子部

《諸子宗經考》。	《諸子凡例》二卷。提要。

《前漢律曆志三元表説》一卷。提要。薈編本。	《管子彙編》四卷。序。
《撼龍訂本》。薈編本。	《四庫西學書目提要》□卷。
《天玉寶照蔣注補正》三卷。序，薈編本。	《靈素陰陽五行家治法考》。
《縱横家書序》二卷。	《四益館雜著》。

集部

《楚辭疏證》。	《四益館文編》。

右《經學叢書》目録百種，統子目共百種。中分四門：入門總類一，王道類二，帝道類三，經總類四。中分二門：一宗旨，一源流學案。

入門總類計　　種　　卷

人學大小計　　種　　卷

天學大小計　　種　　卷

經總宗旨　種　卷
學案　種　卷

己亥初冬，館於成都。編録已定，爲之叙曰：六藝至聖之六相：上天，《易》；下地，《春秋》；前後左右，《詩》、《書》、《禮》、《樂》；六合内外，貫以忠恕、《孝經》，而無餘藴矣。海外瀛洲，雖詳《詩》、《易》，與夫《莊》、《列》、鄒衍、緯候，而無徵不信；以太史博雅，猶以爲疑，而況章句之儒，抱己守殘者哉！今、古紛争，《詩》、《易》之徜恍，二千年於此矣！未當其時，雖千百賁、獲不爲功，幾至，則一儒夫轉之而有餘，□□一啟，美富備陳，時之爲用，大已哉！平持西漢博士説以治《春秋》、《尚書》、《禮》幾二十年，不敢謂全收十四博士之侵地，千慮一得，頗有自信之條。於群經傳記中，惟力攻《周禮》，與《春秋》、《尚書》立異數條，著爲專書，歸獄歆、莽。名師摯友、法言巽語，自詡精詳，未能翻此鐵案。丁酉秋間，宋芸子轉述南皮師寄語，所謂「風疾馬良，去道愈遠，繫鈴解鈴，必須自悟」，爲之忘餐寢者累月，欲作書述懷，十易稿而不能自達，亦惟自督而已。戊戌春夏，讀《魯頌》豁然有會，乃三統之義不惟分配三經，所有疆宇亦判三等，求之《詩》、《易》而合，求之莊、鄒而合，再歸而求之《周禮》，尤爲合符節。嚮求《詩》、《易》義例將及十年，新思創獲，層見叠出。師中乏主，終不成軍；得此懸言，百靈會合，木屑竹頭，群歸統屬。因有前後《地球新義》二刻之作，再將舊聞加以綜核，編爲此目，以成一家之言。求之前賢，固乏全體，而鈎沉繼絶，聯合裁成，蓋無義不爲陳言，一語不敢臆造，但曰從舊，非以圖新。至於是，而九畿萬里，六義三易，化朽爲神，因禍得福，五帝所司，千里是則，血氣尊親，百世不惑者，其在斯與！其在斯與！或曰：《王制》之學，求之二十年而不盡，帝德之廣，尤當難慎。再易寒暑，遂定百編，速成不堅，未足爲信。曰：内外雖分，大小一致，蓄疑既深，中邊易透，聊分門徑，以卜小成。六合廣大，豈錐管所窮？維是累世不竟，古有明言。精力既銷，人事難卜；泰山梁父，崇庳不同。特掇此編，藏之家塾。瀟瀟風雨，晤對無閒，童孩課讀，示有依歸耳。天假以年，尚將修補，不敢以此自畫。況此編卒業，大約三年内可以成功，縱加以歲時，終不能出此圍範。或曰：學有三變，安知後來之無異同？曰：以《王制》言之，今、古分門此説，是今非古此説，即帝王分統，亦未嘗異焉。變之中，有不易者存。故十年以内，學已再易，三《傳》原編，尚仍舊貫。惟大統各經，以宗統未明，不敢編録。名曰三變，但見其求深，初未嘗削札，則謀畫之審，差堪自信。莊子所謂乘雲御風、游於六合以外者，自揣無此才力，未敢步趨，繭絲自縛，營此菟裘，將此終老。獨是昔治二《傳》，隔膜《左氏》，南皮師命撰《長編》，因得收三《傳》合同之效；又以《周禮》之命，必求貫通，力竭智窮，竟啟元竅。一知半解，畢出裁成，事理無窮，未可以一人私見，堅僻自是。數經險阻，使得小成，編爲百種，以卜後勁。四益館主人自序。

此己亥《百種書目》原序，至今又十五年矣。自四變之後，頗有異同①，畧爲删補，編爲此册。仿《井研縣藝文志》之例，將其序跋、凡例、提要彙爲一家專書。今先排此目録，而提要則俟嗣出焉。癸丑六月六日，四譯宬主人跋尾。因四變，乃改四益爲四譯。

① 異同：原作「意同」，據文意改。

中國文字問題

李堯勳

六書文字，創自孔子，中國文字分兩階級：倉頡造字，純爲字母方言；孔子正名繙經，始有六書文字。傳之萬世，統一全球，《禮記·禮運》言大同，《中庸》言同文，孔子制作，固非爲一時一隅計，此所以爲大哉孔子也。非中國文字不爲功。學者不察，醉心歐化，習海外語言，語言在識外情，通科學，非變易中國文字。忘中國精粹，病六經，詆孔子，並文字亦屢議變易，近人勞乃宣、江亢虎皆變易文字。江亢虎仿英文字母拼音辦法，已試習於北京女學校，卒不能適用。不大惑乎？夫文化階級，由漸而進。人類交通，初用語言，繼以文字。文字規定，由簡單進於複雜，始卑邇終於廣遠，自然之勢也。自有史以來，《史記》以前古書凡稱史者，皆爲字母書，經史之分部，即古文與字母之别。世界文字淘汰消滅不知幾千百種，亞洲文字獨中國六書字體行之最久且遠。一統之世，尚不足論，六朝紊亂，五代迭更，元清入主中原，異文羼雜，終歸同化，其勢力優勝已如此，匪特國内也。日本、高麗語言各異，同用漢字。崇拜歐風，日本爲先，屢議廢止漢文，中東戰後，日本趨重歐學，文部省屢議廢止漢文未決。卒不能行。山本憲日人。著論斥之，且言中國文字將來必徧布於宇内，見去年《東方雜志》。其比較中西文字，謂西文不如中文，條例甚詳。卓哉！其深通字學，識孔子同文之制也。乃生長於是邦，不究其本，輒附和一二歐人學漢文不便者，山本憲言，漢文不便，係出一二歐人學漢文者。思變易之，遽謂歐西言文一致，易於科學，是豈然哉？言文不能一致，亦不必一致。歐人高深學術，非盡人能解，方言各異，欲於語言假音、字母連綴謂可通行，必無是理。歐洲現行各國文字不能强同，皆限於字母，方音不能爲標準也。中國六書，形聲義畢具，望而即知，不必由音造，此大同文制也。至於方音，絶無妨礙，惟統一語言，審定音則，同趨官話，是當留意耳。豈文字不如歐人乎？若歐人字母文字，不過語言之進步，實中國已經之階級。當草昧之初，所有語言假音，亦必同用字母。考中國藩屬如蒙、藏、回疆、安南、緬甸、廓爾喀皆用字母，内地各行省上古時亦然。《易大傳》言「上古結繩而治，後世聖人易之以書契」，湘潭王氏説以結繩象字盤曲之形，太史公稱字母爲百家言，六經爲孔氏古文。《史記》八言六經，皆屬孔子，與古史字母對針，非東漢以後古今文也。此中國上古用字母之徵也。所稱後世聖人，必爲孔子無疑。《説文》言孔子作字者數條。《左傳》言武蟲，緯書言字體者尤多，與《説文》不合，此古今之分派也。中土字母，秦漢以後久已銷沉，别無蹤跡可尋。然讀《莊子·天下篇》與《史記》本紀、表、傳，當時尚有兩種文字即百家語言與古文六藝。書籍並行於世，是以孔子以前但有語言假音，孔子繙經正名，乃特創六書雅言。當時二體通行，亦如今之中文與字母分體爲書，並行不悖。蓋字母利於通俗，凡卜筮、種樹、農工技術用之易曉，至於國家政治、禮樂、刑罰，則必於語言之外别立文字，折定一尊，不與土音相傳比，而後通行及遠。考春秋百餘國，分土而治，自成風氣，不下百種語言。齊魯學者同傳孔氏學，語言已自不同。戰國兼并爲七大國，《始皇本紀》謂天下諸侯並作語，《説文序》曰戰國分爲七國，田疇異畝，車塗異軌，律令異法，衣冠異制，言語異聲，文字異形，秦始皇初兼天下，丞相李斯乃奏同之，罷其不與秦文合者。秦無焚《詩》、《書》事，《史記》遂傳秦「撥去古文，焚滅詩書」，「古文」與「詩書」對舉，亦如下文六經與百家對舉。「撥去」當爲「撥正」，「詩書」當爲「史書」，謂焚滅字母史也。去、正形近，詩、史相通，因而致誤也。蓋文字參差，方言錯雜，從政困難，莫爲治理。《論語》云：「名名古訓字。不正則言不順，言謂命令，殊方異語，字母難於通行。言不順則事不成，事不成則禮樂不興。禮樂不興，則刑罰不中。刑罰不中，則民無所措手足。」謂此也。故始皇折定一尊，崇孔氏古文爲秦文，拚字母史書爲雜語。《史記·自敘》云「厥協六經異傳，整齊百家雜語」是也。舊説謂始皇焚書係孔氏六經，史無明徵，祇有百家語言。通考史稱百家言，皆與古文對比，知百家語言係字母各書，與孔氏古文絶異。始皇百家語言，絶非①孔氏古文。六書文字，遂流傳至於今日。今世界大通，文物雜陳，無異一大春秋、大戰國。考海外各國，無論程度優劣，同用字母。徵之中史，殆《史記》所謂百家言不雅馴、薦紳先生難言之者歟？又考歐西文化，莫古於希臘。希臘文化肇基小亞細亞沿海岸，而《出三藏記②》稱造字之祖凡三人：長曰梵，其書右行；次曰佉盧，其書左行；又次爲倉頡，其書下行。右行、左行二家皆爲字母，則中國下行文字，其初亦爲字母可知。當孔子時代，已歷字母階級，進於六書。今外國左行、右行二體歷時雖久，未與字母體製相離，以至

---

① 絶非：原衍一「非」字，據文意删。

② 出三藏記：「出」原作「西」，誤。此蓋指梁僧祐《出三藏記集》。

聖不再生，故因陋就簡，歷久不變。然準秦始同文之例，由中及外，驗小推大，又何必更生孔子乎？孔氏古文統括古今萬方，無慮音語扞格，一通以文字，觸目即解。歐西拼音成字，曷克臻此？此孔子之功也。山本憲謂必徧布於宇內，亦勢有必至。夫孔子，中國教宗也；六經，中國國粹也。無教宗無以繫人心，無國粹無以固國體。一時勢弱，何遽自棄？今且論中國文字源流，立三十題，各爲一論，文多不及畢載，每題略注數語，標明宗旨。全文續出，並摘附山木憲條例一通，以質今之言字學者。

中國文字問題三十論題解

李堯勳

論嗣出，文義明白者從略。是編多述井研先生舊説，現值民國初立，與世競争，文字亦一大問題，是否有當，尚待高明。倘蒙撥正，不勝拜賜，未敢守一家言也。作者識。

〔一〕人物皆以聲音相通，而表示聲音，必用字母。

世界公例，雖野蠻之國亦有其法。既稱文明，如今歐美亦不能出其範圍，别有制作。

〔二〕中國未有六書文字以前，亦如地球各國，同用字母。

二十二行省即地球各國之小影，歷史四夷列傳所引横行、左右行文字，同爲字母。中國京官使皆以語言相通，必盡學二十二行省方言，乃可從政，則無一人能勝其任矣。禮樂刑罰，彼此參差，吏胥舞文弄法，賞罰何以能平？以文字通，則無扞格，此又始皇之第一大功也。

〔三〕造字三家，倉頡與梵、與佉盧同爲字母。

《三藏記》梁僧祐①。昔造字之主凡三人：長曰梵，其書右行；次曰佉盧，蒙古所本。其書左行；小者倉頡，其書直行。梵及佉盧在天竺，倉頡在中華。夫梵及佉盧皆字母，則倉頡亦字母可知。是中國古時文字與今西體同，無疑矣。

四 聲音直言之，數十年一小變，數百年一大變，故《爾雅》專爲通今古語而設。遼金元《國語解》，入主中國，不廢字母，乾隆時改譯三史，繙爲中文，此語言歷久必變之確證也。

五 聲音橫言之，每因大山大川所囿，自成一種。即以中國言，方音不下數百種，一人精力萬不能通。《會典》於沿邊屬國列清語、蒙古語、藏語、回語、唐古忒語、越南語，由外可以推內，各行省古初亦必藩屬各國。

六 字母專爲耳學，圖畫則爲目學，無古今中外彼此之殊，盡人可曉。若方言則囿於方隅，萬難統一。《公》、《穀》説《春秋》「隕石於宋五」，即耳治也。「六鷁退飛過宋都」，即目治也。字母文

① 梁僧祐：原作「梁僧佐」，誤。又《三藏記》全稱爲《出三藏記集》。

法，實字在前，虚字在後，「五」、「六」二字一在尾，一在首，惟六書文字有此神妙，使以外國文法譯之，則不辭甚矣。

七 六書本於圖畫，緯以聲音，耳目皆用，可以行遠。

言六書者重形聲，形即圖畫，聲即語言。

八 六書之聲、形、事、意，即字母之拼音、名辭、動辭、形容辭，可見四家依語言門類而作。

自來言六書者專言象、指、會、諧上四字，而於下四字形、事、意、聲從略。考班氏《藝文志》曰象形、象事、象意、象聲，四門皆曰象，則以下四字爲主可知。按語言學，凡實物即爲名辭，與象形相合；動則爲象事，與動辭相合；意者虚有其意，無形可象，無事可作，如謚法、如考語，所謂形容辭矣。拼音但用耳聽，即所謂象聲。後來乃加偏旁，詳其門類，今所謂形聲字是也。蓋未有文字之先，皆以耳治，故專用字母，四象即取圖畫之意，兼用目治。故四象之文字雖變，而其門類則仍與語言之門類相同。

九 結繩爲字母，易以書契之後聖，專指孔子。

結繩爲字母，書契爲古文。舊説以六書文字始於羲皇，則爲上古，不得爲後之聖人也。凡言易者皆有兩法，易結繩爲書契，是爲兩種文字。《易》言伏羲畫卦，則爲神物，非今之八卦也。

十　六書、六經，地球有一無二，孔子欲繙經，乃特創古文。

古文繙經，意義無窮，欲作經，不能不用此文字，垂之久遠。

十一　六經不能用字母繙譯。

近來學者皆欲以外國文繙六經，如「元亨利貞」、「春王正月」之類，使以西文繙之，復成何語？

十二　《論語》「雅言」、「正名」、「闕文」，《莊子》「繙經」，《説文》引孔，皆爲孔作古文之證。

雅言。暨繹通古今語。　正名、正字，黄帝正名百物，即名家之所由出，所謂辨論學。　闕文。與闕如同爲字母，詳十七論題解，蓋闕如也。　《莊子》、「繙十二經」以説者。　《説文》。「君子於其言也，無所苟而已矣」若干條。　又「孔子曰：視犬之字如畫狗」之類。

十三　秦焚史書，非孔經。

《六國年表・序》：「秦既得意，燒天下詩史書，古來史記。　諸侯史記尤甚，六國新史。　爲其有所刺譏也。《詩》、《書》所以復見者，多藏人家，而史記獨藏周室，以故滅。　惜哉！惜哉！獨有《秦記》，《本紀》云史非《秦記》皆燒之。　又不載日月，其文略不具，然戰國之權變，亦有頗可采者。」

《秦本紀》：「吾前收天下書，不中用者所謂不與秦文合者。　盡去之。」字母史書。

又李斯奏：「臣請史官官字衍。非《秦記》皆燒之，《六國序》：「燒天下詩史書，諸侯史記尤甚，獨有《秦記》」云云。非博士官所職，敢有藏詩史書百家語者，悉詣守尉雜燒之，有敢偶語詩書者棄市。」「詩書」二字，後人竄入。《高祖本紀》應注：「秦法，偶語者棄市。」無「詩書」二字。應注：「禁民聚語，畏其謗己。」《高祖本紀》應注：「秦禁民聚語偶對也。」臣瓚曰：「《始皇本紀》曰偶語經書者棄市。」按應所見本無二字，瓚所見作「經書」，今本作「詩書」，又不知何時改也。

《李斯傳》：「臣請諸有文學詩史書百家語者，蠲除去之。」又「收其詩史書百家之語，以愚百姓。」愚者，安静之意，所謂「不識不知，順帝之則」是也。蓋當樸野之時，百姓真愚，則必開通之。至於紛争之世，處士横議，則欲寧静之，故曰「以愚百姓」，與《論語》「修己以安百姓」、「不違如愚」，老、莊「大智若愚」同意。

按：宋王氏《野客叢書》、明張氏《千百年眼》皆謂始皇未焚六經①。今細考《始皇本紀》、《李丞相傳》，皆無焚經之事。古人言此者多，今姑録二條，以示其例。經籍廢墜，實由楚漢兵火及高祖賤儒所致，漢儒不敢斥言，故歸之秦始。

十四　秦坑策士，非真儒。

《秦本紀》：始皇長子扶蘇諫曰：「天下初定，遠方黔首未集，諸生皆誦法孔子，今上皆重法繩之，臣恐天下不安，唯上察之。」始皇怒，使扶蘇北監蒙恬於上郡。

---

① 經：原爲墨丁，據前後文意補。

又置博士七十人。

張蒼、叔孫通皆爲博士。

又始皇曰：「吾前收天下書，不中用者盡去之。字母書。悉召文學方術士甚衆，七十博士。欲以興太平。孔氏古文。」

按：始皇惟獨尊孔子，故太子敢引諸生皆誦法孔子爲説。使其父深惡孔子，其子何敢以此進言？蓋始皇尊孔，諸國策士因六國已亡，無人養客，麕集京師，因始皇重儒，遂儒冠儒服，自附於孔子之徒，造言生事，猶昔日挾策干時之故態。始皇自以爲天下一統，德邁三皇，三王且不足法，何論戰國縱横之學説？故絶意除滅之。太子雖有是言，在始皇則以真儒吾甚尊崇①之，故多置博士，廣招方士。至於策士非儒，而冒爲儒，去僞存真，在所必除，故太子力諫不足以回其聽也。後世因古文家歸獄於秦始焚書，遂深惡而痛絶之。考孔子作經，空言垂教。劉向云當時惟七十子信其説，諸侯皆不用，秦始乃能獨尊孔子，實行經制，除鄒衍五帝運齊人獻於始皇尊而行之外，凡制度典禮、金石文辭，皆山東儒生七十子再傳弟子之條陳，其學説偶與儒書不同者。儒生多言王霸，始皇所用，皆爲孔子皇帝大同之説，以致小有參差焉。

---

① 尊崇：原作「尊尊」，據文意改。

《儒林傳》：「高祖圍魯，魯中諸儒尚講誦習禮樂，弦歌之聲不絶。」按：儒術興於山東，如果欲焚滅六經，誅除儒生，則當專以魯齊燕鄒爲主。考載籍，所坑者僅京師因事牽引之四百餘人，而山東未嘗遣一使逮捕搜索。但以魯一城論，兵臨城下，弦誦不絶，魯及城内之六經，其未經搜索焚燬可知。

[十五]秦因實行同文制度，乃焚字母書。秦始以前通行字母，古文六經惟鄒魯弟子能言之。秦始欲求同文，乃撥正古文，禁滅史書之百家語、百家言、外家雜語，專用孔氏古文。

《秦本紀》：「置廷宮中，一法度、衡石、丈尺，車同軌，書同文字。按下二句出《中庸》。又異時諸侯並争，厚招游學。今天下已定，法令出一，百姓當家則力農，士則學習法令，辟禁令。諸生不師今而學古，以非當世，惑亂黔首。」《李丞相傳》：「同文説、同文書，《正義》：六國制令不同，今令同之。斯皆有力焉。」又上書曰：「古者天下散亂，莫能相一，是以諸侯並作，語皆道古戰國。以害今，統一。飾虛言以亂實，人善其所私學，以非上所建立。今陛下并有天下，别黑白而定一尊，而私學乃相與非法教之制，聞令下，即各以私學議之，入則心非，出則巷議，非主以爲名，異趣以爲高，率群下以造謗。如此不禁，則主勢降乎上，黨與成乎下，禁之便。臣請諸有文學[詩]史書百家語者，蠲除去之。令到滿三十日弗去，黥爲城旦。所不去者，醫藥、卜筮、種樹之書。若有欲學者，以吏爲師。」始皇可其奏，收去[詩]史書百家之語，以愚安静之意。百姓，使天下無以古非今。

秦刻石金器，皆用篆文。今原石拓本猶存。又《説文序》：「斯作《倉頡篇》，中車府令趙高作《爰歷篇》，太史令胡毋敬作《博學篇》，皆取史籀大篆，或頗省改，所謂小篆者也。」徐邈所作隸書，即今楷字，形體皆屬古文。

《説文解字・序》：「分爲七國，田疇異晦，車塗異軌，律令異法，與《中庸》説相反。衣冠異制，言語異聲，由音而生文字。文字異形。必爲字母無疑。秦始皇初兼天下，丞相李斯乃奏同之，罷其不與秦文合者。」

十六　百家非子書，由各國語言學術而異，故爲私學。非孔氏所傳之九流，後世乃以爲子書。秦重儒，故諸國策士皆自託於儒。所坑爲策士，非真儒，所焚乃字母，非古文子書，如今所傳諸子。○今外國學説各國紛歧，各有歷史習慣，彼此言語不同，所謂私學。

秦詔令不及子書。

秦焚書以後，紀傳猶引用子書，共十二條。荀一、孔墨一、韓子六、申子三、商君六。西漢以下絶無焚子書之説。

《莊子》：「百家衆技」、如今外國國學與工藝。「百家往而不返」。非下聞古之道術而興起子家。漢丞相衛綰奏：「所舉賢良或治申、韓、蘇、張之言，亂國政者，請皆罷。」奏可。罷調所取用賢良，除其名不用，如後世磨勘，非罷斥其書也。按：《容齋五筆》言，綰奏在建元元年，董子賢良策在其後，《通鑑》顛倒其辭，後人遂誤以百家爲蘇、張、申、韓之書。按：武帝重儒，董子亦儒家，儒列九流之首，董子所謂罷斥者，自當與《秦本紀》同，專指策士字母學説，非九流之子書。考申、韓、蘇、張經傳本皆爲古文，蓋爲紛争世界學説，如今萬國林立，爲外交家救亡扶危之要策。漢武統一，此等學説當時無用，不得不推崇儒術，定爲一尊。當今爲大戰國，蘇、張、申、韓之學急須研究。縮請立明堂以朝諸侯。此可見始用經説立明堂，非前有明堂也。《董子傳》：董説與李斯傳如出一手。「《春秋》大一統者，天地之常經，古今之通誼也。今師異道，人異論，百家殊方，旨意不同，秦焚坑後至漢初猶未絶。○《史記》所存皆古文，棄絶不道耳。是以上亡以持一統，法制數變，下不知所守。臣愚以謂諸不在六藝之科、六經。孔子之術者，九流古文所書之諸子爲神術。皆絶其道，勿使並進，邪闢之説滅息。」

十七　秦漢以前，所謂史皆字母書。太史公《史記》在《春秋》經類，故《漢書·藝文》無史部。蓋以前史書皆字母，秦滅焚後，久而無迹，故東漢惟孔氏古文書獨存。《論語》：「吾猶及史之闕文。闕文即字母。有馬者符號爲馬，《禮經》一馬、二馬皆爲記數馬數字母。借人乘之，字母拼音爲借乘本音外，又拼數馬爲一音，二合、三合，後世反切之所出。今來今。亡矣乎！」東漢後字母之書絶迹矣。「野哉由也！野謂野人，未離蠻野，專用字母，以爲可以不必正名。君子於其所不知，即上「今亡矣乎」，文明之時，字母絶於世界。蓋闕如也。」緯言「書者，如也」，闕如謂字母之書。《孟子》引孔子作《春秋》，其文則史。未修《春秋》爲字母史書。

《莊子·天下篇》：「舊法世傳之史，字母。世多有之。」

十八 《史記》八言古文，皆歸屬孔子。按：《僞經考》不明古文爲孔子六書，遂以《尚書》之今文、古文解此古文。古文之學始莽、歆，遂指《史記》八言古文爲劉歆所羼入。按：當時字母與古文並行，字母例如今之外國文，古文例如今之中文。

《仲尼弟子傳》：「則論言弟子籍，出孔氏古文近是。」按：孔氏古文，蓋指《論語》而言，與下《詩》、《書》古文、《春秋》古文蓋皆六書古文繙經者。凡經皆稱古文。

《封禪書》：群儒既已不能辨明封禪事，又牽拘於《詩》、《書》古文，而不能盡。封禪，《詩》、《書》中無其明文，故諸儒不敢説。

《吴世家·贊》：「余讀《春秋》古文，乃知中國之虞與荆蠻二字當爲衍文。句吴兄弟也。」同姓姬，與別書舊史不同。○按：孔氏古文、《詩》《書》古文、《春秋》古文，言《詩》、《書》而《禮》可知，言《春秋》而《易》可知。

《五帝本紀·贊》：「學者多稱五帝，尚矣。然《尚書》獨載堯以來，而百家言黄帝，其文不雅馴，薦紳先生難言之。孔子所傳《宰予問五帝德》及《帝繫姓》，儒者或不傳。余嘗西至空桐，北過涿鹿，東漸於海，南浮江淮矣，至長老皆各往往稱黄帝、堯、舜之處，風教固殊，總之不離乎古文者近是。」按：以孔子新造之字繙古史爲經，方言皆俗語，故古文乃雅馴，即今六經所載文字是也。其不雅馴者，皆爲字母可知。

《三代世表》：「余讀牒記，亦古史字母書。黄帝以來皆有年數，以上字母。稽其曆譜牒、終始五德之傳，古文咸不同，乖異，夫子之弗論次其年月，豈虚哉！」《十二諸侯年表》：「於是譜十二諸侯，自共和訖孔子，表見《春秋國語》，古文。學者所譏盛衰大指，著於篇，爲成學，治古文者要删焉。」《敘傳》：「年十歲則誦古文。」當時古文之外習字母書，如今習外國文。又撥去正。古文，焚滅詩史書。撥正，謂撥亂反正，專用古文。焚滅史書，即罷其不與秦文合者。詳《六國表敘》。

十九　西漢以上古文與字母書並見。爲史、經之分。孔子以後經皆古文，孔子以前史皆字母，其證甚多。今僅即所見以發其凡。

《易》○上古結繩而治。	後世聖人易之以書契。
《莊子・天下篇》○舊法世傳之史，世多有之。	《詩》、《書》、《禮》、《樂》，鄒魯之士，搢紳先生能言之。正名。
《論語》○闕如。	其義則丘竊取之矣。《孟子》：「不以文害辭。」皆指古文。孔子作《春秋》，繙字母爲古文，即《莊子》繙經、《論語》雅言。

《孟子》〇其文則史。	
《史記》〇《五帝本紀·贊》：百家言黃帝，其文不雅馴，薦紳先生難言之。	孔子所傳《宰我問五帝德》及《帝繫姓》，孔子古文。總之不離古文者近是。予觀《春秋國語》，其發明《五帝德》及《帝繫姓》章矣。予并論次，擇其言尤雅者，故著爲本紀書首。
《秦本紀》〇惟種樹、卜筮之書不焚。小事便用字母。	若欲用學法令，以吏爲師。法令必須同文。
《三代世表·敘》〇余讀牒，字母古史。記黃帝以來，皆有年數。又集世紀黃帝以來訖共和，爲《世表》。 附東方朔外家語。詳褚先生補。 《封禪書》：其語百家語。不經見，不見於經。搢紳不道。與《莊子》、《史記·五帝贊》同。	即《論語》「名不正則言不順」。 孔子序《尚書》，則略無年月，或頗有，然多闕，不可録。又稽其曆譜牒、終始五帝之傳，孔子所傳。古文咸不同，乖異，夫子之弗具年月，豈虛哉！《尚書》爲新經，非古史，故不具年月，與《春秋》編年體不同，故記年月皆爲制典。

<table>
<tr><td>《六國年表・序》：太史公記秦記至犬戎敗幽王、周東徙洛邑，秦襄公始封爲諸侯，作西畤用事上帝，僭端見矣。秦、戎狄僭禮。</td><td>《禮》曰：天子祭天地，諸侯祭其域内名山大川。今秦雜戎狄之俗，先暴戾，後仁義，位在藩臣，而臚於郊祀，君子懼焉。</td></tr>
<tr><td>《十二諸侯年表・序》：是以孔子明王道，於七十餘君莫能用，故西觀周室諸史記舊聞，具於魯，而次《春秋》，上記隱，下至哀之獲麟，約其文辭，去其故重。</td><td>於是譜十二諸侯，自共和訖孔子，表見《春秋國語》，古文。學者所譏盛衰大指，著於篇，爲成學，治古文者要删焉。</td></tr>
<tr><td>《敘傳》：整齊百家雜語。整齊，猶繙譯，化同。《史記》兩言百家語，一言諸侯並作語，一言百家雜語，合之皆爲語言，語言即字母方音。</td><td>厥協六經異傳。六經，《論語》：「子所雅言，《詩》、《書》①執禮皆雅言也。」史公以前，六經各分疆域，人天大小不同，史公乃混合之，編爲紀傳，其中事迹大野人天不能一律，此史公大誤也。</td></tr>
<tr><td>又：余所謂述故事，整齊其世傳，非所謂作也。</td><td>而君比之《春秋》，謬矣。</td></tr>
<tr><td>《説文序》：罷其不與秦文合者。</td><td>秦爲同文，乃焚書。</td></tr>
</table>

① 書：原脱，據《論語・述而》篇補。

二十《王制》、《周禮》繙譯之官，皆因文字不同，若太平用同文之制，則不用譯官。言語學爲將來政治第一困難事。同文之制度，所以取銷譯學，必取銷而後有通材。蓋萬國方音，老死不能盡其學，全球同文，而庠序之頌聲作矣。

廿一 揚子雲《方言》即中國初用字母遺意，特以文字繙譯言語。五方氣稟，有剛柔清濁之殊，因之言語有緩氣、急氣、緩舌、急舌、長言、短言、横口、合脣、蹴口、開脣、閉口、籠口之别，以其音之不同，而别擇一字以當之，或更增一字以實之，此方言所以日多也。惟能通聲轉之源，不以俗字入書，不爲望文生訓，而後於方言可以會通。

廿二 醫藥、卜筮、種樹、技藝之事，以方言字母爲便，故秦始不燒此等字母之書。或疑中國文字語言離而爲二，不如外國文言一致之便，此分方之小識，不知同文之主義者也。蓋就一國言，則貴合；就天下言，則貴離。離去土音，以圖書濟之，然後可以通行天下，如今之語言學。地球更有新出方言，不下數十百種，如不同文，即此一事，將終身不能通，故不能不講同文。如欲同文，則必各去其土音，而以圖畫目治通之。六國並作語，即今諸洋之現象。

廿三 禮樂刑罰非同文，則官吏、人民上下皆困。

《秦本紀》：「欲學法令，以吏爲師。」蓋醫藥、卜筮、種樹囿於方隅，其行不遠，故以方言爲宜。既如坊間俗醫學歌括、鄉農謡諺，人人易曉，以便通行。至於法令，必定黑白，折一尊，天下方能得其平。六國之士囿於方音，始皇於京師、諸郡特開同文法令學校，以吏爲師，凡國民以上之資格，如王公子弟、凡民之俊秀，先學文字，後學法令，以畫一整齊之，《説文序》所謂諷誦九千字乃得爲吏者是也。今中國學校有外國語言，如英、法、德、俄、日等將近十種，以地球論，十種語言不過占十分之一，且皆其本國之特別一種語言，求之其本國人亦不能全通。南美、非、澳文明以後，又必特别新出若干語言，不惟中國學人以此事爲困難，實則萬國同受此病。誠能如《中庸》所謂天下書同文，則彼此皆便。

廿四 中國簡字法，日本欲去漢字，皆不能用。日本和文，即中文通行全球之先導。凡草昧之初，風俗簡樸，拼音方言，足以給用。文明日啟，人事繁賾，經説言黄帝正名百物，蓋王伯疆域小，自爲風氣。大一統之世，必須整齊畫一，實行同文之制，再造文字。如西人化學名詞，本非中國所有，習化學者必以中文編定其名辭，此秦時李斯、趙高、胡毋敬、程邈皆各作文字所由來也。外國有名無姓，中國開化早，則姓字已數千字，此萬不能消滅者也。中文一音有至數十字者，人取名號，每易字以求别異。音同而異字者，每一音多則可至二三十字之不同，如漢口之九如齋、北京之王麻子，皆音同字異至數十號，口皆同一音，中文可別，而字母則不能別。又以中國之榜示賬簿言之，音同而文字不同，至於數十見，何以自別？即如遼、金、元三史，其人名每多雷同，譯爲中文，乃可識別。此日本所以不能廢漢字，中國所以不能行簡字也。

廿五 莽、歆徵求古文，東漢古文學由此而起。六書、六經皆傅會文王、周公、史官。莽、歆與博士爲難於隸古定，六經之外別求古文漆書、蝌蚪，猶可歸之孔子。至牽引周公以詆孔子，則六書文見《周禮》，六經皆在孔前，與《史記》孔氏古文之説全不合矣。

廿六 古籍舊題在孔前者，如《老》、《管》皆屬依託。黄帝之書，如《靈》、《素》之類，皆出秦漢著述，非史頡有古文也。

廿七 鐘鼎、泉刀、彝器款識，非贋作即誤釋。《竹書》僞作，非真有蝌蚪古書。太公柩題和字，出於傅會。《考工記》古本亦同。《岣嶁碑》乃道士符籙，非禹真書。《石鼓》北周物，近人有明説。餘可類推。

廿八 八體同爲象形，六書變體，非列聖代作。《説文序》所列八體，皆古文之變體，同爲圖畫之別裁。舊以歸之倉頡、史籀、大禹、文王、伏羲者，同出後人傅會。

廿九 埃及碑即真，亦圖畫，非文字。

教士言彼國有古碑，中有圖畫形狀，彼以爲彼國象形文字，因不便利，乃改爲字母，實係誤説。其碑畫不審真贋，即使有之，圖畫亦不可直當文字。《采風記》言外國初用六書文字，其倫理亦同中國，後乃改爲字母與耶教，蓋爲彼説所誤云。

三十　將來四海統一，折衷一是，於地球中擇善而從，必仍仿秦始盡焚字母各書，獨尊孔氏古文。說詳《東方雜志》日本山本憲論。

四譯宬經學穿鑿記二卷

廖師政

海内讀四譯書者，每若不得門徑。蓋自考據、義理二派專行已久，學者先入爲主，於四譯新解輒多扞格。故初學尚易領悟，所謂「甘受和，白受采」；從事漢宋工深者，轉多迷罔，非先除蕩積淤，不足以啟信從。四譯二十年前襄校尊經，當時應課者常二三百人，分經立課，用志不紛；每課題目，由數十道以至百餘道，率皆大例巨疑，經衆研究，堅確不移者，乃據爲定説，否則數變或數十變而不止。凡所推究，又皆艱巨，自古所望而生畏，率知難而退者，今則合數百人之心力，精研數年之久，所以敢犯前賢不敢犯之險，發自古不能發之覆。四譯二變，皆群策群力，集思廣益，而後有此成效。《二變記》一本，詳列尊經課藝題目及諸同學姓名者，此也。七級寶塔，由一磚一石集合而成，所有磚石，又皆新廠新法特别製造而成；若以舊來破磚泐石相比較，其不能相合也宜矣。當時以題多難於鈔録，間預刊印給發，今存者猶近百頁，書局所云「尊經題目」是也。一人不能作多題，因有此目，或餘日補考，或據目與同經别題相商，或又據目與别經研考交通之條。後來從學，雖離群索居，得此一册研究疑難，已不啻石渠、《白虎通》之抗議；良工作室，群鳥託處，成效大驗，卓著鄉邦矣。凡治經之道，由疑生悟，大疑大悟，小疑小悟，不疑則不悟。經文簡奥，音訓疏説，鐵案如山，凡屬枝節，略有推敲，稍涉繁艱，群焉熠息。故學子之讀經書，每如沙門之誦梵咒，惟求口誦其文，不必心了其義。或且專主平庸，一見能解，治經之書，以此爲名者多矣。轉鄙精研，以爲穿鑿。讀不能疑，疑不求解，經術沉晦至今，所以成此國勢。凡欲成宫室器用，孰能舍穿鑿？若舍穿鑿，則匠失其巧，純任自然，則道家之無爲，豈匠人之職哉！此篇大疑數百，小疑數千，濬聰明，啟神悟，礴石原質，皆可把玩，積長增高，成其實相。熟此難端，再讀四譯編成專書，則涣然冰釋，怡然理解。竊以《翻譯名義》、《佛爾雅》比之，蓋四譯持規執繩，鈎心鬬角，斧鑿痕跡，多在此中；非此不足以判新舊，别真僞，亦所謂消文而後解義，因小而後推大。昔人云：「鴛鴦繡出憑君看，不把金鍼度與人。」繡固非一鍼所能成，然謂之非鍼，則固失其名實矣。今除尊經已刊外，再補以題目記存，編爲二卷，以爲入門初級之書，名之曰「經學穿鑿」。四譯恃此而成，學者因此而奏巧，如野人食芹，而甘公之同好。然則穿鑿者，固亦學者所不能廢也。癸丑秋八月，姪師政編成識此，願以推之同志者也。

命理支中藏干釋例

黃　鎔

《論衡》云：「天施氣而衆星布精，天所施氣，而衆星之氣在其中。人稟氣而生，含氣而長，得貴則貴，得賤則賤，或「或」上疑脱「貴」字。秩有高下，富或貲有多少，皆星位尊卑大小之所授也。」是漢末已以星位言禄命，星命之説，由來舊矣。世傳《玉照神應經》託於郭璞，《天元秀氣經》屬於巫咸，《範圍數》本之希夷，《摘金歌》傳於吕氏。他若《星命朔源》、《三命消息》、《三命指迷》、《星命總括》、《星學大成》、《三命通會》、《張果星宗》，及李虛中、徐子平諸家，莫不洞明星次，以判窮通。故操是術者謂之星士，顧肇始制業，授受有真，權衡休咎，百不失一。昌黎之箕口簸揚，東坡之磨蝎多謗，先後其揆，若合符節。洎夫季世，譌舛漸滋，或三家之沿變，或口授之侏離，秘密者僞其傳，承習者不暇考，致使天度愆宫，孟陬失紀，陰陽乖途，剛柔易位，以之談天説命，是素非丹，言之不驗，無惑也。偶焉微中，亦鳳毛麟角，罕遇之耳。龜蓍既乏前知之準，珞琭遂無徵信之文，繇是非命、辨命，衆喙紛乘。謂長平坑卒，未必概犯三刑；關内侯封，豈盡生逢六合。戊子或小，甲辰乃雌，穴虛來風，木腐生蛀，術家亦無以解，如蠶自縛，曾不推究其枘鑿之原，魚目碔砆，混珠淆玉，欲求實效，烏可得哉！今考支藏之例，略發端倪於此。

四孟陽干左行十二位一生接之。	四季陰干右行十二位一墓接之。	四仲二陰二陽分順逆。
寅甲進一位。丙進七位。戊進五位坤。	丑癸退一位。辛退七位。己退五位坤。	子癸進一順行。
申庚一壬七戊五艮。	未丁一乙七己五艮。	午丁同上。舊多己字。
巳丙一庚七戊五乾。	辰乙一癸七己五乾。舊誤作戊。	卯甲退一逆行。舊誤作乙。
亥壬一甲七戊五巽。舊脱戊字。	戌辛一丁七己五巽。舊誤作戊。	酉庚同上。舊誤作辛。
由寅進一位爲甲，進七位爲丙，再進五位爲坤爲戊，餘倣此，皆左行用陽。	由丑退一位爲癸，退七位爲辛，再退五位爲坤爲己，餘仿此，皆右行用陰。	子午中藏癸丁，以示順行之道，卯酉當逆行，數甲數庚，爲陰爲退，不宜誤癸至亥壬右爲陰。午丁至己丙當作丙巳至未丁。

《詩緯》謂午爲陽謝陰興，子當曰陰謝陽興。又曰午亥之際爲革命。午與巳配，亥與子配。陰陽之會，一歲再遇，遇於南方以仲夏，午方。遇於北方以仲冬。子方。《淮南》謂之雌雄二神，五

月合午，十一月合子是也。卯乙酉辛爲陽局，《天玉》以子癸午丁卯乙酉辛爲天元。必有甲寅庚申之陰局。《詩緯》謂酉爲陰盛陽微，卯當曰陽盛陰微。又曰卯爲陰陽交際，兼酉言之。即《淮南》陰陽相得、刑德合門之説也。夫陰陽遇於子午，從左右别而相去；陰陽遇於卯酉，春分、秋分晝夜適均，亦必别而相去。《緯》曰卯酉之際爲革正，謂陰陽交會於卯酉，得沖和之正氣，仍必革更而分異也。《詩緯》言五際，即有十際，蓋陰陽相交謂之際。此爲四正之八局。四正四維爲八卦，分陰陽爲十六局。命理以四孟、四季、四仲挨排星位，乃《青囊序》所謂先天羅經十二支之舊義，《詩緯》五際，亦全以十二支爲言。尚存於星命家者也。今堪輿加八干四維，則别有挨法。

其四孟、四季用戊己者，《素問·五運行篇》引《太始天元册文》曰：「丹天之氣經於牛丑女子戊分，黅天之氣經於心卯尾寅己分。」所謂戊、己分者，奎壁乾角軫巽則天地之門户也。此以乾巽爲門户，陰陽出入，左右分行，爲四六之宫。翼奉以戌丑爲上方，辰未爲下方，此但舉辰戌，必有丑未，則二八坤艮之宫，亦必爲戊己經天之位。命理之寄戊己於四維者，即此義也。總之，天地之理，陰陽之氣，順之則福，逆之有咎。命理之推測星度，考求支藏所在，有取於陰陽二干者，義雖玄微，本有次序可尋，而躔舍之蹤跡，且有他説足以印證。如《詩緯》、《董子》、《淮南》及堪輿家説。果使深參其奥，以斷人困亨得喪，必能歷驗不爽。陶弘景《三命》有抄，僧一行《天元》作賦，其所從來非無本矣。後學謭薄，漸漓其真，知其所當然，而不知其所以然，甚乃襲誤沿譌，亦莫能探源就正，官煞顛倒，傷食乖違，致尠徵驗於人，乃與迷信同誚，而以人合天之學派，遂悠悠泛泛，淪喪於術數者流，良足惜也。四益先生力闡天學，拈此命題，爰掇所知，聊以塞責。黄鎔謹識。

六譯先生年譜

廖宗澤 撰
楊世文 編校

校點説明

《六譯先生年譜》，廖宗澤撰。宗澤字次山，廖平孫。光緒三十二年丙午（一九〇六）十月，廖平曾命門人編成《四變記》四卷，有藉《四變記》作年譜之語。民國八年（一九一九），門人鄭可經嘗欲爲先生作年譜，未果。此後，廖宗澤即有自作之意，嘗就廖平詢其早年事迹。但當時廖平方痛風，言語蹇澀，記憶不清，述時頗吃力，因此擱置。民國二十一年（一九三二）廖平既逝，四川《尚志週刊》欲出紀念刊，以年譜屬宗澤，乃始爲之。據其《序例》，譜中材料來源，一爲廖平所著已刊各書，二爲所著未刊各稿，三爲同時人著作，四爲所聞，五爲所見。前三種皆照録或節録各書原文，注明原書名；有附會變化者，也注曰「據某書」。至於所聞所見，均不更注出處。其有聞見事亦並見於著作者，大抵據著作。宗澤自謂由於未刊各稿多佚，或散在故舊，一時無法徵集，同時著述，也因僻在鄉曲，所見祇三數種，缺漏極多，嗣後當陸續增補。實則該譜極爲詳贍，對於了解廖平學術思想的發展，以及友朋交往、生平活動皆極爲有助。此書作成之後，屢經修改，尚未定稿，僅存稿本，藏於重慶市圖書館，頗有殘損。成都巴蜀書社於一九八五年曾出版廖平之女廖幼平所編《廖季平年譜》（以下簡稱「巴蜀本」），實爲廖宗澤譜的節編本，並有所補充修訂，與原稿本稍有出入。四川大學《儒藏·儒林年譜》中曾收入駱鳳文圈點之稿本《六譯先生年譜》，駱鳳文還有《一抹斑斕的晚霞——六譯先生年譜校説》，對《年譜》作了初步整理。兹據四川大學古籍所藏李耀先先生複印重慶圖書館藏廖宗澤原稿稿本重新編校，並將巴蜀本與此本對勘，作爲補充。原稿所引各書多標有頁碼，與我們所見不必盡同，姑存其舊。

目録

六譯先生年譜序例

一、六譯先生於光緒□□□□①有藉《四變記》作年譜之語。民國八年，門人鄭可經嘗欲爲先生作年譜，未果。此後，澤即有自作之意，嘗就先生詢其蚤年事迹。先生方痛風，言語蹇澀，記憶不清，述時頗吃力，不欲苦之，因以擱置。去年，先生既逝，四川《尚志週刊》欲爲先生出紀念刊，以年譜見屬，乃始爲之。不作於先生生前，而作於死後，致有無可印證之憾，此當引爲内疚者也。

一、譜中材料來源有五。（一）先生所著已刊各書；（二）先生所著未刊各稿；（三）同時人著作；（四）所聞；（五）所見。照録或節録各書原文者，注原書名。有附會變化者，注曰據某書。至於所聞所見，均不更注出處。其有聞見事亦並見於著作者，大抵據著作，以記憶多誤也。未刊各稿多佚，或散在故舊，一時無法徵集，同時著述，亦以僻在鄉曲，所見祇三數種，缺漏極多，以後當陸續增補。

---

① 此處文字殘損，細審似有「丙午」二字。案：光緒三十二年丙午（一九〇六）十月，廖平命門人編成《四變記》四卷。

一、先生□年事跡□□可知，蓋舊□□疑故□□□已不存《井研藝文志》有先生光緒己亥以前文集十卷，今□□者不過數首，又多經説，罕及私事。雖其□□未由詳矣。《縣志》有《家學紀聞録》、《師友跫音》各書，專詳早年治學及師友攻錯之言，惜皆未成書。否則，有裨於年譜材料當不少也。

一、先生治漢學後，説凡六變；未治漢學時，嘗治宋學。今就其原有階段，仿洪興祖《韓子年譜》之例，區爲二卷，判其起訖。二卷以後，以《初變記》、《二變記》、《三變記》、《四變記》、《五變記》、《六變記》録於卷首，藉作緒言，使讀者心中先具概略，再按年讀去，較爲省力。以其所言包括某一階段，非一二年事，故以之獨立卷首。首卷則取先生《經學初程》中自述一則充之。蓋《初變記》各文爲綱，按年以記各目，合之兩美，亦庶幾先生以《四變記》作年譜初心爾。

一、先生所著各書，著明成書年月者祇爲少數，其餘雖無著作年月，苟可知爲某一階段所著，則以歸入某階段中間一年如《二變記》時《詩》、《易》各作，起於辛卯，終於丙申，則以歸入癸巳年。或最後一年。如《縣志》所收大統各書，可斷爲丁酉以前及庚子以後者，則歸入己亥年。或雖非一年所作，而確知某年曾治某書者，則有關各作，即以類附於某年。如先生戊戌在資州，嘗治諸子學，曾聞之舅氏任叔泰先生，故疑諸子著作中有大統之説者，並附戊戌年。如某階段所作亦未由知者，則付之闕如。

一、先生所擬作之書不下三四百種，成書數不可考，以當時多集同學之力分纂，故稿多散佚，今存者合已刊未刊各書計之，不過總數五分之一耳。曾否成書，或已成而或存或佚，或並成否不可知，均分别注明。

一、譜中撮各書大要，除現存各書外，祇能採擇《井研藝文志》提要序跋，不能見原書也。又，現存各書，澤既未能盡讀，於堪輿家言，尤無常識，除僅據序跋外，實不能置一詞。

一、譜中事實年月，仍恐有誤，以所聞不免異辭也。疑不能定者，於其下加問號以識之，備他日改正。

一、此譜於民元以後外，□用陰曆以記事□□年□□□不便更改。民元以後著作□□則用□□年也。

一、先生與澤係祖孫，譜中所有稱謂欲從作者關係，殊不便敘述，故仍□先生關係言之，且直書其名，似較醒目，惟於先君，則援屈原字伯庸例，書其字。

一、此譜敘述或則得於蕪雜，或則失之漏略，姑以此爲初稿，以求正高明，儻有曾與先生交遊及知其事迹之長者，録其所漏見遺，俾據以補入，尤所企盼。

一、先生事蹟無年可繫者，别録爲軼事若干條，附於譜後，著作之無年可入者，亦録附譜後。

一、今人作年譜，頗有間以評論者，澤於先生之説，容有不敢苟同之處，然以學力言，則不啻沙彌之於佛，輒爲短長，徒成淺薄。至他人評先生語，仍加採録。

廖氏世系表

廖氏世系表

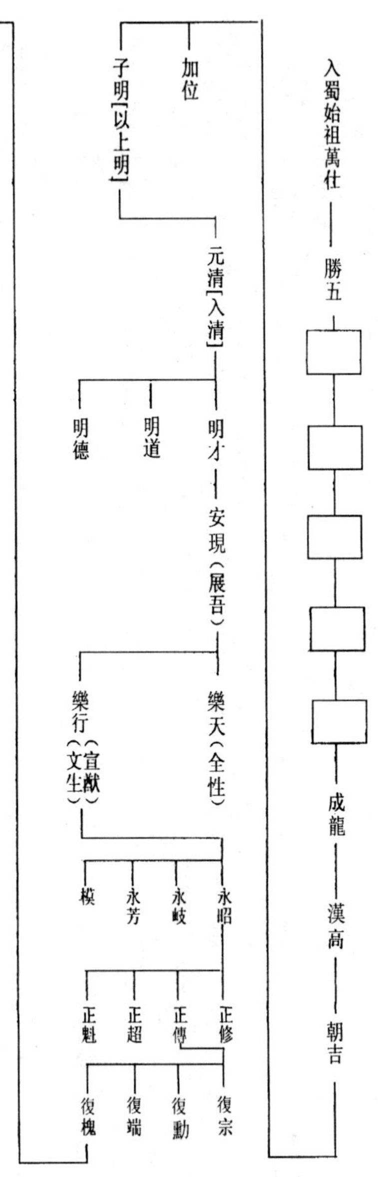
入蜀始祖萬仕
勝五
成龍
漢高
朝吉
加位
子明[以上明]
元清[入清]
明才
明道
明德
安現（展吾）
樂天（全性）
樂行（宣猷）（文生）
永昭
永岐
永芳
模
正修
正傳
正超
正魁
復宗
復勳
復端
復槐
登墀
登梯
登樓
登廷（季平）
登松
成學
成厲
宗□
成璋
成劫
成劭
宗伯
宗澤

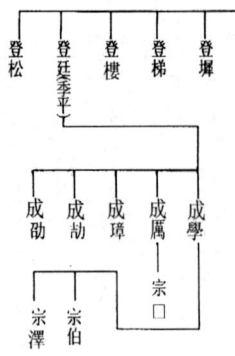

六譯先生年譜卷首

按，廖氏入蜀，至五百年無仕宦科第，亦無績學之士。入蜀之先，世系無可考者。得姓之始，説亦不一。《世本》以各家咸出古帝王，豈當時前民均絶嗣耶？廖譜有《姓氏新考》一文，惟作傳疑之詞，最爲核實，此文似出先生。今録於此：「《漢書·古今人表》有廖叔安。《地理志》：南陽有廖國，即《左傳》之所説飂叔安也。故舊以廖爲飂國之後，然無他佐證。姓氏之書又以廖爲周文王姬昌子伯廖之後也。最早者《華陽國志》，秦時蜀中有廖仲藥，澤按，廖仲藥爲夷人，在秦昭襄王時。以射虎傳。《後漢書》廖湛有傳，於是而廖氏乃大顯於史册矣。」

六譯先生年譜卷一

初變以前①，起咸豐二年壬子，訖光緒五年己卯，凡二十七年，後半爲先生治宋學及訓詁時期。

先生云：「予幼篤好宋五子書及八家文。丙子從事訓詁文字之學，用功甚勤，博覽考據諸書。冬間偶讀唐宋人文，不覺嫌其空泛，不如訓詁書字字有意。蓋聰明心思至此一變矣。庚辰以後厭棄破碎，專事求大義，以視考據諸書，則又以爲糟粕而無精華，枝葉而非根本。取《莊》、《管》、《列》、《墨》讀之，則乃喜其意實。是心思聰明至此又一變矣。」《經學初程》四十二②。

咸豐二年壬子（一八五二）③，二月初九日亥時，先生生。

先生名登廷，字旭陔，繼改名平，字季平。號四益，繼改四譯，晚年更號五譯，又更號六

---

① 「初變以前」四字原無，兹據巴蜀書社一九八五年出版《廖季平年譜》（以下簡稱「巴蜀本」）添加。

② 此段文字原無，據巴蜀本補入。

③ 公元年原無，兹據巴蜀本添加，下同。

譯。初名其堂曰小世綵堂，曰雙鯉堂，五十前後曰則柯軒主人①。四川井研青陽鄉鹽井灣人。明洪武二年，先世名萬仕者，由麻城入川，卜居井研治東觀音堂壩，後徙廖家嘴，再遷鹽井灣②。歷明至清，族頗繁。凡十九世而至先生。

高祖樂行，字宣猷，文生。妣王氏。

曾祖永昭，字顯揚，贈文林郎。妣周氏，贈孺人。

祖正傳，贈奉直大夫。妣楊氏，贈宜人。

父復槐，字繼誠。幼家貧。十二歲時，分得賈業錢二十五千，學爲小販，不能糊口，乃爲人牧牛，年得千八百錢。繼得夏某之助，復爲商，漸能自給。中間曾兩毁於訟，一毁於火。生平臨財不苟，鄉人爲保節、恤孤、宣講、施槥、義冢等會，得公爲主者，人皆樂輸其金，出納不復問。略有乞貸者，情餘於所惠。每歲終則出千錢爲數十百束，至僻巷要道，遇餓者輒陰擲之，而呼其拾遺。凶歲亦如之。《光緒井研志》卷三十六《鄉賢》七。誥封奉政大夫。時年四十七③。母雷氏，字貞慈，誥封宜人。父源，母□氏。雷氏爲井研世族，宜人雖在鄉曲，頗識大體，歸奉政公

---

① 「初名其堂」至「則柯軒主人」：原無，據巴蜀本補。

② 「治東」至「鹽井灣」：原無，據巴蜀本補。

③ 四十七：巴蜀本作「四十六」。

於貧賤，共歷艱辛，數十年如一日。對諸孫極慈愛。時年三十六。子五人，先生其季也。兄登墀，字雲襄，十五歲。登梯，字級陞，十二歲。均經商。登樓，字光遠，三歲。業醫。弟登松，經商。姊一人，適陳爾華。

是年正月十四日，先生祖父奉直公正傳卒，年七十九歲。

時先生父繼誠先生方於鹽井灣設磨坊、糖肆。

洪秀全已起事於廣西，建國號曰太平天國，勢頗猖獗。

先生師張之洞香濤已十六歲，王闓運壬秋已二十一歲。稍前名人，魏源已五十九歲，陳喬樅樸園、陳立卓人均已四十四歲，陳澧蘭甫已四十三歲，俞樾蔭甫已三十二歲，潘祖蔭已二十三歲，王先謙已十一歲，朱駿聲已六十五歲，皮錫瑞已三歲，孫詒讓已五歲。

王夫之卒已一百六十年，顧炎武卒已一百七十年，黄宗羲卒已一百五十七年，閻若璩卒已一百四十八年，惠棟卒已九十四年，江永卒已八十九年，戴震卒已七十四年，紀昀卒已四十九年，洪亮吉卒已四十五年，阮元芸臺死已四年，張惠言皋文死已五十一年，桂馥未谷死已四十八年，段玉裁若膺死已三十八年，王念孫死已二十一年，孫星衍死已三十五年，王引之伯申、陳壽祺恭甫死已十九年，劉逢禄申受死已二十四年，龔自珍死已十二年，李兆洛申耆死已十二年。

十二月，洪秀全陷武昌。命在籍侍郎曾國藩①幫辦團練。

咸豐三年癸丑（一八五三），先生二歲。

友人張祥齡子馥生②。嚴復生。

洪秀全陷江寧。

捻匪起事。

咸豐四年甲寅（一八五四），先生三歲。

陳澧《漢儒通義》成。

劉文淇孟瞻卒，年六十六。

王筠籙友卒，年七十一。

洪、楊勢益盛，蜀省震驚。《鍾琦了塵先生紀年録》。

---

① 國藩：二字原爲〇〇，據《清史稿》曾國藩本傳補。

② 此條原無，據巴蜀本補。

咸豐五年乙卯(一八五五)，先生四歲。

雲南回民杜文秀起兵，遠近響應，黔苗亦騷動。

友人顧印愚生。

魏源《書古微》成。先生以後常言：源此書據《孟子》、《史記》補《舜典》之非，仍誤於僞序。據《古學考》頁三十五①。

咸豐六年丙辰(一八五六)，先生五歲。

弟登松生。

魏源卒，年六十三歲。源字默深，湖南邵陽人，道光進士。先生以後常言：魏默生雖略知分别今古，惟仍僅據文字主張門面，而不知今古根源之所在。據《初變記》②。

咸豐七年丁巳(一八五七)，先生六歲。

天旱兩年，全家食不果腹。楊禎《祭繼誠先生文》。

---

① 「先生以後」至「三十五」：原無，據巴蜀本補。

② 「源字默深」至「初變記」：原無，據巴蜀本補。

友人楊鋭生。

咸豐八年戊午（一八五八），先生七歲。

初讀於鹽井彎萬壽宫，塾師名向春廷。

康有爲生。

咸豐九年己未（一八五九），先生八歲。

九月，滇匪李永和、藍大順等竄蜀，分擾敘府、犍爲、雅州等地。

袁世凱生。

劉光第裴于庭村生。

咸豐十年庚申（一八六〇），先生九歲。

資州知州董貽清督資州、資陽、内江、仁壽①四縣兵勇來研防堵，被圍孤城，凡七十餘日圍始解。《井研志》卷十三《藝文志》三。

① 資州資陽内江仁壽：原作「資陽仁内」，據巴蜀本改。

李永和犯縣城，《井研志》卷四十一《紀年二》。分隊至鹽井灣擄掠。繼誠先生携全家避難，歷廖家嘴、李家塥、柴家山等地，繼至仁壽邊境之大顧砦構茅屋居之。先生見人篝前燃紙燈，則仿作而燃之，偶不慎，屋焚，罄所有。時鹽井灣磨房糖肆亦毁於匪。匪去回場，向族人某貸得錢二十千，乃得重理舊業。楊楨《祭繼誠先生文》。

是年，英兵入北京。皇帝幸熱河。

宋翔鳳于庭卒，年八十二①。翔鳳字于庭，長洲人。嘉慶五年舉人，官新寧知縣。著有《周易考異》、《尚書略説》、《尚書譜》、《大學古義説》、《論語説義》、《孟子趙注補正》。翔鳳通訓詁名物，注重西漢人家法，微言大義得莊氏之真傳②。

咸豐十一年辛酉（一八六一），先生十歲。

胡林翼卒。

---

① 八十二：原作「八十五」，據《清史列傳》卷六九《儒林列傳》改。巴蜀本亦作「八十二」。

② 「翔鳳字于庭」至「真傳」：原無，據巴蜀本補。

同治元年壬戌（一八六二），先生十一歲。

八月，清廷設同文館於北京，黄炎培《中國教育史要》第五章，頁八十九。以造譯材，始注重洋務。

俞樾《群經平議》成。

邵懿辰位西卒，年五十二歲。邵懿辰字位西，仁和人，道光舉人。乾嘉今文學初有《公羊》，繼有《詩》、《書》，至邵氏著《禮經通論》，以《儀禮》十七篇爲全古文，《逸禮》三十九篇爲劉歆僞造，於是始有今文《禮》。按先生於邵氏《禮經通論》備致推崇，謂爲二千年未有之奇書。①

同治二年癸亥（一八六三），先生十二歲。

江蘇巡撫李鴻章奏請於上海、廣東設外國語言文學館。同上

洪秀全黨石達開竄蜀，被總督駱秉章擒殺。

陳奂碩甫卒，年七十八。奂字碩甫，號師竹，晚號南園老人，長洲人。少師段玉裁，治《毛詩》、《説文》。入都與王念孫父子游，所學益邃。後主杭州汪遠孫家，潛心著述。咸豐初舉孝廉方正，有《詩毛氏傳疏》、《毛詩説》、《毛詩音》等②。

---

① 「年五十二」至「奇書」：原無，據巴蜀本補。

② 「奂字碩甫」至「毛詩音等」：原無，據巴蜀本補。

同治三年甲子（一八六四），先生十三歲。

先生自云：「予素無記性，初讀五經未終，而皆不能記誦，每讀生書，必以己意串講一遍，然後能記十二三。時因書不成誦棄學，師許以不倍，乃復從學。故余後專從思字用功，不以記誦爲事，心既通其理，則文字者可棄，至於疑難精要之處，雖不能舉其辭，然亦能默識其意，不可亂以他歧。」《經學初程》稿。

自此以上數年中，先生①曾從胡龍田讀於鹽井灣禹帝宮，從曾志春字雩亭，拔貢生，曾主講井研來鳳書院，以善教名，接弟子以誠。所論辯批竅導窾，聽者忘倦。《井研志》卷三十五《鄉賢傳》六。於小黄衝廖榮高家，並即從廖榮高學醫。從何欽培於董家砦。其各别年月均不詳②。

繼誠先生磨坊營業尚盛，先生諸兄皆各執一役，日無暇晷。繼誠先生命先生廢讀，歸助諸兄力作。未幾，先生大書「我要讀書」四字於粉牌而去。遍覓之，見其方持書讀於某寺後。

---

① 先生：二字原無，據巴蜀本補。

② 巴蜀本尚記：「時先生讀書苦不能記誦。復槐公以其拙，令廢學。一日先生將往捕魚，默禱於堂前：『如今日能得魚，當復讀。』及往，果得二鯉，亟以告復槐公。公喜，烹魚祭祖，並至塾爲師言其故，求免背誦。師許之，乃得卒讀。先生後以『雙鯉』名其堂，志此事也。」

諸兄乃請於繼誠先生曰：「弟好學，曷聽之？」繼誠先生曰：「諾，然吾力不足以供束脩。」諸兄曰：「吾輩任之。」於是，雷太宜人每作飯，輒撮一盃米別置之，積至升則獻之師；不足，則由諸兄益錢，乃得卒讀。在塾，常以繩自繫於案，非不得已不離坐①。

曾國藩取江寧，洪秀全仰藥死，太平天國亡。

同治四年乙丑（一八六五），先生十四歲。

從鍾先生靈讀於舞鳳山。

同治五年丙寅（一八六六），先生十五歲。

五月十八日，從子師政生。兄登樓子。

孫文生。

左宗棠奏請設船廠於福州，並設繪事院、駕駛學堂、管輪學堂、藝圃、英法文學堂，爲清廷

① 巴蜀本録此事於同治四年乙丑，注云：「按此事述者忘其年，惟云在十許歲。其時既可以執役茶肆，當爲十四五歲事，故歸之此年。」

改革之始。《中國教育史要》九十頁①。

兩江總督曾國藩設金陵書局，召歸安周學濬縵堂、獨山莫友芝子偲、南匯張文虎嘯山、江都劉壽曾恭甫、海寧唐仁壽端夫、德清戴望子高、寶應劉恭冕叔俛等，校勘經籍②。

上虞羅振玉叔言生③。

同治六年丁卯（一八六七），先生十六歲。

娶同縣李英孝女，時年十四歲。父英孝，母謝氏。家於東林場李家山④。先生每偕李安人至外家，輒先李安人疾走，既遠，乃坐而讀書。李安人至，則又疾走，則又坐讀。此李安人晚年爲子孫言者。

---

① 中國教育史要：原無，當承前而省，據補。

② 本條原無，據巴蜀本補。

③ 本條原無，據巴蜀本補。

④ 「父英孝」至「李家山」：原無，據巴蜀本補。

同治七年戊辰（一八六八），先生十七歲。

自丙寅至此三年中，讀於黃連橋一族人家，由鍾靈與其弟嶽崧生①輪教。

章炳麟生。

俞樾主西湖詁經精舍講席。

六月，西捻平。

是年俄以布哈拉汗爲保護國②。

同治八年己巳（一八六九），先生十八歲。

王闓運始治《公羊》，作《春秋事比》、《穀梁申义》③。

陳立卓人、陳喬樅樸園卒，均六十一歲。《歷代名人生卒年表》。

陳喬樅字樸園，一字樹滋，壽祺子，傳其父今文輯佚之學，著有《魯詩遺說考》、《齊詩遺說考》、《韓詩遺說考》、《四家詩異文考》、《今文尚書遺說考》、《齊詩翼氏學疏證》、《詩經集證》、

---

① 崧生：二字原無，據巴蜀本補。

② 以上二條原無，據巴蜀本補。

③ 本條原無，據巴蜀本補。

《禮記鄭讀考》、《毛詩鄭箋改字考》、《禮堂經説》等書《經學歷史》頁三百三十七。父壽祺，專輯西漢今文《尚書》及三家《詩》之遺説，著有《左海全集》。

陳立，字卓人，句容人。受業於凌曙、劉文淇，著有《公羊義疏》、《爾雅舊注》、《説文諧聲》、《句溪雜著》、《白虎通疏證》、《孶生述》等書。《經學歷史》頁一百十一，又頁三百四十。

先生於陳左海父子與陳卓人頗致推挹。嘗曰：「西漢長於師説，東漢專用訓詁。惠、戴以來多落小學窠臼，陳左海父子與陳卓人乃頗詳師説。」又稱其能「以古今分别禮説」。惟惜其僅「略知本源，未能瑩澈」。又曰：「陳左海以異字通假爲今古之分，亦不得已之舉。」《今古學考》下，頁三十一①。

同治九年庚午（一八七〇），先生十九歲。

院試不售。按：先生自言曾三次院試，補博士弟子在甲戌，則前兩次當在庚午、壬申②。

甘肅回民作亂。

---

① 本條原無，據巴蜀本補。

② 「按」下小注原無，據巴蜀本補。

同治十年辛未(一八七一),先生二十歲。

自己巳至此三年中,讀於高屋基。塾師仍爲鍾靈。先生不能强記,然善悟。同讀者有同縣楊楨靜齋。楊於先生十年以長,義兼師友。與先生同入學,同調尊經,先先生卅年卒。先生擬作之《官禮驗推》六卷、《史記經説補箋》十卷、《禹貢驗推釋例》四卷,均托之楨作。見《井研志》十一、十二、十三各卷①。

曾國藩、李鴻章奏請選聰穎子弟赴泰西各國肄習技藝。《中國教育史要》頁九十二。

同治十一年壬申(一八七二),先生二十一歲。

授徒於鹽井灣三聖宫。

院試不售。

曾國藩卒。

九月,王闓運作《今古文尚書箋》成。

清廷與俄訂伊犁通商條約②。

---

① 「先生擬作」以下原無,據巴蜀本補。

② 以上二條原無,據巴蜀本補。

陝甘回亂平。

同治十二年癸酉（一八七三），先生二十二歲。

是年仍授徒，惟不詳在三聖宫抑舞鳳山。

六月，張之洞奉旨充四川分試副考官。

十月，張之洞奉旨簡放四川學政①。

陝甘回变平。

梁啟超生。

同治十三年甲戌（一八七四），先生二十三歲。

同楊楨授徒於舞鳳山。寺僧曾饋粟餅，餧以糖。時方讀，則蘸而食之，誤蘸墨瀋，離座乃知。按，先生篤好宋五子書及唐宋八家文，當即此數年間事。鄉先輩如王育德仁山、宋治性橡山、鄢周藩立山、李茂林竹虚、吴錫昌書田皆敦紀飭行，喜讀宋人書，《井研志》卷三十五《鄉賢六》。似於先生不無影響。

① 以上三條原無，據巴蜀本補。

張之洞任四川學政。先生以《子爲大夫》文，得第一名秀才。先生試卷乃張之洞於落卷中搜得者，以後更屢蒙識拔，故先生於張氏頗具知己之感。

是年四月，興文薛侍郎煥偕通省薦紳先生十五人，投牒於總督吴棠、學政，請建書院，以通經學古課蜀士。張之洞《四川省城尊經書院記》。

十一月，帝崩，德宗立，兩宫皇太后仍垂簾聽政①。

光緒元年乙亥（一八七五），先生二十四歲。

以前，先生曾得一子一女，不詳年月。均殤，乃以兄登梯子成芝爲嗣，時八歲。按，撫成芝不詳何年，以其當在子女既殤之後，慶餘未生之前，故附此年。

春，尊經書院成，張之洞議定章程，擇諸生百人肄業其中。張之洞《四川省城尊經書院記》。除山長外，設襄校數人以助教，設監院二人、齋長四人以助鈐束，稽程課。齋長以諸生之學優年長者充之。所課爲經、史、小學、辭章，尤重通經。人立日記一册，記每日看書起止及所疑所得。山長五日與諸生一會於講堂。監院呈日記，山長叩詰而考驗之，不中程者有罰。月二課，課四題。經解一，史論一，賦與雜文一，詩一。

① 此條原無，據巴蜀本補。

考課有膏火，率人得數兩①。

薛焕聘湘潭王闓運主講尊經，王不至。王闓運《與丁稚璜啓》。乃不設山長，以錢塘錢徐山四川知縣，不詳其名。代課②。

尊經初議不考課，惟分校勘、句讀各門，以便初學。後以官府意定爲課試。後先生在《經學初程》中嘗詳此事云：「南學及蓮池書院不考課，以日記爲程，最爲核實。初學治經，正如窮人求富，節衣縮食，收斂閉藏，乃可徐圖富有。今一入大庠，便作考辨解説，茫無頭緒，勢不能不蒙昧鈔襲。略資性平常者，則東塗西抹，望文生訓，以希迎合，不能循序用功。至於播私慧，弄小巧，一枝一節，自矜新穎，未檢注疏，已詆先儒。若此用功，徒勞無益。」《經學初程》頁三。

張之洞未至蜀時，蜀士除時文外不讀書，至畢生不見《史》、《漢》。問之先生。張氏以讀書相號召，刊行《書目答問》、《輶軒語》二書，建立尊經書院，重録五經四史，風氣爲之一變。張祥齡《翰林院庶吉士陳君墓誌銘》云：「同治甲戌，南皮張先生督學，提倡紀、阮兩文達之學，建書院於省會，選高才生百人，肄業其中，以《説文》及《提要》爲之階梯，購書數萬卷庋於閣。

---

① 「除山長」以下至「人得數兩」：原無，據巴蜀本補。

② 巴蜀本此條作「薛焕聘湘潭王闓運主講尊經，王不至。仍以錢保塘鐵江及其弟保宣徐山權主其事」，則錢徐山即錢保宣。

總督吴勤惠公復助之。川省僻處西南，國朝以來，不知所謂漢學。於是穎異之士如飢渴之得美食。數月，文風丕變，沛然若決江河。督部與督學尊異之，人人有斐然著述之思。」

尊經分治經、史、小學、詩、古文詞，然尤重通經。張氏《尊經書院記》曰：「衔聽人擇，何爲必通經乎？曰：有本。略凡學之根柢必在經史。讀群書之根柢在通經，讀史之根柢亦在通經。通經之根柢在通小學，此萬古不廢之理也。不通小學，其解經皆燕説也。不通經學，其讀史不能讀表志也。不通經史，其詞章之訓詁多不安，事實多不審，雖富於詞，必儉於理。故凡爲士，必知經學、小學。」張氏此言，蓋清代學者之通論，其影響於蜀士者亦頗大①。

光緒二年丙子（一八七六），先生二十五歲。

八月，子慶餘名成學，一名治。生②。

是歲科試③，以優等食廩餼，調尊經書院肄業。

先生自言：「丙子科試時，未見《説文》。正場題曰『狂』字，余文用『猘犬』之義，得第一，

---

① 巴蜀本引張之洞《尊經書院記》頗多，文繁不録。

② 此條巴蜀本記：「八月二十日，先府君諱成學生。」

③ 是歲科試：巴蜀本作「正月赴成都應科試」。

乃購《説文》讀之。逾四五日覆試，題『不以文害辭』，注云：『「文」作「説文」之「文」解。』略乃摭拾《説文》、《詩》句爲之。大蒙矜賞，牌調尊經讀書。文不足言。略按，此文今存《經話》甲編中。特由此得專心古學，其功有不可没者。」《經話》甲編一，頁五十八。

又曰：「予幼篤好宋五子書及八家文。丙子從事訓詁之學，用功正勤，博覽考據諸書。冬間，偶讀宋唐人文，不覺嫌其空泛無實，不如訓詁書字字有意，蓋聰明心思於此一變矣。庚辰以後，厭棄破碎，專事求大義，以視考據諸書，則又以爲糟粕而無精華，枝葉而非根本。取《莊子》、《管》、《列》、《墨》讀之，則乃喜其義實。是心思聰明至此又一變矣。」《經學初程》頁十二。

又《六書舊義·自序》云：「丙子爲《説文》之學者數月，後遂泛濫無專功。」《經學初程》稿云：「予初從書院章程治小學、目録、金石、典故，後乃專心治經。今之所以治經雖與訓詁家有小别，而得力之處半在初功。」

跋洪氏《隸釋》，盛推洪書之全摹碑文，有功金石：（一）所著録之碑已亡者，可因原文考其文義，以爲經史之助；（二）未亡者闕文尤甚，可因其書摹文以補之；（三）佚而後出之碑，全者得藉洪書以知其確爲故物；（四）零碣殘字，可因其與《隸釋》文字偶同而定其爲何碑。

作《爾雅舍人注考》、《六書説》。

《舍人注考》乃就張介侯《蜀典》所輯《爾雅舍人注》，汰其誤記，並爲補綴《六書説》，斥段氏混象形於指事之謬，於轉注主小徐①注之説，謂爲網羅諸字，使之分部別居，不主戴、段互訓之説。又謂段氏於六書外別立引申類，以假借中之所謂省義歸之，亦未免囿於俗説。按，此二文載《蜀秀集》，不詳年月，當是治《説文》時所作，故以附於此年。

是時，尊經同學有宋育仁芸子、張祥齡子宓、楊鋭叔嶠、范溶玉賓、岳嗣儀鳳吾、岳林宗、顔印伯、毛瀚豐霍西、曾培篤齋、張森楷式卿、傅世洵□□、陳光明朗軒。先生與張祥齡、楊鋭、毛翰豐、□□□宜賓人，忘其姓名②。五人尤爲張之洞所器重，號蜀中五少年，交誼亦最篤。張、楊皆翩翩少年，毛亦貴公子，惟先生以寒畯廁其間。在院每飯惟恃米飲，不食菜，積有得則并膏火助家用。

冬，張之洞去任。先生與同學送到新都，公餞於桂湖而別。據先生自語。繼張者譚宗濬叔裕。張氏臨去語人曰：「學政署中，渣穢如山，三年以來，聊效愚翁之移，幸得淨盡。」廖師慎《家學樹坊》頁二十三。

是年先生回井研。

---

① 小徐：原作「小許染」，誤，據巴蜀本改。

② 據巴蜀本，此人爲彭毓嵩，字籛孫。四川宜賓人。由舉人官教諭，學政疏薦，用知縣，選陝西鳳翔，勤聽斷，時方興小學，必令讀經。城陷遇害。

四月，王闓運始作《公羊春秋箋》。

海寧王國維静安生①。

光緒三年丁丑（一八七七），先生二十六歲。

肄業尊經書院。

學使譚宗濬初至，問院中研精覃思之士，楊永清舉先生及楊鋭數人以對。楊永清與先生書。譚宗濬集尊經諸生課藝，刊爲《蜀秀集》八卷。皆二錢之教，識者謂爲江浙派。《經學初程》稿。先生所作除上舉《爾雅舍人注考》、《六書説》外，尚有《史記列孔子於世家論》、《五代疆域論》、《兩漢馭匈奴論》、《滎波既豬解》、《月令毋出九門解》。

《史記列孔子於世家論》，謂史公創爲本紀、世家、列傳三例，其分處在勢、年二字。攬勢之大者謂之本紀，歷年之久者謂之世家，勢不及本紀之大，年不及世家之久者謂之列傳。本紀多屬天子，然非如黄屋左纛，非天子不得用。略世家專列諸侯，然非如分封錫土，非諸侯不得用，孔子去史公數百年，略代有偉人，列之世家，蓋以紀實。

① 以上二條原無，據巴蜀本補。

乙亥以後，主尊經席者，錢徐山外，尚有錢鐵江，亦不詳其名。亦浙人①。先生云：「余初治小學，一二年遍涉諸家之説。」《經學初程》稿。左宗棠平定新疆。

光緒四年戊寅（一八七八），先生二十七歲。

肄業尊經書院。

子松齡生。旋殤。

十二月，王闓運來川，主講尊經書院。初，薛焕於初設尊經時即聘王，王不肯來。旋知已有兩錢主講，又經總督丁寶楨五次函約來遊，中無臯比之議，乃至，至則尊經講席已虚懸二年，諸生住齋者至百餘人，復被扳入院。其時「自督部將軍皆執弟子禮，雖司道側目，而學士

① 譚宗濬刊《蜀秀集》事，巴蜀本係於光緒四年戊寅。又案：錢鐵江即錢保塘，字鐵江，號蕳伯，浙江嘉興人。生於道光十二年（一八三二）。咸豐八年中舉，光緒五年（一八七九）任四川清遠縣縣令，八年調任定遠知縣，十四年補大足縣，十九年調職什邡縣，升任成都知府。著有《春秋疑年録》、《錢氏考古録》、《歷代名人生卒録》、《光緒輿地韵編》、《乾道臨安志札記》、《清風室文集》、《清風室詩集》等十餘種。光緒二十三年（一八九七）卒於任。

歸心」。《湘綺樓箋啓》一《致裴樾岑》，又《箋啓》二《致張香濤》。

上海張焕綸創辦正蒙書院，分設國文、輿地、經史、時務、格致、數學、歌詩等科，其後改梅溪學校，是爲私立學校分科設教之始。《中國教育史要》頁九十三。

光緒五年己卯（一八七九），先生二十八歲。

肄業尊經書院。

二月，王闓運至院後，「院生喜於得師，勇於改轍，霄昕不輟，蒸蒸向上」①。

與張祥齡②治《公羊春秋》。《經學初程》、《王湘綺日記》己卯二月十七日。是年以前，先生鈔有《建炎以來繫年要録》及《東都事略》。同上十八日。此後，先生嘗云：「予己卯治《公羊》，私心欲將此學傳之子姪，謂此例鈔輯亦當心解，乃至今七年猶不能以此教之，即教之亦不解。」

長女燕生③。

---

① 本條原無，據巴蜀本補。

② 張祥齡：原作「張羊令」，蓋爲「張祥齡」之省筆。巴蜀本此條云：「是時先生與張祥齡均有志於《公羊春秋》。先生初見王闓運，王詢知有志習《春秋》，然以其拙於言，尚未知其學何如。」

③ 「長」字原無，據巴蜀本補。

三月一日，與張祥齡等人遷入内院，常就王闓運請業，每至夜深。《湘綺日記》。

八日，與張祥齡、戴光從王闓運游草堂①。

四月，嘗歸井研。《湘綺日記》四月一日。

五月，開尊經書局②。

羅亨奎惺士③欲聘先生爲子師，先生辭不往。《湘綺日記》五月二十一日。

六月十五日夜，偕同院生數人隨王闓運泛浣花溪，從曾園登舟，溯洄溪月，三更還，竹蕉露滴爲雨。④《湘綺日記》。

八月，優貢，□取第十名。主司以「辭達而已」命題。同院生得貢者，有蘇世瑜、張問惺等⑤。先生文云：「言之不文，行之不遠，此孔子之所教，宰我、子貢之所以學。」大爲主司所斥，謂爲悖朱注。先生曾曰：「惡佞一説，專對又一説。不能因佞不足言遂絶此科。且專對與佞，固

① 本條原無，據巴蜀本補。

② 本條原無，據巴蜀本補。

③ 羅亨奎惺士：「羅」字原缺，「亨奎」二字無，據巴蜀本補。

④ 此條巴蜀本作：「六月十五，張選翁招王闓運、吳又農夜泛浣花溪。」

⑤ 「同院生得貢」以下據巴蜀本補。

自二事也。」《戰國策讀法》。

秋九月，應鄉試，中二十四名舉人。主考爲景善，副主考爲許景澄，同院生中式者有宋育仁、任篆甫、吴聖俞等二十三名，試題爲「上律天時，下襲水土」兩句，「諫行言聽，膏澤下於民」二句，「子謂子産善與人交，久而敬之」二章，「竹寒沙碧浣花溪，得溪字」①。《湘綺日記》九月八日。

九月三十日，王闓運率書院諸新舉游二仙庵，題名壁上，先生與焉。闓運詩曰：「澄潭積寒碧，修竹悦秋陰。良游多欣遇，嘉會眷雲林。」極一時之盛②。

十月，嘗歸井研。同上十一月八日。

十一月十六日，王闓運歸湘潭。《湘綺樓箋啓》二《與孺人》。王《與張香濤書》云：「離家既遠，舍己芸人，又復翩然，志於出峽。」並勸張暫去承明，張時任國子監。來遊石室，俾始終其事，以副初心。《湘綺樓箋啓》二。又《與黄運儀書》云：「此來居然開其風氣，他日流弊恐在妄議古人。」《湘綺樓箋啓》三。

先生自云：「己卯頭已白，在子宓處瞿懷亭診脈云，不可再用心。」《與江叔海論今古學考書》。

日本滅琉球。

---

① 「主考爲景善」以下，原僅「是科同院生中式二十三人」一句，據巴蜀本補。

② 本條原無，據巴蜀本補。

六譯先生年譜卷二

初變起光緒六年庚辰，訖十三年丁亥，凡八年，爲先生學術初變，平分今古時期①。

《初變記》云：「乾嘉以前經説，如阮、王兩《經解》所刻，宏編巨製，超越前古，爲一代絶業。特淆亂紛紜，使人失所依據。如孫氏星衍《尚書今古文注疏》，群推爲絶作，同説一經，兼採今古，南轅北轍，自相矛盾。即如『弼成五服，至於五千』，就經文立説，本爲五千里，博士據《禹貢》説之是也。鄭注古文家則據《周禮》以爲萬里。此古今混淆以前之通弊也。至陳卓人、陳左海、魏默深源，略知分古今。孫氏亦别採古文説專爲一書，然明而未融。或採集師説，尚未能獵取精華，編爲成書。即有成書，冀圖僅據文字主張今古門面，而不知今古根源之所在。但以文字論，今與今不同，古與古不同，即如公、穀、齊、魯、韓三家，同爲今學，而彼此歧出。又如顔、嚴之《公羊》，同出一師，而經本各自不同。故雖分今古，仍無所歸宿。乃據《五經異義》所立之今古二百餘條，專載禮制，不載文字。今學博士之禮制出於《王制》，古文專用《周禮》，故定爲今學主《王

① 巴蜀本以「初變起光緒九年癸未，訖十二年丙戌，凡四年，爲先生學説初變，平分今古時期」，故以光緒九年癸未分卷，與此本不同。首「初變」二字及「平分今古」四字，據巴蜀本補。

制》、孔子，古學主《周禮》、周公。然後二家所以異同之故，粲若列眉，千谿百壑，得所歸宿。今古兩家所根據，又多同出於孔子，於是倡爲法古改制、初年晚年之説。然後二派如日月經天，江河行地，判然兩途，不能混合。其中各經師説有不能一律者，則以今古爲大宗。其所統流派，各自成家，是爲大同小異。編爲《今古學考》。排難解紛，如利剪之斷絲，犀角之分水。兩漢今古學派，始能各自成家，門户森嚴，宗旨各别。學者略一涉獵，宗派自明，斬斷葛藤，盡掃塵霧。各擇其性質所近之一門，專精研究，用力少而成功多，不再似從前塵霾，使人墮於五里霧中。此《今古學考》張明兩漢師法，以集各代經學之大成者也。」①

光緒六年庚辰（一八八〇），先生二十九歲。

肄業尊經書院。專治《穀梁春秋》。纂《穀梁先師遺説考》四卷②。

春，赴京會試，不第。

張之洞授翰林院侍講，旋轉侍讀③。

---

① 《初變記》此段文字，巴蜀本録於光緒九年之下。

② 纂《穀梁先師遺説考》四卷：原無，據巴蜀本補。

③ 此條原無，據巴蜀本補。

在京日，嘗以《易》例請業張之洞。當時以專治《春秋》，仍未細心推考也。《與南皮師相論易書》。

張嘗誠先生曰：「風疾馬良，去道愈遠。」丁酉《上南皮師相論學書》。

三月十五日，王闓運復從湘潭携眷妾久雲，女帉、滋、茂、紈，子代豐來川①。《湘綺樓日記》。

是歲讀書，始厭棄破碎，專求大義，漸取《莊》、《管》、《列》、《墨》諸子讀之。《經學初程》頁十二。

王闓運作《春秋例表》②。

八月，直督李鴻章設南北洋電線。李傳。

陳蘭甫自定《讀書記》十五卷付刊。

光緒七年辛巳（一八八一），先生三十歲。

肄業尊經書院。

先生自言：「辛巳院課，考『酒齊』所用題最繁難，精思旬日，大得條理。壬秋師以爲勾心鬥角，考出祭主儀節，足補《禮經》之闕。略同時著《轉注説》，旬月專精，五花八門，頭頭是道。」作《釋字小箋》，主獨體無虛字之説，略盡取《説文》虛字而求其本義，均作實字解。將近

---

① 代豐：原無「代」字，據巴蜀本補。

② 此條原無，據巴蜀本補。

二三萬字，乃爲人所竊去。後擬補綴成書，一爲《六書説》，二爲《四書分類》，三爲《緒論》。似未果。《經學初程》稿。按，《六書舊義・序》云：「辛巳冬，作《轉注假借考》，頗與時論不同。」子夫張祥齡謂：「年中功夫不過長一二次，形迹可驗。若此，乃由力争而得，非自然通悟也。」《經話》甲編二，頁四。

二月，注《穀梁春秋》。先生以《穀梁》范注依附何、杜，濫入子姓，略以攻傳爲能，而反立在學官。乃發憤自矢，首纂遺説，間就傳例推比解之。張祥齡《受經堂集・與顧華元書》，又《穀梁古義疏序》。

十月二十五日，王闓運携眷歸湘潭。《日記》。王以蜀游三年，失一佳兒，《湘綺樓箋啓》三《致趙撝叔》。又以郭嵩燾筠仙强作鄉塾替人，《箋啓》五《致伍編修》。擬不再至蜀。當時，曾致尊經院生書，云：「貴州山川峻駛，氣少停迴，名利之心，未能淡遠。先聖所戒，欲速見小，略速必多誤，是以不達，小則易淺，安能更大。」王去後，尊經由兩監院薛華墀丹庭、□蔓亭。主持，《箋啓》三。並仍由錢徐山代講席。《箋啓》八《致錢知縣》。

十二月，與張祥齡、楊鋭等數十人，爲尊經同學陳光明位而祭之。張祥齡《受經堂集・哭陳君告文》。

十一月，張之洞自内閣學士出爲山西巡撫①。

---

① 此條巴蜀本更詳，兹録於此：「是年二月，張之洞擢侍講學士，六月擢内閣學士，十一月授山西巡撫。朱肯夫任四川學政。是年正月曾紀澤與俄訂約於聖彼得堡。」

光緒八年壬午（一八八二），先生三十一歲。

族人囑重修宗譜，以館事不得分身，乃草創凡例，請族祖小樓公代爲紀理。《重修宗譜序》。按，《宗譜》於光緒二十年始告成。所云館事，不詳館於何地。

是年，張祥齡贈婢如意，納爲妾。按，納如意不詳何年。張祥齡是年與顔華元書曰：「勖陔既修樛木之好，後有著述之富。」《受經堂集》。當是新納妾後語，故繫於此。

陳澧卒，年七十三歲。

與趙濬以小學相切磋。並與趙約：凡課作，引用處用墨書，新解用朱書。欲以朱書多少驗勤惰①。按，《經學初程》稿云：「趙孔昭於辛巳壬午間以小學相切磋，孔昭精神有餘而自得甚少。」

光緒九年癸未（一八八三），先生三十二歲。

說經始分別今古。

赴北京會試，不第。舟車南北，冥心潛索。於《春秋》得素王、二伯諸大義。《穀梁春秋經傳古義疏·序》。先生自云：「向嘗推考《春秋》舊例，不下數十種，率離合參半。癸未，分國表之，乃

① 「並與趙約」至「勤惰」：原無，據巴蜀本補。

始得密合無間。以視舊作，誠所謂治絲而棼。」《井研志》卷十一《藝文一》。故先生教人治《春秋》，先分抄十九國事實，則其尊卑制度儀節相比而明。其後，族弟承因以成《春秋分國鈔》四卷。《井研志》卷十二《藝文二·春秋分國鈔》提要。

五月，王闓運三次入川。去年，王在湘代郭嵩燾主思賢講席一年，今又因丁寶楨之强邀入川。《湘綺樓箋啓》、《詩集》。

先生試後①謁張之洞於太原。時張任山西巡撫。張仍以「風疾馬良」之語誡先生，《答張書》。並以小學相勖。《經學初程》。在太原時，欲作《語上篇》，以矯時流株守小學之弊，以無暇未果。嘗取張祥齡之言録之《經話》，以其旨多與己合也。張云：「近來小學最盛，段玉裁、嚴可均、桂馥、朱駿聲專門名家，皓首成書，或校正異同，或摭拾訓故。要其用意，在明文義，字詁既通，方可治經。末流之弊，小學未通，年已衰晚，叩其經義，茫乎未聞。金石專門，復爲接踵，銅器古錢，搜採具備，既費貲財，且傷精力。略假金石以證《説文》，借字畫以證經義，畢生株守，不知變遷。譬如農織，原爲飢寒，議耒耜，計壠畝，終未得一餐之飽、一縷之被。保氏教國子，八歲之事，十五以後即入大學。今乃以童稚所業，而爲老師宿儒呫嗶而誇張之。況古今所傳，多便經學。精善之籍，書皆秘隱。《説文》在漢已爲俗陋，託命於斯，無亦自薄。至如音韻之

①　先生試後：原無，據巴蜀本補。

書，鈔輯之録，尤爲拾墜於敗簏，築室於道旁。略大海蕩蕩，宜江河以道之，微者亦溝渠以澮之，胡爲盂匙以測量，涓滴以儲蓄哉！」《經話甲》一，頁二十八。按，原注云：「癸丑在晉陽。」先生癸丑無至晉陽事，當是癸未張之洞作晉撫時也。

先生此時對小學態度已與丙子跋《隸釋》時大異。

在太原，聞令德堂院長王霞舉名①，同曾叔才、周桂溪往訪之。時先生方推即位禮，舉以詢之，答語極瀾翻。詢以小學，則熟背《説文》如流。王意主守舊，不喜著作。故以舊説誤處挑之，意亦不以舊説爲然，特不肯輕改。其教人以誦讀《儀禮》、《説文》爲日課，五日一臨講，講時院長在上，左右則傅、楊二監院，炕几中熒熒一燈，前一火盆，弟子二十餘人環坐，且有商賈來聽者。先生將經文念一過，將注説略爲潤色，比説一過，儀節繁瑣重複之處，同一解述，頗似坊間童子《進學解》者，弟子終席不發一語，講畢而散。先生乃悟北學之所以名，自此屢稱北學之善，欲以挽南學之弊。嘗言：「北學簡要，綱目在心，學者學之固易入手，用之尤端委了然，以其精而不博，最善初學。南學繁雜，竅要在泛博，覽觀既難於默識，臨事更亂於辨説，其博而不精，故非初學所宜。」又曰：「北學中材以下尚可勉爲之，南學則非上智不能譚。

---

① 巴蜀本記此事更詳：「張之洞盛推太原令德堂院長王霞舉，比之伏生、文中子。先生欲詣之，張甚喜。」

北學三年工夫便有規矩，南學則非三十年不能成家。」《經學初程》稿。

冬，自太原返川。

先生師錢保宣徐山卒。

是年，法以越南爲保護國①。

光緒十年甲申（一八八四），先生三十三歲。

二月初一日，兄登墀卒。

十二日，王闓運返湘。五月三日，復携二女帉、茙至成都。《日記》。

秋，成《穀梁春秋經傳古義疏》十一卷。錢塘張預先生會試房師。序此書云：「首明古誼，説本先師，推原禮證，參之《王制》。」先生自序云：「甲申初秋，偶讀《王制》，恍有頓悟，於是向之疑者盡釋，而信者愈堅，蒙翳一新，豁然自達，乃取舊稿重録之。」按，舊稿當即辛巳所草創，張祥齡《與顧華元書》②所稱《穀梁春秋注》八卷。至此又加修加考。《凡例》原稿，《井研藝文志》二。先生在作《穀梁古義疏》前，曾作《穀梁先師遺説考》四卷，採劉向《新序》、《説苑》、《列女傳》、《漢

① 以上三條原無，據巴蜀本補。

② 與顧華元書：原無，據巴蜀本補。

書・五行志》、《五經通議》、《世本》及尹、梅、班、許諸説，因其説已多收入《古義疏》中，故原稿不存。

冬，以作《穀梁疏》餘力，成《起起穀梁廢疾》一卷、《釋范》一卷①。蕭藩《起起穀梁廢疾跋》。先生以何休《穀梁廢疾》自尊所習，操戈同室；鄭君小涉《左氏》，不習《穀梁》云云，乃謬託主人云云，以攻何云云，何既制言偎薄，立議矯誣云云，鄭則自負精通，反旗倒戈云云，使本義因以愈湮。乃條例何、鄭之説，而加以糾正，務申傳旨。《自序》。按，潘祖蔭《公羊補證序》以爲《起起穀梁廢疾》成於乙酉，當以《自序》及蕭序「甲申」之言爲可靠。二書今並在《六譯叢書》中。

又成《公羊何氏解詁十論》。今在《六譯叢書》中。其目爲：（一）《王制》爲《春秋》舊禮傳；（二）諸侯四等；（三）託禮；（四）假號；（五）主素王不王魯；（六）無月例；（七）子伯非爵；（八）諸侯累數以見從違；（九）曲成時事；（十）三世。先生因欲改注《公羊》，乃綜括大綱，作此十論，以爲讀《公羊注》之階梯。自序、潘祖蔭《公羊補證序》。王闓運云：「看《洪稺存集》一過，乃知廖平《春秋十論》之意。」《湘綺樓日記》丁亥六月二十三。

《穀梁集解糾謬》二卷，《井研志・藝文二》言作於《穀梁疏》已成後，度與《釋范》同時，今以附於此。其書與《何氏解詁商榷》、《杜氏集解辨正》同意，范注較二家爲劣，故名以「糾謬」。

① 釋范一卷：原無，據巴蜀本補。

按，此稿已佚。

澤按，據先生《穀梁疏序》及《公羊解詁十論》，以《王制》説《春秋》當始於此年。

劉師培生。

康有爲始演「大同」義。

六月二十八日，張祥齡薦先生可掌尊經書局，王闓運曰：「嗜利悻愎，非其材也。」《湘綺日記》。

擬《博士答劉子駿書》。《今古學考》下四十。

四月，張之洞署兩廣總督，七月實授。

常與江瀚叔海約聚於草堂别墅，主人張子苾。當時各有徒衆，定難解紛，每至達旦連日。《答江叔海論今古學考書》序。按，此年不詳確在何年，惟知張子苾本年嘗居草堂。張居草堂不僅一年。故以附此①。

光緒十一年乙酉（一八八五），先生三十四歲。

春，以《王制》有經傳記注之文，舊本淆亂失序。略考訂改寫，爲《王制定本》一卷。《今古學

① 巴蜀本繫於光緒十一年乙酉。

考》卷下頁□□□、《王制集説凡例》。按，此書今在《六譯叢書》中，名《王制訂》。

孟夏，成《穀梁經傳章句疏凡例》四十一條，凡三易稿。據原稿。

跋范溶《篆書説文》①。

初秋，成《公羊解詁續十論》。其目爲：（一）嫌疑；（二）本末；（三）翻譯；（四）隱見；（五）詳略；（六）重事；（七）據證；（八）加損；（九）從史；（十）塗乙。自序稱：「前論略餘意未盡，綴以新解，更爲此篇。」並云：「此十論凡經二百日，略又且從日夜勞悴，形神交困而來。」先生於此書言今古學混亂之由，及學者應守家法。又言今古學之分在禮制，不在文字義理。又言今古學之宗旨，以爲古主法古，今主改制。古主《周禮》，適古、治國。今主《王制》。《王制》者百年無不變之法者。古爲孔子初年之説，今爲孔子晚年之説②。

用東漢許、鄭法，爲《今古學考》二卷。上卷表二十，曰《漢藝文志今古學經傳師法表》，曰《異義今古學名目表》，曰《異義今與今同古與古同表》，曰《鄭君以前今古先師不相混亂表》，曰《今古學統宗表》，曰《今古學宗旨不同表》，曰《今學損益古學禮制表》，曰《今學因仍古學禮制表》，曰《今古學流派表》，曰《兩戴記今古篇目表》，曰《今古學專門書目表》，曰《今古兼用今

① 此條原無，據巴蜀本補。
② 「先生於此書」至「晚年之説」：原無，據巴蜀本補。

古所同經史子書目表》，曰《公羊改今從古左傳改古從今表》，曰《今古各經禮制有無表》，曰《今古各經禮制同實異名表》，曰《今古各經禮制異實同名表》，曰《今古學齊魯古三家經傳表》，曰《鄭君以後今古學廢絶表》，曰《今學盛於西漢古學盛於東漢表》，曰《今古學經傳存佚表》。下篇説二百零六則。今學歸本孔子、《王制》；古學歸本周公、《周禮》。劈開兩派，如日月經天，江河行地。《井研志》卷十四《藝文四·今古學考》提要。詳見癸未年引《經學初變記》。先生自序二十表用意所在云：「《藝文志博士經傳及古經本》一，溯古今學之所以名也。《異義今古名目》二，明東漢已今古並稱也。《異義條説之不同》三、《先師著書之各異》四，使知今古學舊不相雜也。凡此皆從前之舊説也。至於《統宗表》五，詳其源也。《宗旨不同表》六，説其意也。《損益》七、《因仍》八二表，明今之所以變古也。《流派》九、《篇目》十表，理其委也。《戴記篇目》十一、《今古書目》十二二表，嚴其界限，使不相混也。《改從》十三、《有無》十四，辨其出入。《名實同異》十五、十六，究其交互。凡此皆鄙人之新説，求深於古者也。更録《三家經傳》十七，明齊學之中處。《今古廢絶》十八，詳鄭君之變法。《今古盛衰》十九，所以示今學之微。《經傳存佚》二十，所以傳舊學之墜。至於此，而今古之學備矣。所有詳論，並見下篇。」按，先生舊擬《今古學三十論》目，欲條説之，倉卒未能撰述，乃就《經話》中取其論今古學者以爲下篇。按，此書《井研志》稱作於乙酉，自序稱丙戌編成。今以繫於乙酉。《經話甲篇》以爲作於丁亥，二卷廿九頁。

先生云：「今古之分，鄭君以前，無人不守此界畔，略自鄭康成出，乃混合之。」《今古學考》下，頁六。又曰：「鄭君生古盛今微之後，希要博通之名，欲化彼此之界，略尊奉古學而欲兼收今文，略魏晉學尊信其書，今古舊法遂以斷絶。略蓋其書不高不卑，今古併有，便於誦習。以前今古分門之書，皆可不習。故後學甚便之，而今古學因之以亡。」同上，頁八。又曰：「今古之混亂，始於鄭君而成於王子雍，今鄭君之説猶各自爲書，至於王氏則並其堤防而全潰之，後人讀其書，愈復迷亂，不復能理舊章。」同上，頁七。又曰：「予之治經，力與鄭反，意在將其所誤合之處悉爲分出。經學至鄭一大變，至今又一大變。鄭變而違古，今變而合古，離之兩美，合之兩傷。得其要領，以禦繁雜，識者自能别之。」同上，頁三十。

先生又云：「或以今古爲新派。曰：此兩漢經師之舊法也。以《王制》主今學無據。曰：俞蔭甫先生有成説矣。俞以《王制》爲《公羊》禮。以《國語》在《左傳》先爲無考。曰：此二書爲二人作，趙甌北等早言之矣。《戴記》有今有古，鄭、馬注《周禮》、《左傳》已有此決擇矣。今、古二家各不相蒙，今、古先師早有此涇渭矣。以今、古分别禮説，陳左海壽祺、陳卓人立已立此宗旨矣。解經各還家法，不可混亂，則段玉裁、陳奂、王劼注《毛詩》已删去《鄭箋》矣。以不相通，許君《異義》早以類相從矣。考訂《戴記》簡篇，則劉子政、鄭康成已有分别矣。今之《禮記》分篇治之，則《隋志》已有《中庸》、《喪服》、《月令》單行之解矣。今與今合，古與古合，爲説，無往非因，亦無往非創，舉漢至今家法融會而貫通之，以求得其主宰。舉今古存佚群經博覽而會通，務還其門面，並行而不害，一視而同仁。彼群經今古之亂，不盡由康成一人。今欲探抉懸解，直接卜左，則舉凡經學蒙混之處，皆欲積精累力以通之。此作今古考之意也。」《今古學考》卷下，頁十三。

又曰：「余治經以分今古爲大綱，然雅不喜近人專就文字異同言之。二陳雖無主宰，猶承舊說，以禮制爲主。道咸以來，著作愈多。試以《尚書》經言之，其言今古文字不同者，不下千百條。蓋近來金石剽竊之流，好怪喜新，不務師古，專拾怪僻，以務博雅。夫文人制詞多用通假，既取辟熟，又或隨文，其中異同，難言家法。兩漢碑文雜著異字，已難爲據，況乃濫及六朝碑銘，新出殘編，偶見便欲穿鑿附會，著録簡書，摭其中引用經語異文異說，强分此今文說、此古文說。不知今古之學，魏晉已絶，解説雖詳，毛將安附。此大弊也。」略 同上，頁三十。

德陽劉子雄介卿心思精鋭，好闢新説，因讀《今古學考》，遂不肯治經。以爲治經不講今古，是爲野戰；講今古，又不免拾人牙慧。故舍經學，專攻詩詞。《知聖編》頁四十。

張之洞不喜《今古學考》。謂先生曰：「但學曾、胡，不必師法蚪髯。」又曰：「洞穴皆各有主，難於自立。」同上

中秋，編定《穀梁春秋内外編目録》三十一種，都五十卷。内編書一：《穀梁古義疏》十一卷。外編書十一：《起起廢疾》一卷，《釋范》一卷，《集解糾繆》二卷，《穀梁先師遺説考》四卷，《穀梁大義詳證》四卷，《穀梁傳例疏證》二卷，《穀梁春秋經學外編序目》作《釋例》。《穀梁外傳》二卷，《序目》作一卷。《穀梁決事》二卷，《序目》作一卷。《穀梁屬辭》二卷，附《本末》一卷。《序目》作《春秋屬辭

表》四卷。《穀梁比事》二卷，《説穀梁瑣語》四卷。表二十五：《穀梁日月時例表》，《穀梁七等進退表》，《序目》作《爵禄表》。《穀梁筆削表》，《穀梁褒貶表》，《序目》作《進退表》。《穀梁善惡表》，《序目》作□□□□□□□□□□□《穀梁十八國尊卑儀注表》，《穀梁一見例表》，《穀梁三言例表》，《序目》無。《穀梁内本國外諸夏表》，《序目》作《内外異辭表》。《穀梁内諸夏外夷狄表》，《穀梁内内夷外外夷表》，《穀梁尊大夷卑小夷表》，《以上序目作中外異辭表》。《穀梁名號中外異同表》，《穀梁諸侯列數隱見表》，《序目》作《中國夷狄争伯表》一卷。《穀梁來往表》，《序目》無。《穀梁加損表》，《序目》無。《穀梁從史表》，《三傳師説同源異流表》，《左傳變易今學事實傳例禮制三表》，《序目》無《傳例》、《禮制》二表。《三傳異禮異例異事三表》。作意均詳《序目》。按，《穀梁春秋經學外編序目》，除上述三十六種中有二十六種外，尚有《穀梁舊傳》一卷及《諸國地邑山水圖》、《王制注疏》、《王制佚文佚義考》四種，爲此目所無。外編惟《起起廢疾》、《釋范》有成書，《先師遺説考》已多收入《古義疏》中，原稿遂廢，餘均擬作未遂。

蕭藩爲刊《起起穀梁廢疾》、《釋范》二書。蕭跋。

九月，爲貴築金椿鶴籌作《麗矚亭詞序》。金椿《麗矚亭詞》。

四月，法越條約成，李鴻章與法成和議，草約於天津。以後，安南遂非中國有。

十月，英人滅緬甸。

同邑熊克武生。

左宗棠卒。

先生敘其分撰《戴記》與分别諸經今古關係之重云：「《易》、《書》、《詩》、《春秋》、《儀禮》、《周禮》、《孝經》、《論語》，今古之分，古人有成説矣。唯《戴記》兩書中諸篇自有今古，則無人能分别其説。蓋《戴記》所傳八十餘篇，皆漢初求書官私所得，有先師經説，有子史雜鈔，最爲駁雜。其採自今學者，則爲今學家言；採自古學者，則爲古學家言。漢人以其書出在古文之先，立有博士，遂同以爲今學。此今古所混淆之始，非鄭康成之過也。今之分别今古，得力尤在將《戴記》中各篇今古不同者歸還本家。《戴記》今古定，群經之今古無不定矣。蓋以《記》中諸篇經説居十之七八，自别入《記》中，經不得《記》不能明，《記》不得經無以證，甚至援引異説，以相比附。今爲合之，爲母得子，瓜分系列，門户改觀。予以《王制》解《春秋》，無一字不合。自胡、董以來，絶無此説。至以《戴記》分隸諸經，分其今古，此亦二千年不傳之絶學。略或以此説爲過奇，不知皆有所本，無自創之條。特初説淺而不深，偏而不全，久乃包羅小大，貫穿始終，採花爲蜜，集腋成裘，積勞苦思，歷數年之久，於盤根錯節，外侮内憂，初得彌縫完善。而其得名，尤在分隸《戴記》，觀前表及《兩戴章句凡例》可見。」《今古學考》下，頁十一。

又云：「予學《禮》，初欲從《戴記》始，然後反歸於《周禮》、《儀禮》。縱觀博考，乃知其書浩博無涯涘，不能由支流溯原，故以《王制》主今學，《周禮》、《儀禮》主古學，先立二幟，然後招集流亡，各歸部屬。其有不歸二派者，則量隙地處之，爲立雜派。再有歧途，則爲各經專説。

《易》、《詩》、《論語》，言多寄託，大約可以今古統之。至《尚書》、《公羊》、《孝經》，則每經各爲一書，專屬一人理之。《尚書》爲史派，有沿革不同，有以統《國語》及三代異制等説。庶幾有所統馭，不勞而理也。」《今古學考》下，頁五十。

又有《自敘》一則，極能道出此中甘苦及其用功次第，亦録於此：「今學、古學之分，二陳已知其流别矣。至於以《王制》爲今文所祖，盡括今學，則或疑過於奇。竊《王制》後人疑爲漢人撰，豈不知而好爲奇論？蓋嘗積疑三四年，經七八轉變，而後乃爲此説。疑之久，思之深，至苦矣。辛巳秋，檢《曲禮》『天子不言出，諸侯不生名』數節，文與《春秋傳》同，又非禮制，因《郊特牲》、《樂記》一篇有數篇、數十篇之説，疑此數節爲先師《春秋》説錯簡入《曲禮》者也。癸未在都，因傳有二伯之言，《白虎通》説五伯，首説主兼三代，《穀梁》以同爲尊周外楚，定《穀梁》爲二伯，《公羊》爲五伯。當時不勝歡慶，以爲此千古未發之覆也。又嘗疑曹以下何以皆山東國，稱伯稱子不與鄭、秦、吴、楚同。制爵五等，乃許男在曹伯之上。考之書，書無此疑。詢之人，人不能答。日夜焦思，刻無停慮，蓋不啻數十説，而皆不能通，闕疑而已。甲申考大夫制，檢《王制》，見其大國、次國、小國之説，主此立論，猶未之奇也。乃考其二伯、方伯之制，然後悟《穀梁》二伯乃舊制如此，假之於齊、晉耳。考其寰内諸侯稱伯及三監之説，然後悟鄭、秦稱伯，單伯、祭仲、女叔之爲天子大夫，則愈奇之矣，猶未敢以爲《春秋》説也。及録《穀梁》舊稿，悉用其説，苟或未安，沉思即得，然後以此爲素王改制之書，《春秋》之别傳也。乙酉春，將《王制》分經傳寫鈔，欲作《義證》，時不過引《穀梁傳》文以相印證耳。偶抄《異義今古學異同表》，初以爲十四博士必相參雜，乃古與古同，今與今同，雖小有不合，非其巨綱，然後恍然博士同爲一家，古學又別爲一家也。遍考諸書，歷歷不爽，始定今古異同之論。久之，悟孔子作《春秋》、定《王制》爲晚年説，弟子多主此義，推以遍説群經。漢初博士皆弟子之支派，故同主《王制》立説。乃定《王制》爲今學之祖，立表説以明之。蟻穿九曲，余蓋不止九曲，雖數十百曲有矣。當其已明，則數言可了；當其未明，則百思不得。西人製一器，有經數十年，父子相繼然後成者。曾見其石印，轉變數過，然後乃成，不知其始何以奇想至此。予於今古同異，頗有此況。人聞石印，莫不始疑而終信，猶歸功於藥料。此則並藥料無之，何以取信天下乎！」《今古學考》下，頁三十四。

又先生嘗自言其分別今古用意所在云：「地道家有鳥道之説，翦迂斜爲直徑。余分今古學，意頗似此。然直求徑道，特爲便於再加高深。倘因此簡易，日肆苟安，則尚不如改迂其途之足以使人心存畏敬。」《今古學考》下，頁二十八。先生説經所以能累變而不已，蓋皆不肯苟安一念基之也。

《井研志·藝文二》有《儀禮經傳備解》十卷，此書不盡用鄭法，仿《經傳通解》，剌取記傳附於本經之後，以《通解》本爲記傳。略以互文省文讀全經，仿《班馬異同》寫定經本。又明上達下達之例，一禮可作數篇之用。《禮經札記》四卷，於經缺義特詳。《饗禮補釋》四卷，附《鄉人飲酒輯補》一卷，《喪服經記傳問彙解》六卷。先生以考訂經記傳問先後源流，爲治經第一要義，各經記傳問惟《喪服》爲詳，彙爲此編。又託名董含章作《三禮經上達下達表》二卷、《禮節省文重文考》二卷，疑作於此時，以其大意咸具去年所作《禮經凡例》中，而又非二變以後作也。《經話》甲編亦□合編《喪服經記傳問》。

先生說《禮經》用邵氏《禮經通論》說，以十七篇爲全，一反鄭注殘缺之說。士不指鄉里儒生，乃公卿大夫士之士。又以《禮經》一篇可作數篇之用。如《冠》、《昏》言士，而天子、公卿、大夫、庶人皆在所包，即作六篇用。又以互文隱見爲大例，如「如」字例凡數十見，但言「如某」，則其文可省。禮祇六經，合《喪服》共十七篇，則有十篇爲重見，非重文無以見隆殺合併也。據《井研志·藝文二》。

六譯先生年譜卷三①

起光緒十二年丙戌，訖二十三年丁酉，凡十二年②，爲先生學説二變尊今抑古時期。《二變記》：「當時分教尊經，合同學二三百人，朝夕研究。」略「考究古文家師説，皆出許、鄭以後之僞撰。」

光緒十二年丙戌（一八八六），先生三十五歲③。

《經學二變記》云：「兩漢之學，《今古學考》詳矣。本可以告無罪於天下。惟一經之中，

① 原稿於光緒十四年戊子分卷，眉批云：「移丙戌。」故移於光緒十二年丙戌分卷。

② 原作「起光緒十四年戊子，訖二十三年丁酉，凡十一年」，既以丙戌爲二變之始，則「戊子」當改爲「丙戌」，「十一年」當改爲「十二年」，據改。

③ 原稿眉批云：「按《井研志・藝文四・知聖編》提要云：『丙戌以後，乃知古學新出，非舊法，於是分作二編，言古學者曰《闢劉》，言今學者曰《知聖》。』又己酉本《四變記》以《群經凡例》、《王制義證》爲二變時作，二書不能在丙戌以後，則尊今抑古當始於丙戌。丙午本《四變記》二變以戊子標年，此蓋謂《知聖編》成書之年耳。」蓋此本以丙戌爲二變之始，於是年分卷。而巴蜀本以丁亥爲二變之始，故於下年光緒十三年分卷。

既有周公、孔子兩主人，典禮又彼此矛盾。漢唐以下儒者所有經説及典考政治諸書，又於其中作調人，牽連附會，以《周禮》爲姬公之真書，《王制》爲博士所記，與《周禮》不合。又以爲夏殷制。考《左》、《國》、《孟》、《荀》，以周人言周事者，莫不與《王制》切合。所有分州建國，設官分職之大綱，則無一條與古文家説相同。或分或合，皆無以切理饜心。故説經者如議瓜，如原訟，爲聚訟之場。凡學皆愈深則愈慧，惟學經者愈深則愈愚。其歸宿即流爲八股，深爲學術政治之大害。蓋當時分教尊經，與同學二三百人朝夕研究，折群言而定一尊。於是考究古文家淵源，則皆出許、鄭以後之僞撰。所有古文家師説，則全出劉歆以後據《周禮》、《左氏》之推衍。又考西漢以前，言經學者皆主孔子，並無周公，六藝皆爲新經，並非舊史，於是以尊經者作爲《知聖篇》，闢古者作爲《闢劉篇》，原注：外間所祖述之《改制考》即祖述《知聖篇》，《僞經考》即祖述《闢劉篇》，而多失其宗旨。群言淆亂折諸聖。東漢以周公爲先聖，孔子爲先師。貞觀黜周公爲功臣，以孔子爲先聖，顔子爲先師。乃歷代追崇有加，至以黄屋左纛，祀以天子禮樂。當今學堂，專祀孔子，若周公則學人終身未嘗一拜。故據《王制》以遍説群經，於《周禮》中删除與《王制》相反者若干條。」①

又曰：「海内略窺鄙作者，其主張《今古學考》，尚占多數，其餘則知者更鮮矣。」

① 巴蜀本此段文字録在光緒十三年丁亥。

主講井研來鳳書院。

以李□□等把持學金，控之得直。一日，先生遇李於肆，見其據席上坐，直前批其頰。謂李有親喪，不宜上坐也。

作《經學初程》。按，本書云：「予己卯治《公羊》（略）至今七年。湘潭師來主講，至今六載。所刊尊經課藝，皆湘潭之教。」湘潭主講始於己卯，至丙戌已七年。《尊經初集》刊於丙戌，先生此書又對門人而言，疑主講井研時作也。

春，王闓運歸湘潭，不再至蜀矣。《湘綺樓箋啓》一《致裴樾岑》，《箋啓》三《致張粤卿》

成《公羊解詁商榷》二卷，駁何注，大旨與《三十論》相同。特論詳總綱，此本乃條分，隨文駁正，較爲明晰，略爲讀《公羊補證》者之先路焉。《井研志》卷十二《藝文二・公羊解詁三十論》提要。按，此稿今佚。

二月，成《公羊解詁再續十論》。今在《六譯叢書》中，合前二十論，名《何氏公羊解詁三十論》。其目爲：（一）取備禮制；（二）襲用禮説；（三）圖讖；（四）衍説；（五）傳有先後；（六）口授；（七）參用《左傳》；（八）防守；（九）用董；（十）不待貶絶。自序曰：「《解詁商榷》已成，將爲《古義疏》，因再作此十論。昔劉申受逢禄作《何氏解詁箋》，已多補正，特其所言多小節，間或據别傳以易何義。今之所言，多主大例，特以明此事自有所昉，不自今始耳。丙戌仲春。」

六月初一，妾劉氏如意卒。

秋，自鹽井灣遷居東林場戲臺下。

十月，子成芝娶婦尹氏。

先生以馬國翰輯佚書及諸輯本緯讖並存，殊乖其實，雜記災祥爲讖，專言經典爲緯。乃同張祥齡採馬本專主經義者分别鈔録，别爲一書，使不與諸讖相雜。舊注未盡者，因命子姓别録古説，以相證明。所有脱缺，略用己説，成《古緯彙編補注》六卷。《井研志》卷十二《藝文二·古緯彙編補注》提要。按，此稿今佚。

作《十八經注疏凡例》。其目爲：《今文尚書》、《齊詩》、《魯詩》、《韓詩》、《戴禮》、《儀禮記》、《公羊》、《穀梁》、《孝經》、《論語》、《古文尚書》、《周官》、《毛詩》、《左傳》、《儀禮經》、《孝經》、《論語》、《戴禮》①。易學不在此數。《今古學考》下，頁三十注。先生言：「予創爲今古二派，以復西京之舊，欲集同人之力，統著《十八經注疏》，以成蜀學。見成《穀梁》一種。然心志有餘，時事難就，故先作《十八經注疏凡例》，既以相約同志，並以求正高明，特多未定之説。一俟纂述，當再加商訂也。」《今古學考》下，頁三十。又當時意在再作《儀禮》、《詩》、《書》三種，餘皆聽之能者。《經話甲》頁五十六。按《十八經凡例》，《今古學考》、《經話》皆不言作於何年，惟知在《穀梁疏》成書之後。又《經話》同頁另條云：「丙戌曾刊《左傳凡例》，專以《左傳》爲古學，與二《傳》異。」故以繫之丙戌。又今《六譯叢書》中之《群經凡例》，其目爲今所存者，乃屢經改訂本，或

---

① 其目有兩《戴禮》，疑後一《戴禮》當作「大戴禮」。

本非成於一年，與原目有出入。大抵如《今文尚書要義凡例》成於甲午，據《書經大統凡例》。《論語凡例》成於丙申。據《論語凡例》自識。又既成以後，又續有增補改訂者，如《公羊》、《穀梁》、「予撰《穀梁凡例》，修改近十次，乃成今本。」《分撰兩戴記》，今皆前後並存。

作《劉氏春秋古經章句考證表》。稿存。先生《今古學考》列《左傳》爲古學，與二《傳》分。以傳中解經釋例之文爲劉歆羼補，劉申綬説。告易筆削，故與博士立異。原傳乃《國語》，劉氏附益後，乃改爲編年。今即將劉氏所附益者録出，加以攻駁。本書凡例。按，此書據凡例，成於《何注商榷》、《何注糾繆》之後，《左傳凡例》初稿既刊於丙戌，故即附本年。《周禮删僞》亦始於此年，初意以之與《劉氏章句》並行。凡例。

是年，蕭藩欲爲先生刊《穀梁注疏》，先生以稿尚未定，乃以《分撰兩戴記章句凡例》一卷付之。今在《六譯叢書》中。訂宗派類十五條，篇章類二十四條，義例二十七條，總例五條。此編此時尚分今古。明年，將「宗派門」增爲二十八條，遂易今古爲帝王。《井研藝文志》二有《兩戴記補注》十卷，蓋即就此例擬作而未遂者。

約集尊經同人撰《王制義證》①。「以《王制》爲經，取《戴記》九篇外，《公》《穀》傳、《孟》、《荀》、《墨》、《韓》、《司馬》，及《尚書大傳》、《春秋繁露》、《韓詩外傳》、緯候、今學各經舊注，原

① 原稿眉批云：「乙酉，欲作《義證》。」

注：據馬輯本。並及兩漢經學先師舊說，原注：《今文尚書》、三家《詩》用陳氏輯本。至於《春秋》、《孝經》、《論語》、《易》、《禮》，尚須再輯。務使詳備，足以統帥經學諸經。更附録古學之異者，以備參考。略以後凡注今學，群經禮制，不必詳説，但云見《義證》足矣。略習今學者，但先看《王制》，以下便即迎刃而解。起視學官注疏，不惟味同嚼蠟，而且膠葛支離，自生荆棘。一俟此書已成，再作《周禮義》，以統古學。」《今古學考》下，頁二十八。《經學初程》頁十三亦云：「至於古學入手之書，則別輯《古學禮制考》，取《左傳》、《周禮》與今學不同專條，分類輯爲此書，以配《王制》。」《古學禮制考》當即《周禮義》。此書今無，疑未成。按，此書稿已及半，隨手散佚。繼聞長素康有爲《孔子會典》即是此意，乃決意不作。亦以《王制》無所不包，難免掛漏。否則，《義證》緟雜，難於去取。特就《王制定本》將辨疑、證誤二門，編爲《王制訂本要注》四卷，專攻其異。凡屬明文複見，皆所不取。《經話》甲一，頁五十六。《井研志》卷十二《藝文二·王制訂本要注》提要。今《六譯叢書》中衹《王制集説》一卷，無《王制集證》，《凡例》亦非以前之舊，當又是《要注》改本也。約同人撰《王制義證》，《縣誌》以爲在戊子，《經話》以爲在戊子以前。《今古學考》云：「乙酉欲作《義證》。」卷下，頁三十四。《學考》乃丙戌編成，則此書之創編當在乙酉、丙戌之間。《縣誌》云「戊子」者

誤，今以附於此年①。

先生自云：「學者初治經，莫妙於看《王制輯證》。略自爲制度，綱領具在，有經營制作之用，三也。經少而義多，尋繹無窮，有條不紊，四也。有《春秋》以爲之證，皆有實據，略五也。知此爲經學大宗，略諸經可由此而推，七也。既明今學，則古學家襲用今學者可知，其變易經學者，更易明也。今學異説多，既以此爲主，然後以推異例，巨綱在手，足以駁變，九也。秦漢以來，經傳注記、子緯史集皆本此立義。今習其宗，則群書易讀，十也。」略《經學初程》頁十三。

刻《春秋左傳古義凡例》於成都，此作專以《左傳》爲古學②。

刊《今古學考》於成都。此書既刊布，於康成小有微詞，爲講學者所不喜。友人遺書相戒，乃戲之曰：「劉歆乃爲盜魁，鄭君不過誤於脅從。」《經話》甲一，頁五十五。或又推爲以經解經之專書。《知聖編》上，頁四十七。

是年春，就舊作《轉注假借考》補爲《六書舊義》一卷，「以四象爲造字之法，形爲實字，意

---

① 原稿眉批云：「己酉本《四變記》以《王制義證》、《群經凡例》爲二變時書，皆誤。《群經凡例》之作，《今古學考》明言在《穀梁》成書以後，《公》、《左》未作以前。《穀梁》成於甲申，《公羊》成於戊子，而《今古學考》又成於丙戌，則是書至遲當在丙戌。所記戊子、戊子以前者，指稿已及半時耳。」

② 此條原無，據巴蜀本補。

爲虚字，事在虚實之間。以轉注與假借三家名目全同，爲當時用財通名，轉注如今捐輸津貼股份公司，事一名多，所以馭繁。假借因無爲有，所以濟窮」。《井研藝文志》二及本書。又云：「造字之序，始形，次事，次意，次聲，四門而止。聲又所以濟形、事、意之窮，故造字之主，祇前三門。後二門乃用字，非造字。」又曰：「象聲生於假借，象意生於轉注。略未造形聲字以前，則皆假借。未造會意字以前，則皆轉注。假轉意聲，祇争有本字、無本字之別。」皆能一掃清代小學家之異説，而獨標捷解。先生經説，多有改易，此册初無異同。俞樾、鄭之同極心折其説。

先生以爲子者經之嫡嗣，《今古學考》既已明經，更欲治子。又曰：「子書專家少，往往一家兼數家，不獨雜家爲然。今子家多亡，宗旨不立，其説往往見於他書。鈎沉繼絶，條分縷晰，欲以恢張九家舊學。略限以丁亥年三百九十日立其規模，以後隨時修改。略以經意讀子，更以子學説經，有相須，莫相妨。」略　據丙戌臘月十六自記原稿。

成《經學初程》一卷。今在《六譯叢書》中。按，此書署先生與吴之英同撰，疑爲與吴同任尊經襄校時作，故以附此年。此書略可見先生教人治學之法。如云：「治經歲月略以二十爲斷。二十以前縱爲穎悟，未可便教以經學，略讀小學書可也。略二十以後，悟性開則記性短，不可求急助長，當知各用所長。又，讀書要疑要信，然信在疑先。略篤信專守，到精熟後，其疑將汩汩而啓。略若始即多疑，則彷徨道途，終難入境。」又：「先博後約，一定之理。不博遂求約，不可也。然其所以博覽者，正爲博觀以視性之所在，便於擇術。略夫深造之詣，惟專乃精，尚欲兼營，必無深入。若徒欲兼包，以市鴻博，剛經柔史，朝子暮文，無所不習，必至一無所長。」又：「近來學者，頗有陵躐之習，輕詆何、鄭。豈知治經如修屋，何、鄭築室已成，可避風雨，其中苟有不合，是必將其廊廳牖櫺門户，下至一瓦一石，皆悉閲覽，知其命意所在，其有未安處，未經意處，仍用其法補之。必深知其甘苦，歷其淺深，乃可以言改作。今之駁者，直如初至一人家，見其大門，曰，此門不善，宜拆，使更營。至二門如此，至廳堂如此，至宫至室亦如此。略破瓦殘磚，雜然滿目。甚至隨拆隨修，向背左右，莫不迷亂。以其胸無成室，無所摹仿，材料不具，基址難定。吾見有拆室一生，直無片椽可以避風雨者。毁瓦畫墁者尚不得食，何況治經。」又教人：「最忌以己所心得，使初學行之，己所疑難，使初學考之。己不過欲因人之力以成己之事，而初學作此，消耗歲月，浮沉迷津。略苟爲借人之力，則其心不恭。若欲躐等陵次，使初學飛渡，則所見更爲顢頇。」按，先生生平即未免此弊，或本吴之英語也。至云：「經學須耐煩苦思，方能有得。若資性華而不實，脆而不堅，則但能略窺門户，不能深入妙境。經學要有内心。看考據書，一見能解，非解人也。必須沉静思索，推比考訂，甸然心中貫通，若徒口頭記誦，道聽塗説，小遇盤錯，即便敗績。惟心知其意，則百變不窮。經學湛深，詞章自然古茂。」則先生自道也。又曰：「經學有古時童子知之，至今則老師宿儒猶不能通者，如《禹貢》山川、《周禮》名物、《詩》之鳥獸草木是也。試以《詩》言，就當時目見，以示初學，宜無不解。略今欲考究，又不能據目見，全憑古書。略書多言殊，苟欲考清一草一木，無論是與不是，非用數日之力不能。

略故予謂學不宜從此用功，以其枉勞心力。欲求便易之法，則請專信一書。人雖指其謬誤，篤信不改。以此爲《詩》中之小事，尚有大者在。略苟將此工夫，用之於興觀群怨，其有益身心爲何如。略《尚書》之山川、《周禮》之名物，同此一例。略今爲後學一筆删之，以惜精力，爲别事之用。」頁十八。

是年五月，四川總督丁寶楨卒，劉秉璋繼任。丁在川有惠政，蜀人至今思之。王闓運之主尊經，丁之力也①。

是年八月，命續修《大清會典》。

光緒十三年丁亥（一八八七），先生三十六歲②。

正月，媳尹氏卒。

---

① 此條原無，據巴蜀本補。

② 巴蜀本以二變始於光緒十三年丁亥，故於此年分卷。卷下有注云：「二變起光緒十三年丁亥，訖二十三年丁酉，凡十一年，爲先生學説二變，尊今抑古時期。」按《井研志·藝文四·知聖編》提要云：『丙戌以後乃知古學新出非舊法，於是分作二編，言古學者曰《闢劉》，言今學者曰《知聖》。』劉子雄丁亥八月日記謂見先生作《續今古學考》自駁舊説，以《周禮》、《左傳》爲僞，則尊今抑古實始丁亥。丙午本《四變記》謂始戊子，蓋謂《闢劉》、《知聖》成書之年耳。」

二月至成都，在尊經書院閲卷，同閲卷者富順王萬震復東也。先生見山長伍肇齡，議復朱肯夫學使舊章，設分教，不考課，以著書作季課，並加膏火。

十九日，先生邀喬樹枬、范溶、劉子雄、楊永清、王萬震、鄒增祜及僧雪岑等飲於燕魯公所。

二十七日，李滋然、鄒增祜、藍光策招飲貴州館尹王祠，楊鋭、范溶、王萬震皆與。

二十九日，王萬震堂課不用先生所擬題目，又欲出宋學題，先生偕劉子雄力争得止。

三十日，劉子雄、鄒增祜來訪，因言堂課出題之謬。先生言伍最服江西陳溥。陳乃祆人，著書多妄誕，托於宋學而雜以左道。鄒言其曾謀反，有案可稽，伍刻其所批書甚多。

四月四日，偕劉子雄往聽舒頤班，夜同歸，談經甚樂。

五日，復同劉談，謂殷無三年之喪。

十一日，劉子雄來談，先生謂《周禮》當以王莽制參考。

十二日，劉子雄、戴光來談，約劉治《王制》，戴治《周禮》，分封建、地理、官制、井田、兵、刑、禮、樂、食貨等門，證以周秦古説，次取西漢，又次取東漢，以二書爲今古學大綱，故急欲成之。

二十九日，書院仍由先生分經出題，所出有《堯典》、《禹貢》，多周以後制度。

閏四月八日，劉子雄來談，先生欲以《書》、《詩》、《儀禮》皆爲今學，又以《冠》、《昏》二記爲古學，與初義又變。

六月，成《王制周禮凡例》，以《周禮》爲劉歆僞作。又成《孝經凡例》。

初十日，訪劉子雄，論《左氏》作僞之迹甚悉。

改訂《兩戴記分撰凡例》。

新任學政高賡恩喜宋學，與伍肇齡合，不以先生新説爲是。伍新刻《近思録》，高爲作序，痛詆漢學，有「寖樹藩籬，操末忘本，世儒之蠹」等語，蓋指先生也。

歸井研，旋携子諱師慎至成都，十二月復歸。

作《續今古學考》自駁前説，謂：「周制全不可考，概爲孔子新制。《周禮》固爲僞託，即《左氏》之言《周禮》者，亦推例而得，以《周禮》同《王制》者多，異者不過數條，又無師説，故知襲今學而作，即《國語》亦是今學。」又謂：「文王所演之《易》，即是孔子《繫辭》。」劉子雄見先生《續今古學考》，謂不似經生語。

先生新學作詩，嘗與劉子雄論詞章，先生以用意爲主，劉以修辭爲主，不能合也。

十月，始注《公羊》，「一以《繁露》爲本」，又據《白虎通》引《公羊傳》爲今本所無者，補百餘條。

是年常與劉子雄過從，見則必譚經。一日先生謂劉曰：「何氏以十七年注《公羊》，予以七年成《穀梁》，尚不逮其半。」

九月，劉子雄嘗與朱德實枕虹、戴光臧否書院人物，劉謂：「宋芸岩詩力弱，陳子元氣粗，不能用功，爲浮名所誤。用實功者廖平以外，未見其人。」朱論院中經生，舉先生及王光棣、尹殿颺、戴光、吴雪棠、吴之英、胡從簡、周國霖、劉子雄，詞章則楊鋭、毛瀓、胡延、戴光、周淡如、宋育仁、陳子元、范溶、吴昌基、崔映棠、劉子雄，朱亦與焉①。

《井研藝文志》有《春秋圖表》二卷，《王制圖表》十卷，十疑字誤。疑成於本年。此二書後經改併爲《春秋圖表》。《今古學考》下頁五十二云：「《王制義證》中當有圖表。如九州圖、建國九十三圖、制爵表、制禄表。」《王制圖表》當即由此擴充者，今《春秋圖表》中猶存此數表，名目小異。詳二十七年。

是年二月，興造大沽至天津鐵路。五月，中法界務專約、商務專約成。十月，與葡使訂約。十二月，張之洞奏設南洋各島領事。加算學一科取士。

光緒十四年戊子（一八八八），先生三十七歲。

是年，任尊經書院襄校。按，先生《與張子宓書》似有薦吴之英以自代之意，又《知聖編·後跋》謂此册作於戊子，蓋纂輯同學課藝而成。疑先生是年本任尊經襄校也。

① 自「二月至成都」至「朱亦與焉」十二條原無，據巴蜀本補。

正月，子成芝續娶譚氏。

二月，自東林壩遷居距壩一里之小高灘蕭氏宅中。旋於附近榮縣界内置新業，二十畝。十二月，移家居之。

自家至成都，六月返家①。

七月，自家赴德陽，爲德陽知縣陶聯三西席。過成都，與名山吳之英伯朅，時任灌縣教諭。論學於尊經，深許其可，自此見人恒頌其學。《與張子宓書》。按，《與張子宓書》言，七月，自家至德陽。據家人言，則二月至省，七月返家，八月赴京。錯迕殊甚，不知誰是。惟八月赴京之語似誤。《知聖編·序》稱戊子季冬作於黄陵峽舟次。不容八月啓程，十二月始至宜昌。意者先生是年本任尊經襄校，二月赴省。七月嘗回家，隨赴德陽。赴京時即不再回家，故家人遂以爲八月赴京耳。

冬，赴京會試。《知聖編·序》。薦吳之英任尊經襄校。同上。張之洞電召赴粤，時任粤督。命纂《左傳疏》②以配清代十三經義疏，以方赴京，不果去。

江叔海致書，論《今古學考》。

成《知聖篇》一卷，附《孔子作六藝考》一卷，《闢劉篇》一卷，《周禮删劉》一卷，《井研志·藝文

---

① 此條原無，據巴蜀本補。

② 疏：原無，據巴蜀本補。

四》。《公羊補義》十一卷。四書今並在《六譯叢書》中，惟無《孔子作六藝考》，《周禮删劉》附入《闢劉編》，易名《古學考》。《知聖編》提要云：「平初作今古説，丙戌以後乃知古學新出，非舊法，於是分作二篇，言古學者曰《闢劉》，言今學者曰《知聖》。取宰我『子貢知足以知聖』之義。此編用西漢説，以六藝皆由孔子譯古書而成。略《詩》、《易》爲百世而作。《春秋》書爲上考而作。由後推前，知制作全出孔子。宋以後專學《論》、《孟》，故考證二書尤詳。或以六藝歸本孔子爲新創，不知莽、歆未出之先，無論傳記子史，皆以六藝傳於孔子，並無周公作經之説。故又編《孔子作六藝考》一卷，以證其實。」此稿不存，當已散見《知聖編》中。其書取西漢爲主，東漢以下微文散見，亦附録之。又《古學考》即《闢劉篇》。提要云：「是編皆平信今駁古之説。」

《周禮删劉》一卷，吴福珩《周禮紀聞序》《井研志・藝文二》。以爲刊於戊子。今按此書之作，當與《闢劉篇》同時，故從吴説附於此年。此書直至甲午始完成，義例詳甲午年。劉子雄見《周禮删劉》，斥爲閹割之法，謂其與己説相近者指爲竄改，不免武斷也。《知聖編》上，三十九頁。所删者爲九畿、九州、五等封諸條。原約能講明一條，即刊去一條。《周官考徵凡例》。

成《公羊補義》十一卷，意在合通三《傳》。潘祖蔭序①。潘祖蔭《公羊補證》序云：「自序欲以《公羊》中兼採《穀》、《左》，合通三《傳》，以成一家。按，甲午作《春秋經傳滙解》，當即此意。繼因

① 此條原無，據巴蜀本補。

三《傳》各有專書，乃刊落二《傳》，易以今名。言『補注』者，謂補何君《解詁》也。按，《凡例》云：「今以『補證』爲名，凡佚傳則補傳，師說則補例，《解詁》未備者務詳之。」略自注自疏，以自信精粹者爲注，餘義爲疏。疏義别出，不定解注，與古注疏體小有異同。自來注家依違本傳，明知其誤，務必申之。是書以經例爲主，於傳分新舊，於師分先後，所有後師誤説，引本傳先師正説以證之，進退取舍，不出本師，與范武子據《周禮》以難《穀梁》者有間矣。略是書大旨具於《三十論》，然新得甚多，較爲審慎矣。季平喜爲新説，如《春秋》不王魯，三世内娶爲魯事，言朔不言晦爲日食例，鄸不言會爲致例，祭仲不名例同單伯，紀履輸不言使爲小國通例。如此者數百條，爲從來治《公羊》者所不敢言。至於月無正例，子伯非爵，見經皆侯，與二伯八方伯七卒正一附庸，則以爲三《傳》通例。立説雖新，悉有依據，聞者莫不驚駭。觀所論述，乃不能難之。以其根本經傳，得所依歸故也。」按，潘序作於庚寅三月，時此編祇名《公羊補義》，對戊子稿本已有所改訂。《凡例》。

戊子八月自序，略「舊撰《穀梁注疏》，篤守本師。略此編多採《穀》、《左》以收闕義，傳所佚誤，别爲補傳，今通三《傳》以爲一家之言，意在折中聖經，輯補佚義，自比於巽軒」。又庚寅端午前二日自識云：「戊子作注，意在通三《傳》之義。略己丑在粤，續有《左傳補正》之作。既三《傳》各自爲書，則《公羊》當自成一家，不必旁通於二《傳》，故删去通變之言，以爲墨守之學。易通變之名爲補證，庶可以告亡友劉舍人也。」

先生於清代經學變遷派别及其得失與所及於自己之影響，在《知聖編》中言之極爲明晰。文曰：「國朝經學，大約可分爲四派，曰順康，曰雍乾，曰嘉道，曰咸同。國朝初，承明季空陋之弊，顧炎武、黄宗羲、胡渭、姜宸英、王夫之、萬斯同、閻若璩、朱彝尊諸老，内宋外漢，考核辨論，不出紫陽窠臼，游心文周，不知有尼山也。惠棟、戴震挺出，獨標漢幟，收殘拾墜，零璧斷圭，頗近骨董家，名衍漢家，實則宗法莽、歆，與西漢天涯地角，不可同日語。江永、段玉裁、王念孫、朱駿聲諸家，以聲音、訓詁、校勘提倡天下，經傳遂遭蹂躪，不讀本經，專據《書鈔》、《藝文》隱僻諸書，刊寫誤文，據爲古本，改易經字，白首盤旋，不出尋文。按，當作丈。諸書勘校，可謂古書功臣，但畢生勤勞，實未一飽藜藿。二陳著論，漸别今古，由粗及精，情勢然也。李兆洛、張惠言、龔自珍、魏源，推尋漢法，訟言攻鄭，比之莽、操，罪浮桀、紂。思欲追西漢，尚未能抵隙古文。咸、同以來，由委溯原，始知尊尚孟、荀。開創難工，踵事易效，固其宜耳。綜其終始，窮則必通，以横詆縱，後止終勝。廿年以來，讀遺書，詢師友，昔賢構屋，我來安居，舊解已融，新機忽闢，平分今古，不廢江河。初則周聖孔師，無所左右；繼乃探原竟委，若有短長。博綜同學，分類研精，圖窮匕首乃見，附綴不類生成。略六藝同原，貫以一孔。斯事重大，豈敢任情？既風會之所趨，又形勢之交迫。略師友藥言，佩領夙夜。事與願違，未得輕改。」卷上，頁三十六。

《知聖編》於鄭康成、紀曉嵐、十二經注疏、無何注《公羊》。阮刻《學海堂經解》、王刻《江陰續解》，皆有評論。評鄭氏云：「國朝雍、乾以後，鄭學盛行，誤信孔氏『疏不破注』之邪説，寧道周孔錯，不言馬鄭非，積習移人，牢不可破。嘉、道以後，龔、李諸賢始昌言攻之，然亦如晉王子雍，一生專與鄭爲難，乃全不得其病痛所在。考鄭學略盛行千餘年，其人人品高，號爲經師完人，至細考其著作，實不見所長。《詩》、《書》二經，推《周禮》以爲說，强四代經文以就其誤解之《周禮》，固無論矣。平生著述，三《禮》爲優，《周禮》又其本中之本。《大行人》注言周之疆域方七千里，天子以方千里者一爲王畿，州牧各得方千里者六。以一州牧大於天子五倍。似此謬妄，婦孺皆知其非。略《王莽傳》：『莽女爲后，十一媵。』是天子一娶十二女。王莽晚自娶，則有百二十女，明係歆等附會誤說，盡可改正，乃造十五日進御之說。其注百事多略，惟此條獨詳，推考變節，無所不至。先生命吴清渠擬有《百二十女訟鄭君表》，詳見《經話》甲一，頁三十九至四十五。經所稱孤，本即世子，指《春秋》齊、曹世子而言，乃以爲三孤。經所見諸孤字，皆非王臣，則又僞造大國孤一人之說，誤中又誤，夢中又夢。其注《儀禮》，至以諸公爲即大國之孤，孤何得稱公？鄉禮即鄉飲酒。詳《經話》卷二。明知今古文饗皆作鄉，何不注於題下，乃以饗禮爲亡？饗禮與鄉人飲酒禮節隆殺不同，鄭明知漢人飲酒禮儀節簡，爲欲實用周鄭鄉字之說，亦遂以爲真鄉黨所行之禮。李氏但詆其破壞家法，不知但以專家論，鄭君於《周禮》、《儀禮》已多不能通，又何論其於今古相亂之旁失。略舊頗稱其細節，如宫室、衣服、儀節實爲精密。然大端已誤，細節殊無足取。且進而考其細節，亦多因强附《周禮》而誤。余學專欲自明，不喜攻人。但鄭君空負盛名，實多巨誤。後生以之爲天人，望洋而歎，莫敢考索。由鄭學入手者，如入迷途，久而迂謬成習。略爲後賢袪疑起見，偶一言之，以示其例耳。」卷上，頁四十二。

評紀氏云：「《隋志》、《陸録》所談各經源流，謬種百出，百無一真。證以《史》、《漢》，其説自破。近人言經學，以紀曉嵐爲依歸，當時説經諸家，融而未明。紀氏專心唐宋小説雜聞，未能潛研古昔正書，以辭賦之才，改而説經，終非當行。又以《隋志》、《陸録》爲宗旨，故所説經籍不脱小説謏聞，終誤後學，受患頗深。略《毛詩序傳》出於衛宏，如大小毛公名字、叔姪、官爵等説，皆出范書以後，乃誤爲真。其説二人，真如孫悟空、豬八戒。此等游戲，評詩談藝則爲高手，解經則成兒戲。又如書坊僞《端木詩序》、《申培詩傳》，其書竄亂删削，至爲陋劣。既明知其僞，乃又摘論數條，以爲義可兼存。似此猶可存，則又何不可存？略紀氏於各經論述，幾不知有博士，何論孔子。時賢推尚紀氏，故略發其説於此。大致悠謬者多，不足與細辨也。」卷上，頁四十。

評東漢以後經説云：「略每經皆有義例在文字之外，如數術之卜筮，以及《鐵板數》、《青囊經》，皆别有起例，在本書之外。不得本例，但望文生訓，如何能通。不惟經説，即李義山、吴梅村詩集，作注者必先於本文之外，詳其時事履歷、性情嗜好，並其交遊贈答、當時朝廷盛衰、政輔忠佞，然後能注。區區後人文詩千萬，不足與經比，猶於文字外無限推索，方能得其主旨。乃東漢以下之經説，則不必先求本師，預考文例，但其識字解義，按照本文，詳其句讀，明其訓詁，即爲經説，真所謂望文生訓。不求其端，不竟其委，但能識丁，便可作傳。除《公羊》外，十二經注疏，一言以蔽之，曰，望文生訓而已。略學者亦嘗假四字以爲說，實則阮、王二刻，能逃望文生訓者幾人？蓋欲求義例，必先有師，不能得師；必先於各經先師傳說義例略至精至熟，然後可以讀經。此法久絶，合宇内老師宿儒，誰能免此弊？劉歆初言微言，後力反其說。願學者讀漢臣劉歆書，勿用新室劉秀顛倒六經之法也。」卷上，頁五十四。

評阮刻《學海堂經解》云：「阮刻《學海堂經解》，多嘉、道以前之書，篇目雖重，精華甚少。一字之說，盈篇累牘；一句之意，衆說紛紜。蓋上半無經學，皆不急之考訂；下半亦非經學，皆《經籍纂詁》之子孫。凡事有本有末，典章制度本也，形聲字體末也。諸書循末忘本，纖細破碎，牛毛繭絲，棘猴楮葉，皆爲小巧。即《詩經》而論，當考其典章宗旨，毛鄭所說相去幾何。而辨論其異同之書，層見疊出。樂之爲樂爲療，永之爲羕爲泳，有何關係，必不可苟同。以《尚書》論，今古二家，宗旨在於制度，文字本可出入，不問辭專考字，不問篇專詳句，說『堯典』二字三萬言，詢以羲和是何制度，茫然也。近人集以爲彙解，一字每條所收數十說，問其得失異同之故，雖老師宿儒不能舉。又如用其法以課士，一題說者數十百人，納卷以後，詢以本義究竟如何，舊義孰得孰失，論辨異同之關係何在，皆茫然不能對。蓋嘗蹈没其中者數十年，身受其困，備知其甘苦利害，以爲此皆不急之辨，無用之學，故決然捨去，別求所以安身立命之術。積久而得《王制》，握綱領，考源流，無不迎刃而解。以之讀群經，乃知康莊大道，都會名區，絶無足音。考求舊游之車轍馬迹，亦不可得。徒見荆棘叢中，窮隘巷港，積屍如麻，非黑暗不見天日，則磨旋不得出路。父子師弟，相繼冤屈，而不自悟其非。蓋得其要領，則枝節自明，且悟其旨歸，則文字可以出入。苟循支委，則治絲而棼。略爲今之計，以人才爲主，不願天下再蹈八比之理學，音訓之漢學，以困人才。」卷上，頁四十四。

評王刻《江陰續經解》云①：「王刻《江陰續經解》，選擇不精，由於曲循情面與表章同鄉，前半所選，多阮刻不取之書，故精華甚少。後半道、咸諸書，頗稱精要。陳氏父子《詩書遺説》，雖未經排纂，頗傷繁冗，然獨取今文，力追西漢，魏晉以來，無此識力。邵《禮經通論》以經爲全本，石破天驚，理至平易，超前絶後，爲二千年未有之奇書。考東漢以來，惟經殘秦火一説，爲庠序洪水猛獸，遺害無窮。劉歆《移書》，但請立三事，廣異同，未嘗倡言六經爲秦火燒殘。古文家報復博士，乃徐造六經不全之説。詳《古學考》。妄補篇章，虛擬序目，種種流毒，原是而起。且自經殘一説盛行，學人略視諸經皆爲斷簡殘編，略已在可增可減可存可亡之例。一遇疑難，不再細考求通，有秦火一説可以歸獄。故東漢以下，遂無專心致志推究遺經之人。略余因邵説，乃持諸經皆全，亦備爲孔修。略心思一專，靈境忽闢，大義微言，乃可徐引。」略　卷上，頁四十七。

又論近人專治小學之弊云②：「近賢論述，皆以小學爲治經入手，鄙説乃易以《王制》，通

① 原稿眉批：「王先謙刻《皇清經解續編》。」

② 原稿眉批：「此條移《勸學篇》刊布之後。」

經致用，於政事爲近。綜大綱，略小節，不旬月而可通。推以讀經讀史，更推之近事，迎刃而解。《勸學篇》言學西藝不如西政。近賢聲訓之學，迂曲不適用，究其所得，一知半解，無濟實用，遠不及西人之語言文字，可俾實效。讀《王制》，則學西政之義，政高於藝。如段氏《説文》，王氏《經傳釋詞》、《經義述聞》，即使全通其説，不過資談柄，繡槃帨，與帖括之墨調濫套，實爲魯衛之政。語之政事、經濟，仍屬茫昧。國家承平，藉爲文飾休明之具，與吟風嘲月之詩賦，事同一得，未爲不可。若欲由此致用，則炊沙作飯，勢所不行。釋家有文學派，聲訓正如《龍龕手鑑》、《一切經音義》枝中之枝。從《王制》入手，則如直指心原，立得成果。以救時言，《王制》之易小學，亦如策論之易八比試帖也。非禁人治訓詁文字，特不可錮没終身耳。」卷上，頁四十三。按，此條可與癸未年引張祥齡語參看。

是年，定中英西藏條約。

光緒十五年己丑（一八八九），先生三十八歲。

大挑二等，會試中三十二名進士①，房師張預商天，禮部尚書座主李鴻藻蘭孫，工部尚書兼署正黄旗漢軍都統崑岡筱峰，太子太保工部尚書潘祖蔭伯寅，禮部右侍郎廖壽恒仲山。以書曆

---

① 原稿眉批：「四月，張建勳榜三零三人。」

作歷，罰停殿試，潘祖蔭力争之。先生嘗言：「此次不犯磨勘，可入翰林。使竟入翰林，則戊戌政變，或將因楊叔嶠而遣戍也。」

試後，應張之洞召，赴廣州，與王闓運相見於天津，《祭湘綺夫子文》。與俞樾相見於蘇州，在七月。俞氏亟稱先生《今古學考》爲不刊之書。先生語以已經改易，並三《傳》合通事。俞不以爲然，曰：「俟書成再議。」《經話》甲一，頁五十四。

先生至廣州，住於廣雅書局，以張之洞命纂《左傳》，始專力治《左氏》。己丑以後專治《左氏》。《經話》甲一，頁五十一

十月，張之洞聘朱一新主講廣雅書院。張又重申「風疾馬良」之禁。

在廣雅日，居室與朱蓉生一新、屠竟山寄、陶心雲濬宣諸人僅隣。一日，聞蓉生言：「講學問須自作主人，勿爲人奴隸。」因亟往問：「如何方能作主人？」而蓉生所言則仍奴隸之奴隸也。吴虞《六譯老人餘論》。參看乙巳年。

南海康有爲於沈子豐處得先生《今古學考》，引爲知己。至是，同黄季度過廣雅書局相訪，先生以《知聖編》、《闢劉編》示之。馳書相戒，近萬餘言，斥爲好名騖外，輕變前説，急當焚燬，並要挾以改則削稿，否則入集。先生答以面談，再決行止。後訪之城南安徽會館，黄季度病未至。兩心相協，談論移晷。康氏乃盡棄其舊學而爲先生之學焉。《經話》甲一，頁五十五；《知聖編》上，頁四十八；梁啓超《清代學術概論》二十三。《經話》甲編二卷三十頁云：「庚寅晤長素於廣州，議論相合。逾年，《僞

經考》出。」庚寅當係己丑之誤。

先生欲刊《知聖篇》，或以發難爲嫌而止。東南士大夫因轉相鈔録，視爲枕中鴻寶，一時風氣爲之改變。湘學《湘學報》以爲素王之説倡於井研者，此也。《井研志・藝文四・知聖篇》提要。

先生居蜀時，未敢自信其説。出游後見俞蔭甫、王霞舉諸人，以所懷疑者質之，皆莫能解，於是膽乃益大。於湘潭之學不肯依傍，故湘潭與陳完夫書曰：「懷才欲試略如康有爲之爲，亦人情也。楊度但以慕名之心轉而慕利，暗爲梁焕奎所移而不自知，前之師我者亦以名也，非求益者也。與夏時濟同，與廖登廷異。廖登廷者，王代功類也，思外我以立名。楊、夏思依我以立名，名粗立則棄余如遺矣。故康、廖猶能自立，楊、夏則隨風轉移。」吴虞《六譯老人餘論》，《湘綺樓箋啓》六《與陳郎》。

陶濬宣擬刊廣州闈墨，因戲擬戊子四川鄉試首題「大師摯適齊」一章，破云：「使八佾於八州，廣魯樂於天下也。」文用《樂記》「廣魯樂」與《書》封四凶以化四裔。意欲刊之，而稿爲人所竊。《經話》甲一，頁六十三。按，《井研志・藝文五》有《四譯館五經義》一卷，稱其「專以經説，行文多用新解，略風動海内。光緒戊子以來略貌襲平文者，往往掇巍科以去」。此書今不存。民初，成都《國學薈編》刊有先生時文數篇，名《游戲文》，當猶有當時所作在内。《六譯館叢書》中又另有《會試硃卷》一種。

作《周禮刪劉》八證。《古學考》頁四十五注。

是年二月，帝始親政，以薛福成爲出使英法意比大臣。著《出使英法意比四國日記》。八月，允張之洞奏，築蘆溝橋至漢口鐵路。

七月，調張之洞爲兩湖總督。

十月，友人劉子雄卒於北京①。

光緒十六年庚寅（一八九〇），先生三十九歲。

春，復由廣州赴京補應殿試，得二甲七十名，賜進士出身。朝考三等，欽點即用知縣。以親老求改教職，部銓龍安府教授。

四月，潘祖蔭爲作《左氏古經説漢義補證》、《公羊補義》兩序。

秋，偕宋育仁由水道返川。過蘇，晤張祥齡。先生與張此後不復相見。過湖北，謁張之洞，留連彌月。張又重申以「風疾馬良」爲言。時張已移任兩湖總督。十一月抵重慶，謁川東道張華奎。己丑同年。是月二十九夜抵家。時先生父兄均已先病。《與張子宓書》、《與南皮師相論易書》、《與南皮師相論學書》。

在途，聞江瀚得俞樾書云：康有爲《新學僞經考》已成書，蓋即本先生之《闢劉篇》而多失

① 此條原無，據巴蜀本補。

其旨者也。《經話》甲一，頁五十五；《二變記》。康説粗豪狂恣，書既出，天下震動。《家學樹坊》頁三十六。甫一年，遭清廷之忌，燬其板。梁啓超《清代學術概論》二十三。

成《左氏春秋古經説漢義補證》十二卷。

《左氏古經説讀本》二卷、《左氏古經説漢義補證》十二卷、《左傳漢義證》二十卷，實爲三書，今存《左氏古經説漢義補證》稿。今《六譯叢書》中有《左氏古經説義疏》十二卷，疑是此稿節本。《左傳漢義證》二十卷，當是呈上張之洞者，存佚不可知。宋序、《井研志》及《左氏古經説義疏》刊本均作二十卷，本序據本文，則仍《古經説》十二卷序也。先生以從來言《左氏》者皆喜文彩，詳名物，引以説經者少。略因仿二《傳》之例，刺取傳中經解釋例之文，附古經下，引漢師舊説注之，略與傳別行。意在申明漢法，刊正杜義。又以《左氏》禮同《王制》，歸還今學，不用漢説。自序、潘祖蔭序。宋育仁序謂：「治《左氏》有十難，先生此書有廿長，故足以平兹十難。」是篇會通三《傳》，力反「左不解經」之説，立異經見義，緣經立説，及隱見、參差、筆削諸例，及取《戴記》爲舊傳，不惟合通三《傳》，六經亦藉愈顯。並據《五行志》所引劉氏諸條皆不見傳，莊公篇寧闕毋補，證劉歆無竄補之事，尤有存亡繼絶之功。宋育仁序。存《左凡》，已非初作。

先生未注《左氏》之前，曾刊《凡例》，以《左傳》爲古學，事事求與二《傳》分。略考其立異之爲，實即攻其主於周公孔子、史官赴告之不同，一國三公，莫知所從。蓋嘗經營於心者七八年之久，惟日求《左氏》之病痛而布告之。非有心於攻《左氏》，以既欲治《左氏》，非先明其要害不可也。己丑略校《左氏》，三年之中，遂成巨帙。或以爲倚馬成書，而不知前此之經營慘淡非一日矣。惟其攻之也力，雖疥癬之疾，亦必求所以補救之，非苟且敷衍以應命而已。丁酉冬《上南皮師相論學書》。

又言他人攻《左傳》之非云：「治《公羊》者莫不攻《左傳》，深惡痛絶，不可終日。略蓋《公羊》略頗有夢幻惝怳之境，《左傳》事迹明白。略心害其明白，故害之深。若劉申綬、龔定庵者，實則於《左傳》未嘗用心，畏其繁鉅，不能綜治，惟有駁之，可以鈎銷一部巨書。」略《經話》甲一，頁七十。

《群經凡例》中，尚有《左氏學外編凡例》。當日擬歸入《外編》者有：《三傳合同表》、《三傳同源異流表》、《三傳專條表》、《五十凡補證》、有鈔本二卷，上卷經，下卷禮。《左氏補例》、原有稿近百條，佚。《左氏漢師遺説考》、《左氏與僞周禮不同表》、《三傳禮制相同表》、《經話》甲一頁七十末有《三傳同例》二表，疑即此。《禮制三統表》、《杜氏集解辨正》、四卷。《杜氏釋例評》、四卷。《馬氏左傳例評》、一卷。《删例表》、《左傳王制注》、二卷。《左氏淵源考》、《左氏長義》、一卷。《反正表》、《左氏禮徵》、《春秋法古表》、《春秋俟後表》、《劉申綬左氏考證駁正》、《郝氏春秋非左駁》二十二種、《五十凡駁例》、當是《五十凡補證》舊本。《劉申綬左氏考證駁正》，附《左氏古經説》。今除《杜氏集解辨正》有書外，餘皆不存。曾成書與否，亦不可知。見壬辰。

此書本因張之洞纂《左傳》之命而作。書成，潘序稱其期月已成。過鄂時上之張氏。張不以爲然，欲自爲之。先使先生更作《左氏傳長編》，待林下優游，乃自撰録。先生因先成《左氏傳長編》三十六題。中《非杜篇》乃張命别作一篇詳傳文所短。先生以昔人所指摘者皆杜誤，故歸罪杜。按，《集解辨正》即專詳此義。餘三十五題，仍先生意也。《左氏傳長編目録》。又，當時宋育仁亦在督署，張之洞開具《易經長編題目》，授宋編纂。先生以於《易》非專門，未即鈔録。《與南皮師相論易書》。

五月，改訂《群經凡例》中之《公羊春秋補證凡例》二十四條。據本書，又原稿。

是年十月三十，潘祖蔭卒，年六十一歲。

時外來潮迫，中外人士已知改革政治。

清德宗始親政。以後康有爲屢上書言時政。二月，與英訂藏印條約。

光緒十七年辛卯（一八九一），先生四十歲。

二月，先生兄登梯級陞卒。葬兄後赴成都，復任尊經書院襄校。寓純化街王氏宗祠。未幾移與范溶同居。

納妾帥氏，時十七歲。

四月中，移入尊經書院。時山長爲邛州伍肇齡，同任襄校者爲陳觀濤①。五月，迎眷至成都②。《與張子宓書》。

六月，領憑赴龍安任，往返月餘。同上。《祭奉政公文》云：「十月返成都。」約尊經同人就去年所作《左氏傳長編目録》分纂。冬初畢業，由李岑秋、施燮夫煥將此稿並其他著作數種共四十册賫呈張之洞。先生嘗云：「《長編》稿家無副本，其存佚不可知。聞南皮又續延有人編纂，或爲淺人所塗乙羼亂，則雖存亦失其真。他年此稿或别出亦未可知也。」《左氏傳長編目録識尾》。按，近聞張氏藏有先生遺稿甚多，疑此稿仍在。

十月，增補《公羊補證》凡例十條。據原稿。

十一月九日，先生父奉政公卒。先生初聞病訊，偕女燕奔回省視，至仁壽即聞訃，越十日葬奉政公於小高灘宅右。與張子宓書。妾帥氏旋歸。

先生既奔喪，善化瞿鴻禨子玖來督川學，詢先生近狀於尊經監院薛華墀，頗有欲先生主講尊經之意。同上

是年，先生始治《詩》、《易》。《家學樹坊·帥鎮華答劉室主人書》。成《中和解》二卷。自序云：

---

① 陳觀濤：原作「陳某」，據巴蜀本補。

② 巴蜀本此條記：「五月，迎雷太宜人及李安人至成都。」

「辛卯以後治《易》，專就本文推考義例，至於數十百條，辭義繁賾，編纂爲難，故先取中和例編爲此書。中和者，用《左傳》例，每爻變爲一卦，分長中少三局。以中卦十六合父母四卦爲中。長少三十二卦，合二卦爲一圖，故三十二爲十六圖，合長少父母八卦爲和。」《井研藝文志》一《中和解》提要。

增《周禮删劉》八證爲十證。《古學考》四十五注。

先生《經話》甲編卷一於治經應守之要爲條款，疑爲襄校尊經時所擬。其略曰：頁一二。

(一)戒不得本源，務循支派，如何邵公之日月例；

(二)戒以古亂今，不分家法，如鄭康成；

(三)戒自恃才辯，口給禦人，如董子之於江公；

(四)戒支離衍説，游蕩無根。

以上高材所忌。

(一)不守古訓，師心自用，非也；泥古襲舊，罔知裁擇，尤爲蒙昧。何邵公之誤用董説，劉中綬之鈔襲何注是也。

(二)不識堂奥，依傍門户，非也；略知本原，未能瑩澈，是爲自畫。陳卓人、陳左海是也。

(三)違背經傳，好作新解，非也；株守陳言，牽就附會，是曰瞽蒙。六朝禮學諸家株守鄭説是也。

（四）不通音訓，罔識古義，非也；鋪張通假，主持偏僻，更爲俗癖。如國朝諸家是也。以上中材流弊。

又曰：頁四十六至五十四。「言漢學，尊許、鄭者，固囿於劉歆邪説；然考史傳，雖兩漢經士，皆有流弊。謹立二十四目，引史傳以證，然後知學當蘄於是，不當但尊漢師已也。」二十四目如下：所引史傳略。增益師説；亂經私作；立學勢力；不通政事，迂疏寡效；粗習師説，以意推衍；苟求利禄，射策取科；各異其師，黨同伐異；末流變遷，齊不爲魯；别參異説，詐託傳受；自矜巧慧，變亂師法；互持意見，同源異流；分習篇章，不能獨盡；喜談災異，蒙蝕經誼；附會異端，乖離本意；畏繁苦多，以求便易；枝葉繁難，雕繪競華；口辯自雄，不求理勝；依附圖讖，迎合風旨；蒙混今古，不守家法；章句漸疏，浮華相尚；僞撰源流，以冒授受；私改經學，以合私文；好博兼通，無所裁決；删除章句，以便觀覽。

先生所主修之宗譜成。

康有爲講學於廣州長興里，《新學僞經考》刊成。

光緒十八年壬辰（一八九二），先生四十一歲。

嘉定知府羅以禮聘先生主講九峰書院。二月赴嘉定。時諸生除時文外無所知，先生提倡樸學，治經者方有七八人。羅以禮頗敬重先生，甫開院，即籌款買書。《與張子宓書》。諸生中從先生較久者，有李光珠、黄鎔、帥鎮華、胡冀、季邦俊等。

三月，先生因購書至成都，仍與吴之英同任尊經襄校。時尊經已非昔比，甚至有聚賭内院，放馬講堂者。先生言其情於學政瞿鴻禨，加以整頓，頗有復興之象。以此遭忌，謗者亦衆。《與張子宓書》。

先生在尊經日，命住院生領卷繳卷必親到講堂，以便講説題義及心得疑義。又命諸生作日記，一月一繳。住院生有三課不應者，即罰其膏火，以奬好學者。在院月餘，復同焦佩箴赴嘉定。同上

六月，顧印愚因送考時任洪雅校官。至嘉定，相與盤桓二十日。同上先生囑顧爲子慶餘命字，顧字慶餘曰師慎，並爲詩以紀之。蓋先生方以《左氏》傳授成學，而於漢師傳《左氏》者獨推重服子慎也。按，慶餘後即以師慎爲名，而易字曰慶餘。

七月，歸家。八月，返嘉，復由嘉赴省。十月，返嘉。因嘉定地居孔道，應酬頗繁，欲閉門謝客。十一月，因遇考赴龍安，後任非特授，故雖丁憂開缺，亦必一往。歸井研已歷歲除。同上。

是年，江瀚主講重慶川東書院。同上。

與新城王樹枏晉卿相見於凌雲山。王謂先生曰：「《今古學考》啓人簡易之心，則經學不足貴。」先此，德陽劉子雄介卿亦嘗言：「經學不可如白香山詩，原貴同異依違，使人鑽仰不盡。」先生則以爲推考既久，門面丕焕，雖似簡捷，實更繁難。既立一法，便有得失通蔽，急須

考究。從前之難，門外與門内相紛拏；今日之難，一家之中，務求和協。概括六藝，折中子史，大綱既分，細事毛起。略如以三《傳》合通，即此一事，已不易矣。《經話》甲一，頁五十四。

作《杜氏左傳釋例辨證》四卷。按，即《釋例評》。《井研志·藝文二》稱，先生應南皮張編書命，乃專心致志於經説推考，其餘典章訓詁，前人已有成書者，則不再詳求，五年之久，成書數十種，此種其一也。又，《春秋左傳杜氏集解辨證》二卷，丁未成都排印本。與此書相輔而行，疑亦成於此年。自序曰：「東漢治《左氏》者，與《公》、《穀》相同，本傳義例所無，皆引二《傳》相補。略杜氏後起，乃力反二《傳》，譏漢師爲膚引。略舊説以義例歸本孔子，杜則分爲四門，以五十凡爲周公舊例，不言凡爲孔子新例。例之有無，以本傳明文爲斷，凡五十凡及新例之外，皆以爲傳例。略何所見而云然？略大例之外，其誤詮文義者悉加辨證。」略按，所謂「成書數十種」，除前所舉《左氏學外編》有二十二種《釋例辨證》、《集解辨證》並在二十二種。外①，見於《井研志·藝文二》及《四譯叢書目》者，尚有《國語發微》八卷、此書發明六譯專爲賢爲聖譯一語而作。《國語補亡》十二卷、取《繹史》及諸子文補之。《左氏群經師説考》二卷三種。又，《左氏天學考》一種，乃四變時作。今惟存《集解辨正》一種。此外如更有者，不惟稿不存，且並書名而亡之矣。

---

① 巴蜀本於此還記有：「成《五十凡駁證》一卷，成《五十凡補證》二卷，成《左氏補例》一卷、《三傳事禮例折中表》三卷、《春秋圖表》二卷。」

孫文、陸皓東等倡興中會①。

光緒十九年癸巳（一八九三），先生四十二歲。

在九峰書院②。

正月，辭尊經襄校職。繼任者爲南江岳森林宗，亦先生所薦也。是時尊經有朋黨之争，故先生憤而辭職③。

先是，吴之英自任襄校，即援引其門人，對先生漸不相容，先生乃辭。岳森與吴亦不合。各立朋黨，自開門户，毁榜鬧事，非止一次。《與張子宓書》。

迎雷太宜人至嘉④。

井研知縣葉桂年延先生修《井研志》，時清廷方修《會典》，詔求郡縣圖經。先生以方旅食異方，又改訂三《傳》舊稿，乃薦吴季昌權奇、吴嘉謨蜀猷、董含章貞夫共事。《光緒井研志》序。

---

① 此條原無，據巴蜀本補。

② 此條原無，據巴蜀本補。又原稿眉批：「主講九峰。取《穀梁》舊稿重加修訂（自序）。」

③ 「是時」至「辭職」：原無，據巴蜀本補。

④ 此條原無，據巴蜀本補。

五月，從子師政補學官弟子①。

七月，在成都，爲子慶餘娶華陽任繼棠憲吉先生長女②。以張祥齡「任季棠彬彬有禮」之言也。《與張子宓書》。

八月，慶餘歸家。九月，又偕至嘉，先生妾帥同往。

冬，岳森、吴之英均去職。先生仍被委尊經襄校。同上。

十月，湖廣總督張之洞奏設自强學堂於武昌。分方言、算學、格致、商務四齋，是爲官立分科學校之始。《中國教育史要》頁九十五。

成《生行譜》二卷。《井研志・藝文一》提要云：「此書爲四譯易學之初階。其書不用京氏八宫法，每卦内三爻爲生，外三爻爲行。一卦生三，故八别生二十四子息，八和生二十四子息。原注：按此説與張心言同。外卦則皆一人行，三人行於内爲客，故曰『有不速之客三人來』。因取《左氏》爻變之例，每卦六變爻，每爻爲一卦，又六變合爲三十六卦。因編爲圖，縱横往復，悉有條理。原注：按此圖與包氏《皇極經世緒言》偶同。其辭説不下數萬言，皆關於《易》中義例，迥非先後之圖畫略之可比。」按：此書現惟存《例言》一卷，在《六譯叢書》中，十數萬言均不存矣。

---

① 此條原無，據巴蜀本補。

② 巴蜀本云：「諱嵺。」

又，《易象師法訂正》此書不存。提要云：「古今言《易》者，以數、理二派爲大宗，漢人詳於象數，晉宋空談玄理，其大較也。近人侈談漢法，實則爻辰卦氣，消息升降，錯綜史事，於《易》中不過如九牛之一毛。略不能謂《易》中無此理象，然由此以通全經，有如炊沙作飯，徒勞無功。而其遺誤後學，閉塞聰明者，尤莫如京氏之八宫。平之治《易》，不泥舊說。嘗論諸家義例之文，而詳論其得失，去僞存真，一節之長，皆在所取。」

《與張之洞論易書》云：「略二月以來，編成《生行圖譜》一卷，上呈鈞鑒。竊以易道廣大，爲治經之畏途。漢宋遺書，雖汗牛充棟，求其能明白顯著，確然有以饜服人心者，不可得。受業略因諸經卒業，不得不求通精微，以成大一統之局。故立一說以附人，晚乃序《易》，《易》爲六經總歸，略五經既通，則《易》自有啓牖之妙。於是會纂歷代家法條例與由漢至今遺書，驗所有名作大師，最有名之條例，一爲考研，立見粉碎。求所謂顛撲不破者，未嘗有焉。大抵諸經如狗馬，《易》則近乎鬼神。率意圖書，自信其心，又無明據，以供其比較。在諸賢，其始皆不能安，私心未嘗不自疑。從古未有真諦，遂自寬自解，以爲《易》之可知可求者，止於此數。略此不求深之過也。受業愚鈍而好爲苛難，以爲諸經傳記皆别有微言起例在於文字之外，學者但求銷文，未能得意，凡所解說，皆爲支節，不能使經如醫之銅人圖。又凡其求者，皆銅鑄之人，而非氣血行動能言動視聽之人。雖有許、馬、鄭，亦得皮毛影響，豈能盡其筋骨乎？蓋無論何經，皆有相承之誤說。後人以爲流傳數久，喜其便易而勦用之，但有如此者十數條，則深入魔障，永無見天之日矣。以《易》而論，以卦爲主，言卦則不能不講統屬。京氏八卦之説謬種流傳，老師宿儒以至學僮小子莫不曰一卦生七卦。略後人更爲浩瀚之説，以爲一卦可變六十四卦。《春秋》見經之國近百，其中天王、王后、二伯、方伯、小國、附庸、夷狄、亡國各有分別，不可稍混。略卦有尊卑親疏，祖妣男女，同姓異姓，必有分數。乃不問同異，但曰一可生七，六十四可爲一卦，是以《春秋》一國可爲全經之國也。今故就經中本卦爻變，爲之編纂譜帙。辨姓別支，婚媾仇敵，朗然明著。略舊説一切不問。略即以旁通而論，今考定爲一卦旁通三卦，略上爲祖父，下爲子孫，旁以通於兄弟平輩之三卦，是謂旁通。祖宗卦不言旁通。而舊説不辨尊卑，無分正錯，多者五六，少者一卦俱無。問其實據，則不能持以示人。有名無實，所以有疑信用舍之不同。略又如『天地定位』一節，本指上下而言。邵子造爲一圖，强分方位，命之曰先天，又以爲伏羲所作。自有此説，愈生霧障。不知所謂先天乃上下圖，後天爲四方圖，上下四旁，合爲宇宙。同爲孔經，何分羲、文？上下圖乾上坤下，風雷天屬。二長親上，艮澤地屬，二少親下，水火居中，難於分畫，特詳火炎水濕，以定上下之分。凡經傳之言上下，皆指此圖而言。略又《損》之一人行，首卦内三爻一卦獨往，別首卦之外卦，合三卦來爲得友。三人行，則首卦内外三爻，合朋往身卦。損一人者，三人同往三卦，所往之卦，凡錯卦不能生此卦，則損去一卦，輪班三損，而自變還父體。略如此之類，僕數難終。」略又曰：「蓋以別業較經，則經爲精華；以《易》較諸經，則《易》尤爲精華。受業推考諸經，比齊句讀，既盡刻苦之功，久欲探取精華，涵養靈性。目下所言，猶是推考名物形下之功，如得寢饋饜飫，藉以歲月，窮其精華，略推諸經於《易》之中，以成大一統之治。九經諸傳焕然一新，以復西漢之舊。略合計所刊凡例，共十八種，三《傳》已成，《詩》、《書》舊稿未盡寫定。假借三年，可以一律成功。倘無機會，則《易》、《書》以外，但刊《凡例》，俟後賢補記。」略則於當時志願可見也。

又《答友人論文王作易書》云：「來示以治經以申明經義爲主，作者可不必追論穿鑿求之。此尋章摘句之學則然，而非所論於微言大義也。將治其經而不知其作者爲誰，則不可通者多矣。來示以文王作《易》爲久定説，今以爲孔子，退『十翼』於賢述，近於非聖無法。然文王之説，見於他書，本經傳記無明文。況初説獨主文王，因『箕子』、『東鄰』之文，馬、陸乃加入周公，可見舊説之無據。且《明夷》於彖辭以文王、箕子對舉，是彖已有文王、箕子之義，不止爻辭矣。本傳言『作《易》者當文王與紂之時』，明不以爲文王作。據本傳以爲説，有何妨礙，必欲非之？如以『十翼』爲孔子作，今改爲弟子所記，即爲非聖；《論語》從無以爲孔子自作，然與經同重，不得以説《論語》者爲非，又何疑於《易傳》？考《易》不惟有文王以後事。如《晉》與《明夷》二卦，取晉、楚分霸而言，《晉》『其國惟用伐邑』，《明夷》『於南狩得其大首』之爲射楚共王中目，『公用享於天子』之爲齊桓、晉文。馬、陸因『箕子』、『東、西鄰』，而添入周公。則舉春秋時事以歸還孔子，未爲過也。今試例證以明之。《繫辭》，史稱《易大傳》。略聖人作經，賢者述傳，以爲聖作，名尊孔子，實反貶之，一也。《莊子》言孔子翻六經以教人，《列子》言孔子修《詩》、《書》，正《禮》、《樂》，將以治天下，遺來世。西漢以上，言經學皆主孔子，諸經皆爲孔子繙定，而《易》獨退於傳記，與諸經體例不合，二也。《繫辭》明有『子曰』之文，並有引孔子語以爲斷者。略如謂孔子自作，是孔子自引己説而曰『子曰』，三也。《乾·文言》略解彖辭之文，『十翼』同爲孔子作，則是自注自疏，四也。《乾》六爻解至五六見，考其文義，無大出入。又『亢龍有悔』條，既見《大傳》，經下又引，是則孔子自作，是屋上架屋，五也。諸家逸象，出於今本者最多，如以爲皆孔子作，是聖筆尚有脱漏，以爲非孔子作，則不當傳習，六也。《禮》云『商得坤乾』，與《大傳》殷末世人作相合。孔子得《易》於商，非周，非文王，有明文可證，七也。略諸經《大傳》如《尚書》、《春秋》、《喪服》，其書尚可證。又，《喪服》有《大傳》，然後有《服問》、《三年問》，經下逐年所加之傳，多引傳爲斷。《喪服傳》引『傳曰』二條爲《大傳》明文。《穀梁》又有引《大傳》文八條，皆足以明《大傳》與經下之傳不出一手，十也。略非不知文王因於羑里作《易》見於《史記》，『三易』之説誤託《周禮》，然謂孔子得古本而繙以教人，亦如《書》，未爲不可。若以『十翼』爲孔子自作，則證之本經本傳，固無明文也。」

《尊卑大小釋例》二卷，《井研志·藝文二》。當成於此時。按《井研志》稱先生有《易例》十種，《序象繫辭》提要。《四譯館書目》則云六種，其目爲：《十朋圖説》一卷，《序象繫詞》一卷，《六十四卦象補表》二卷，署曾上潮名。《易詩相通考》一卷，此書《藝文志》不載。《貞悔釋例》二卷，《易通例》二卷。十種當是加入《上下經中外分統義證》二卷及《尊卑大小釋例》、《中和解》、據《上下經中外分統義證》提要。《易字通釋》。廖師政編。四書中除《上下經中外分統義證》、《易字通釋》二種，疑作於己亥前後外，兩書與己亥所作《翻譯名義序説》同。餘似並是初治《易》時作，疑亦作於此時。以上各書均不存，其成書否不可知。

又《井研志·藝文一》尚有廖承《三易正訛》二卷，廖師政《十翼疏證》四卷，即先生《答友人論易書》之旨。《易傳彙解》當爲《易字通釋》。四卷。

《三易正訛》提要：「考《周禮》，三易與三兆、三夢相比，謂筮有三法，非謂《易》有三經，本即杜、鄭舊説，亦但云帝王舊法，不以三易配三代。今《易》屬周文王作，《連山》夏易，《歸藏》商易也。後人紛紛，由誤生誤，僞撰古書，主從不可究詰。《禮記》云『商得坤乾』，《大傳》云『作《易》當文王與紂之時』，則今《易》即作於殷，非文王作明矣。《左傳》云以《周易》見陳侯，《左氏》筮卦多一爻變，則周即『周遊六虚』之『周』，謂六爻各一變爲六卦，非『周朝』之『周』明甚。不然，則『周』字亦與《連山》、《歸藏》不類。」

冬，返川。《湘綺日記》十二月九日。

光緒二十年甲午（一八九四），先生四十三歲。

二月，以《易》一卦變七卦與《春秋》合，始定州一方伯、七卒正。《經話》甲一，頁四五。

三月，服闋，赴成都，就尊經襄校職。

五月，赴嘉定。時嘉定教授陶樊模①病故，先生以嘉定離井研甚近，便於省親，思選嘉定缺。格於丁憂人員不應選病故缺之成例，不能如願。據《與張子宓書》。

八月，長孫宗伯生，成學出。十年未添丁，得之頗喜。同上。歲暮歸家。同上。

門人汪兆麒金坡以縣丞分發湖北，因以《左氏漢義補證》及《尚書》稿數篇，命其賫呈張之洞。據《與張子宓書》。時《書》稿方成《帝典》、《帝謨》、《甘誓》、《湯誓》、《牧誓》，中統《戡黎》、《微子》二篇。《金縢》、四嶽十二篇，名《尚書備解》。《左傳》，據《井研志·藝文二》，《漢義補證》疑即二十卷之《漢義證》。如爲十二卷世傳本，則庚寅過鄂時已上之，無取重寄也。

張祥齡、范溶等皆得庶吉士。先生與張書云：「得報知足下與玉賓、汝諧葉奇、楚南皆高掇巍科，欣忭無已。素志在於翰林，有志竟成，不似鄙人飄英墜溷，污苦難堪。五少年中，初有木天之入，大爲同輩之光。」

將《闢劉編》改訂爲《古學考》。自序云：「丙戌刊《學考》，求正師友，當時謹守漢法，中分二派。八年以來，歷經通人指摘，不能自堅前説。謹次所聞，録爲此册。以古學爲目者，既明古學之僞，則今學大同，無待詳説。敬録師友，以不没教諭苦心，倘能再有深造，將再改訂。略甲午四月。」按云「八年以來略謹次所聞」，則此册之非《闢劉編》之舊，非僅易名而已。又此書

① 陶樊模：原作「陶某」，據巴蜀本改。

所録改錯之師友，有伍嵩生、錢鐵江以上師、周宇仁、陳錫昌、胡敬亭、胡哲波、楊静齋、董南軒、黄仲弢、李岑秋、劉介卿、康長素、蔣芰塘、楊静亭、王復東、范玉賓、張盟孫以上友。等十七人。

《古學考》言尋治經次第，可見先生此時對各經全部觀念。「治經須有次第，亦有年限，今略定爲此説，以待治經者之採擇焉。《王制》，以後世史書推之，其言爵禄，則職官志也。其言封建九州五服，則地理志也。其言興學選舉，則選舉志也。其言巡狩吉凶諸事，則禮樂志也。其言國用財賦，則食貨志也。其言司馬所掌，則兵志也。其言司寇所掌，則刑法志也。其言四夷，則外夷諸傳也。大約宏綱巨領，皆具於此，宜編一王大法。今立此綱，凡治經者須從此入手。此書已通，然後治《詩》。《詩》之東西通畿、方伯、二卿、四嶽、兩卒正，此陳九州風俗以待治也。《大雅》王事應三《頌》，《小雅》應《國風》，移風移俗，所謂平治之具也。此一代一王巨法。三《頌》者，通其意於三統也，如《尚書》之四代。治《詩》後，然後可以治《尚書》。《尚書》專明三統。帝典規模，全與《王制》相合，儼然一代之制。以下二十七篇，則《帝典》之細節。略《書》中又分禮制、行事二門。禮制專言制度，如《立政》、略《禹貢》、略《吕刑》、略《禹誓》、《費誓》、略《文侯之命》、略《顧命》、略《洪範》，此數篇以制度爲主，朝廷典制，故文從字順。商盤周誥，則多述時事，告下之文，故不易讀。言時事者近於國風，言制度者近於《雅》、《頌》。《詩》、《書》已明，然後習《禮》、《樂》。《儀禮》者，《王制》司徒掌六禮之節文，異説甚少，全爲儀注之事，治之甚易。《樂》者，《王制》『大樂正』所掌之實事，言祇一端，易於循求。《禮》、《樂》

已明，然後治《官禮》。原注：據《周禮》删去僞羼之條，易今名以别之。《官禮》者，即《佚禮》原文。原爲三十九篇。立官爲王制，冢宰、三公相同。此句疑有誤字。《曲禮》六十、五官、六府、六工即其舊目。《王制》於諸官舉其大綱，此爲專書加詳。略《王制》已明，此書迎刃而解。然後可治《春秋》。《春秋》者，舉《王制》之意衍爲行事，制度綱目全同，《王制》如宫室圖様，《春秋》則營造已成者。群經已明，《春秋》易治，然後治《戴記》、《左》、《國》。《戴記》者，群經傳記，《王制》爲大宗，又分類附經，則説已大明，不嫌繁難矣。《左》、《國》雖主《春秋》，群經傳説，皆見於本經，更從類相説，事最易舉。統計以三年學《王制》、《詩》、《書》、《禮》、《樂》、《官禮》、《春秋》、《禮記》、《左》、《國》，一年治一經，十二年而群經皆通。古之學者耕且養，三年通一經；今之學者終身不能一經，皆由失此秘籥故也。以《王制》易《説文》、《爾雅》。」嘗著《經學守約篇》一卷，亦主先通《王制》，以次爲《春秋》、《尚書》、《禮經》、《戴記》，再推之大統之《周禮》、《詩》、《易》、《樂》、《大戴》及西國政教典禮，仿程氏《分年日程》，列其書目，得其讀法，大旨可取。」碎冗與時移之説，與此頗有出入，蓋丁酉以後之作也。《井研志·藝文二》。

增《周禮删劉》十證爲十二證。序例云：「古今疑《周禮》、删《周禮》者不知凡幾，惟其説淺略，故不足以爲定讞。今立十二門以證其誤。此書乃劉歆本《佚禮》，羼臆説，糅合而成者。如果古書必係成典，實見行事，即周公擬作私書，此朱子説。亦必首尾相貫，可見施行。今所言制度，推其原文同於《王制》者，尚有片段。至其專條，如封國、爵禄、職官之類，皆不完具，不能舉行，又無不自相矛盾。且今學明説見之載籍者，每條無慮數千百見，至《周禮》專條，則絶無明證，可知其書不出於先秦。今於其中删去僞羼之條，並將原文補入，以還《佚禮》之舊。」又曰：「初以《周禮》爲戰國時作，《考工記》爲未修之底本，繼以爲劉歆採輯古學而成，皆非也。《周禮》原書即孔壁之《佚禮》，本弟子潤澤官制之言。略考《曲禮》天官、六大、五官、六府、六工，文與《周禮》合，鄭注以爲其官皆見《周禮》，疑此與《周禮》合而名目參差不同，不敢據以爲説。蓄疑三四年，乃始悉其故。蓋《曲禮》實即《佚禮》官職之舊題也。略《曲禮》僅有其名，職掌則全見《佚禮》。略此書本弟子所傳，故其文與《朝事》、《内則》等篇目相合。出孔壁後，與《左傳》同藏秘書。《移書》所引《逸禮》，即有此六篇在其内。當時學者不習其書，劉氏因立《左傳》與博士積仇，莽將即真，更迎合其意，於是取此六大、五官、六府、六工之文，删去博士之明條，而以己説羼補其間。歆頌莽功德云：『發得《周禮》，以明因監。』此《周禮》始於莽、歆之明文。」略

立十二證目爲主，十二證全者乃删之。否則必有八九證。十二證如下：

違經。

反傳。《左傳》傳於歆手，古文家以爲古學，乃其制度無一條與《周禮》同。劉既改《周禮》，何不並改《左傳》？歆愛古籍，不忍亂之，改《周禮》以爲莽制作，亦一時好奇喜事之舉，初不料遂傳爲經。略歆傳二書而自有同異，同者通義，異者孤文也。

無徵。

原文。凡歆所改略所删共千餘字。今其原文皆存，去僞補真，則全書血脈貫通。略其改易字句者，則改從原文。略

闕略。歆略迎合莽意，略所改略皆不能舉行。略如九服不知天下共若干州、若干國。五等分封，四公一州，究不知其封幾公，與大小相維之制，九州則西祇一州，北方略乃並封幽、并、兖、冀。略如鄭注百二十女分十五夕，弼成五服之爲千里，徒爲笑柄而已。

改舊。歆意與博士爲難，非博士之名義宏綱不改之。今於所改之條，各引博士舊説以明之。略

自異。劉歆未上《周禮》以前，與以後議論相反，略不同如此。

矛盾。

依託。劉所改之文，每不標異樹的，必取經傳可以蒙循之文依傍爲之，以求取信，又時有名同實異之事，以此迷誤後學。略

徵莽。略考《莽傳》，凡歆所改專條，皆曾舉行與稱述之，略足見專爲迎合莽意而改，初非欲以《周禮》爲經也。

誤解。歆所羼本出臆造，故其説不定。略雖馬、鄭極心推考，終不能明。唐宋以後，凡《通典》、《通考》、史志，一涉《周禮》專條，便成歧誤。略

流誤。誤解其病在《周禮》，流誤則因而害於他經。略此書既出，張之洞、宋育仁屢以爲言，先生持之益堅，幾至以干戈從事。《家學樹坊·帥鎮華答劉室主人書》。

作《春秋經傳滙解》四卷，提要云：「初解《穀梁》，繼解《公羊》，乙丑乃治《左氏》。當時解經之説，各附本傳，時有異同。甲午以後，乃以三《傳》既相符同，則經説不須歧出，且經下所有事禮例，三《傳》全同，略有參差，皆屬微末。略將二《傳》經下之説，輯爲此本，以復舊觀。至傳本經文，仍從其舊，特不再加解説。略於異文先《穀》，次《公》，次《左》，三《傳》平列，不主一家，略採舊説，辨其異同。略但三《傳》大綱同，而末流不免小異，各家小有誤解，皆出晚師，則取《正義》爲主，而别附『存疑』一例。略至於三《傳》先師誤説，則附『證誤』一例。略平生三《傳》未成，先作《三傳異同四表》，首事實，次典制，三義例，四存疑。此本以四表附於經下，以清劃家法。略特捨經言傳，爲唐宋以後結習，故平初解三《傳》，分疆劃界，一字不苟，積久貫通，乃成此編。故合同之中，仍以『存疑』一門判其疑難，亦不爲三《傳》作調人也。」《井研志·藝文二》。按，此書當日嘗命李光珠、帥鎮華纂録，《經話》甲一，頁五十六。當已有稿，今不存。

《春秋比事》四卷，又命門人季邦俊編《春秋日月時例表》五卷，附於其後。今均不存。先生以張應昌《屬辭辨例編》過於繁重，先生曾有《張應昌屬辭辨例編删定本》十卷，亦不存。故編爲此本。略其中正變諸例，亦以尊卑大小爲主。略多者爲常，少者爲變。略凡有正無變及正多變少之條，皆詳比事。附表但録變例諸條而解之。歷來説詳日月例皆以爲正少變多，不誤。如星變、雨旱、日食之類，皆以日月時紀實，統不入例。此二書互相發明，必合觀始能得其宗旨。《井研志·藝文二》。又《自序》云：「《日月時例表》事少易明，旬日可通，其得力全在比事之舍取，門目分張。故每鈔一門，其稿至數十易。略欲通此例者，固在熟比事之後也。」《井研志·藝文二》。原注：此書似當移丁酉秋。

龍齊齋至蜀，以康有爲《新學僞經考》、《長興學記》相示。其書大有行教泰西之意。並言有爲《孔子會典》已將成，用孔子卒紀年，學西人耶穌生紀年之意。先是，先生約尊經同人撰《王制義證》，稿已及半，後乃散失。聞有爲《會典》即是此意，乃決意不作，亦以《王制》無所不包，難免掛漏，否則《義證》緟雜，難於去取。嘗曰：「孫公説法，求之頑石，得此大國，益信不孤。」時《凡例》已刊，擬但撰辨疑、異義二門，專考其異。以同者太多，不能盡也。據《經話》甲一，頁五十六。

成《詩圖表》二卷。今佚。新繁楊楨序云：「季平初治《詩》，先作此表，經三四年始成。每遇疑難，於尊經標題課試，合衆力推考。一得要義，嘗於午夜起，鬚髮皓白而不辭。其中如《國風次第表》、《小雅分應國風表》、《北風爲總序》，稿經三四十易始成。」略又云：「古無以例説《詩》之事。季平創爲圖表，分部別居，條理井然，觀此編然後知《詩》雖用舊説，各有作詩之人，一經聖手，別有取裁。」按，此書圖表凡四十三，其中如《國風典制同春秋圖》、《小統禹州表》、《南北交通如二濟表》、《東西往來如晉明夷表》，已主《詩》、《易》相通，並及《春秋》、《尚書》。如《國風十二配十二月表》、《陳風十篇表》、《魏唐十九篇表》、《小旻以下十九篇表》、《瞻洛以下二十二篇表》，以篇數見義例，已爲後來六變時《詩易合纂》略之濫觴矣。《井研志·藝文一》。按，先生辛卯始治《詩》，序言此書成於初治《詩》後三四年，故以附於此。

先生在五六年前，以《春秋》見經百餘國，舊説茫無頭緒，乃以爲八州卒正，但《王制》州七卒正，而魯祇見六國，疑不能定者數年。至今年二月，以《易》一卦變七卦與《春秋》合，始定州一方伯七卒正，統以天子，分以二伯，參以方伯，佐以卒正，疆域以九州爲度，錯處内地之夷狄，則立州國民人四例。青州見一州牧，七卒正，二十一連帥，一常見之附庸。餘州從略，蓋備書則書不勝書，故舉内以概其餘也。《經話》甲一，頁四十五。

四月，張之洞調署兩江。

康有爲成《孔子改制考》①。

① 此處所記有誤。據《康南海自編年譜》，《孔子改制考》始作於光緒十八年壬辰（一八九二）。康譜於光緒二十二年丙申（一八九六）又云：「講學於廣府學宫萬木草堂，續成《孔子改制考》、《春秋董氏學》、《春秋學》。」光緒二十三年（一八九七）又云：「是冬，幼博在上海大同譯書局刻《孔子改制考》、《春秋董氏學》、《日本書目志》成。」而康有爲《孔子改制考敘》（作於光绪二十四年正月元日），言：「《孔子改制考》成书，去孔子之生二千四百四十九年也。」即光緒二十四年戊戌（一八九八）。蓋《孔子改制考》創始於光緒十八年，約完成於光緒二十二年，刻成於光緒二十三年冬，作序於光緒二十四年初。

六月，日本據朝鮮，襲我海軍。

七月，下詔與日本宣戰。日本連陷旅順、大連，威海衛、牛莊、榮城均失。命李鴻章議和，定馬關條約。許朝鮮自主，並割地賠款。

孫文創立興中會。

爲《古學考》致康有爲書。清廷下令燬禁《新學僞經考》。

光緒二十一年乙未（一八九五），先生四十四歲。

全年襄校尊經①。此據《題目》。

正月，赴嘉定。冬，辭九峰書院山長。

納妾劉氏，時十二歲。初，先生欲納井研吴氏婢如意，已有成議。門人劉獻廷以其族人養女進，遂輟前議。

與康有爲書，評《新學僞經考》，並於康之攘善，頗致不滿。書云：「經籍名存而實亡，得吾子大聲疾呼，略雖毁譽不一，然其入人心者深矣。後之人不治經則已，治經則無論從違者，《僞經考》不能不一問途，與鄙人《今古學考》，永爲治經之門徑。略惟庚寅羊城安徽會館之會，

---

① 此條巴蜀本作：「在九峰書院，仍襄校尊經書院。」

鄙人《左傳》經説雖未成書，然大端已定。足下以左學引入新莽，則殊與鄙意相左。因緣而及互卦，尤爲支蔓。在吾子雖聞新有《左氏》之説，先入爲主，以爲萬不相合，故從舊説而不用新義，此不足爲吾子怪也。獨是經學有經之根柢門徑，史學亦然。今觀《僞經考》，外貌雖極炳烺，足以聳一時之耳目，而内無底蘊，不出史學、目録二派之窠臼，尚未足以洽鄙懷也。當時以爲速於成書，未能深考，出書以後，學問日進，必有改異。乃俟之五六年，而仍持故説，則殊乖雅望。昔年在廣雅，足下投書相戒，謂《今古學考》爲至善，以攻新莽爲好名。名已大立，當潛修，不可騖於馳逐。純爲儒者之言，深佩之。今足下大名震動天下，從者衆盛百倍。略又鄙人以子之矛，攻子之盾，久宜收斂，固不可私立名字，動引聖人自況，伯尼超回，當不至是。吾兩人交涉之事，天下所共聞知。余不願貪天功以爲己力。足下之學，自有之可也。然足下深自諱避，致使人有向秀之謗。每大庭廣衆中，一聞鄙名，足下進退未能自安。淺見者又或以作俑馳書歸咎鄙人，難於酬答，是吾兩人皆失也。天下之爲是説，惟吾二人，聲氣相求，不宜隔絶，以招讒間。其中位置，一聽尊命，謂昔年之會，如邵、程也可，如朱、陸也可，如白虎、石渠亦可。稱引必及，使命必道，得失相聞，患難與共。且吾之學詳於内，吾子之學詳於外，彼此一時，未能相兼。則通力合作，秦越一家，乃今日之急務，不可不深思而熟計之也。」略

先生《尚書備解》創始壬辰，成於戊戌。戊戌以後，致力於《詩》、《易》者多。其《尚書》著作，除明文可考爲戊戌以後作外，當並歸入壬辰至戊戌數年中。《井研志·藝文一》有《尚書紀傳

釋》十卷，《尚書》傳訛多在子史、兩《戴記》、《逸周書》中。《尚書王魯考》二卷，《洪範釋例》二卷，以《洪範》爲全書通例，分別作表。《二十八篇爲備考》二卷，附《百篇序正誤》一卷。今即以附於此年。稿均不存。

《二十八篇爲備考》，據《中候》十八篇之文，以爲經實祇十八篇。今文二十八篇，其中尚多分篇。又二十八篇各有取法，不能增損。至於《武成》、《君陳》等篇，乃古籍，非孔書，《班志》所謂孔子刪棄之餘者也。故孟子有微辭。「劉歆校書所得古文，乃記傳，非經，其遺文當在《周書》中。《戴記》至於《書序》，疑之者代不乏人，徒以史公親從孔安國問故，序散見本紀、世家中，不敢考辨。閻氏祇言東晉古文之僞，而不敢議《書序》，似孔子序書真有所謂百篇者。先生則以爲百篇序與《毛詩序》同出僞撰，《書》先而《詩》後。張霸初輯記傳即劉歆校書所得之古文。遺文編爲『百兩篇』，加以篇名，名實不符，其僞易見，故其書不行。古文家鑒其失，竊取張書，但據大意爲百篇序目，不録原文，授人以柄，此僞序襲張霸，非張霸襲僞序也。今百篇序文，散入《史記》者，乃古文家引序以校《史記》，後來刊寫誤入正文，非《史記》原文，所有瘢痕具存，細考自明。」黄鎔有專篇考此事。又云：「即以篇名論，舜事已包於《堯典》，當不別出《舜典》之名。《九共》即是《禹貢》，何容復重九篇？《大誓》乃《牧誓》之異名，《五子》非典謨之正體。且與《汝鳩》等四五十篇，名目不見引用，而《左傳》所引伯禽、唐叔諸命乃不登列，足見其僞。」《井研志・藝文一》。則更足補閻氏所不及。

《尚書王魯考》，據《逸周書》及《荀子》，以爲武、周兄終弟及，略周公實真即位，七年反政，自以爲非立乃攝。故孔子成其志，不稱王而稱公。《尚書》「公曰」、「王若曰」，明公即王。略「予小子新命於三王」，「予小子」爲天子在喪之稱。略《尚書》詳於周公，故二十八篇，周公獨佔十二篇。略蓋孔子匹夫無特權，特藉周公爲前事之師。苟以爲大儒，莊所謂玄聖素王，孟屢以周、孔並論，《論語》云「夢周公」者，此也。略先師以王魯説《春秋》，殊乖其實。同上。

是年正月，命李鴻章爲全權大臣，與日議和。三月，訂定馬關和約十一條，朝野憤激。五月，台灣獨立，推唐景崧爲總統，不肯歸日本，旋敗。

康有爲計偕入都，會馬關條約成，集合公車一千餘人上書，請拒和、遷都、練兵、變法。旋又上書請變法。

康有爲公車上書，開强學會。

十一月，張之洞還湖廣總督任。

十二月，命李鴻章爲致賀俄國加冕頭等專使大臣，並往德、法、英、美諸國聘問。

光緒二十二年丙申（一八九六），先生四十五歲。

正月①，設帳於嘉定水西門某宅。從遊者有李光珠、帥鎮華等，皆九峰門人也。

---

① 正月：二字原無，據巴蜀本補。

始治《易》①。

四月十六日②，孫女柳貞生，成學出。

五月，嘗歸在家。鍾琦《亦囂之堂尺牘·與季平進士書》。

六月十四，與金鶴籌及門人王少懷翰章、陳恪賓同遊峨眉，作有《遊峨眉日記》。「丙申六月十二日，金鶴籌太守從成都來，約游峨眉。數年未竟之願，不敢不勉，因約王少懷、陳恪賓相從。於十四日從郡城起程，宿峨眉城黄福川店。縣境久稱福地，平疇沃野，有成都之風。近因蠟樹，家給人足，頗有桃源之況。買鄰有願，不知何日償之」。③

先生主以峨眉當西嶽，其言曰：「嶽以鎮州，今華乃在蜀數千里之外，又不與泰岱相對。就中國言，疑《禹貢》之華本指峨言。古幅員未廣，據目見以華當之，與以階文諸山當岷山同。若推考九州定制，則當今華爲嵩，而以峨爲西嶽，乃合經義。將來作《禹貢解》，用此説以俟採擇焉。」《遊峨日記》。

---

① 此條原無，據巴蜀本補。

② 十六日：三字原無，據巴蜀本補。

③ 「丙申六月」至「何日償之」：原無，據巴蜀本補。

八月，歸井研①。秋、冬均在家。

十月，女燕歸同邑舉人陳籥第六子天槼。天槼爲陳鳳笙先生季子。先生名籥，咸豐九年舉人，官璧山訓導，爲人廉介自守，不干人以私，教弟子以敦品飭行爲務，時已前卒②。

成《經話》甲集二卷。説經以「話」名，自先生始。是集所收爲丙申以前之説。多證鄭學誤，專詳博士之學。如據《大傳》以明堂在四郊，駁鄭説十二室同在南方、天子每月移一室之非。據博士説，天子娶十二女，百二十女爲命婦，三公、九卿、二十七大夫、八十一元士之妻，駁鄭君以爲天子妾媵分夜值宿之非。又據《左傳》原文，立《十九國尊卑儀注表》。在《春秋圖表》中，今本無此表。皆各經盤根錯節，可謂削平大難。其餘諸條，亦皆由苦思積累而得。《井研志・藝文二》。

二月，成《論語彙解凡例》二十八條，今在《六譯叢書》中，據《凡例》後《自識》。目爲：微言、受命制作、分類編纂、空言義理之誤、知聖、群經總例（《易》、《詩》、《書》、《春秋》、《禮》、《樂》、《孝經》、《容經説》）、包括九流、立教、文質、三統、素王素臣、商訂禮制、三公、周游聞政、觀人、及門、三德九德、讖時改制、輯古説、附録集語、類記異同。據《凡例》後《自識》。按，此書《井研志・藝文

---

① 八月歸井研：原無，據巴蜀本補。

② 「天槼爲」至「前卒」：原無，據巴蜀本補。

二》作《論語彙考》，書成否不可知。又，《凡例》全作於本年，抑本年增補，亦不可知。

王牧師贈《新約》，受而讀之。嘗謂耶穌教義不惟中土不得端倪，西人亦僅得糟粕。又曰：「以方俚記微妙，正如以西文譯聖經《論語》，於高頭講章中求孔子，與就譯書求耶穌，其事相同。」《祆教折中・序》。按，此序作於戊戌。云：「頃游學龍游，王牧師以《新約》。」略。今以附於在嘉定之最後一年。樂山舊名龍游。

五月，刑部左侍郎李端棻奏，請自京師以及各省、府、州、縣皆設學堂，京師設大學。旨飭各省遵辦。《中國教育史要》九十六。

梁啓超就被禁旋解之强學會，改辦《時務報》於上海，盛倡民權之説。於是上海有農學會，廣東有粤學會、群學會、顯學會，湖南有南學會、校經學會，湖北有質學會，廣西有聖學會，陜西有味經學會，北京有知聖會，蘇州有蘇學會，及各地之不躔足會。《中國教育史要》九十八。

准貴州學政嚴修請設經濟特科。同上。

九月，設鐵路總公司，以盛宣懷爲督辦。

梁啓超撰《變法通議》。

康有爲作《孔子改制考》。

寶應劉嶽雲爲尊經書院山長。

光緒二十三年丁酉（一八九七），先生四十六歲。

是年春，先生在家居，致力於《易》。

宋育仁奉旨治四川商礦，兼任尊經書院山長，引先生與吴之英爲都講①。

襄校尊經。據《題目》。

宋育仁、吴之英等設蜀學會，並發刊《蜀學報》，先生亦與其事。

夏，得宋芸子書，復言。略

六月，長沙刊《湘學報》，揭素王改制之義。

七月，張之洞電江標、陳寶箴糾正《湘學報》文字。電云：「《湘學報》宏通切實，擬發通省書院閲看，以廣大君子教澤。惟有一事奉商，《湘學報》卷首即有素王改制略，爾後又復兩見，此説乃近日公羊家新説，創始於四川廖平，而大盛於廣東康有爲。此説過奇，甚駭人聽。竊思孔子新周、王魯，爲漢制作，乃漢代經生附會增出之説，傳文並無此語，先儒已先議之。然猶僅就《春秋》本經言。近日廖、康之説乃舉謂六經皆孔子所自造，唐、虞、夏、商、周一切制度事實，皆孔子所定治世之法，託名五帝三王。此所謂素王改制也。是聖人僭妄而又作僞，似不近理。《湘學報》所謂改制或變法爲廖、康之怪，特議論與之相涉，恐有流弊。且《湘報》係

① 此條原作「宋育仁爲尊經書院山長」，據巴蜀本補。

閣下主持刊播，宗師立教爲學校準的，與私家著述不同，深恐或爲世人指摘，不無過慮。方今時局多艱，横議漸作，似尤以發明爲小，不倍之義爲亟。不指當時，奉商可否，以後於《湘報》中勿陳此義，如報館主筆之人有精思奥義，易致駭俗者，似可藏之篋衍，存諸私集，勿入報章，則此報更易風行矣。」

秋冬初，宋育仁爲述張之洞戒先生語，仍曰：「風疾馬良，去道愈遠；繫鈴解鈴，唯在自悟。」並命改訂經説條例，不可講今古學及《王制》，並攻駁《周禮》。先生爲之忘餐寢者累月。《與宋芸子論學書》云：「略或以講今古學爲非，説《易》以主孔子爲大謬。並謂如不自改，必將用兵。略間嘗考國朝經學，顧、閻雜有漢宋，惠、戴專申訓詁，二陳漸及今古，由粗而精，其勢然也。鄙人繼二陳而述兩漢學派，撰《今古學考》，此亦天時人事，非鄙人所能自主者也。初撰《學考》，意在分門别户，息争調合。及同講習四五年之久，知古派始於劉歆，由是改作《古學考》，專明今學。此亦時會使然，非鄙人所能自主者也。二者主於平分。李申耆、龔定庵諸先達，乃申今而抑古，則鄙人之説實因而非創也。宋人於諸説已明之後，好爲苛難，占踞《周禮》，欲相服從，累戰不得要領，乃乞師以自重。即以《王制》論之，盧氏以爲博士所撰，即使屬實，漢初經師相傳之遺説，固非晚近臆造者可比。其中初無違悖，何嫌何疑，而視同異類？略或曰非惡《王制》，惡以《王制》遍説群經耳。是又割裂六經之説也。以爲一經可以苟合，别經則不必然，不知不同者體例，不明不同者制度。此非可以口舌争也。鄙人曾合數十人之力，校考其説，證以周秦西漢子緯載籍，凡言制度者莫不相同。再證以群經師説，如《大傳》、《繁露》、《石渠》、《白虎》，以及佚存經説，若合符節。又考之《詩》、《書》、《儀》、《記》、《春秋》、《易》象、《論》、《孟》，尤曲折相赴，無纖毫之異。東漢以下不可知，若新莽以前，固群籍言制度之一總滙。野人食芹而甘，願公之同好。且見在外侮憑陵，人才猥瑣，實欲開拓志士之心胸，指示學僮之捷徑，略乃反因以見尤。使如或説，今日於諸經凡例，删削《王制》一條，別求各就本經傳記爲之注解，避其名而用其實，不過需數日之力耳，豈得失之數固即在此耶？則去毁取譽，固不難矣。乃主人則實惡今學諸傳，《春秋》頗有廢存，用《左氏》之隱衷，特不能顯言耳。即以《左氏》而論，鄙人曾同坐時，請詢海内所稱《周禮》專書撰刻《義疏》之孫君，其中制度曾無一與《周禮》相同。此説《周禮》專門之言，又皆同爲弟子。今將《左傳》提回博士，與二《傳》同心，此亦深所不許者也。至於《易》主商人，不用文周，此乃據《繫辭》之明文，以正『三易』之晚説，非誤信歐陽文忠也。考兩漢經學之分，西漢主孔子，或作或述，一以儒雅爲歸。即劉氏《移書》，全列諸經，亦統以尼父。《左氏》不祖孔子，李育譏之。東漢則群經各立主人。略一國三公，莫知所從。西漢經本皆全，故書具在。東漢則《書》有百篇，《詩》本六義，《易》佚《連》、《歸》，史亡鄒、夾。或由女子齊音口傳，或以笙奏雅頌豳雅爲補，斷爛破碎，侈口秦焚。西漢授受，著明傳記，由於闕里，義例合同，終歸一貫。東漢則初祇訓詁，義理莫傳，推《周禮》强説各經，至鄭君乃略具規模。一則折中至聖，一則並及史臣；一則經本完備，一則簡册挩殘；　一則師法分明，一則臆造支離。略舉三端，得失已見。略夫兩漢舊學，墜緒消沉，鄙人不惜二十年精力，推而新之，且並群經而全新之。其事甚勞，用心尤苦。審諸情理，宜可哀矜。即使弟子學人，不紹箕裘，而匠門廣大，何所不容？略如不以玉帛相見而尋干戈，自審近論雖新，莫非復古。若以門户有異，則學問之道，何能囿以一途？況至人宏通，萬不以此。反復推求，終不識開罪之所由。或以申明《王制》，則有妨《周禮》，不測之威，實源此出。按《周禮》舊題河間毛公，乃由依託，先哲事蹟，本屬子虛。況六藝博士，立在漢初，劉氏所争，但名《逸禮》，《周官》晚出，難以經名。唐宋以來，代遭搏擊，非獨小子始有異同。使果出玄聖，亦無與素王。且鄭君據推説群經，削足適履，文可復按。今以遵鄭之故，强人就我，而不許鄙人以經説經。聽斷斯獄，亦殊未平允。又兵戰之事，必先無内憂，略請先選循吏，内撫流甿，一俟食兵已充，然後推轂。略鄙人謹率敝賦，待罪境上。惟是《詩》、《書》、《儀》、《記》、三《傳》、《論語》、《孝經》，幅員既廣，《孟》、《荀》、《韓》、《墨》、伏、賈、董、劉，將佐和協，封建、井田、職官、巡守、六禮、八政、五命、五刑，器食精足。一匡之盛，頗比齊桓。略退舍致敬，開門受攻。略敝塞萬不出一兵，發一矢，以相支拒。而强弱相懸，主客異致，一二部道以相餌，而已刃缺礉裂。支節且難理，何況擒王掃穴哉！在未行議攻之先，必有間諜爲説曰，彼雖風疾馬良，不辨南北，兼弱攻昧，天命可睹。不知風之見疾，馬之見良，正以其識見精明耳，安見有心無所主而能取速？此謂無信訛傳，以傷桃李。見因議兵，愈謀自固，新將《逸禮》諸官召集安插，以

《曲禮》舊題爲之目，以經傳各官補其亡，名曰《經學職官考》。按，此書今不存。與《王制》合之兩美，並行不悖。此既益此强藩，彼必愈形孤弱，庶乎邦交永保。略惟是先入爲主，人情之常。無端而前，每至按劍；循覽未周，詬怒以發。是非引之相攻，深入重地，已固難圖萬全，人亦鮮進理解。略國雖新立，固非可兵威迫脅而屈服者。始之駭以無因，繼之疑而自改，終之以喜，喜乎借外侮以勤自修也①。」按，此書玩其語氣，當係爲張之洞而發。意者張命宋育仁遺書相戒，先生乃答之如此。

十一月，上張之洞書，情詞較爲謙抑，但仍堅持己見，不願刪改。而乃梁啓超之徒以先生以後自變前説爲受文襄之賄逼。按先生自變前説有之，文襄之申誡亦有之，以爲賄逼，則不免誣枉。觀上書可知。先生在《經話》中已言爲學須善變，由尊今抑古變小大，已起於宋育仁傳語之前。且以前由今古平分變爲尊今抑古，以昔日所攻《周禮》諸條爲大統，以後更有四變、五變、六變，又誰逼之？且愈變而愈與文襄之意不合，又豈因文襄之「賄逼」而然？此誠如章炳麟所云：「此豈足以污君者哉？」②

---

① 此書録於光緒二十年甲午，眉批：「此似當移丁酉秋。」巴蜀本亦節録此書，係於光緒二十三年丁酉十月，據移。

② 此條原僅有「冬上張之洞書」六字，據巴蜀本補、改。

先生答張之洞論學書，略謂：「《今古學考》略不是古非今，亦不信今蔑古，初無流弊。惟古學久經盛行，今學不絶如縷，初謀中興，不得不畫分疆域。我不侵人，當謀自主。如古學主文王、周公，退孔子於『十翼』；今學則主孔子，以『十翼』爲弟子傳記。各守邊疆，古學殊不必奪人自主之權。」又曰：「《左氏》與《周禮》同義，故思治《周禮》，亦仿《左氏》之例先求攻之。故編十二證以求其病痛所在。略以爲非攻之竭其力，則治之爲不專。近年諸經已定，乃從事《周禮》，務舉平日之所攻擊雜駁萬不能通者，日求所以大同之。精思所至，金石爲開。近於九畿、九州、五等封諸條，皆考其蹤跡，有以通之。略既將諸經統歸一是，則不必更立今古之名。是不言今古者，乃出於實理，非勉强不言而已。芸子傳論云，不可講今古並《王制》，别以經題恒詢之。以爲非不可講，特若其遍説群經，雖有佳殽，日日食之，亦饜而思去。受業初用俞曲園之説，以《王制》説《公羊》，繼乃推之《穀梁》，推之《書》、《禮》，推之《左氏》，又推《易》、《詩》、《論語》。蓋必經數年以明，次乃定一説。思之深，辨之審，確有實據。又必考之先師，乃敢爲之。非如俗説以《王制》可説《春秋》，遂推之群經，不問是非得失，冒昧爲之也。專宗《王制》，議者久有異同，受業早思有以易之。無論何經，自有本説，雖非《王制》，而《王制》之制已在其中，不必别求助於《王制》。初欲以此接引後進，今盡改之。誠爲不言今古、《王制》，其立國也如故，非去此遂不足以自存也。」

作《五等封國説》、《三服五服九服九畿考》。

先生以《王制》、《周禮》封建畿數不同，爲經學大疑，漢以下迄無定説。初亦以爲《周禮》之文爲劉歆僞羼，至此乃因《王制》「閒田」，及《周禮·大司徒》「食者半」、略「其食者三之一」、略「其食者四之一」之文，定爲五等封國有二。《孟子》、《王制》所言百里、七十里、五十里者，諸侯之本封，九命以下五等國也。《周禮》所言五百里、四百里、三百里、二百里、一百里者，五長之慶地，九錫以下五等國也。今古兩家，舊説皆誤，相合乃爲全制。今文家雖有慶地方四百里明文，《明堂位》言，魯封方七百里，七當爲四。《漢書》言齊封方四百里是也。但等差不備。當取《周禮》以補五長食閒田之等差。《周禮》又當取《王制》、《孟子》，以明諸侯本封。離之兩傷，合之雙美。先師各執一偏，皆非也。

又《周禮》九服、九畿與《禹貢》五服，亦爲今古分歧所在。先生則以爲，《大司馬》、《職方氏》皆可以讀《禹貢》之法讀之。《禹貢》除王畿甸服外，侯、綏、要、荒四言服者爲綱，等於《周禮》之侯、采、蠻、鎮。其下不言服之二百里、三百里爲互見。九服《大司馬》以服爲畿同。之文，《周禮》總綱之侯、采、蠻、鎮，與《禹貢》總綱之侯、綏、要、荒，同爲五千里。連王畿。《周禮》小界之男、衛、夷、藩，與《禹貢》之男、衛、夷、蠻，亦同爲四千里。萬里之説，《周禮》與《尚書》同，名目小有參差詳略，舊遂歧而二之，非也。《周禮》爲《尚書》之傳，小帝五千里一州，爲《禹貢》五服，大帝九千里一州，爲鄒衍所本。《王制》二服三千里，《禹貢》加爲五服，王之所統均不過皇帝之一州也。其餘小有顛倒參差之處，先生悉有説以通之。據《家學樹坊》頁二十九至三十五。按《周禮》所删諸條，至此陸續通解。

作《五長禮制表》一卷、《十等禮制表》一卷，今不存。先生以九錫指一伯、方伯、卒正、連帥之五長，九命指本封五等錫命，合爲十等。下五等仍借用上五等之名，其正名則《左傳》之人有十等也。今於各經傳紀，凡屬五長者歸五長表，至於上下所得通儀注，統入十等表。此時又擬將化同今古之説，刊入《經話》丙、丁各集。據自序，似未成書。

一年以來，先生將五等封地歸之五長九畿。三文與《禹貢》符合，制度大綱，更無異同。吴序。乃與宋育仁討論商定，將《周禮删劉》附入《古學考》中，删去劉歆羼補删改之説。《四益館經學叢書自序》。《井研志·藝文二·周禮經問》題序。

仲冬，館於華陽，成《左氏三十論》、《續三十論》二卷，意在滙通三《傳》，文顯事多，例顯義隱，於非《左》者固函矢之不同，即尊《左》者亦壁壘之或異。《井研志·藝文二》。按，此書《井研志》以爲尊經有刊本，今不存。雖光緒末所刊《群經總義講録》内刊有《左氏春秋十論》，而又不全，疑即當時稿就而有删改者。見存五論，目如下：

（一）專主孔子，不分周公、魯史、赴告。

（二）《左氏》不以空言解經。

（三）《左氏》不祖孔子。《左氏》解經之説皆託之時人。蓋《左》特傳大義，非如此不足以推行經意也。

（四）撥亂世反之正。

（五）《春秋》筆例。三、四、五多三變時語。

仲冬，從敝麓中檢得樂山羅采臣彥《鄉禮考》遺稿，囑門人資中郭景南潤色，今刊附《經話》中。羅力學早逝，諸稿散失，獨存此篇。《經話》甲編二卷，頁四十三。

輯《縱横家叢書》八卷。先生以爲吾國制義取士幾千年，致痺痿已極，因欲表彰從横，以救危亡。書分五篇，悉加詮釋。「經傳成事，前事之師，專對不辱，無愧喉舌，述本源第一。朝章舊志，數典不忘，古事新聞，必求綜核，述典制第二。偵探隱秘，貲取色求，中冓隱謎，捷於奔電，述情志第三。折衝樽俎，不費弓矢，衆寡脆堅，宣猷獨照，述賓事第四。忠信篤敬，書紳可行，反復詐狙，禍不旋踵，述流弊第五。」《井研志·藝文四·縱横家叢書》自序。按，此書似未成。又子師慎之《國策今證》十卷、族弟承之《長短經箋》十卷，《井研志·藝文四》，當即承先生之命而作於此時者，似均未成。

作《經話》乙集二卷，收丁酉至庚子説經之語，專詳帝德。以《周禮》爲帝道專書，九畿諸公方五百里，鄭注地中，赤縣神州，崑侖四極皆爲大統而言。諸與《王制》異者，亦同《左傳》，皆爲原文。特其中間有記説之文。劉氏無所羼改，不過原文有散佚顛倒耳。又以《泰誓》即《牧誓》之異名，「十翼」出於傳經弟子，非孔子作。皆各經大疑，從無定説。又據《史記》儒家乃經生博士之專名，非孔子爲儒家。以儒家治中國，以道家治海外。道家乃《詩》、《易》之遺意，專爲大統而言。《老》、《莊》之小大各適，即《詩》、《易》之小大往來、小大球、共。歷考皇帝之文，以實《詩》、《易》。六藝仍各爲一門，可以分劃。《井研志·藝文二》。

又廖師政《四譯館經學穿鑿記·跋》云：「四譯略襄校尊經，當時應課者常二三百人，分經立課，用志不分，每課題目由數十道以至百餘道，率皆大例巨疑，經衆研究堅確不移者，乃據爲定説，否則數變或數十變而不止。略所以敢犯前人所不敢犯之險，發自古不能發之覆。四譯二變皆群策群力，集思廣益，而後有此成效。」原注：《二變記》一本詳列尊經課藝題目及諸同學姓名者，此也。

仲冬，尊經書院爲刊《經話》甲編、《古學考》、《群經凡例》、《王制訂》、《經學初程》、《尊經題目》，合前刊《起起穀梁廢疾》、《釋范》、《兩戴記凡例》、《今古學考》、《公羊解詁三十論》、《六書舊義》，名曰《四譯館經學叢書》。先生此時今古之界已泯，群經傳記統歸一律。自序云：「本當將舊刊諸書或削或改，以歸專一。略二三師友，每有以舊説爲是、今説爲非者，故並存之。略但考其年歲，即可得其宗旨。」又云：「自今以後，不再鑿險縋深，鈎心鬥角。」實則先生此後仍前進不已，殆亦欲罷不能也。

自戊子至丁酉十年間，爲先生經學二變，尊今抑古時代①。按，丙申以後即漸爲大統之説，至戊戌而始旗鼓鮮明耳。

---

① 此説與巴蜀本有異。後者以二變起光緒十三年丁亥，訖二十三年丁酉，凡十一年。見《六譯先生年譜》卷三，第三十九頁，巴蜀書社，一九八五年。

癸未以來，用東漢師法，劈分今古二宗。丙戌有《今古學考》之刻。戊子以後，始悟古學起於劉氏，講書所言淵源多爲附會，乃作《古學考》、《周禮删劉》二篇。以《左傳》歸還今學，此一變也。丙申以後，《周禮》所删諸條陸續通解。删去劉氏羼補删改之説，至於此，而群經傳紀，統歸一律。略不須再立今古名目，此又一變也。

先生《樂經》著作有：《樂經存亡集證》四卷，《樂經記傳彙編義疏》六卷，詳下。《禮樂宗旨表》一卷，取六記之義立表，再取别書補之。《古樂考》十卷，《律吕要義》二卷。《井研志·藝文一》。其書當作於治《詩》辛卯之後及未爲大統説之前，今姑以附此。各書義例，均本所著《樂經凡例》。大旨以樂聲容不可傳，經則在《詩》中。略《荀子》「歌詩三百，舞詩三百」，則全《詩》皆可歌舞。《樂記》爲説樂專篇，記既以《詩》爲樂，則經即在《詩》無疑。《禮經》樂章亦有《二南》、《小雅》六篇明文，《左傳》季札觀樂，所歌《二南》、《邶》、《鄘》、《衛》略凡十六門，是《樂》存於《詩》而未嘗亡也。固於《國風》不計《檜》、《曹》。各取首三篇，據經紀，《詩》中有樂之文皆首三篇。《小雅》二十四篇，《大雅》九篇，共七十二篇，合三《頌》全文三十九篇，共百十一篇，爲《樂經》。取《樂記》大司樂以下論樂教、樂器、樂舞之文，所採《左傳》、《國語》、《吕覽》、《淮南》、《史》、《漢》。附以爲記傳，成《樂經》專門之學。

正月，中英續議緬甸條約成。

是年三月，《湘學報》、《蘇報》相繼設立，提倡改制變法。

是年秋，湖南巡撫丁寶箴、按察使黄遵憲、學政徐仁鑄、前學政江標及譚嗣同、熊希齡等，初辦時務學堂，聘梁啓超爲總教習，以南學會爲一切新政之命脈，每州縣必有會員三人至十人，每二日一會，遵憲、嗣同、啓超輪日演説，巡撫、學政率官吏列席，每會集者千數百人。《中國教育史要》九十八。

梁、譚創南學會於湖南。善化皮錫瑞與譚嗣同、梁啓超等主持南學會講席，所爲講義，貫穿漢宋，融合新舊，尤助康、梁《公羊》改制之説。李繹《皮錫瑞傳》。

十月，德人占膠州灣，俄人租旅順大連，士氣憤激。同上九十九。

十二月，康有爲上書請變法。

六譯先生年譜卷四①

三變起光緒二十四年戊戌，訖二十七年辛丑，凡四年，爲先生學説三變言小統大統時期。按《井研志·藝文》及《經話》甲編嘗謂先生丁酉爲大統之説，丙午本、己酉本《四變記》則三變均斷自戊戌，當是丁酉已漸有大統之説。今從《四變記》②。

《三變記》云：「初據《王制》以説《周禮》，中國一隅，不能用兩等制度，故凡與《王制》不同者，視爲讎敵，非種必除，故必删除其文，以折衷於一是。自三皇五帝之説明，則《周禮》另爲一派，又事事必求與《王制》相反，而後乃能自成一家。故以前所删所改之條，今皆變爲精金美玉，所謂化腐朽爲神奇。《莊子》所言彼此是非，各是其所是，各非其所非，是中所以是非不

---

① 原稿卷三以下不分卷，但於「光緒二十四年」前行標有「五」字，當屬擬分卷而未定者。巴蜀本於本年分爲卷四，定爲「三變」之始，兹從之。

② 此段文字原無，據巴蜀本補。

同之故，學者所當深思自得者也。」①

光緒二十四年戊戌（一八九八），先生四十七歲。

是年，仍爲尊經書院命題。極少。不知是否仍兼襄校。

是年，資州知州鳳全聘主藝風書院講席②。正月，挈子成學、姻家子任嶧，由成都赴資州，主藝風書院講席。過簡州，知州某慕先生名，贈程儀二百金，卻之。藝風門人有陳國俊、陳國儒、郭樞威、李邦藩、李正文、胡翼、廖承銘、王肇光、隆鳳翔、駱成駫、古德欽、趙渭三等③。二月，遣人迎雷太宜人④至資，先生母、兄光遠、妾帥、女燕⑤、孫宗伯⑥均往。

二月⑦，康有爲倡設保國會於京師，時京師設有蜀學會、粵學會、閩學會、時學會、陝學會

① 此段文字原無，據巴蜀本補。
② 「是年」至「講席」：原無，據巴蜀本補。
③ 「胡翼」至「趙渭三」：原無，據巴蜀本補。
④ 雷太宜人：原作「眷」，據巴蜀本改。
⑤ 燕：原無，據巴蜀本補。
⑥ 宗伯：原無，據巴蜀本補。
⑦ 原稿眉批：「三月二十七日。」

等。《戊戌政變記》卷六。

三月，張之洞撰《勸學篇》成。書成，風行海内。大意在正人心，開風氣。

閏三月，停發《湘學報》於各屬。見其議論不妥，適新任學使徐仁鑄過鄂，告以宜杜滅微言，至是以其議論悖謬，飭局停發。年譜、《大事表》。

四月甲辰二十二，清帝諭催各省開辦學堂。

四月廿八日，康有爲以徐致靖之薦被召用，於是廢八股文，改試策論，開學堂，汰冗員，廣言路，改兵制，立商會。孝欽及親貴均惡之。

五月，次孫宗澤生。成學出。

資州大水，水高過城。書院爲水淹。先生舉家遷避。《聊園詩存再續》卷二《資州大水謡》：「久雨不止，水高過城。小東北門，無雞犬聲。室家挾扶，拏舟争往。登彼重龍，如魚脱網。」

五月丁巳五日，清帝諭，自下科始，鄉會歲科試，一律改策論。同月十五日，開辦京師大學堂，獎士民著書、制器及興學。

五月丁卯十五，命梁啓超辦譯書局。

六月己丑七日，黄紹箕進張之洞所著《勸學篇》，頒各省。《中國教育史要》一百。

六月十八日，乃四月二十三日。下詔定國是。康有爲、譚嗣同、楊鋭、劉光第、康廣仁、楊深秀、林旭、梁啓超説穆宗變法，行新政，廢孝欽后。事爲孝欽所知。

七月二十日，上諭楊鋭、劉光第、林旭、譚嗣同均賞加四品卿銜，在軍機章京上行走，參預新政事宜。

八月①，蘇輿爲《翼教叢編》②。

八月，殺譚嗣同、楊鋭、劉光第、楊深秀、林旭、康廣仁。康有爲逃香港，梁啓超遁日本。穆宗被幽於瀛臺，停止各省改設學堂，鄉會歲科試復舊，經濟特科罷。《中國教育史要》一百③。凡朝臣之以新黨名者謫戍禁錮有差。先是，康有爲得孔子改制之説而倡之，並引《公羊》、《孟子》以自助，以爲變法之據。天下群以作俑歸之先生，謂素王改制之説實有流弊，並因而攻《公羊》及《孟子》焉。《家學樹坊》頁五。

秋，先生在知州鳳全席筵上，聞北京政變訊，歸而語慶餘及任嶧曰：「楊叔嶠、劉裴村死於菜市口矣！」俯首伏案，悲不自勝。旋門人施焕自重慶急函至，謂清廷株連甚廣，外間盛傳康説始於先生，請速焚有關各書。於是新成之《地球新義》亦付之一炬。舉火者華陽趙伯道也。

---

① 八月：原無，據蘇輿《翼教叢編序》補。

② 「二月」以下各條，原未按時間順序排列，兹有調整。

③ 中國教育史要一百：原作「一百」，所指不明，據前引例補。

《四益館雜著》有《治學大綱》，疑此時所爲。先生以爲，自人以古文、考據、義理、八比爲孔子而經學蔽塞。學者必先知聖而後可以治學，必先知經而後可以治中西各學。因定治學之途轍如下：

淵源門。講學者當以祖學爲主，新學爲輔。略維新者秪舊，守舊者秪新，皆拘墟之見。略言學之書務須理明辭達，不尚幽深迂曲，使讀者不知意旨所在。

世界門。皇、帝、王、伯之分，由疆域大小而出。欲明三五大同之説，不得不先言輿地、略經傳、子緯，所以於此門獨詳。自中士以中國爲天下，爲俗説所蒙晦，亦爲此條最深。

政事門。經學以平治爲歸，所言皆政治典章，不尚空理禪宗。自《王制》、《周禮》小大不分，略政書、經學從無一明通之條，其影響遂及國家。略欲通經治事，當盡祛誤解。

言語門。言語與政事，内外相埒。秦漢以後，失之游説，唐宋以後，失之空疎，中土日就微弱，略殆外交之材乏矣。

文學門。騷賦發源《詩》、《易》，略爲皇帝學嫡派。略文兼文學、言語兩科之事，略旋乾轉坤，實爲政學代表。一自浮靡流連，貽譏無用，談新學者幾相仇視。今故專言實用，略以輔翼經傳。

子學門。泰西藝學，時人詑爲新奇者，實皆統於諸子。略蓋六家者流，道與陰陽專爲三五，餘四家爲四方。分方異宜，古所謂方術也。

續成《尚書備解》四卷。按，癸巳前已成十二篇。其書大旨以二十八篇爲備，古稱佚書皆爲記傳，注用古説。其駁正舊説，如以舜命官非堯殂落後，《皋陶謨》本名《帝謨》，《金縢》爲周公書，末四篇《命》、《刑》、二《誓》。爲四嶽，《盤庚》商誥乃周公書。周公用盤庚法以治殷民，説本《史記》。於記傳與經混，箋釋與正文混，及問答語之見於他篇者，皆爲考訂。據《井研志·藝文一》本書提要。

在藝風，以「釋球」課同學，頗有切合，因彙集諸作編成《地球新義》二卷，即在資州先排印首卷十題。

先生既將《周禮》删改諸條陸續通解，乃定《周禮》爲海外大統之書。戊戌、己亥之間，所作有《周官大統義證》六卷附《官屬表》一卷，《官禮驗推補證》一卷，《官禮驗推》一卷，爲先生友人楊楨作，大旨與先生《古學考》同，專明今學，與《王制》違反諸條則闕而不講，書未成而卒。先生於其未盡者依例推補，闕疑諸條亦就大統之説詳爲補足。二人所作一小一大，以《周禮》本兼包二派也。按，此書恐均先生所作，託名楊楨。《周禮兩戴大小統考》二卷，《周禮》由小推大，兼包二統，如《職方》五千里爲小九州，《大行人》萬五千里爲大九州。又《周禮》大統諸説，文不見《小戴》而見於《大戴》，舊以大小戴爲叔姪，實則凡言王道者入《小戴》，言帝道者入《大戴》。《大共圖考》二卷，以《職方》九州爲小共小球，《大行人》九州爲大共大球。據古今地志諸書，詳考五方人民、風俗、山水、貨産、貢篚並其政事、教化，體例略仿諸史地志。《讀五禮通考札記》十卷。糾秦氏之謬。其命門人子姓分撰者，則有李鍾秀之《大統加八表》一卷，九州由小推大，加八倍即得。表分二格，小統有明文制度。略廖師政《古周禮説糾謬》二卷，東漢諸儒不知《周禮》爲海外專書，故其言皆誤。先生此時雖不駁《周禮》，而不取賈、杜、馬、鄭師説。師政因採諸說爲此書，明定取經去說之案。廖成化之《三禮駁鄭輯說》六卷，先生三禮說，除編入各書外，復命成化輯爲此書。攻鄭諸條，皆據經傳明文立說，較李兆洛、張惠言爲矜慎也。陳天桀之《周禮紀聞》四卷。戊子後，先生《周禮》說數變，備紀之。並詳《井研志・藝文》二、三。按，以上諸書除《大共圖考》有殘稿外，今並不存。或當時祇擬作而未遂也。

成《易經古本》一卷，附《十翼傳》二卷。按，今《六譯叢書》有《易經古本》，無《十翼》。此書用《大傳》「易之爲書也」三節、「易之興也」二節、「書不盡言」一節爲序例，編爲反覆繫辭之本，共三十六圖。創始癸巳，成於戊戌，經數年之久，義例始定。體例雖新，於經文初無變亂。《井研志・藝文一》。

成《孝經輯說》一卷。先生因近時學者頗疑《孝經》爲僞作，以爲孝主行習，無待高深。乃命及門採録傳記足相發明者，以爲此書。先生以《孝經》經少而記傳多也。按，先生當時有《孝經叢書》，列目十數種。《藝文二》。

《孝經叢書目》《群經凡例》。十七種：《今文孝經注疏》、《古文孝經注疏》、《孝經釋文》、《孝經舊傳》、《孝經兩漢先師佚說考》、《孝經緯注》、《孝經儀節》、《孝經廣義》、《孝傳》、《問孝》、《曾子十八篇注》、《孝經通禮》、《孝經通論》、《孝經附篇》、《弟子職》、《内儀》並傳胎教。《藝文二》。《古孝子傳》三卷。彙次經傳、諸子，附以昔人所考者。上卷孝，中卷間於疑似者，下卷不孝。又命姪師政爲《孝經廣義》二卷，門人曾上游爲《孝經一貫解》一卷、《孝經決事》、《孝經大義》四卷、《孝經傳記解》

四卷。除已成上述數種外，餘均未成，並不詳其目，其既成者，今惟任嶧《孝子傳》一册，餘文皆已亡佚。

恢復「容禮」爲先生經説大綱之一，作《容經解》一卷，今在《六譯叢書》中。《記傳彙纂》四卷。不存。先生云：「漢初經生習容與《禮經》並重。蓋儀爲禮儀三百，一云《禮經》；容爲威儀三千，一云《曲禮》。二家一綱一目，相合而成。禮學必先於習容，猶治經者必先識字。略《容經》以五事爲經，略即《洪範》之五事。以六儀爲緯，略即《周禮》之六儀。略爲立身行己之要務。略今於《賈子》中別出刊行，附於《儀禮》後。」又云：「西人童蒙有身操法，養生祛病，以爲各業之根本，蓋即此經遺意也。」《井研志·藝文二》。

命門人郭樞季良彙輯群經傳記言三德者，爲《三德考》四卷，前二卷自修，中分志、言、容、行四門。後二卷官人，中分量才、審微、專任、兼綜四門。附《九錫九命表》一卷。古帝命官，因德錫命，一德一命。一德爲士，三德爲大夫，六德爲卿，九德爲公。書不存。《井研志·藝文一》。

作《祆教折中》三卷。上卷言中教主天，引諸經傳記師説，條分件繫，以明「天主」二字爲中外所同，所以化中人拘墟之見。略中卷言聖經由一改三，分別儀度，不致一視同仁，毫無差等，即西書西事以相折，使西土知其教，外教雖有餘，比中教則不足。略三卷論道儒宗旨大小不同，治全球不能專用儒法，道並行不相悖，以爲學教歸宿。並論回教、釋教皆外國因時治宜。道、儒乃詳政治，並以四科九流分別皇帝、王伯、大小。《祆教折中序》。按，此書自序託爲吾鄉隱君子所作，又云乃用活字排印。緗未見此書活字本。且先生曰辛丑在九峰□□□，則尚未成書可知。

作《古今學考》二卷。一名《小大學考》，今不存，成否不可知。此書詳大統之説，猶初變、二變之《今古學考》、《古學考》。所謂古今者，中國海外，上考下俟也。先生以爲，先秦以前經説兼言海外，如《大戴禮》，鄒衍、群緯，博士如伏、韓，間有異聞。東漢以後，乃專詳海内。此篇上卷法古，下卷證今。搜採舊説，不厭詳盡。又曰：「或以孔子前知爲嫌，然《尚書緯》地有四游，鄒衍海外九州，《逸禮》之五方五極，與今西説符合。略諸賢能知，又何疑於孔子。」《井研志·藝文四》。

是年治諸子，子部著作並以歸入此年。即遲亦在庚子前。有《諸子凡例》二卷，《荀子經説新解》十卷，《老子新義》一卷附《化胡釋證》一卷，《莊子新義》四卷，《列子新解》四卷，《尸子經義輯證》二卷，大旨與《莊》、《列》同。《管子彙編今證》十卷，《公孫龍子求原記》一卷，專引聖言證其師法，以見名家出於政事。《司馬法經傳新證》二卷，以司馬法爲《周禮·夏官司馬》傳記，非穰苴書。其中典制亦博士舊法。並博採東西新法以相印證。《陰陽彙輯》六卷附《凡例》一卷，《群經災異求微》二卷，《陰陽五行經説》四卷，及廖成化之《名家輯補》四卷，於緯外蓋録漢師説而必求驗於經，就諸子中言名學者輯此書，祛漢儒之病，解西人之惑。廖鵬之《地形訓補釋》二卷附《八星之一總論説》一卷，雷謙之《吕覽淮南經説考》四卷，鄢熾之《九流分治海外考》一卷，曾上源之《諸子出於四科論》一卷，董含章之《家語溯源》四卷，本書多博士傳聞，此書特著之本原以袪人疑。《井研志·藝文四·諸子凡例》提要稱：「老、莊、荀、列、名家、縱横，已别有專書，其餘但有凡例。」今按，《莊子禮解》、《列子新解》有稿，餘並佚。今《六譯叢書》中《莊子》解數篇，又爲四變時改本。

先生於諸子亦先刊《凡例》，所列皆先秦諸子，入漢以後所收不過四五家。此書不存，所收諸子，名亦不詳。其大旨以子學皆出於四科，道家出於德行，莊列盛推顔、閔，又多用經説。儒家出於文學，小説附。縱横生於言語，名、墨、法、農皆沿於政事，爲司馬、司空之流派。略孔子以前之黄帝、老、管、鬻者，皆出依託。子爲六藝支流，源皆本於六經。班氏以爲出於王官而不詳其時代者，誤也。略又以諸子皆出於後世學者之所輯録，非諸子所手訂。其中又多爲經傳記，如《管》、《荀》中之《弟子職》、《地員》、《禮三本》之類，皆爲古書。漢時求書，藏之秘府，斷簡殘篇，多失其舊。後來校書者以類相附，凡古籍無名氏可考概附焉。凡子書，以《孟子》爲正，無一章不有《孟子》明文。《管》、《荀》、《墨》、《韓》，凡無諸子明文者，皆爲古籍經説，非其自撰。又諸子以道、儒爲大小二統之正宗，其餘名、墨、法術語多過激，如硝黄薑桂，皆爲救病之藥。略《井研志·藝文四·諸子凡例》提要。

《哲學思想論》云：「諸子爲六經支流，孔子後忽然擁出，紛至沓來，積如山嶽，前無所承，後不能續。略否則何以興也勃焉，亡也勃焉。」

《荀子經説新解》專詳諸經隱例微旨，爲經師所未經發明者。《老子新義》專以《老子》爲皇帝大統之學。史公謂道家「採儒墨，撮名法」，可見非專於清淨，屏絶事功。《化胡釋證》專詳以釋化夷，而進之以聖道。《莊子新義》舉《詩》、《易》以解《莊子》。《列子新解》略分二門，一據《列子》解《詩》、《易》，與《莊子》同。略一據《子史精華》所列諸條，以《列子》爲中國之佛，爲老子化胡、以佛化夷之實證。以經統《列子》，以《列子》統佛，以佛統天方天主，而全球諸教悉由經出矣。各據本書提要。

十月，爲郭安作《蠶桑要訣序》。

十二月，攜眷回家。任嶧仍隨行。

作《改文從質説》，刊登《蜀學報》。略謂：「經傳文質有二説：一爲中國與中國分，如正朔服色事又循環者，改之以救弊。一爲中國與外國分，如西人之禮教風俗，不能以明堂社樹一例。《春秋》非一時救弊之書，所謂改文從質，乃指改今日文弊之中國以從泰西之質，西人飽暖已極，亦思内向。中取其形下之器，西取我形上之道，中外各有長短棄取，彼得者虛，我得者實。轉移之機，要在彼此相師耳。」《四益館雜著》。

删定《穀梁古義疏》。

俞樾以老辭詁經講席，在職二十一年。

二月，德租膠州灣。

三月，俄租旅順、大連。

三月，自開岳州、三都澳、秦皇島爲商埠。

五月，英租威海衛。四月，租九龍。

是年，張之洞延通經之士纂《經學明例》，梁編修致廣州楊惇甫①户部電云：「湖北現辦纂書尊經學，依《勸學篇・守約》卷内體例等七條，《詩》、《儀禮》已有，廣雅公最重公品學，請擇一二經，先編《明例》一卷寄來。」按，《經學明例》之作，始於甲午以前，門人廖平爲《左傳經例長編》，先撰數條以發其凡。而合川張森楷助之，先爲「史徵篇」，略採《史記》十二紀、年表、世家各編，用《左氏》之文及其解經之説，以折劉逢禄《左氏春秋考證》之妄。其有乖違，特申長義，必不可通，亦從蓋闕。意在申《左》，而以史證之。見森楷所爲《合川志》。《易例長編》則屬之宋育仁。育仁在京，又囑王繩生、黄秉湘、曾鑑分纂。凡四十門，繩生纂十八門，曰當名、爻位、往來、中爻、變化、治平、圖書、會通、興作、知來、時義、典禮、修德、卜筮、始終、性理、精義、古易，其書兼採漢、唐、宋諸儒及近代經學家之説。約以書成寄鄂，此稿未見，黄、曾所纂不詳②。

① 楊惇甫：原作「梁惇甫」，許同莘《張文襄公年譜》卷七作「楊性甫」，胡鈞重編本作「楊惇甫」。兹據胡譜改。

② 此條原稿以小字補鈔於光緒二十五年下，據《張文襄公年譜》，當屬二十四年十二月之事，故移於是年末。

光緒二十五年己亥（一八九九），先生四十八歲。

二月，赴射洪。署射洪縣訓導。

三月，子成璋生，帥出。

四月，赴成都送考。時張之洞電召先生赴湖北，先生擬考畢往，不果。乃作一書並增補《地球新義》稿，命任嶧携至湖北上之。之洞意弗善也，傳語欲先生用退筆。初，湖南學使江標及時務學堂總教習梁啓超在湘盛倡新學，之洞患之，乃設實學報館於鄂，召先生及王仁堪、陳衍、朱克柔、章炳麟主持，欲以糾正之。逮任嶧至鄂時，其事已寢，改爲湖北商務報館矣。

子成學入邑庠①。

六月，從成都歸家。時縣志局初置於治東龍頭山東嶽廟，因共纂修諸人商其體例。《井研縣誌·序》。

十月，嘗至成都。《四益館經學目録·序》。《亞東報》十八號刊印釗室主人《今古學辨義》一文，於先生十年前舊説獻可替否，並深以防流弊爲言②。

去年至今，於前刊《地球新義》之外，又續得二十題，羅秀峰爲之再刻於成都。《知聖續編》頁

---

① 巴蜀本是條更詳，兹録於此：「五月，先君補學官弟子。先君初諱師慎，至是改諱治。」

② 巴蜀本此條後有注云：「按，釗室主人至今不詳其姓名。」

二十六。

成《周禮鄭注商榷》二卷。今在《六譯叢書》中。先生於三《傳》舊注皆先有糾正之作，故此亦先作《商榷》二卷，然後乃撰《義證》。自序云：「鄭君以《周禮》遍説群經，是其巨誤。略千瘡百孔，疵謬叢出。略六朝鄭學盛行，學者推重，幾同思、孟，略即間有諍友，亦毛舉小故，率意吹求，愈覺泰山之難撼。略近代李、魏訟言攻擊，肆口操、莽，然但譏其變亂家法，所以然之故，得之甚淺。略鄭君名譽甚高，非著專書，逐條鋪陳，無以饜服衆心，迴其觀聽。」《井研志·藝文二》。

成《翻譯名義》三卷。《易》一卷，《詩》一卷，《易》、《詩》合一卷。《井研志》作六卷，恐誤。按，此稿不存。自序略謂：「翻譯有横竪之分，政制當横翻，立教當竪翻。竪翻又有翻前翻後兩例，翻前即所謂通古今語而可知百世之下。不能實指則用翻後之例。孔子六藝，小統上翻三代之古文，大統下翻百世之新事。知其翻譯之例，則讀《詩》、《易》不啻如《海國圖志》、《百年一覺》。」

先生以爲：「自漢以來，唯辨中外，不達古今。略箋注之興，起於漢代。周秦以上，通用翻譯。凡在古語，都易今言，改寫原文，不别記識，意同於箋注，事等之譯通，略事既簡易，語便通曉。略史公本用今學，而所録《尚書》已多易字，或以爲以注改經，不知此古者翻譯之蹤迹，改寫之模準也。略凡名篇專史則習者多，僻文瑣典則習者少。習者多則改本數變，故文最平常。略少則未經改動，即改而未至大變，故文多難讀。《尚書》文之難易不拘前後，而以篇之有名無名爲斷，正以習者有多少之分也。漢以後經尊，經尊則不敢改其字，而别爲箋注。自箋注既盛，後人讀《堯典》則以爲字字皆堯史官所手訂，《禹貢》則以爲字字皆大禹所校閱，人心囿於所習，不能推見古昔事，豈經術之日下乎？」《經話》甲一，頁十五。原注云：「此說最爲有功，凡漢以前書，皆當以此法觀之，可省無數譬說。」

又曰：「今古本之異同，翻譯也。三《傳》之異文，四家《詩》之異文，翻譯也。今文與今文異，古文與古文異，翻譯也。引用經字隨意改寫，翻譯也。同說一事，語自不同，翻譯也。詳略不同，大同小異，翻譯也。重文疏解，稱意述義，翻譯也。苟能明翻譯之道，又何書之不可讀哉！」同上。

作《論詩序》、《續論詩序》、《牧誓一名泰誓考》、《十翼爲大傳論》、《山海經爲詩經舊傳考》、《忠敬文三代循環爲三等政體論》各文。據原稿。

《論詩序》，力主《詩》古無序，序後出。據本詩自有序之說，據《班志》三家採《春秋》，録諸子，非其本義之語，謂：「以序說《詩》，皆出漢以後經師之推衍，人各一解，徒滋聚訟。孔子所傳五見，有復先師所習，皆在義例而不在時事。三家雖本有序，原不以序重。《毛序》用《周禮》六義之說，乃東漢古文家仿《書序》而作。本詩自有序者，如『吉甫作頌，穆如清風』，『悠悠南行，召伯勞之』之類。又當合數篇爲一類，不可分篇立序，如《儀禮》、《左傳》、《國語》，所歌所賦，皆以三詩合爲一篇是也。」又曰：「因《詩》晚序之多，知《詩》之本不重序。因《詩》之本無序，可知爲知來而作。」別撰《詩文辭逆志表》二卷，明序不足從。《序詩》一卷，仿《說卦》例，以收篇章貫通之效。《三家辨證》二卷，附《毛證》一卷，以申序不足據之説。《井研志・藝文一》。按，諸書並不存。

《牧誓一名大誓考》，以秦漢以前引《大誓》者十五見，而《牧誓》不見引用。使古人重《大誓》輕《牧誓》，則伏生傳經文不應録《牧誓》而遺《大誓》。可知古名《大誓》，不名《牧誓》，《牧誓》乃别名，如《甘誓》之以地爲名。西漢博士後得《大誓》傳説，合二十九篇，遂使《牧誓》、《大誓》經與傳分爲二篇，僞序亦遂有二。《周本紀》之六十七字乃史公隱據《牧誓》之訓説，古文家因以爲《大誓》，别録經全文以爲《牧誓》，甚誤。如《堯典》外别立《舜典》，僞古文又搜輯佚文别撰三篇。不知博士所得乃事傳，《孟子》、《禮記》、《左》、《國》諸書所引乃經文師説，故二者文義不同。孫星衍《今文注疏》又搜採西漢本逸文，於《牧誓》之先補《大誓》一篇，其文與《牧誓》及史傳、《尚書》相出入，非《牧誓》異文，則克商之傳説，又誤中之誤矣。因立十四證以明之。《四益館雜著》。

民權之説既倡，《孟子》貴民輕君之説大見推崇，而攻之者視同洪水猛獸。先生曰：「西人樂利，實由革命而出，其推獎實出誠心。略或乃倡言攻之，以爲邪説惑世誣民，或又以《孟子》之説爲大同之極點。崇推者固失其原理，摧抑者又違其本義。」又曰：「略略索盧梭、孟德斯鳩等民爲主人、君爲奴隸各學説，爲時勢所造，彼此是非，不能謂其偏僻。」不失爲持平之論。至以忠、敬、文即專制、民權、共和三等政體，孔子以前，中國已經此階段，湯武革命爲民權，降爲二伯之共和。孔子後則周而更始。略爲二次之三統，原因複雜，本質不一。略蠻野之三統，爲三者特異之原質。二次之君統，早已合三質而混化之。自其外貌觀，君不似君，民不似民，故不能謂之爲民權，亦不能謂之爲君權，蓋已變蠻野而文明。《忠敬文三代循環爲三等政體論》。雖不免附會，然於中國社會之特質，頗覺持之有故。

作《王道三統禮制循環表》二卷，《四代無沿革考》二卷，《古制佚存》四卷。按，此三書作於《地球新義》已成之後，《光緒井研志》付刊庚子之前，故附此年。

此後，先生嘗擬以三統立爲一專門，先就各經立表，考其同異，更輯傳説之有明文者以補之，以爲一類。然後掇拾群經異義，可以三統説者，歸爲續表。而《四代真制表》附於其後，總爲一書，名曰《三統》。《知聖編》上，頁廿四。又曰：「今已改三統不能循環者爲《三世進化表》矣。」同上注。

東漢古文家割裂六藝，於是有沿革之説。先生以爲「六藝」及《左》、《國》、諸子典章制度無不同。《白虎通義》所争者皆經無明文，先師以意推演之條，大綱仍無異同。《五經異義》所論今與今合，古與古合，是古文與博士立異者，惟誤説《周禮》數條，故經制並無沿革，《四代沿革考》提要。三統循環之説爲疑。不知此乃經説，所謂三代者乃法文、法質之後事，變其名而不變其實，故可以循環。如明堂、正朔、社樹，真三代實事，則與經制不合。如夏喪三月，周喪期，《孟子》「魯、滕先君莫之行」，而《帝典》已云「三載四海遏密八音」。略夏官百，殷官二百，周官三百，此沿革也。經則自《帝典》以至《左》、《國》，皆用三公九卿之説。《王道三統禮制循環表》提要。四代真制與經制不合者，統歸入《古制佚存》中。《井研志·藝文一》。

彙集尊經、九峰、藝風、家塾諸題，編爲《經課題目》二卷。《井研志・藝文二》提要稱其經學數變，遇有疑義，即標題以相考核。成書多而且速，實緣於此。

又先生在尊經時，以題目多，難於鈔録，每預刊印發，一人不能作多題，得此一目，或餘日補考，或據目與同經別題相商，或又據目與別經研考交通之條。廖師政《四益館經學穿鑿記・序》。

擬作《博士會典》一卷，《海外通典》一卷。《博士會典》專言博士，依《王制》分目，採記傳及今文遺書。凡大統之説皆別見《海外會典》。《井研志・藝文三》。按，均未成書。

此年治諸子。據任嶧述。

囑門人成都劉鼎銘撰訂《容經韻言》二卷、《婦容韻言》二卷。先生以《容經》切近行習，後世乃棄而不講。至《論語》微言大義，本非訓蒙之書，乃以爲村塾課本，不惟不得《容經》之效，且因而害及《論語》、《中庸》諸書。因命劉仲武訂爲韻言，爲童蒙誦習之本。《井研志・藝文二》。

先生論古文，嘗非薄桐城，欲別樹一幟與姚氏敵，以矻矻治經，未暇專精爲之。集中所存，皆無意行文，而古趣盎然，不假雕飾，良由浸漬者厚，故不期工而自工也。同上

先生戊戌既爲大統之説，截至本年，已成未成之書，除已見前各種外，據《井研藝文志》及《四益館經學目録》所載，尚有《易經古義疏證》四卷，不用「三易」之説，分經傳爲二：以經爲殷人作，孔子繙而傳之；「十翼」則與《易本命》等篇同爲傳，乃先師集孔子語，非孔子自作。又以《易》與《詩》同爲空言俟後，故語多託比。於漢人之爻辰、納甲、旁通等説，多所辨正。《詩緯古義疏證》八卷，《詩緯經證》二卷，附《樂緯經證》一

卷，先引緯文於全詩，求其印證。《董子九皇五帝二王升降考》二卷，以董説爲《詩》專例。《顛倒損益釋例》二卷，謂《詩》以顛倒進退調劑四方。《數表》四卷，就《詩》之言數者，仿《小學紺珠》例爲表。署廖師重名。《文質表》二卷，此刻署名當上數名。《詩經釋例》四卷，署劉兆麟撰。《學詩記聞》二卷，署廖宗濬撰。《説詩紀程》十卷，先生草定凡例，命師慎將黄鎔等卷及會講彙爲此編。《詩易相通考》二卷，以上並見《藝文一》。《學禮知新考》四卷，因《五禮通考·學禮門》，引西事證之。《大戴補證》四卷，主大統立説，此書託名胡濬源撰。《公羊先師遺説求真記》二卷，《公羊》有用《詩》説例，爲驗小推大，兼主大統。《三傳勝義》四卷，此爲丁酉以後説《春秋》之書。提要云：「先生初年刻畫三《傳》，尋行數墨，畢極能事，而遺貌取神，超之象外者，則在諸作卒業之後。」《三頌十五國託音取義表説》四卷，署廖宗濬名。大旨仿《説卦》，以天地萬物分表而加以説。《諸緯經證》七卷，《經説求野記》二卷，以上見《藝文二》。《逸周書經説考》二卷，《皇帝三統五瑞表説》二卷，《五極風土古今異同考》四卷，託名朱芸。《春秋驗推》四卷，託名李鍾秀撰。此書初名《海外春秋》，編年紀事，用夏變夷。旋以文獻無徵，難於載筆，因就《春秋》原文，將中西事實比附於下。用舊法而小有變通，大旨與《禹貢驗推》同。一由地域而推，一由政事人物而推也。《皇帝政教彙考》十卷，託名李鍾秀撰。用《繹史》爲藍本，博考古説，證以經文。《釋周》一卷，以周爲大統帝號。託名廖德鈞撰。《中外文質考》三卷，託名朱芸。按此書與《文質表》略同，恐是歧出。《海外用夏考》二卷，託名席上卿。其門目有尊孔、讀經、學禮、知恥、尊君、愛親、敬長、命官、文字、服飾、姓氏、三本。略《全球古經政俗考》二卷，託名陳天澤。《帝系篇補釋》一卷，託名曾上淵。以姓氏譜帙由孔子而創，以前無姓氏之學。以上並見《藝文三》。《魯齊學淵源考》二卷，署師慎名。此書意主化二家畛域，於同異出入之故，論之頗詳。《覺覺二篇》二卷，署丘廷芳名。西人李提摩太著《百年一覺》，所陳大同風化，專詳生養安逸，而略於倫常。此編乃以倫理性情之教引而進之。《三游紀略》一卷，署席上卿名，用《莊》、《列》三游、方之内外、六合内外之説，仿《三都賦》爲主客問答，而歸極於九天相通。以上見《藝文四》，後二種爲小説。先生自言：「此兩年乃有大統各書，足與王伯相敵。」《知聖篇》下，頁六十二。又不能斷定爲何時所作者，當是甲午年作。有《三傳事禮例折中表》三卷，詳見民國四年。《穀梁釋例》四卷，署胡濬源名。書分四卷，首言制度名號，次撰述大旨，次善惡、進退，終以傳經師法。同上《藝文二》。《孟子直解》七卷，《孟子》言仁義則法三王，述六藝則詳小統，故其書制度與《王制》合。又其言義理則爲六藝師説。此書本此義，惟孔子制作一事，則從趙注，於朱注小有出入。《爾雅釋例》一卷，先生據邵氏所引《尸子》及《爾雅》序例，以《爾雅》多後儒所增，今本有二三條重複，又每條多一二字者，因以經傳法推之，如《王制訂本》例，分三等寫定。又以《爾雅》爲七十子門人創始，秦漢續有補録，以駁昔人周公、孔子、子夏所著之説。《經解輯證》六卷，悉秦漢古書言六經宗旨者，附《經解》後，明六經爲一人所作。末爲二考，辨六經殘缺及孔子不作之説。以上見《藝文二》。《史記經説補箋爾雅》十卷，署楊楨名。《前漢律曆志三元表説》一卷，詳見民國五年。《兩漢經説彙編》二卷，署曾上林名。是編區别條流，推求義旨，與近人輯本不分家法及惟取明文而遺隱括經旨者異。《禮三本補説》二卷，署董含章名。以上見《藝文三》。《太玄釋例》一卷，以《太玄》七十二卦作盤，始三方，次九州，次二十七部，再次七十二家，終以周天三百六十五度，於太一下行九宫順序之説，闡發極詳。《大乙下行九宫説例》一卷，就胡氏《易圖明辨》、俞氏《癸巳類稿》所考證者，再加新義比附經義，不僅視爲數術。《天玉寶照蔣註補正》二卷，《疑撼經訂本》二卷，署董含章名。《地理辨正疏補正》二卷，署師慎名。以上三種見民國□年。

《蔣注辨謬》一卷，署陳天衢名。《顛倒順逆釋例》一卷，廖鵾承命分撰。以上並見《藝文四》。《漢四家集注》八卷，揚雄、司馬相如、王褒、李尤四家，均蜀人。《讀選札記》一卷，搜採古制佚典及先師舊説，逐條疏證，蓋考據之書。《雙鯉堂課鈔》一卷。以上並見《藝文五》。

命子師慎編《家學紀聞録》四卷、《家學求源記》二卷。先生每立新解，輒求駁議，《家學紀聞》所録有南皮、湘潭、邛州、錢塘鐵江徐山諸老之議論，江叔海、陸異之、周宇人、吴伯傑①、岳林宗、楊敬亭、耿焕卿、楊雪門、董南軒、吴蜀尤、龔熙臺、吴叔籌之撰述，周炳煃、王崇燕、王崇烈、施焕、帥鎮華、李光珠、陳嘉瑜、黄鎔、賀龍驤、胡翼、白秉虔、彭堯封、李傳忠、羅煦、曾上源、李鍾秀、劉兆麟等之問難。外如《亞東報》、《湘學報》、《翼教叢編》，雖不爲先生發，宗旨偶同，亦皆收録。《家學求源記》略仿《鄭志》，首標先生之説，次乃臚列經傳、子史、緯候、博士舊説以明之。序云：「求之今無一義不新，於古無一義不舊。」《井研志·藝文四》。

十一月，作《重刻日本影北宋鈔本毛詩殘本跋》，於治《詩》宗旨頗詳，略謂：「昔余攻《毛詩》，以序首六義之説出於《周禮》，賦、比、興三字爲劉歆羼補，意在攻博士經文不全，與《連山》、《歸藏》，鄒、夾《春秋》同爲僞造。又據傳箋駁《周禮》説《詩》之誤，蓋十年於此。丁酉冬間，陳厚庵大令以所重刻北宋鈔《毛詩》殘本三卷索序，當時以《毛詩》出於謝、衛，故久未報

---

① 吴伯傑：當作「吴伯朅」。吴之英，字伯朅。

命。近來談瀛洲，論大統，大通《周禮》之説，乃知賦、比、興爲《國風》小名，即《樂記》之商、齊，如以賦、比、興爲僞，則《樂記》之歌商、歌齊亦爲劉歆羼補乎？蓋十五國統名爲《風》，别有四小名，周、召爲南，邶、鄘、衛爲賦，王、鄭、齊爲比，豳、秦、魏爲興，九《風》分配三《頌》。邶、鄘、衛，殷之故都，《樂記》所謂商人。孔子殷人，自敘祖宗舊法，故爲賦。朱子所謂『敷陳其事而直言之』也。《魯詩》以《王風》爲魯，《齊風》言『魯道有蕩』者至於數見，《樂記》所謂齊人。《荀子》以周公、孔子爲大儒，皆無天下而操制作之權，孔子法周公，故以魯統比。朱子所謂『比者，以彼物比此物』也。豳、秦、魏應《周頌》爲興，周實爲天子，與周、孔不同。故《莊子》云：『在上則爲二帝三王，在下則爲玄聖素王。』謂周如是。朱子所謂『興者，先言他物以引起所詠之辭』也。《樂記》子貢問歌言，歌風、歌頌、歌大雅、歌小雅、歌商、歌齊爲六，亦與《詩》六義之數巧合。是賦、比、興爲《國風》分統之要義。不得此説，不惟無以解《樂記》之商、齊，而《國風》分應三《頌》亦無以起例，略特不可以三經、三緯解之耳。略『無思不服』、『思無邪』、『四海來格』、『海外有截』，略皆爲帝道大統，是《詩》本義當爲九畿。略以《尚書》傳箋據九畿、大九州以説《詩》，以今日論之，實爲正法。博士專據《禹貢》五服而言者，當非《詩》之正解。以宗旨論，傳箋固未誤也。」《四益館雜著》頁一百三十九。

《井研藝文志》三有《五帝德義證》四卷，似成於先生小大學説已成定論之際，因附此年。提要云：「先是，東南學人有《黄帝政教考略》，如《通鑑前編》、《路史》、《繹史》等書。此編一準經傳，抉摘隱微，深切著明。略平初欲以《王制》説群經，或頗疑其附會。今得此編，使帝德、王制判然中分，故凡古今疑義，通得解釋。略平自癸巳以後解《易》、《詩》、《樂》，以此編爲歸宿，不再斷之於《王制》略矣。」《井研志·藝文三》。按，此書今無，成否不可知。

五月，山東義和團起。

十月，法租廣州灣。

十一月，因康有爲在海外立保皇會，懸賞購捕康、梁。《大事表》。

光緒二十六年庚子（一九〇〇），先生四十九歲。

是年，先生在射洪，張昇侍。《井研志·序》、《知聖編·跋》。妾劉氏、姪孫宗欽、壻陳天衢①均從侍。訓導馮先生子華雲時住尊經書院，自成都歸省，因從問學②。劉十二月去，帥二月去。此到安岳以後事。

正月，送考至漁川。安岳袁顯仁、王心藏、李蔭濃執贄爲弟子，隨至射洪受業。

三月，先生赴成都，顯仁、心藏同行，寓學道街施煥家。

---

① 陳天衢：巴蜀本作「陳天榘」，「衢」當以「榘」爲正。後同。

② 「訓導馮先生」至「因從問學」：原無，據巴蜀本補。

成《詩文辭逆志表》二卷自序。

成《三家詩辨正》一卷，附《毛證》一卷，門人新繁羅煦序。

撰《詩緯古義疏證》八卷，是編專詳緯説，自序。

撰《詩緯經證》二卷，附《樂緯經證》一卷。

撰《皇帝王伯優劣表》一卷，《皇帝王伯統轄表》一卷。

撰《博士會典》十卷，《海外通典》十卷。

撰《董子九皇五帝二王升降考》二卷。

撰《皇帝三統五瑞表》二卷。①

秋，自射洪歸省，適值《光緒井研志》刊成，因爲之序。略云：「平曾以爲史家著述，其於朝章國故、魁人鉅公之行實，紀載備矣。而偏鄉下縣，傳者蓋鮮，非必出於其意有所厚薄，文獻不足徵，而惇史莫由及也。故曾不自揆，思以群經卒業，網羅武陽置縣以來故事，貫串考訂，爲一家言。略前年季夏，晤諸君子於縣門。時方置局編纂，就商體要，乃與夙所蓄念無不盡同。按，此書體例實出自先生。略是志也，挈淨而有要，汎博而不枝。以説山川，則《水經注》也。以述掌故，則《利病書》也。以甄藝文，則《經籍考》也。以録金石，則《碑目記》也。以六表馭

① 以上十條原無，據巴蜀本補。

紀載之繁，以列傳括士女之志，終之以長編，而由周以來至於今，沿革政要，振卹機祥遺事，夫然後若綱在綱，粲乎明備。於官書則創，於史法則因，略固可信爲三百年來無此作矣。其尤至者，緊古地志，皆稱圖經。《世本》既出，即嚴族系，一以辨疆里，一以考氏族。二者史學之顓門，志乘之鉅例。兹志圖表，實創爲之。再越百年，奚翅拱璧。略抑平更有請焉，蜀輶舊輯縣人文章，自趙宋以來，爲《仙井文徵》、《詩徵》至八十卷。今集部無之，倘經裁擇寫定，用升庵楊氏《全蜀藝文》例，排印單行，亦表章先正之一端也夫。光緒庚子冬十月朔。」

《井研志》分：

六志①

一　疆域。一圖經，二撰目，三山水。附墳墓。

二　建置

三　食貨

四　學校

五　藝文

六　金石

① 六志：原作「五志」，核以《井研縣志》及下列目録，實爲六志，據改。

六表

一　職官

二　選舉

三　宦達

四　氏族

五　耆壽

六　列女

六傳

一　官師

二　鄉賢

三　忠義

四　孝友

五　列女

六　方技

一紀

紀年

去年，《亞東報》第十八號載劉室主人《今古學辨義》一文，於先生微言之説多所駁難，並以防流弊爲言。門人黄鎔、胡翼等復書答辨，文甚長，略云：「略四益先生略潛心撰述，海内言學者家有其書。東南學人私相祖述，著書立説，風氣遂爲之一變。略當今海内老師宿儒，相聚而談四益者，皆以防流弊爲説，輕躁之士，發憤著書，每多非常可駭之論。託名衛道者，以此歸罪於四益，大著亦以爲言。略竊以心術學問，古分兩途。略《四譯館經學叢書》未刻之先，非堯舜、薄湯武者，代不乏人，甚至即孔子亦攻之。帝王之鑄兵，本以弭亂，而操刀行劫，報仇殺人，不能因而去兵。推之飲食男女，亦無不皆有流弊，不能因防弊而廢之也。略説經之書，但當問與經義忤合如何，流弊有無，初非所計。何則？考魯、齊傳經，有微言、大義二派。略二千年以來專言大義，微言一失，大義亦不能自存。略至今日統中外貴賤知愚老少婦女人人心意中之孔子，非三家村之學究，即賣驢之博士。略此不傳微言之害，略有心人所謂傷痛者也。嗟乎！人才猥瑣，受侮强鄰，《詩》、《書》無靈，乃約爲保教，以求倖於一日。四益心憂之，乃汲汲收殘拾缺，繼絶扶危，以復西漢之舊。略俾庠序之士，心摹力進，以求有用之學。略西漢通微言者代無異辭。當時士氣，較今何如。略在今之立異説者，未嘗不知微言爲聖門正傳，四益之説，因而非創，與今相合，於古有徵。特不喜千年絶學恢復之功出於一人，求其説而不得，則創爲防流弊以阻之。」略。《家學樹坊》。欒山帥鎮華亦有《答劉室主人書》，於大統之説言之較詳。同上。按，此書帥鎮華自言不出其手，當與前書均恐是先生自作。

冬，成《齊詩驗推集説》二卷。稿存，以「齊詩」名者，蓋專宗帝德，以明大九州之義。注雜採傳記，用緯候，篇各立序，詳《論詩序》。以發明編《詩》之意爲主。陳天衢跋曰：「《孟子》之説《春秋》曰：『其事則齊桓、晉文，其文則史，其義則丘竊取之矣。』其説《詩》曰：『不以文害辭，不以辭害志。以意逆志，是爲得之。』以《詩》之文辭比《春秋》之文。《春秋》貴取義，《詩》貴逆志，則《詩》之爲《詩》，故非尋行數墨所能盡矣。」又自序曰：「略必假託虚名，存其□寄者，蓋以伐柯取則，目繫道存，小大雖殊，驗推可託。《春秋》謂之曰取義，《尚書》謂之曰雅言，即在祖述，猶雜刻索，況乎下俟堯舜者乎！略己亥仲冬。」按，此編初名《詩本義》，見《四益館書目》。繼乃改名《齊詩驗推集説》，又名《齊詩微繹必讀》。《續論詩序》。均見原稿。

先生自言：「近日講《詩》、《易》，亦群以爲言，不知實有所見，不如此萬不可通。苟如此，則證據確鑿，形神皆合，因多有後信。《詩》説改名齊學，自託於一家，亦以大統之説，《齊詩》甚多，非積十數年精力，盡祛群疑，各標精要，不能息衆謗而杜群疑。昌黎爲文，猶不顧非笑，何況千年絶學，敢徇世俗之情？又初得一説，不免圭角崚峋，久之融化鋒鍔，漸歸平易，使能卒業。略自審十年以後，必能如三《傳》之化險爲夷。」略《知聖篇》上，頁四十五。

帥鎮華《答劉室主人書》稱：「先生近來續有新作，在《縣誌》外，擬別編《縣誌未收書目提要》。」按，所謂「新作」，除《齊詩驗推集説》外，名目種數均不詳。

湖南周文焕爲刊《穀梁春秋古義疏》，本擬並刻《公》、《左》二存稿，《光緒井研志序》。未果。

八月，安岳聘主講鳳山書院，側室劉氏從。孫宗欽從①。

冬，赴安岳，主講鳳山書院。陳鼎新《春秋圖表序》。

先生近年讀史，多所評論，義喜奇創，然不同苛文纖仄之習，蓋由經推史，自成一派。經姪師政編爲《四益館史論》二卷。今不存。《井研志·藝文三》。又先生尚有《四益館文編》十卷，《駢文》二卷、《師友蛩音》八卷，均爲己亥以前之作。《師友蛩音》均海内名宿與先生往復論學之語，資於經學最多。今惟存文十數篇，在《四益館文鈔》及《雜著》中，餘皆不存矣。《井研志·藝文五》。

是年，因《井研縣誌》已成，將付刊，先生乃將歷年所著書編爲《四益館經學目録》一卷。今在《四益館雜著》中，名《四益館書目》，乃代立增補者。又命門人施煥、賀龍驤等將《縣誌》提要及序跋按，提要、序跋，皆出先生手筆，其署朋友門人者皆託名。纂爲《廖氏經學叢書百種解題》四卷。按，此書未成。自序目録，道二十年來之變遷云：「己亥初冬，館於成都，編録既竟，爲之序云，略今古之紛争，《詩》、《易》之惝恍，二千年於兹矣。平持西漢説以治小統者二十年，不敢謂全收博士之侵地，千慮一得，頗有自信之際。於群經中，惟力攻《周禮》，立異數條，著爲專書，歸獄歆、莽。名師摯友，法言巽語，自詡精詳，未肯遂翻。丁酉秋，宋芸子同年述南皮師語有云：『風疾馬良，去

① 此條原無，據巴蜀本補。

道愈遠；繫鈴解鈴，必求自悟。』爲之忘餐寢者累月。戊戌夏，因讀《商頌》，豁然有會。謂小球大球、小共大共。乃知三統之義，不惟分配三經，所有疆域，亦判三等。求之《詩》、《易》而合，求之莊、鄒而合，再求之《周禮》，尤爲若合符節。詳施序。向求《詩》、《易》義例，將及十年，新思創獲，層見疊出，師中乏主，終不成軍。得此懸言，百靈會合，木屑竹頭，群歸統屬。因有前後《地球新義》二刻之作。再將舊聞加以綜核，編爲此目，成一家言。求之前賢，固乏全體，而鈎沉繼絶，聯合裁成，至於是而九畿萬里，十等封國説。六義是《詩殘本序》。三易，《三易正訛》。化朽腐爲神奇，因難見巧，轉敗爲功。五帝所司，大荒豐則，血氣尊親，百世不惑者，其在斯與！其在斯與！或曰，《王制》之學，求之二十年而不能盡，帝德之廣，尤爲須慎，再易寒暑，遂定茲編，速成不堅，未足爲信。曰：内外雖分，大小一君，蓄疑既深，中道易透，聊分群經，以中小成。略苟天假以年，尚將修補，不敢以此綴書。況此編卒業者尚僅及半，或同學分撰，或子姪代編，大約三年之内，可以成功。或曰：學已三變，安知後來更無異同？曰：至變之中，有不易者存。故十年以内，學已再易，而三《傳》原編，尚仍舊貫。惟大統各經，以宗旨未明，不敢編定。名曰三變，但見其求深，初未嘗削札。略獨是昔治二《傳》，隔膜《左氏》，南皮師命撰《長編》，因得收三《傳》合同之效。按，南皮命撰《左氏長編》在庚寅秋，先生己丑在蘇見俞蔭甫時已云合通三《傳》。庚寅五月，潘祖蔭序《左氏古經説漢義補證》亦然，則合通三《傳》不因南皮撰《長編》之命也。此語恐有參差。又以《周禮》立命，必求貫通，力竭智窮，竟啓元竅，一知半解，畢出裁成。事理無窮，未可以一人私見，堅僻自是。數經險阻，始得小悟，以此自喜，亦以自懼焉。」《井研志・藝文三》。

施焕等序解題，於先生二變、三變之故，亦言之甚詳。序云：「井研先生摯友、同邑楊静齋先生曰：『四益經學，美矣盛矣。惟三利未興，三弊未袪。三利者何？（一）有王，無帝；（二）有海内，無海外；（三）有《春秋》、《尚書》，無《詩》、《易》。三弊者何？（一）同軌同文，今古相軋，一林二虎，勢必兩傷；（二）六經不能自立門户，各標宗旨，疊規重矩，剿説雷同；（三）分裂六經，固傷破碎，合通六藝，則嫌複緟。』按，楊先生不必實有此言，當是先生自立程限，思有以赴之耳。楊公雖持此説，以爲翻古今之成案，合宇宙而陶鈞，貫串百家，自闢荒徼，未必許先生之能副之也。先生則引爲己咎，誓雪此恥。《四益叢書》初刻，皆總論學派宗旨凡例，本欲以此求證得失，攻切從違。蜀中學人，海内老宿，其指瑕索瘢者，蓋不止盈篋，師悉寫而藏之，隨加訂正。急欲求通，不能遽化。卸官杜門，謝絶書札，忘餐廢寢，鬢白齒落，如此又十年，專治《詩》、《易》，至於戊戌乃得大通。略三弊全除，三利全興，六合以内，悉隸版輿，兩漢淵源，並行不悖。略惜楊公不及見成書而早卒也。略《尚書》斷自唐堯。史公以黄帝不雅馴，儒者遂以三王爲斷。《易大傳》之首伏羲、神農，《五帝德》之首黄帝、顓頊、帝嚳。《樂記》郯子，《月令》、《尚書大傳》之五帝，《禮運》之大同，以爲稱引古事，於經無與。此先秦至今，博士經生從來未發之覆也。先生中分六藝，以《春秋》屬伯，《尚書》屬王，《詩》屬帝，《易》屬皇，立《皇帝王伯表》，取《帝德》篇與《王制》相配，分畫門户，各有宗旨。疆域不同，則六藝不惟言帝，並補皇伯，則首利興而重複之弊祛矣。略博士立『王者不治夷狄』之説，故西漢十四家皆據《禹貢》立解，以爲王者方五千里。而《詩》之海外有截、九有、九截，《易》之鬼方、大同、大川、大人、大過，《論語》之浮海、居夷，《左傳》之學夷、求野，《中庸》之洋溢中國、施及蠻貊，鄒衍之海外九州，非説以中事，則斥爲荒唐。近今海禁宏開，大統之形已著。十年内，文士雅人欲於經中求鄒衍大九州之根源而不可得，則聖教終囿於五千里。略先生據《周禮》九畿、《大行人》九州，即鄒衍之大九州之八十一方千里，推之《詩》、《易》，若合符節。《山經》、《莊》、《列》，尤屬專書。因以《詩》之小球、大球爲地球，别《周禮》爲大統禮制之書。惟其書專言海外，故九畿九州萬里，皆與《王制》中法不同。《王制》中國五千里，《周禮》海外萬五千里，廣狹不同，各主三經，兩不相害。不如東漢今古之説，於中國並行二書，矛盾函矢，互鬥不休。略六藝兼收海徼，則海外之利興而剿説之弊除矣。六藝既分二流，略言王者爲上考三王，言帝者爲下俟百世。上考則文獻有徵，下俟則無徵不信。故《尚書》、《春秋》法古之書，則文義著明，《莊子》所謂『《春秋》先王之志，聖人議而不辨』。百世以後之事，雖存於《周禮》之經，傳之鄒衍、《莊》、《列》，而經則不便頌言。略故《詩》、《易》略託之歌詠，寄之占筮，蓋莊生論而不議之説。略中外交通，《詩》、《易》明文，事迹甚著，則不可再墮悠恍。今以《詩》、《易》專爲皇帝，專治海外，以《周禮》爲主，編輯《海外會典》一書。此書已成，再撰注疏，務使明切，亦如《書》、《禮》，名物象數，語必有徵，一字難動，空言隱射，一掃而空。略地域别營，毫無轇轕，則三利興而今古之弊除矣。

昔先生作《周禮删劉》①、《古學考》，南皮張尚書不喜攻擊《周禮》，又謂《知聖編》大有流弊；富順宋檢討亦互相詰難；東南文士剿襲《知聖篇》，其弊已著。故先生辛卯三《傳》定本，凡屬微言，悉從隱削。又以『帝王』二字標題，不再立今古名目。二派各有疆域，異道揚鑣，交相爲用，既無删經之嫌，又收大同之效。略至改制舊説，外間著有專書，違其宗旨，背道而馳。湘中有《翼教叢編》之刻，本屬憤兵，苦無深解，以此相攻，愈助其燄，特著《家學樹坊》一編，專詳此事。篇中首以《孝經》者，取一貫之義。容儀爲立身之本，機樞言行，統括《禮》、《樂》，爲自修專書。帝、王二統，驗小推大，階級可循。終以經總，微言大義，源流派别詳焉。略《孟》、《荀》、《莊》、《列》有大小，無異同；博士、百家有精粗，無取舍。略信乎定古今之成案，略集經生之大成。略己亥十月。」同上。

是年正月，山東拳匪倡亂，以「扶清滅洋」爲名，焚教堂，殺教士。先是，教徒每陵虐平民，故平民教徒間意見甚深。親貴載漪等招之至京，編爲義和團，横暴都下，殺日使館書記及德使。六月，各國聯軍陷大沽、天津。七月陷京師。太后擁帝奔西安。

十一月，與各國德、奥、比、西、葡、法、美、荷、俄、日。訂和約十二條。

十二月，下詔變法，《中國教育史要》一百二。立會議政務處，集王公大臣議要政。除廢科舉、

① 周禮删劉：原作「周禮删禮」，蓋涉上字而誤。據本譜卷三光緒十四年條所載書目改。

興學堂外，當改良軍制，修改法律，增設巡警，編訂商律，整理財政，整理幣制。

俄據黑龍江。

唐才常起兵湖北，事泄被殺。《中國教育史要》一百八。

光緒二十七年辛丑（一九〇一），先生五十歲。

是年，先生在安岳鳳山書院，復兼任嘉定九峰書院山長，往來兩地。七、八月，曾回家。顔所居室曰談瀛精舍①。

是年，宋育仁主講尊經書院②，或有控之者，學政鄭某疑先生門人所爲，適帥鎮華就試成都，鄭因勸其勿持朋黨之見，帥力辨其無。據帥鎮華自語。

嘉定人以先生説經過於穿鑿，控之於學政。據帥鎮華語。

將舊作《王制》、《春秋》兩圖表加以修補，統名《春秋圖表》。凡圖十，表二十，考一。陳鼎新序。先生《春秋》三傳之説，精華悉萃此書。如《諸侯移封圖》、《存西京開南服圖》、《二伯方伯卒正連帥屬長附庸圖表》、《子伯非爵表》、《十九國尊卑儀注表》，求之經文，通考三《傳》，絲絲

① 此條原無，據巴蜀本補。

② 原眉批：「宋本年未就尊經，此條誤。」

入彀。《井研志·藝文二》。可參看丁亥年所引《今古學考》自序一則。

又《家學樹坊·知聖編讀法》云：「《勸學篇》兢兢於開民知，此編特爲開士知。今日庠序宗法，認孔子爲八比家，而孔遂成村學究。乃師法相承，堅於自信，豈不較焚坑之禍更酷。今更引而闢之，以見聖人非滙參十八科所能盡也。」又云：「孔子爲生民未有之第一人，宰我、子貢其知方足以知之，以下且不得知，更何言學？自師心之學盛，人人皆自以爲孔子，略則孔子直不啻百千萬億化身。略故四益立學者厲禁曰學聖，立爲學大綱曰知聖。篇中要義，如孔子受命制作爲立聖，爲素王。帝王見諸事實，孔子徒託其言，六經即其典章制度。略素王一義爲六經之根株綱領。此義一立，則群經皆有統宗，互相啓發，鍼芥相投。自失此義，則形體分裂，南北背馳，不以六經爲一家之言，以之分屬帝王、周公、略史臣，則孔子遂流爲傳述家，不過爲許、鄭之比，何以宰我、子貢以爲賢於堯舜？略今欲删除末流之失，不得不表章微言。」又云：「余立意表章微言，一時師友以爲駭俗，不如專詳大義，因之謂董、何爲罪人，子、緯爲詭説，並斥漢師通爲俗儒。夫使其言全出於漢師，可駁也。今世所謂精純者，莫如四子書。按《論語》，孔子自言改作者甚詳，如告顔子用四代，與子張論百世，自負斯文在兹，庶人不議。是微言之義，實書以告門人，不欲掩其迹。孟子相去已遠，獨傳『知我罪我』之言、『其義竊取』之説。蓋天生之語，既不可以告塗人，故須託於先王以取徵信。而精微之言一絶，則授受無宗旨，異端蜂起，無所折衷。略今之人才、學術，其去孔子奚啻霄壤。不惟無儒學，並且乏通才，明效大驗，亦可觀矣。」

五月①，重訂《知聖編》。先生跋云：「此册作於戊子，蓋纂輯同學課藝而成。在廣雅時，傳鈔頗多。壬辰以後，續有修改，借鈔者衆，忽失不可得。庚子，於射洪得楊絢卿茂才己丑從廣雅鈔本，略加修改，以付梓人。此册流傳不一，先後見解，亦有出入，然終以此本爲定云。辛丑五月十五日。」

此編初成時，康有爲用其義著書立説，形之奏牘，以爲孔子以改制立教，人人皆可改制。更由立言推之行事。攻之者至以「素王」二字指爲叛逆，又以康等託之《公羊》，又群起而攻《公羊》，並因而罪及《孟子》，並以焚坑歸咎孫卿。如《翼教叢編》。今刊此編，既曰自明，更以闢謬。先生之意爲：「既立門户，創宗旨，皆不能無流弊；欲無流弊，惟有鄉愿。然其略桎梏聰明，陷溺人心，爲害乃最毒。又『素王』二字，自《莊子》以下至兩漢，幾無書不有，無人不談，當時叛逆之人，誰是因二字所致？西漢《公羊》盛行，議禮斷獄，莫不宗主。略尊君親上，絶亂鋤奸，動得《公羊》之利益，當時《公羊》何以不爲毒，至今日而毒乃大發？略南宋諸儒，最不喜奇論者也。復九世之仇，又爲《公羊》最詭怪之説。略乃略劄奏誥章幾千百見，轉相傳述，視爲常語。蓋略有病，病受遂不覺其奇創。略故讀經須識時務。」《家學樹坊·知聖編讀法》各條。

① 五月：原無，據巴蜀本補。

又當時東南談時務者苦於中國無書可讀，倡言廢經，主持大教者惡其離叛，乃推舉宋儒。先生以爲帖括之毒深矣，積習重如泰山，今方知改。略又復標舉舊學以桎梏天下。略即使家程朱而人游楊，何濟國事？又以近來談義理者困於帖括，講音訓者溺於章句，二者之中，皆無人才。於是謂救時之道，仍當求之經傳，而其要則在於知聖。當先生以《王制》遍説群經時，即謂通經致用在明制度。近復標《周禮》以括政典。且曰：「聖人不可學，學聖者必自諸子始。諸子各有聖人之一體，皆不能無弊，其偏勝正其獨到之處。」又曰：「諸子既自標學派，豈不知擇務從事，勢因寒投涼以濟暍。自晚近貶駁諸子，人才日以困墜。舉天下聰明材智，群消耗於空疏謭陋之一途。諸子中尤以縱横爲當務之急。言語一門，言宋學者至無人止迷，而以平正爲歸，不知聖人當日何以不求平正而立此一科。」又曰：「今日外務部，於四科爲言語，精純者爲《左》、《國》，詭隨則爲長短。蘇、張之學談何容易，凡中外語言文字、故事、典章、人才、經制，當時君相知愚好惡，與夫强弱衆寡、未發之機函、隱秘之言事，無不洞達，方足爲使才。略宋元以後，此學中絶，略一臨外侮，所以上下交困。」略《知聖編讀法》，參看丁酉年「縱横家叢書」條。

作《諸子宗旨》二卷。大意以孟、荀皆儒家，爲治中國之學。荀子言性惡，使人不驕傲，必須《禮》、《樂》以自修，如禪宗之漸學，頗似程朱。《孟子》專言心學，推廣良知，堯舜可爲，如禪宗之頓悟，頗似陸王。略實則學者成就，寬不可嚴。略宋以下獨傳心學，積成一空陋無用之世界。若論寬猛相濟之義，《孟子》外宜以荀立學，不惟闢陳，且可化虚爲實。略不唯與臨深履薄相協，且典章制度，漸學終勝於頓悟。至於貴民輕君，本儒家常義，非孟有而荀無。或乃因偶合西人，指孟爲大同，荀爲孽派。略貴民輕君，《左》、《國》實多其説，亦將指爲大同耶？《家學樹坊》頁廿七。

四月①，在九峰，曾以《祆教折中》命題，思集課卷成書。題分三卷，上卷十二目，皆經説與西説同者，如《群經皆以天爲主考》、原注：語出《穀梁》。《輯「獲罪於天無所禱」古説》、《道家以皇帝統天下考》、《天下天子實義》、《孔教未興以前中國即同祆教考》、《凡教皆同宗天考》。中卷十目，皆駁西人粗而未精之説，如《董子象天立官考》、駁天外無祀説。《西人政教皆有尊卑等差考》、駁獨敬一天説。《春秋尊二伯即以尊天王説》、駁天不喜人祀神之説。《禮三本新解》。下卷十一目，則引而進之。如《新教變舊教考》、《西人漸師中教考》、《孔教由近及遠百世可知考》、《桑柔顛倒反覆以齊四極風俗考》、《二教争教事實》。此書稿不存。

庚子《井研志》著録大統各書後，先生復取其地輿諸説輯爲《大共圖》。政事、風俗、典章注《周禮》，名《周禮新義》，並推考義例注《詩》、《易》二經。至是，均完成。《知聖續編》頁六十二。按，諸注已見去年。《周禮新義》又名《周禮皇帝治法考》，地官、夏官、秋官存稿殘缺不完。黄

① 原眉批：「已見戊戌。」

鎔之《周禮訂本略注》即本其寫定之經文，而未用其注者也。

三月，以《楚詞》屈、宋與列、莊所學宗旨全同，《騷》爲《詩》餘，蓋實《詩》説先師，於是始以《楚辭》説《詩》。其言曰：「略舉《楚辭》以説《詩》，亦如《詩》、《樂》諸緯，精確不移。略」大約除名物以外，所有章句言語，不出於《詩》，則出《列》、《莊》。略所著諸篇皆以發明道德宗旨、風雅義例。此下歷舉《離騷》與《詩》相通之條。《知聖編》下，頁六十三。

四月，允各國賠款四百五十兆兩，命醇親王載灃赴德謝罪，那桐赴日謝罪。

六月，改總理各國事務衙門爲外務部。

七月，與八國訂立和約。

兩湖總督張之洞、兩江總督劉坤一應詔會奏變法自强三疏。

七月，和議成，詔行新政，設政務處，以李鴻章充督辦政務處大臣。《李傳》。

康有爲《春秋筆削大義微言考發凡》、《中庸注》、《孟子微》成。

八月初二日，清廷下詔，各省設大學，府、直隸州設中學，州、縣設小學，並多設蒙學，派士遣游學。

八月二十日，皇太后重申變法之令。

秋初，皇太后，皇帝返京。

李鴻章卒。

十月，清廷詔鄉、會試廢八股，改策論、經義。從明年起。

光緒二十八年壬寅（一九〇二），先生五十一歲。

在安岳。奉札代理安岳教諭①。

四月，子師慎力疾補成《家學樹坊》二卷。今本不分卷。此書宗旨：（一）辨明外間以素王改制爲有流弊之説；（二）斥標舉宋儒及帖括；（三）復興言語科以救時病。《井研志·藝文三》。按，此書上卷本先生姪師政編，在庚子前提要已刊於《縣誌》。去年施煥從鄂索稿，乃由師慎補足。本書序。

五月二日，子師慎卒，年二十六歲。二十五日，孫女孝貞生，師慎遺腹子也。

是月，先生特授綏定府教授。冬，至綏定履新。安岳門人康映奎、何光國、張光博、劉正雅等均於是秋鄉試獲雋。

宋芸子致書請與外國教友相約，研究道教真理，不立門户，不分主客。略《中外比較改良編序》。

成《知聖續編》一卷。先生戊戌以後改今古爲小大，以《王制》屬王伯小統，《周禮》屬皇帝

---

① 此條原無，據巴蜀本補。

大統，於是經傳記載無不貫通。略因本《詩》、《易》再作《續編》。又以東南學者不知六藝廣大，略倡言廢經，中士誤於歧途，無所依歸，徘徊觀望，不能自信。此篇之作，所以開中士之智慧，收異域之尊親。《自序》。

庚子以後，已成未成之新書，又有五六十種，《家學樹坊·凡例》注。擬別編爲《縣志未收書目提要》。帥鎮華《答劉室主人書》。按，《四益館書目》即《井研志》之《經學叢書目録》，因刊於民國三年，故其中又有增補，非己亥舊也。除《井研志》所收各書外，尚有六十種，其中頗疑有《井研志》删節之本。帥鎮華《答劉室主人書》云：「《縣誌》本以篇幅過重，多從删節。」如《左氏源流考》、《左氏群經師説考》諸書，似皆非己亥以後所作。又有四變時所作，如《左氏天學考》、《小大天人學考》、《尊孔篇》、《倫理約編》、《會典今證》之類，皆是。至於庚子至壬寅三年中所作究爲何書，殊難確指。惟辛丑在九峰課題中，似多擬作之書，惟仍不易分别也。

先生因梵宗有悟，始知《書》盡人學，《詩》、《易》則遨游六合以外。於是始創天人之説，因據以改正《詩》、《易》舊稿。《四變記·序》。

是年，管學大臣張百熙奏定學堂章程。全部修學期限共二十年，蒙學堂四年，尋常小學、高等小學各三年，中學四年，高等學堂三年，大學堂三年。郭秉文《中國教育制度沿革史》。七月頒行。《大事表》。

九月，以張之洞爲兩江總督。

康有爲《大同書》成。

光緒二十九年癸卯（一九〇三），先生五十二歲。

先生在綏定。

綏定知府聘先生兼任綏定府中學堂監督①。

正月，子成芝卒，年三十五歲。初，成芝不受約束，先生逐之，遂致流落。至是卒於外。

二月二十二日，友人張祥齡卒於陝西大荔縣署。

六月，先生兄登樓卒。

冬，第三子成彰殤。

綏定舉人劉仕智行道摭細事控先生。

刊《公羊春秋經傳驗推補證》於綏定中學堂。按，此書本名《公羊補義》。本年另創凡例，續有增補，凡例云：「守舊者空疏支離，時文深入骨髓。維新者廢經非聖，革命平權之風皆有深惡。」故是書於諸條詳加駁正，此即最近增補者。並附入《素王制作宗旨四十題》及《大統春秋條例》，乃易今名，又名《大統春秋公羊補證》。其以「大統驗推」名者，先生以爲齊學恢宏，《公羊》與《齊詩》多主緯候，詳皇

---

①　此條原無，據巴蜀本補。

帝大一統，原注：王吉言《春秋》大一統。借方三千里之禹迹，寓皇帝規模，與今世界情形巧合，撥亂反正，小大相同。鄒子游學於齊，傳海外九州之學，與《公羊》同源。略齊學家法本來如此也。《公羊驗推補證凡例》。

《公羊補證後序》作於立秋後一日。對於學堂之制，主分蒙學、小學、中學、大學、高等五級。「小學三年，蒙學不詳年。中學三年，大、高各一年。蒙學習《孝經》、《禮》、《樂》、《容經》，爲治身。掌故之學，則入小學。小學主《王制》，中外政治律例屬焉。中學主《春秋》。高等主《詩》、《書》、《周禮》，爲皇帝治天下之法。學成後補吏授職，不再入學。大學專爲《易》，史學附焉。《春秋》既通，治術思過半矣。教爲皇帝法天，調濟損益之事功，天法無爲。方言實業，别立專學，聽資性相近者學之，不與各學相躢。仕宦齊民，皆必入蒙學。小學以上則爲仕學。以蒙學萬人計，入小學不過百，入中學不過三十，入高等不過五，入大學不足一。略蒙學以後，統計八年，修齊治平，通可卒業」。其言未免太近理想。

又曰：「當時仕學不分，於事功外，無所謂道德。其言曰，漢博士多補吏郎，後由吏郎至宰輔。不仕而任教職者，或爲博士，或教授鄉里，當時儒吏不分。《秦本紀》：凡學者以吏爲師。吏即博士之入仕者。人才由閱歷而出，學成必先爲吏，以練其才識，印證其學術。略原注：後世儒生初得科第，遂授以民社重任，國身兩害。分官分學，終身不改，人才多，取效易。後世數易官，官如傳舍，故相率不學，權歸書吏。略於事功外，别有所謂道德，以致儒士分途，所當釐正者也。又曰，每學分經立宗派，略專門獨立，事半功倍，其教易行。若一學兼包六藝，事雜言龐，教學皆困。《王制》左學右學有互移法。蓋左右分經異教，性情才思，不合於此，必合於彼。使其兩學重規疊矩，何必互移。」所言皆極有見地。

先生小大之説，創始戊戌以前。壬寅雖已爲天人之學，但三變則至本年始告完成，中間凡經八年。三變因由，已詳於前，今更録《三變記》，以爲此期告一結束。

「略戊戌在眉州①，目《詩》之小球、大球與小共、大共對文。原注，共作貢，九州之貢。《顧命》之天球、河圖，緯説以河圖爲九州地圖。略先小後大，即由内推外。蓋當時講《詩》、《易》，前後十餘年，每説至數十百易，而皆不能全通。於三《傳》、《尚書》卒業以後，始治《周易》，宜其容易成功。以《詩》論，其用力較爲久。《井研志·藝文一·詩緯古義疏證》提要云：「雖舊治三《傳》、禮書，備極勞瘁，尚不若《詩》、《易》之甚，而皆不能大通。」蓋初據《王制》典章説之，以致齟齬不合，乃改爲《周禮》、《地形訓》大九州説之，編爲《地球新義》。當時於《周禮》未能驟通，僅就經傳子緯單文孤證，彙爲一編。不敢自以爲著作，故託之課藝，以求證於天下。見者大譁，以爲穿鑿附會，六經中絶無大地制度，孔子前不能知地球之事，馳書相戒者不一而足。不顧非笑，閉門沉思，至於八年之久，而後此學大成。以《周禮》爲根基，《尚書》爲行事，亦如《王制》之於《春秋》，而後孔子乃有

① 眉州：《六變記》作「資中」。

皇帝之制，經營地球，初非中國一隅之聖。庚子井研修《藝文志》按，庚子當作己亥。用鄒子説，以《易》、《詩》、《書》、《春秋》分配皇、帝、王、伯。略至癸卯年而皇帝之説定，《周禮》之《集説》成。按，此書今不存。以全書文字繁重，小大之分尤在疆域，故取《周禮》疆域，別編爲《皇帝疆域考》。按，此書民國四年始由黄鎔補編成書。繪圖立説，明白顯易。附會穿鑿，庶可免矣。惟當再變之時，專據《王制》立説，所有與《王制》不同之舊文典章，如《大戴》、《地形訓》、緯書、《莊》、《列》，概以爲經外別傳，遺文所記，徒資談柄。及考明《周禮》土圭三萬里與大行人之大九州，乃知皆爲《周禮》師説。根本既立，枝葉繁生。皇帝之説，實較王伯尤爲詳備。一人之書故變其説，蓋有迫之使不得不然者。略故編爲《小大學考》。按，此書當即《井研志》之《古今學考》，今不存。於《周禮》取經，去其師説謬誤，改今古之名曰小大，蓋《王制》、《周禮》，一林二虎，互鬥不休，吾國二千年學術政治實深受其害。略今以《王制》治內，略而海外全球則全以屬之《周禮》。一如虯髯公與太原公子，分道揚鑣。所有古今載籍皇帝之師説，師無統帥，流離分散，略一如亡國之人。略立此漢幟，召集流亡，紛至沓來，各歸部屬，茫茫荒土，皆入版圖。略與《王制》一小一大，一内一外，相反相成，各得其所，於經學中開此無疆之世界，略孔子乃得爲全球之神聖，六藝乃得爲宇宙之公言。」又云：「初據《王制》以説《周禮》，中國一隅，不能用兩等制度，故凡與《王制》不同者視爲仇敵，略必删除其文以折衷於一是。自三皇五帝之説明，《周禮》另爲一派，又事事必求與《王制》相反，而後乃能自成一家，故以前所删所改之條，今皆變爲精金美玉，所謂

化朽腐爲神奇。」略

擬編《則柯軒經學叢書提要》①。

是歲冬，學政吴郁生見先生《公羊補證》，遂以離經叛道附片揭参。奉旨革職，交地方官看管。或謂先生游湖北時見張之洞，歷指《書目答問》之謬誤，之洞爽然久之，自是頗言高郵派之非。南方人士知受先生影響，謂廖説若行，南方經學罕能立足，遂授意吴郁生，而參劾先生之事發生矣。吴虞《六譯老人餘論》。按，此事確否待證。南方人士對蜀人實排抑之，正續兩《經解》、《碑傳集》、《儒林》、《文苑》，皆不收蜀人。

先生被劾後，先遣眷屬回家，己則赴成都。

閏五月，清廷派張之洞會同張百熙、榮慶商訂大學堂章程並五省學堂章程。

十一月，張之洞、榮慶、張百熙復改訂學堂章程。同下

同月，諭自丙午科始，將鄉會試中額及各省學額逐科遞減，至學堂辦齊，停止科舉。《中國教育史要》一百四。

十一月二十六，上諭學務大臣議奏遞減科舉及將來畢業學生由督撫學政並簡放考官考試後，即使學堂、科舉合爲一途。略著自丙午科爲始，將鄉會試中額及各省學額著按照所陳逐

---

① 此條原無，據巴蜀本補。

漸遞減，後各省學堂一律辦齊，再將科舉學額分別停止，以後均歸學堂考取。

十二月，日俄開戰，我國宣告中立。《大事表》。

光緒三十年甲辰（一九〇四），先生五十三歲。

春，先生在成都，下榻嘉定公學，勸葉秉誠舍史專經。命秉誠效瑪丁路德難舊教之九十五條以相難，往復一周。楊贊襄蘭皋從傍筆記之。據葉秉誠挽先生聯語跋。

二月，先生由成都歸家。

三月十七日，先生母雷太宜人卒。雷氏爲井研世族，宜人能識大體，歸奉政公於貧賤，其歷艱辛數十年如一日。於諸子極愛登樓及先生，於先生嘗稱四先生而不名。撫諸孫極慈愛。先生事雷宜人亦極孝，愉色婉容，先意承志，如恐弗勝。偶聞噫噎，則皇恐無措。方撻人時，聞雷太宜人至，未嘗不釋杖歡笑。《行述》。

五月，教授於距家十里之高洞寺，從游者有金碩甫、黄心綬、祝心魁、金庶咸、邵澄波、戴可經、范受生、廖明齋、宗彝、張敬修、廖叔武等十一人。

是年，兩妾分居仁壽縣境之秦家灣。

張之洞《勸學篇》慮學人倡言廢經，嘗欲掇取精華，編爲《群經大義》，以爲兼讀西書地步，海内無人應命。先生以《白虎通義》用帝王之全力，集秦漢之大成，分門別類，終始燦然，略微言大義，篤守師法，略有十二絶。因思以述爲作，取《白虎通義》爲藍本，略加排次删補，重訂目録，易名《群經大義》。其目曰經總，曰書數，曰格致，以六藝爲主。次修身，以《容經》爲主，爲小學。次倫理，次實業，次曲藝，爲中學以上，爲普通自治之學。次《王制》，爲法政學。次帝德，次皇道，爲高等大學，共爲八門。皆一仍原文，不加割裂。又别編《分經目録》，使人知所習本經各有若干條。《分經目録》凡十二，曰孝，曰容，曰儀，曰《王制》，曰緯候，曰《春秋》三傳，曰《周禮》，曰《尚書》，曰《論語》，曰《詩》，曰《樂》，曰《易》。據《群經大義》序與凡例。此書編成後，先生以班氏以外，餘義尚多，因編爲二册，分經立題，以俟補撰。略撰録未就，而題目尚存。因附刊於《群經大義》後，名《群經大義補題》。《群經大義補題》壬子自識。按，今《六譯叢書》中《群經大義》本爲先生門人洪陳光補編，與上述《凡例》所訂目録不合。又此書據自序爲編於甲辰，《群經大義補題》壬子自識則云在壬寅以前。惟自識又云以應學校之急需。壬寅以前，學校尚未普遍，當從自序爲是。

又當時擬爲《白虎通》注，本於陳氏《疏證》外，加入西説。又擬别撰《經學大同》、《群經折中録》二書，以平差舛，均未就。《群經大義・凡例》。

先生於學堂治經，不主兼習，其編《群經大義》，即以爲專習之前驅。謂讀此書必不可不讀本書，花離枝葉，花將焉附。《凡例》。又曰：「《王制》一册，包典考而有餘；《春秋》一篇，即廿史之模範。必先分學、分經、分官、分事，各究偏長，合爲全善。學堂數百萬人，各究偏長，每門可用不下萬人。略若求全備，以周公材藝遍責學生，清夜自思，亦當發笑。略時局需人，略本有迫不及待之勢，與其一日遍習十餘事，遍讀四庫書，大而無當，徒勞仰屋，何如改弦易轍，仿速成科，一人十年課程，分之十人，則一年而畢。分之二十人，則半年而畢。中外學術，專科有師，一年皆可有成。略日本章程，譯者恐失其旨。否則明於局廠，昧於庠序。博考歐美，原不盡同。日本初亦全師外人，自福澤諭吉略張祖學以馭外界，而後人才出，國勢張。略《群經大義·序》。

《群經大義補題》於《内經》類約分二部：

攝生類　爲今衛生學

藏府經絡類　爲今生理學

疾病類　爲醫學

鍼刺湯液　爲今藥學　以上醫學

藏象類　爲中國一人，以人配天學

陰陽五行類　爲陰陽五行家

運氣類　爲五帝學

月令曆法　爲天學

道法天下治國學　爲皇帝學　以上皇帝學。

輯陰陽五行運氣等説，於醫學以外，一掃以前糾纏迷誤之習，且已開晚年專以運氣説《詩》、《易》之漸。

九月，唐紹儀與英訂印藏新約。冬，國學保存會初立於上海。

六譯先生年譜卷五①

四變起光緒三十一年乙巳，訖民國六年丁巳，凡十三年，爲先生學説四變分天人時期。②

光緒三十一年乙巳（一九〇五），先生五十四歲。

是年，先生仍教授高洞寺。

二月十九日，先生妻李安人卒，年五十二歲③。先生與李安人常反目，致相毆。

兩妾復由秦家灣遷回。

子□□生，旋殤。帥出。

八月，高洞寺諸門人赴省院試，先生因同赴省。獲售者二人。戴可經、金碩甫。十月回家，爲母、妻營葬。

① 原稿不分卷，兹據巴蜀本分卷。

② 此段文字原無，據巴蜀本補。

③ 年五十二歲：原無，據巴蜀本補。

是年八月初五，清廷詔，自丙午科始，所有鄉會試一律停止，各省歲科考試亦即停止。從袁世凱、趙爾巽、張之洞、周馥、岑春煊、端方請也。

八月，在成都時，嘗過吴虞談，於陳澧、王念孫、陳壽祺父子、陳立、孫星衍、張惠言、魏源、龔自珍、王闓運、康有爲、章炳麟，均有批評。吴虞記其言於日記，略云：「陳蘭甫調和漢宋，王湘潭謂之漢奸。近日朱蓉生一新、繆筱珊荃蓀即其一派。蓋略看數書，以資談助，調和漢宋，以取俗譽。《東塾讀書記》是也。略高郵王氏惟談校勘，但便學僮，實不知學，故其所著之書《讀書雜志》牽引比附，望文生義，絶不知有師説。俞蔭甫尚知《穀梁》一家喜用某字，王氏則不知也。左海壽祺父子喬樅所著書皆今學。陳卓人立所著書有八分今學，二分古學。張南皮嘗囑余看卓人《公羊義疏》何如。余曰：專心講禮制，不知經例，以注《白虎通》之法注《公羊》，故凡卷中言禮制者，必詳徵博引，言經例處則承用舊説。凡考據家不得爲經學家，真正經學家即當以經爲根據，由經例推言禮制。略蓋十四博士所言皆由經文而生，略若不言經證，但詳典禮，如説《公羊》而牽涉《詩》、《易》舊説，則於本經爲贅説，每至矛盾矣。漢學乃惠、戴出死力深求而乃行。略清初諸老皆宋學而參漢學者耳。清代今學無成家者。孫淵如以今古文《尚書》合而爲一，此必不可通之説。晚年自悟其非，於是將今古文《尚書》中古文家説别提出爲一書，曰《尚書古文説》，而今古文之説始分。陳左海父子則集爲《今文尚書歐陽夏侯師説考》。此本乃專爲今學。特其書又於文字專詳聲音訓詁，不知今古典制之别。又但鈔古説，不能推考融爲一片，所謂明而未融。至於張惠言、魏默深、龔定庵妄詆康成爲操、莽，實則於經傳少所心得。王湘潭於經學乃半路出家，所著《春秋例表》，至於自己亦不能尋檢。此或謂湘潭爲講今學，真冤枉也。康長素本講王陽明學，而熟於廿四史、九通，蓋長於史學者，於經學則門外漢。章太炎文人，精於小學及子書，不能謂爲通經也。」又曰：「季平文雖不屑爲詞章，然所言無不精到。常爲余言：『《白虎通》爲十四博士專門之説，實諸經之精華。此書即十四博士之講義，而録講義者爲班孟堅，文筆尤妙。略詞章家不能深研經學，能精此書，殆可横行天下。略今人讀書務博而不求精，不知精之中即有博。即如《史記》、兩《漢書》注中，人迹不到之地正多。老僧寸鐵殺人，豈在多也。一部《楚詞》，所用事實，不出《山海經》。略《文選》之佳勝，在每一文李善必詳注其作此文之原因及其關係。唐以來之選本，未有佳於《文選》者。欲爲有才識之文，宜從史書中所録文觀之，然後能詳其作此文之關係何在，而其妙處始可求。但看選本則不能。如屠金山爲文專學《宋書》，是其例也。屈、宋、揚、馬諸人皆出道家，觀《大人賦》可見。故詞章有源於道家者，有源於儒家者，《易》與《詩》所衍一派是也。觀《大招》篇後半，實具皇帝之學術，而有撥亂世反之正之理想，則詞章一道，何可輕哉！一部《文選》，不用道家之意，必用道家之詞。讀《文選》之佳者，觀其注，必係《老》、《莊》、《列》、《文》之語可悟，殆直可以《文選》合於道家也。』」余問：「湘潭王闓運重徐而不滿於庾，後學深信其特識，丈以爲何如？」答曰：「學徐可上合於任、沈諸家，學庾則不能。因庾既自立一幟，與古人大異，不能復合也。後來學庾者多不再向上求，故從而尊庾，猶李、杜並稱，而後人尊杜是矣。學汪容甫、洪稚存文者，宜熟於《文心雕龍》、《水經注》、《列子注》、《淮南子》、《世説新語》、《宋書》。志尤好。至桐城派古文，天份低者可學之，桐城派文但主修飾，無真學力，故學之者無不薄弱。欲求亂頭粗服之天姿國色於桐城派文，不可得也。吴伯朅、宋芸子兩先生，其文實出《淮南》，但自諱之耳，故其文多紆徐漫衍，須多看數行，乃能知其意之所在也。曾季碩名彦，華陽人，張祥齡妻，著有《桐鳳集》。詩爲四川第一。季碩伏案既勤，且主讀唐以後書也，沉雄壯邁不及男子，則會朋友及閲歷少之故。凡人伏處山林，詞章斷難造成，蓋人闊然後詞章乃得佳也。』『凡讀書當專求恩人與仇人，合於我之學者恩人也，反對我之學者仇人也。無恩無仇之人，置之可也。』」吴虞《六譯老人餘論》。

又吴虞嘗云：「先生稱葛洪才美。」《中國文學選讀書目》。

是年，《國粹學報》創刊於上海。

七月，諭停科舉，廣學校。《大事表》。

十月，河南巡撫奏設省城尊經學堂以保國粹。《中國教育史要》一百六。

同月立學部，將國子監並入。同上

中國同盟會成立於日本，《中國教育史要》一百八。清廷派員出洋考察憲政。

日俄因争東三省權利，大戰兩年，日勝俄敗。東三省一切路鑛、森林權利咸入日人之手。

光緒三十二年丙午（一九〇六），先生五十五歲。

二月廿二，九峰、尊經門人鄭可經、帥王佐、楊漢卿等迎先生至青神之漢陽壩講習，孫宗伯隨侍。鄒云係卅一年。

在漢陽壩所命課題凡一百六十餘，大氐天人小大之説爲多，其有關時事及新出各書者，如《左氏古派法補》、《輯荀子民權説》、《春秋撥亂世今證》、《孔子以前時勢略如今泰西考》、《海外無宗廟議》、《泰西各國官制異同表》、《泰西姓氏學考》、《西人政治學述意》、《引法意支那諸條以釋春秋穀梁傳》、《讀群學肄言分篇述義》、《五大洲女俗通考書後》、《天演論書後》，均足見先生事事皆以經爲歸。

當時，擬編之書有《蒙學修身課本》、專用《容經》。《修身課本》、用《洪範》五事、六情、三德、六儀。《經學王制課本》、兼用圖表，義例採《王制》凡例。古用《春秋》、《尚書》經説，今用《會典》，間採西書。分經傳，用《王制訂》體例。《山經天學釋例》、分象形、交通、祭典、巫祝、神游、降雲、天象。《經學周禮課本》、分輿地、官制、西事、外交各門。《西漢博士考》。

見於《四譯館書目》者有：《中國一人例》、就經傳所有心思耳目等字編爲此書。《天下一家例》、《釋射》、《尚書疆域圖説》、《道德真旨》、疑即《書目》之《道德發微》。《天官書經説》、《天學上下考》、《四益館書目》作《列莊上下釋例》。《天人學考》、《書目》作《小大天人學考》。《經術由始皇始見施行考》《書目》名《戰國諸侯始行經術考》。各種。又輯《則柯軒叢書提要》，中分《靈》、《素》、《楚詞》、《地形》、《列》、《莊》、《讖緯》。輯《天學書目提要》中分《易》、《詩》、《樂》、道、佛、鬼、神、《山經》、《左氏》、圖書、符瑞。二題。知先生爲天人學後作書當不少，除上記者外，均不可考矣。先生號則柯軒主人，在已爲天人學之後，叢書以「則柯軒」名，所以別於初變、二變之《四益館經學叢書》也。

十月①，命門人編成《經學四變記》四卷。按，此書據《自序》稱爲條例舊文，附以佚事。今本除初變、二變、三變、四變四文外，並無佚事，且非四卷，當已非原稿矣。

作《大學平天下章説》，以作講義，今存《四譯館雜著》中。撰②《樂經説》。

撰《天人學考》。

撰《尚書周禮説集證凡例》③。

五月初二，回家過端午，節後赴成都，蔡民、邵澄波同行。成都初設補習學堂，王章祜任監督，聘先生講經。五月中，先生由漢陽壩赴成都，住於補習學堂，在皇城，今四川大學校址。並兼任選科師範、王章祜兼監督。高等學堂、監督胡峻。成都府中學堂、監督林思進，先生門人。客籍學堂、

---

① 十月：巴蜀本作「三月」。
② 撰：原無，據巴蜀本補。
③ 以上二條原無，據巴蜀本補。

成都縣中學堂。劉□。共三十二點鐘。

先生有《群經總義講義》二册，疑此時所作，以應學校之需者。一册十六課，曰《雅言緐古》，曰《論作述》，曰《先野後文》，曰《世界進化退化分經表》，曰《大小六藝》，曰《教育史》，曰《開士智》，曰《忠敬文三代循環爲三等政體》，見己亥年。曰《禮失求野》，曰《神權駁》，曰《宗法非世族政治》，曰《中外古今人表》，曰《讖緯》，曰《闕疑》，曰《中國一人》，曰《墨學道學均出孔子辨》。一册六評，曰《尊孔》，曰《世界先野後文》，附《世界進化退化簡明表》。曰《教化由小而大》，附《孔子前後皇帝王伯不同表》。曰《論知行之分》，言用世者全在力行。曰《立德立功與立言之分》，曰《俟後新經》，附《專經統各科學表》。後附《左氏春秋十二要》、《左氏春秋十論》、見丁酉冬。《左丘明考》。按此二册作時，似有先後，當係因分教兩校而作。又其目與去年所擬《群經大義補題》同者，當係本就《補題》撰録而别有增補，先生近來遍覽譯籍，故所著取證於西人政治學術風俗者爲多。

先生主張中國教育史當含三要目：（一）經傳古學禮。彙集《大學》、《文王世子》、《學記》、《保傅》爲一編。（二）戰國諸子學術。戰國學術之盛，由諸子各以所學立教，故科學全備，流派並陳，宜詳考戰國學術源流枝别，以見聖道之大。（三）博士教育考。先秦兩漢博士專門教授，不及别業。□□人不習全經而人才輩出，宜編爲一篇。

謂日本人所著《中國教育史》，惟據科學之思想與科舉之觀念以論中國教育，不免墮入宋元以後之議論，而於教育古法、經傳原理，終覺未之能達。續後胡秉虔《西京博士考》又意在考據，均不合用。又云學堂通行章程，全採用日本，若古者博士經傳，時論頗以頑固腐敗爲譏。考舊史博士造就人才，既有實據。卒業年限，至多三年，不過今五分之一，每怪其神速。蓋專心致志，則通經不難。略諸所言課程，以原富造鍼分工與工局①，工不兼用兩器，匠不習全械者未免成反比例。而吾國古教育法，實與其分工分械之成例相同。略今之學堂既已曠日持久，但大聲疾呼學堂不能出人才，特以善養中才。略夫至於學堂不能出人才，既已騰諸口説，略猶責望學堂以人才，豈非惑之甚。則亟以普通爲詬病，謂不得已，惟表彰自習以補學堂之不及。或謂自習一開，恐學堂解散。當今學堂略實力有限。彼但能學，即爲實效。使全國皆自習，學堂雖無一人，乃爲善辦。《群經總義》第六課。所言皆切中時弊。惟教育史中闌入學術史，戰國諸子學術。轉使諸子專門傳授之本意不顯耳。

《開士智》謂西人開民智，由於彼士民不分。吾國則士爲民望，士智不開，更何論民。士之學而不免於愚，約有四端：

（一）音訓之學。古以音訓爲小學。略近人如段、王以小學錮没終身，説經有字句，無篇章，有訓詁，無義例。略前後兩《經解》大氐多蹈此弊。略如郝氏《爾雅》與《經傳釋詞》等書，與

① 此句疑有誤。

近人《長江圖考》，皆所謂誣誑，真如夢囈。

（二）義理之學。學人心思，務求廣大公允，乃講學者每好名爭勝，妒忌偏淺，略虛養其心，不以事事。又其科目如格物、中正、忠恕、一貫、絜榘，每多惝恍，不能指實。名目猶且如是，何況精微？故不言治平功業，皆屬八比感應話。《大學衍義》所以但詳齊家以前，每至愈學愈愚，非不識數目，不辨菽麥，則其學不精，毫無實際，但互相標榜，目爲聖賢。略大抵宋元以下，皆爲八比學派。

（三）典考之學。典考以經爲原質，略近人以爲致用之要書。《通志略》多新說，不切於事情。《通考》門目，不關政法者多。惟《通典》爲近古，然每門中初引《王制》本明白，一入《周禮》便扭結互鬥，每强作調人，不能切實。學人遂以恍惚悠謬爲政書之性質。《禮經綱目》、《五禮通考》皆蹈此弊，故其流派如八比之考據，無一制能通，無一語可行。故凡號講經濟者，其性情每浮誇驕蹇，不能按理切脈，實事求是。蓋其心思本未入理，亦以所讀之書先未入理。又經濟爲古制度學，後人統稱之曰禮。禮爲司徒所掌《禮經》之一門，名不符實。略

（四）經制。今學制度，可謂真傳，惟先師時有誤解。略《公羊》肉勝於骨，略《周禮》鄭注，略大綱已誤，故學者誤入迷途。略此凡儒所以不如吏，蓋其腦經中皆滿嵌迷蒙。略

改之之道如何？先生謂：「今首發明《王制》、《周禮》皇王疆域小大之分，開拓心胸，使全球三萬里早在《周禮》經營已久，民胞物與，化其種族之偏見，排外之思想。」又曰：「西書所言

政治固爲詳細，惟是略寸寸而量，銖銖而稱，用力多，成功少。略故學者欲學外國政法，當先就經傳立其大綱。略《王制》爲凡例，《春秋》爲列朝實録，一□一□，務求貫通。」又曰：「古人通經致用，非爲按圖索驥，摹仿而行。略先就經以學，磨礪其心思，練習其閱歷，久之有得，遺貌取神，或從或違，或反或正，投無不利。此通經所以能致用，致用又不囿於經，人才興盛以此。攻經制者多矣，未必皆可用。魏默深能言而不能行，蓋以其入手不得法，其所言未必不虛驕。今當引《周禮》以説《詩》、《書》，一綱一目，一案一判，苟能鈎心鬥角，如西人包探法，必得其情，不似從前之駁雜支離。」

又曰：「博士弟子卒業，除文學掾、舍人、郎中、議郎，故秦漢大典大政，博士皆與議，以書生從政府諸巨公後，且議每定於微員後進，嗚呼盛矣！西人之議員，在經爲養老乞言之典。特西人以少壯爲之。吾國方議行憲法，略能用博士法，則二三年入學者皆可爲議員。」

先生堅持通經致用之説，且必以《王制》、《春秋》、《尚書》、《周禮》推行海内外，雖其來已久，然亦近人之説有以激之。如《新政真詮康説者後篇》云：「康君乃公然揚厲其詞，謂泰西之能保民、養民、教民，以其所爲與吾經義相合之故。略不知保民養民教民何須經義。外洋諸國，惟不用經義，故能爲所當爲。亦猶堯舜三代時無經義，故能日新其德。今欲取二千餘年已前一國自爲之事，施諸二千餘年已後五洲交涉之時，吾知其必扞格而不相入矣。中國之不能變，蓋經義累之也。」又，《例言》駁《春秋》有例之説，《勸學篇書後明綱篇》辨駁《春秋》有褒貶之説，以爲後世祖之，遂有煅鍊周内，作奸犯科之舉。如此攻經傳者不下數十條，故先生曰：「敵之攻我如此其力，我不得不聚全軍員弁，謀所以自守之道。」《群經總義·俟後新經篇》。

《神權駁》以近來報章每以經傳鬼神爲未脱蠻野神權氣習，謂中國之脱離蠻野神權，實較西人爲先。天主教之專奉一天，即專與奉物教爲難。故奉一天而萬物皆在所包羅，又奉一天即萬物皆在所屏絶。祆教與奉物教戰，僅能勝之，故其教兢兢以擇偶像、祀他神爲大戒。略教士不得其説，乃以爲一祀別神，遂爲上帝所嫉妬，則上帝亦可謂不廣矣。略吾國當三代之時亦爲天主教，略見辛丑集《祆教折中》目録。行之既久，奉物教因以絶迹。專主一天，未免混同一世，毫無差等，故孔子繙經，乃於一天之外別立地祇、人鬼三等祭祀。略尊者祭尊，卑者祭卑，略此祭典祭義祭法祭統之經義，與蠻野之奉物教不可同日語者也。

《宗法非世族政治》曰：「《禮經》宗法收族敬宗爲譜系學。《國語》、《禮記》所謂之『世系』，《楚語》言太子『學《世》』，《哀公問》亦有『世學』，《史記》之所謂『世家』，《禮經》所云『大宗不可絶』，又『爲人後者爲之子』，小宗則『可爲人後』，《論語》『興滅國，繼絶世』，與《孟子》『不孝有三，無後爲大』，本謂天子、諸侯國統言之，略不及九命以下庶人。説詳原文。略宋元以下，平民亦援用國統不可絶之説，以至西人謂中國專重血統，亦如古者世族與經之宗法天懸地別，乃亦混同以宗法與蠻野之世族事同一律。按，世族政治在中國爲古之世卿，海外如俄之貴族、法之僧侶，酷烈專制，釀激成民族之革命。原注：貴族政治不分同姓異姓。《春秋》譏世卿，所以革除其弊。貴族已革，乃開選舉。因立選舉，乃開學堂。此世族與宗法不能因其名目偶似而混合之者。至於國之與家，就治國言，則家在國先。就開化言，其始皆有國無家，外國雖富强，通爲有國無家，以其無宗祖，無譜諜。姓氏之學未能發達，三綱統系未極分明，父子兄弟每視同路人。經傳乃特立家學，以補其缺。略積家以成國，而後國勢乃以鞏固。」

《闕疑》云：「經傳相傳有『闕疑』一派，如『知之爲知之，不知爲不知』，『君子於其所不知，蓋闕如也』。略凡學人務求精進，不可自畫。弗能弗措，人一己百，人十己千。略闕疑則阻人精進之心，使偷安者有所藉口，與西人專精必求達者異。中學不能發達，皆闕疑誤之也。略子張言：『多聞闕疑，多見闕殆。』略則有別解。蓋經俟萬世，略非就一時言。略經傳特留『闕疑』一例以分化世代，後來之事，統歸闕疑，切不可如馬、鄭之附會，也不可如紀、阮之譏刺。紀昀、阮元疑地球之説爲誣誑。略若夫已見之理境，實行之政事，則必極力求通，不可藉口闕疑，不求精進。」

《墨家道家均孔學派別論》云：「《莊子》以六藝爲道，諸子爲方術。略九流出於四科，略爲六藝支流。後世誤以六經全屬儒家私書，諸子遂別於儒，或託《春秋》以前人，或雖在孔後別成一派，如墨是也。孔子皆包諸家，故《論語》謂之無名。《墨子》稱引經傳與孟、荀同，《淮南》明言墨子學於儒者，憤世事之濁亂，乃專言夏禮。江都汪氏考證《墨子》用夏禮説甚詳。傳經有文、質二派，儒家主文爲從周之説，墨家尚質爲從先進之説。諸家孔、墨並稱，乃指子思，《非十二子》有子思，可見儒、墨不可以相攻，孔、墨不容並議。非真孔子，今人遂據此以墨爲孔敵。《國粹學報》至因《莊子》謂墨子之徒述《墨經》，與儒者不同，及《墨子》引經，而謂墨子別有六經。不知《墨子》所引皆孔經。經傳所言皆俟後儒者，子思以下欲於戰國行之，所謂無其德而用其事。墨子則循序漸進，在戰國用夏禮三月之喪。儒者爲兼營並進以存經。《墨子》如《公羊》，許夷狄者不一而足。二者缺一不可，交相爲用。故自其分者言之，則冰炭水火；自其合言之，則如水乳膠漆。」

又曰：「不惟儒非孔，即道亦非孔。莊子雖祖述老子，託於方術，不敢與孔比。道家雖較勝各家，然既以道自名，則已落邊際言詮，囿於一偏。舊以顏子爲道家，又以莊子爲子夏之門人。所稱述皆《詩》、《易》師説。《道德經》乃七十子所傳，非老子自作。有姓名者爲本書如《孟子》，無姓名者爲古書。文帝尚黄老，以《道德經》爲《老子》，皆出漢人之手，《解老》、《喻老》亦皆出蓋公等。其書藏在内府，與《韓非》合，校書時並爲一書，不必出自韓非。《史記》遂以老、韓同傳，謂刑名出於道德者，誤也。」

《左丘明考略》云：「古書人名、地名文無定字，皆以音求之，譬如今翻譯外國人名地名。略即以三《傳》異文而論，略人名地名有彼此全反者，如孔子弟子，《史記・弟子列傳》與《古今人表》不同，與石室畫像又不同。略譬如遼、金、元史書，有一人而歧出爲二三人。略予初以《公羊》、《穀梁》用羅氏反切之説，羅氏反切皆爲姜姓。改爲子夏、卜商之異文。蓋公、穀爲雙聲，穀、卜與梁、羊、商同爲疊韻。説詳《二傳淵源考》、《穀梁古義疏》。南皮張尚書以左丘明之明古音讀忙，與梁、羊、商同爲疊韻。所稱左丘，即《論語》『啓予』，左丘明即『啓予商』也。蓋左丘明姓名甚爲難解。《春秋》、《國語》、略戰國、先秦、漢初子史引用其文，不一而足，是其書人人傳習，已可共見，乃『左丘明』三字，自《論語》以下僅見於《史記》。此數百年中，無人提及。古人姓名多異文，《論語》孔子所稱之左丘明，與《史記》所云者不必同爲一人。舊説以左丘爲複姓。《史》、《漢》稱《左氏春秋》，似又爲單姓。相傳以明爲名，史公之『左丘失明，厥有《國語》』，又似左丘即其姓名。或以爲魯人，或以爲楚人，或以爲衛人，言各一端，無所折衷。考《春秋》説，以《孝經》屬參，以《春秋》屬商。是聖門傳《春秋》者惟有子夏，今《公羊》、《穀梁》既合爲子夏一人，不能同時別有著書巨大之左丘明，不見於《弟子列傳》。考《國語》全爲六經而作，必屬師弟。或以爲史官，並以《左氏》爲左史之史，此以經爲史之謬説。今故定公羊、穀梁爲子夏姓名之異文，左丘明、啓於商爲子夏之號與名。」略

四月，作《楚辭新解》，大旨以《楚辭》詳於上征下浮，專爲《詩》傳，其書在屈子以前，非屈子自作，屈子不過傳之而已。《漁父》、《卜居》二篇指陳切實者，屈子自作，舊説全以爲離憂，皆屬誤解。據自序。按，此稿今存《序例》及《九歌》。先生舊以地球説《詩》，近乃由《楚詞》得明其天人之分云。

是年，俞樾卒，年八十六歲。

三月，清廷宣佈教育宗旨：忠君，學孔，尚公，尚武，尚實。《中國教育史要》一百六。

四月，裁各省學政，設提學使。同上

七月，清廷宣佈預備立憲。明年始定以九年之期實行立憲。改革官制，設資政院，諭禁鴉片，限十年内禁絶。《大事表》。

十一月，升孔子爲大祀。

十二月，歸家。

光緒三十三年丁未（一九〇七），先生五十六歲。

正月，除服喪母、妻，月底赴省。

本年，除仍在原任各校教授外，並在官班法政紳班法政。鄒云在卅四年。講《大清會典》。先生因取光緒二十九年重修木百卷摘爲四卷，名《會典經證》，以作講義。並草《會典學十要》，其目如下：

（一）明綱。《會典》爲則例之綱。今又就重修本以明綱中之綱。

（二）括目。得魚在目不在綱。學者仍宜置全本，並推詳則例。

（三）原經。秦以下皆用《王制》三公五官之法。明初分權六部，乃仿北周以《周禮》六官爲主。今推本於經，以明俟後之旨。

（四）證西。參考西法以求旁通，大抵西人最詳户政，宗人禮部皆所略。

（五）通史。《會典》以官統政事，即歷史職官志。歷史就吾國試驗千回百折，乃成今本。

必知兵法之難，乃不易言兵。

（六）建官。凡創設一官之初，皆有不得已之事實，當由有官之後，推想無官之始。

（七）分職。學者當就性情所近，分占一科，略以二百人分治二百官，合之即爲全才。

（八）補廢。《周禮》言工、商、學、警、農、化諸學及地方自治極詳，自講經者未能發達，害及政界，當學之外人以還我舊。

（九）達旨。政法各書，過時則成糟粕，得其意則無所不可。

（十）樹德。《尚書》因德命官，故凡欲學何法，須有其德。

先生在選科師範講倫理，以近日課本非腐則謬，不足採用，乃自編《倫理約編》作講義。大旨在取外國先野後文之箴言，以合《公羊》撥亂反正之範圍。李光珠序。以孝、宗廟、扶陽抑陰、喪服、文字等爲題，每題次以十目。十目如下：

（一）西俗。博採西人近俗及學説。

（二）中證。孔子以前，中國如今西人，遺文孤證尚有可考。

（三）求野。中國藩服，各史夷狄傳與《北魏》、《元史》之類。

（四）撥正。每條引經以證之。

（五）禍亂。西國無倫理，其禍亂譯書多諱之。惟小説稍有真象，而隱伏禍害，每多可言。

（六）師説。凡傳説與禍亂相近，與尊孔切合者入此門。

（七）比較。以中外倫理相比，較其得失，考其利害。
（八）引進。外人染華風，知自别於禽獸者入此門。
（九）解誤。經傳之説有從來誤解者，如《斯干》之男女，指爲真男女，以爲貴男賤女。
（十）防弊。唐宋以後，語多過甚，有爲外人攻擊宜改良者入此門。

先生極佩西人進化之説，此編尤注意於此。其言曰：「欲明倫理學，雖知教化由小而大之理。略俗解曰：皇降而帝，帝降而王，王降而伯，教化由大而小。西人乃得以矛陷盾，謂略中國孔子之教，由大而小，由文而野，所以日漸銷亡。略又如今之學堂所講古史，堯舜以前之三皇五帝，言蠻野則極蠻野，言文明則極文明，二者形格勢禁，萬不能通。略《禹貢》九州即已承平，而《春秋》則荆、徐、梁、揚，半爲夷狄，亦不可通。今考古事，大抵此事當分爲二派，一曰史學派，一曰經學派。凡言上古、中古、近古之史事，亦如《黑蠻風土記》，此爲當日之實事。所言五帝三皇、堯舜三代，愈古愈文明，則爲經學派。蓋地球開闢情形，每州莫不相同。經説之皇帝，盡美盡善，較堯舜而猶有加者，此俟後之説也，世界初未有此文明。」又曰：「凡經皆創説，非古所有。中國承習二千餘年，略日用不知，故以經爲常語。須知春秋時人之聞經説，如『娶妻必告父母』、『非媒不得』，亦爲海外作霹靂聲。」

先生以近人鋪張歐美，以炫彼長，又或於中國倫理矜爲獨得之秘，以爲非外人所不及，左右佩劍，其失維均。認爲有彼此相同，不必損益者，勒爲西與經合各條。如：官天下、議院、

知行合一、學堂分三級、地動天静、地球三萬里、音樂、重工重農、以腦主思、解剖、警察。略

又云：「孔不生於草昧以前者，必有春秋時之資格而後可以立教也，外國不通商於元明以前，亦必有今日之資格而後可以法孔也。」極能重視客觀條件。與《知聖篇》純以孔子爲天縱之聖者有間。惟以外人之通商與法孔之程度有關，則殊未必然耳。

仿明黄道周《坊記集傳》之意，黄書以《坊記》爲經，每章臚舉《春秋》事迹爲證，意存鑒戒。作《坊記新解》，用進化説，獨尊孔經，以撥全球之亂。《自序》。

五月，歸家。

七月，赴省，妾劉隨去，住文廟前街。鄒云上期。兩孫隨其母至省，因命入第九小學讀書。

作《朝議大夫張君祥齡曾恭人名彥，其詩即先生所稱爲四川第一者。墓志銘》，中有一節述先生與張交情極肫摯：「略二南提獎，蜀比魯齊。錢塘湘綺，聯步摳衣。自況過高，視人猶蟻。道盛情寥，獨我親昵。音訓詞翰，知識相誘。角巧鈎沉，我輒瞠蹐。久屬書劍，超脱籬樊。文質異道，君爲其難。窈窕賢才，交馳並競。邾婁彈丸，乃抗齊魯。燕市建除，虎丘姜柳。才媿鄒枚，望塵卻走。闔門歌驪，彼此重喪。臆不能對，後事遂茫。老母病篤，屢咨叔嬸。哭母未終，又聞君隕。略咸陽噩耗，君哭我死。我今尚存，君爲長已。略蜀吴往來，鸞鶴應苦。敢告藐孤，鄹曼有母。」略

以舊作《左傳集解辨正》付排印。

本年，曾有《日記》兩厚册，今不存。

本年，暑假、寒假均曾歸家。

先生舊有《容經學凡例》十九條，今更增七條，意以《容經》作學堂修身教本。據《四益館雜著》中之《容經凡例》。按，所增七條不詳何年，因有作修身教科書之言，故以意附於《倫理約編》之後。

是年，清廷升孔子爲大祀①。

九月，命各省設咨議局。

湖廣總督張之洞奏設存古學堂。《中國教育史要》一百九。文襄以舊學既罷，學者不復知中國文字可貴，於是設存古學堂，以經史詞章爲主課，博覽子部學、算學、輿地學、外國史、政治、法律、理財、農工商實業、博物、理化諸學，爲通習課，人人須習體操，七年畢業。先後延孫仲容、趙啓霖爲監督，曹彥章爲總教習，皆不就。最後奏留楊惺吾大有爲總教習。

光緒三十四年戊申（一九〇八），先生五十七歲。

正月，先生由家赴省，仍任教各學堂、華陽縣中。補習學堂停辦。

---

① 光緒三十二年十一月條已記升孔子爲大祀，此爲重出。

二月初四日，皮錫瑞卒，年五十九歲。

三月初一日，女幼平生，帥出。

初秋，賃屋於文廟前街，命妾劉氏及兩孫至省。延趙某教兩孫書。時蕭參中俞、張荔丹均與先生同居。

置東林場附近田地二十四畝。爲此事涉訟，事由妾帥氏主持，非先生意也。

秋，門人黄鎔成《經傳九州通解》一卷，用先生説，綴經中廣狹疆域之語，以《春秋》、《王制》爲始基，以《尚書》、《周禮》爲竟境，一名《春秋王制尚書周禮聖域大小考》。

成《左氏古經説》十一卷，成都府中學堂爲刊之。嘗用作此校講議。按此書即《井研藝文二・左氏古經説讀本》二卷，提要所謂「剌取全傳解經之説，別爲一書」者，當時不加注，故祇二卷，謂之「讀本」。今略加注，故仍爲十二卷，但非《左氏古經説漢義補證》原本。今本前載潘、宋兩序，見庚寅年。實未洽。

此書後附《左氏撥正録》、《五十凡駁例》，詳□年。《劉申綬左傳考證災異説》。以五證駁劉氏以《左傳》爲劉歆僞作之説。按，此文當成於作《左傳漢義補證》時，潘序曾及之也。《撥正録》目如下：

（一）三綱。言平等皆欲廢三綱，蓋挾晚近流弊以疑經，又以其説晚出，初見《白虎通》。集矢尤多。綱與目對文，一君而多臣，一父而多子，婦從夫姓，且一夫或不止一妻，以綱統目。此三綱之立名，初何嘗有苛刻暴虐、專制生死之謬説。略《白虎通義》云：「父殺其子當誅，何？以爲天地之性人爲貴，人皆天所生也，託父母氣而生耳。王者以養長而教之，故父母不得專也。」

(二)天子尊號。

(三)由先進至君子，由從質至尚文，即從先進、從周之義。略見《墨家道家均出孔學辨》。

(四)哲學思想論。《論語》以學、思分二派，人事爲學，天道爲思。思即古詩字，詩爲思想，故思字甚多。《周禮》掌夢與卜筮，同爲知來，考其六夢，統於第三之思夢，是詩全爲思想，全爲夢境。《楚詞》之周遊六虛，即詩神游夢想。師説中託之魚鳥上下，《列》、《莊》之華胥化人、蕉鹿蝴蝶皆同。蓋世界進步，魂學愈精，碧落黄泉，上下自在，千萬年來娑婆世界和相往來之事迹，預早載述，使人信而不疑，略則惟恃此夢境以道之。略故以人學言，則如《列子》之説以覺爲真，以夢爲妄。至於天學，則衆生皆佛，反以夢爲真，以覺爲妄。略

(五)五行。以五行之行爲天行道路，指招搖周流。凡以五起例者，皆爲五帝分方説。與莊言六合，佛言四大、十方同。以物理學家斥五行非原質之説。

(六)道德。道德仁義即皇帝王伯所由分。此《老子》所以名《道德經》，而孟、荀獨詳仁義。東漢以後，以孔子爲儒，主仁義，道德遂無所附。韓愈《原道》更以誣經非聖，宋元以下更不知道德爲何物。日本名詞有所謂「道德」者，不過爲美善淳樸之别名，與刑法奸僞對稱，更

爲卑淺。別有《道德真解》專書。

（七）無其德而用其事。始皇、王莽舉皇帝大同之經制實見施行，而秦、新以亡，《史》、《漢》因有「無其德而用其事」之説。實則與儒家同有存經之功，蓋六經之堆貨棧也。

（八）行藝説。

（九）議院改良。古者老者教，少者學，《王制》所謂「養老於庠序」是也。養老在庠序，故古之議院附於學堂。《記》曰「養老乞言」，秦漢博士皆預聞朝廷大議是也。《記》又曰「養國老於上庠，養庶老於下庠」，又以東序、西序分，右學、左學分，即今上、下兩院之意。人生少、壯、老三時節，幼學、壯行、老教。少、老同在學，壯者任艱難之行事，各因其時，用其長，故議院不用壯者。以力行則老不如壯，若知謀則壯不如老。略以經義與歐美較，則議院養老附學較爲精良。略以議院附學堂，此博士所以多人才。唐宋以下學與仕別爲兩途，仕以吏爲師，而鄙儒爲迂疏寡效，儒别有所謂道德，天子不能臣，諸侯不能友，貧賤驕人，自謂樂堯舜之道。馴至勝朝，朋黨盛而宗社亡，識者歸罪於八比，非虚言也。

（十）民權。大意同《忠敬文三代循環即三種政體論》。

（十一）三世。《公羊》三世之説凡三言異辭，則每世自異，非合三世祇一異。由三推九，以至無窮，統世界進化終始而言，不當專屬《春秋》。又曰：「歐美初啓，故重生養。使治八比千年，再與中國較科學，其得失不知何等。」

（十二）地圖。謂以疆域分大小。

（十三）素絢説。

（十四）據《周禮》説《尚書》。

孫詒讓卒，六十一歲。

八月，奕劻等奏進《憲法大綱》。十月，帝崩，遺詔以載灃子溥儀入承大統，以載灃爲攝政王，尊皇太后爲太皇太后。旋崩。

宣統元年己酉（一九〇九），先生五十八歲。

是年，先生仍任教成都各學堂。命媳任氏携兩孫至省讀書。買汪家拐屋，移居之。張祥齡眷屬自漢州來同居。

秋，提學使趙啓霖以先生三《傳》同出子夏之説見《左丘明考》。爲穿鑿附會，剝奪其教育權。先生遂停止各學堂課。或謂趙啓霖爲王闓運弟子，以先生與王説參商，極不滿，致有此舉。吴虞《六譯老人餘論》。章炳麟曾評此事云：「俗儒定其是非，考其殿最，何其倒也。余見井研廖平説經，善分今、古文，蓋惠、戴、凌、劉所不能上，然其餘誣謬猥衆，原注：廖平之學與余絶相反，然其分別今、古文，確然不易。吾誠斥平之謬，亦乃識其所長。若夫歌詩諷説之士，目録札記之材，亦多詆平之違牾，己雖無謬，所以愈於平者安在耶？充成都校師，發妄言，爲提學者所辱。或言平憤激發狂故然。若然，誰令平以經學大師屈身爲軨材下，縱後受賞，猶之辱也。平所説多荒唐，受辱則宜。然俗吏多不通方，異己即怪。曩令漢之杜、鄭，唐之劉知幾，宋之二程，以其學爲博士，亦乃爲主者所辱矣。所以名德之士，聚徒千人，教授家巷而不與辟雍、黌舍之事者也。由此言之，師者在官，作述在野，其爲分職，居然殊矣。」《學林・程師》。按章氏「師者在官，作述在野」，正與先生仕、學不分之説相反，先生雖受辱，故與其主張合也。先生嘗評章曰：「章太炎文人，精於小學及子書，不能謂爲通經也。」吴虞《六譯老人餘論》。

八月十六，子成勵生，劉出。

張之洞卒。時任東閣大學士。尊經同學公祭，先生獨痛哭，感相知之深也。吴虞《六譯老人餘論》。

延門人季邦俊於文廟前街曾文誠公祠課兩孫。

冬，命媳任氏回井研主家事，兩孫隨歸。

是年，趙啓霖仿張之洞於湖北設存古學堂例，設四川存古學堂於成都，闢楊忠武公遇春南門外故宅爲校舍，延梓橦謝無量任監督。

成《尊孔篇》一卷。自序稱尊經四變，而尊孔宗旨前後如一。因散見各篇，尋覽爲難，乃綜核大綱，分爲四門：一曰微言，二曰寓言，三曰禦侮，四曰袪誤。分二十四題，著其梗概，並附略説數紙於後。其二十四目曰：

受命制作，説詳《論語微言述》。空言俟後，詳《待行録》。人天，人天各有皇帝王伯之分，詳《天人學考》。

繙雅，孔子以前皆字母，孔子乃以古文繙之。貶孔流派，周孔、孔墨、孔孟並稱及以鄉愿、學究爲孔子。正名造字，六書文字爲孔子特爲六經而創。周公讓表意見，周公時，尚爲夷狄，不足垂法。愈古愈野證，如官數、喪服、宗廟。略。以上「微言門」。列、莊所譏，《史記》：莊子著書詬訾仲尼之徒，則非真孔子。儒術一體，儒與孔有別。西教反對，東方研究。外人所指摘者，大抵晚近誤説。中士書報懷疑中立經史之分。以經爲史，則中國古文今野，不合進化公例。以上「禦侮門」。按，以上僅十五目，且祇「微言」、「禦侮」二門有之，「寓言」、「祛誤」乃無一目。今按其文當有誤置，且有闕漏。

先生曰：「言作爲微言派，《公》、《穀》最詳，《檀弓》、《坊記》尤著。言述爲寓言派，《左氏》不以空言解經。以經爲略古帝王所已行之陳迹。寓言全在孔子前，微言全在孔子後。」又曰：「治史家從古史説，以爲周監二代，至爲明備。若是，則西東周皆折入於秦，略一切典制當襲周之舊制矣。乃遍考《國策》、《史記》，秦所襲取於周者，實無一物，但云參用六國，以成秦制。是古周於明堂、辟雍、郊社、壇坫、天神、地示諸典制，百無一有。《史記》於《禮》、《樂》各志言帝王三代者甚爲詳明，一入春秋，便云禮壞樂崩，無可考核。使六經非全出孔子，略何至秦一無所得。」又曰：「今之學人崇拜歐化，略動云，中國無一人可師，無一書可讀。鄙意非發明尊孔宗旨，則愛國之效不易收。盡删古史舊説之罅漏，而後能別營壁壘。或以爲尊孔則欲滅去堯、舜、禹、湯、文、武、周公諸名詞，更大誤矣。堯舜名詞有三：古史之堯舜，已往者也；法經之堯舜，未來者也；學説之堯舜，隨其所學而變易者也。略昔曾文正有感於史筆附會，謂漢高不識果有其人否。今人動以文正之言相譏。夫據《孟子》而言，前古非無真堯舜也。《漢·藝文志》古書多出依託，書爲今書，人則古人。苟無其人，何爲託之。文正本爲戲言，鄙人固不以爲實無其人。《尊孔大旨》，《尊孔篇》附論。

宣統二年庚戌(一九一〇)，先生五十九歲。

是年春，先生携眷回井研。租小高灘蕭姓屋，戊子年所嘗居者。庋書其中，時督家人翻曬。

撰《莊子新解》成①。

是年十二月，清廷修正中學堂章程，分文科、實科。《中國教育史要》一百十。日併朝鮮。

宣統三年辛亥(一九一一)，先生六十歲。

先生尊經同學曾培篤齋任川漢鐵路公司總理，聘先生任《鐵路月刊》主筆，因復至省，居汪家拐，家眷同往。

---

① 此條原無，據巴蜀本補。

是年春，先生大病幾死。

五月，爲長孫宗伯娶婦劉氏。

郵傳部尚書盛宣懷奏請鐵路收歸國有，四川士紳組保路同志會以反對之，罷市罷課。八月，四川總督趙爾豐捕爲首數人以禁之，清廷更命端方帶兵前往，激成民變。十四日，革命黨人於武昌反正。四川繼之，設軍政府，蒲殿俊、羅綸任正副都督。旋蒲、羅均去職，尹昌衡繼任都督。軍政府設樞密院，先生暨諸暨樓藜然蕎庵任正副院長。

冬，儀徵劉師培申叔至成都。劉從端方至川，端在資州遇害，劉乃至成都，與先生過從甚密。

軍政府設國學院，院址在三聖街。置院員十人，月出《國學雜志》一册，每周作一次學術講演。先生暨吴之英院正、劉師培院副、謝無量、樓藜然、曾瀛海鰲、楊光瓚、李堯勳奐成、釋圓垂等均與焉。

《東方雜志》載日人山本憲《中國文字之將來》一文，條證中西文字之優劣，言中文將來必通行全球，並謂言漢文不便係出一二歐人學漢文者。先生極韙其説。

十一月十三日，孫文就臨時大總統職，以是日改用陽曆，爲民國元年元旦。

十二月二十五日，清帝遜位，袁世凱組織臨時政府，孫文以和議成，讓位袁世凱。

六譯先生年譜卷六①

民國元年壬子(一九一二),先生六十一歲。

是年,仍居汪家拐。

正月初四,妾帥氏、劉氏均自井研往。門人鄭可經、李堯勳同居。

購少城横通順街屋一所。

存古學堂更名四川國學館。謝無量辭館長職赴滬,劉師培繼任,聘先生主講經學。當時略仿尊經舊例,命學生作劄記,每周繳閲一次,爲之批答。時吴之英、劉師培均住館中。師培好與先生辯難,常至夜分,雖嚴寒不輟。

三月,弟登松卒。

四月,曾孫德麟生。

十二月二十三日,子成劼生,帥出。喜其同生在壬,命名同寶。

買横通順街屋一所。

---

① 原稿不分卷,兹據巴蜀本。是年爲廖平學術「五變」之始。

成《人寸診比較篇》二卷，《診皮篇》、《古經診皮篇名詞解》、《釋尺》各一卷。先生以上古診法精詳，各經之病，專診一經之脈，最爲切直。鍼經以婦女不便取期門，穴在毛際，必卧而取之。乃移之太衝。在足大趾。騶至婦女足趾，亦不可取，俗醫乃沿男女異穴之法取之於手。行之便利，又推之男子。至頸上之人迎，亦縮於兩寸，於是杜撰左右手分臟腑之説，十一經有病，必輾轉假借於寸口，而古診法亡。因力主復古診法，以還《内經》、仲景、《脈經》、《甲乙》、《千金》、《外臺》之舊。類輯《内經》之言人迎寸口比較者，爲《人寸比較篇》，刊於《國學雜誌》。《診皮名詞解·自序》云：「《内經》緩、急、大、小、滑、濇六名詞連文六七見。後醫編入二十七脈，以爲診動脈名詞。不知此爲診絡脈名詞。如曰脈緩者皮膚亦緩，脈謂絡脈，故與皮膚同候。《靈樞·論疾診尺》本爲診皮，尺、皮二字形近致誤。是《内經》曾以『診皮』立爲專篇，詳其法，則散見之文尤多。今以《論疾診皮篇》爲主，並録各篇之文於後。按，此爲《診皮篇》。至於寒、熱、厥、逆屬於病狀者則不録。所有診皮專名，寒、熱、滑、濇、粗、細之類詳釋於先，於緊、堅、脆、陷、下、賁、起處與診絡之法相通，則歸入《診絡篇》内。」

本年，先生嘗自署楹聯曰：「燮理陰陽初諳人寸，掃除關尺進以皮膚。」

授意門人李堯勳作《中國文字問題三十論》，先將題解刊於《國學雜誌》。論未成。三十題如下：

（一）人物皆以聲音相通，而表示聲音必用字母。

(二)中國未有六書文字以前，亦如各國，同用字母。

(三)造字三家，倉頡與梵、與佉盧同爲字母。

(四)聲音豎①言之，數十年一小變，數百年一大變，故《爾雅》專爲通今古語而設。

(五)聲音横言之，每因大山大川所囿，自成一種。即以中國言，方音不下數百種，一人精力萬不能通。

(六)字母專爲耳學，圖畫則爲目學，無古今中外彼此之殊，盡人可曉。若方言則囿於方隅，萬難統一。

(七)六書本於圖畫，緯以聲音，耳目皆用，可以行遠。

(八)六書之聲、形、事、意，即字母之拼音、名詞、動詞、形容詞。可見四家因語言門類而作。

(九)結繩爲字母，易以書契之後聖，專指孔子。

(十)六書、六經，地球有一無二，孔子爲繙經，乃特創古文。

(十一)六經不能用字母繙譯。「元亨利貞」，「春王正月」，使以西文繙之，復成何語？

(十二)《論語》「雅言」、「正名」、「闕文」，《説文》引孔，皆爲孔作古文之證。

---

① 豎：《四譯館外編》所收《中國文字三十論題解》作「直」。

（十三）秦焚史書，非孔經。據《六國年表序》、《秦本紀》、《李斯傳》、宋王氏《野客叢書》①、張氏《千百年眼》亦謂始皇未焚六經。

（十四）秦坑策士，非真儒。據《秦本紀》。

（十五）秦因實行同文制度，乃焚字母書。

（十六）百家非子書，由各國語言學術而異，故爲私學。一、秦詔令不及子書。二、秦焚書以後，紀傳猶引用子書十二條。三、西漢以下，絶無焚子書之説。

（十七）秦漢以前，所謂史皆字母書。

（十八）《史記》八言古文，皆歸屬孔子。

（十九）西漢以上古文與字母書並見。

（二十）《王制》、《周禮》繙譯之官，皆因文字不同。若太平用同文之制，則不用譯官。

（二十一）揚子雲《方言》即中國初用字母遺意，特以文字翻譯語言。

（二十二）醫藥、卜筮、種樹、技藝之事，以方言字母爲便，故秦始不燒此等字母之書。

---

① 宋王氏《野客叢書》：原作「明王氏客野叢書」，誤。案：王楙（一一五一—一二三一），字勉夫。家本福清，其先徙居平江，遂爲長洲（今蘇州市）人。少孤，力學。隱居讀書著述，所著惟《野客叢書》三十卷傳世。

(二十三)禮樂、刑罰非同文，則官吏人民上下皆困。

(二十四)中國簡字法，日本欲去漢字，皆不能用。

(二十五)莽、歆徵求古文，東漢古文學由此而起。六書、六經皆附會文王、周公、史官。

(二十六)古籍舊題在孔子前者，如《老》、《管》皆屬依託。

(二十七)鐘鼎、泉刀、彝器款識，非贗作即誤釋。

(二十八)八體同爲象形六書變體，非列聖代作。

(二十九)埃及碑即真，亦圖畫，非文字。

(三十)將來四海統一，折衷一是，於地球中擇善而從，必仍仿秦始盡焚字母各書，獨尊孔氏古文。

序曰：「略學者醉心歐化，略病六經，詆孔子，並文字亦屢議變更。略夫略人類交通，初用語言，繼以文字，文字規定由簡單進於繁雜，略自然之勢也。自有史以來，世界文字淘汰消滅不知幾千百種，略獨中國六書字體行之最久且遠，略異文羼雜，終歸同化。略日本、高麗語言各異，同用漢字，略日本屢議廢止漢文，卒不能行。略乃生長於是邦，不究其本，輒附和一二歐人學漢文不便者，日人山本憲語。思變易之，遽謂歐西言文一致，易於科學，是豈然哉？言文不能一致，亦不必一致。歐人高深學術，非盡人能解，方言各異，欲於假音字母連綴，謂可通行，必無是理。歐洲現行各國文字，不能强同，皆限於字母方音，不能爲標準也。中國六書形、聲、音畢具，望而即知，不必由音造，此大同文制也。至於方音，絶無妨礙。惟統一語言，審定音則，同趨官話，是當留意耳。」略。按，《中華大字典序》申此意尤詳。

劉師培與先生書云：「《説文》伊從人尹，是阿衡以前本無伊字，《夏書》有伊洛，《禮》有伊耆氏，均出阿衡之前，當阿衡未尹天下之前，果爲何字？引而伸之，足爲尊著孔制六書之驗。又如『偰』字及『偓佺』二字，均爲以人名爲正詁，然必書取名之義，是知取名之義，字無正形；字有正形，因人而製，推之許書女部諸字，姬、姜皆水名，何字不從水而以女？厥例均同，亦足資尊説之助。」

作《中小學不讀經私議》。大意謂：「古分大學、小學，小節小義，即《周禮》之六藝，大節大義，即六經。六藝爲海外普通科學，必小學通而後人格足。大學爲漢之博士，近之法政，所謂學焉而後入官者也。前清大學科目鈔自海外，幾全爲六藝小學。治科學確爲古法，經傳宏深，不適於幼童，因科舉而必責之誦讀，固爲失之，然傳記中有古小學專書，乃不分别，概曰不許讀經。童子無知，不自以爲程度不足，反倡言經不足學。讀經之效已見兩漢，至所以必令小學讀經者，以成誦貴在初年也。」

清末，奏定學堂章程，蒙養院無年，初小五年，高小四年，中學五年，高等三年，大學三年至四年，通儒院五年。《中國教育史要》頁一百九。

又曰：「質而論之，以年齡分大小者其常也。因材施教，資格貴於早分，等級難以年定。如前清部章，駿駑同棧，鈍利取齊，兩敗俱傷，同歸廢墜。故自學部有定章而師保無教術。略牛羊成群，一牧人收放之而有餘。堯牽一羊，舜鞭而驅之，復使皐陶、大禹執其角握其尾，徒見其憊耳。或曰：教育無法，可乎？曰：法不徒法，須得法意。略總其成者，但持大綱，慎選師傅，疏節闊目，齊削魯斤，因地爲良，男粟女布，交相爲用。使教者得盡所專長，學者各成其性近。略若以一二人私見定一理想範圍，牛毛繭絲，紙上經濟，而欲使全國學堂之書籍教授必出一途，人材必成一律，黄茅白葦，終亦何益。略。」《四益館雜著》。

龔煦春以所藏《張船山南臺寺飲酒圖》遍徵題詠，劉師培、謝無量、吴之英、曾學傳習之、朱山震等均有詩。先生素不作詩，因題曰：「几山龔煦春號。好收藏，我久厭李杜。强逼人題畫，牽牛上皂樹。物以罕見珍，寶此荒年穀。寄語後來人，何分雞與鶩。」

劉師培摘刊先生《四變記》於《國學雜誌》。《四變記》本四卷，先生丙午自序所稱，條列舊文附以佚事者。自摘刊本行，而四卷本遂佚。又《四變記》有三本，詳略不一，依例亦各殊。一四卷本，一己酉本，一未見。《孔經哲學發微》、《四變記》。

是年，教育部公布普通教育暫行辦法及各級學校令。《中國教育史要》一百十二、十三。

七月，教育部公布教育宗旨，注重道德教育，以實學教育、軍國民教育輔之，更以美感教育完成其道德。《中國教育史要》一百廿六。

《古經診法·自序》云：「辛亥元日讀徐靈胎《難經經釋》，確知《難經》出於叔和後，與高陽生時代相近，故與《脈訣》如出一手。大抵仲景、叔和皆恪守古法，婦女同診頭足。齊梁以下，不能施之婦女，俗醫欲售其術，乃縮喉足於寸口，所謂持寸不及人，握手不及足。略惟《脈訣》歷代通人無不疑其僞謬。《漢靈胎》俞理初曾有專書攻之。《四診心法》云：『古法失傳，不得不姑存其説。二家又疑謬參半，以其背古改經者爲經外別傳。非古法大明，不能屏絶其謬。』今除攻駁《難經》、僞《脈經》外，於《靈》、《素》中詳細推考，得古診法十二門，類經文而注之，以續秦漢之舊。惟其法不免繁重，恐簡脱者仍以不便棄之，則非余之所知也。略時壬子七夕。」《古診法》十二種：《補證楊氏太素脈口人迎診》、《三部九候專病診專脈篇》、《仲景三部診法》、《仲景九候診法》。《診絡篇》、《診皮篇》附《釋尺》、《診筋篇》、《診骨篇》附《診藏腑》、《四時異方篇》、《五診篇》皮毛終經脈筋骨、《營衛運行篇》、《鍼灸候氣法》、《運氣候氣法》、《持摹導引法》。

民國二年癸丑（一九一三），先生六十二歲。

教育部欲統一國音，設讀音統一會於北京，召集各行省及蒙古、西藏、華僑代表出席。先生及蔣言詩忘其名被推爲四川代表①。二月由成都赴京，從子師政隨行。至京，住皮庫營四川

① 據黎錦熙「民二讀音統一大會始末記——王照官話字母之脱胎换骨」（載《國語周刊》一九三四年四月十四日第一三三期），出席一九一三年「讀音統一大會」共八十人，四川三人：廖平（季平）、蔣言詩（志吾）、王錫恩（捷三）。

會館。會中意見紛拏，先生含意未申。《中華大字典序》，詳甲寅年。按，讀音統一會開會三個月，制定注音字母三十有九，審定字音六千伍百餘。《中國教育史要》一百十五。

與王闓運遇於天津。先生自此與王不復見。《祭湘綺夫子文》。旅京同鄉發起歡迎會於湖廣會館，請先生講演，所講者爲孔學關於世界進化退化與小康大同之宗旨，大旨以經爲新作，所以俟後帝王、周公皆屬符號，先小後大，先野後文，以駁經爲古史、專主退化舊説，並立《世界進化退化表》，其目爲：

《世界進化六表》：（一）五大洲次第出海成陸如兄弟表；（二）現在五洲比例表；（三）五洲次第引進表；（四）弟用夏變夷與兄同冠年代表；（五）中國孔生以前事實程度比今五洲表；（六）中國孔卒以後經術進度比今五洲表。地球進化由微塵漸長至三萬里，退化則由三萬里以至於毁，乃《列子》天下有形之物者有已毁者也。

《世界退化四表》：（一）六經據衰而作專言退化表；（二）亞洲退化用夷變夏例表；（三）五洲退化次第表；（四）中國教化自具五等資格表。此表以都市、鄉鄙、蒙、藏、苗民、獞猺、野人，五等程度相去甚遠，中國社會之複雜爲他國所無。

按，丙午年先生所編《群經總義》、《世界進化退化分經表》、《世界進化退化簡明表》及先後文野各課，即詳此義，並以比附佛書之成、繼、毁、空四劫。疑此表於退化之跡又較詳耳。民九年黄鎔嘗爲之作箋釋，名《世界哲理箋釋》，在《六譯叢書》中。

又，北京人士又發起倫理會，延先生定期講演，並擬本先生之説編訂倫理教科書，發行《倫理雜誌》。《孔經哲學發微·倫理會成立宣告書》。按，此會似未成立。

遇王樹枏，爲言對於文字主張，王氏以先生持之有故，言之成理，然非有古用字母之實據不足以饜服人心。當時無以應。《中華大字典序》。

四月末，與江瀚相見且不及半日。又佳客滿座，言不及私。

六月初二，答江瀚論《今古學考》書。自序云：「叔海作此書在二十五年之前，郵寄浮沉，久忘之矣。略南北天涯，未及覆答，非敢有不屑之意。略二十年老友規過訂非，一再刊布，一載黎氏《續古文辭類纂》，再見《中國學報》。其愛我可謂至矣。略長夏多暇，相思猶切。因愛生愠，欲言所以感喟之，適原書在案，率意口占，命姪子師政識之，以志吾二人交情，留之兩家子孫作爲矜式。」略

是書於來書指《今古學考》妄分畛域、《王制》不應以放流之議歸之庠序，及博士家法不可考、鄭康成之學爲兩漢冠諸條，皆有所解答，語已散見《初變》、《二變》各書中。推原康成一節，頗足説明造成自身學説三變之因：

「略竊嘗推原其故，而歎鄭君之不幸，不生於今日而生於漢末也。略明知今文實指三萬里，實爲地球四游而言，不敢據以説《周禮》。此鄭君一生致誤之由，皆在以《周禮》爲古史周公之陳迹誤之也。略鄭君使生於今日，再作《周禮注》，地球得之目見，於以發揮其舊日之所

聞，必不肯違經反傳，舍目見之明證存而不論，而嚮壁虚造此無稽之誣詞。」略

又曰：「憶昔治三《傳》時，專信《王制》，攻《左氏》者十年，攻《周禮》者且二十年。略後來改《左傳》歸今學，引《周禮》爲《書》傳。略合覆興於一身，以成此數千年未有之奇作。略每怪學人不求甚解，以迷引迷。如兩《經解》者，大抵諛臣媚子，不顧國家安危，專事逢迎，飾非文過，盲人瞎馬，國事如此，經術亦何獨不然。古今學者大抵英雄欺人，一遇外邦偵探，没有不魚爛瓦解者。琴瑟不調，必須更張。竊謂自有《周禮》以來，綢繆彌縫未有如今日者。略足下云，決别群經，悉還其舊，誠一大快事。吾生也晚，冥冥二千餘載，何所承受取信，徒支離變亂，而卒無益於聖經。又曰，務勝人齗齗焉，以張徽志，争門户。略足下所云智叟之見解，老兄所懷則愚翁之志向。略方今共球大顯，略又中外互市，激刺尤多，略前世所謂荒唐之虚言，今皆變爲户庭之實事。此鄭康成求之而不得者也。中外歷代尊孔，雖古文主周公，事未實行，反動力少。今則各教林立，彼此互攻，乃逼成純粹尊孔之學説。此又唐宋以下求之而不得者也。昔因《王制》得珠，略窺宗派，誓欲掃除魔障，重新闢庭，棄官杜門，四十年如一日。略至於《四變記》成，心願小定。即使今日即死，天心苟欲大同，則必有孀婦稚子助我負土。即使書皆不成，學皆不存，行心所安，付之天命。略初何嘗有邀名求利之見存？所謂張徽志者不得不張，立門户者不得不立。劉申叔以我近論尤動天下之兵，風利不得泊，亦處於無可如何之勢。」此節尤足見先生治學之精神。

又江氏以利禄鄙漢師，先生不以爲然。云：「利禄者，朝廷鼓舞天下妙用，古今公私學説，其不爲噉飯地者至少矣。漢之經，唐之詩賦，宋之心學，明之制義，下至當今新學，同一利禄之心。特其學術不能不有等差。略朝廷立一利禄之標準以求士，士各如其功令從赴之。同一利禄之心而優劣懸殊，不能尊王曾而鄙宋祁，以沙彌乞食爲佛法大乘。」其言尤爲明快，宋學家畢生不敢出此語也。

秋初，出京赴滬。

八月，孔子生日。孔教會第一次全國大會在曲阜開會。先生走會之，亦有講演，大意言孔經言退化，實言進化之意，如倒景。文野進退標準，當以倫常爲主，不純在物質。《大成節講義》。

在滬，嘗偕龔煦春往訪庚子事變中之名妓傅彩雲，時彩雲已老矣。近人爲彩雲而作之小説《孽海花》，書中人名大氏有所影射。如唐猷微即康有爲，繆繼坪即先生。

在滬成《孔經哲學發微》一卷，付中華書局出版。是書一曰《尊孔總論》。謂春秋以前字若繩紐，孔子正名，乃制六書繙經。略二曰撥亂。人服禮化，各有倫等，爲設六位以別禽獸，略瀛土之士，未離質野，當廣孔氏之教，有以正之。三曰務本。大學修身爲本。略天下既平，略精感神明，乃能止定静慮，行先知後，蓋與舊説敻乎異焉。四曰流行。諸子九流皆出經術，有各明其一方，實非出乎二術。五曰立言。六藝各有疆域，與時俱行，不徒爲中國取效朝夕。略六曰小大。《春秋》、《王制》所以治中國，《尚書》、《周禮》所以治海外。略七曰天人。六合以外，《詩》、《易》主之，略道釋之流，兹其由枘。八曰宇宙。六緯所傳，天地成毀，來往變異，萬族之故，殊域遠鄙，播爲教學。謝無量序。

先生以哲學名詞惟孔子空言垂教足以當之，日本人作《中國哲學史》，於孔後臚列歷朝學人，下及性理、考據，皆失之。《凡例》。按，此書於謝序有八門，目録無「立言」，當是脱誤。又，此書編纂多舊稿極粗疏，使無目録，幾令人作爲雜著。

此篇先生擬以當《尊孔篇》之受命、立言二門，指《尊孔篇》序曰微言門、寓言門。作爲上卷。擬再編下卷，專詳祛誤、禦侮二門，已先立目録，終未編成。後跋。劉師培以書目弗雅馴，爲易名《廖氏學案》，並爲序之。劉序。

於上海得日本丹波氏《韋修堂叢書》，其中丹波元簡《脈學輯要》一卷，不以左右手分配藏腑，用隨診一手，不言寸、關、尺三部，不以脈象言病。先生以其書於部位之誤一掃而空，爲唐以後未有之作。惟囿於《難經》僞法，以二十七名詞全歸兩寸，則立脈名之誤全在。乃因俞理初比附《靈》、《素》原文，創立各種診法，以二十七脈分隸人寸，比較診皮、診絡、診筋、四方異證、評脈、經脈、變象八門，將丹波原書加以評語，證其名詞之參迕，議論之附會。攻其立脈名。

按，此書創始本年冬，成於甲寅。其中各以滑、濇、緩、急爲診皮，促、結爲診筋，虛、實、微、弱爲評脈名詞，經脈祇浮、沉、遲、數四名已足。皆不易之論。今人余雲岫著《皇漢醫學批評》多用其説。

六月，重訂己亥所編《四益館經學叢刊目録》爲《四譯館書目》。因四變乃改四益爲四譯。今在《六譯叢書》中。先生跋尾稱，自四變之後，頗有異同，略爲删補，編爲此册。並擬將其序跋、凡例彙爲專書。爲己亥之《四益館經學叢書百種解題》。未果。今按，所删者即《井研藝文志》所有，而此本無者。有《詩緯古義疏證》、《詩緯經證》、《樂緯經證》、《董子九皇五帝二王升降考》、《顛倒損益釋例》、《序詩》、《文質表》、《詩經釋例》八種。以上《詩》。《禹貢驗推釋例》、《尚書記傳釋》、《四代無沿革考》、《尚書王魯考》四種。以上《書》。《春秋比事》、《三傳賸文》、《春秋驗推》、《王制圖表穀梁釋例》五種。以上《春秋》。《儀禮經傳備解》、《饗禮補釋》、《鄉人飲酒禮輯補》、《十等禮制表》、《兩戴記補注》、《大戴補證》、《大統加八表》、《古周禮糾繆》、《周禮紀聞》、《三禮駁鄭輯説》十種。以上《禮》。《論語輯證》一種。以上《論語》。《家語溯源》、《尸子經義輯證》、《陰陽彙輯》、《群經災異求微》、《陰陽五行經説》、《公孫龍子求原記》、《名家輯補》、《國策今證》、《長短經箋》、《司馬法經傳新證》、《地形訓補釋》、《八星之一總論説》、《九流分治海外考》、《家學紀聞録》、《家學求原記》、《覺覺篇》、《三游紀略》、《太命釋例》、《太一下行九宫説例》、《蔣法辨謬》、《地理辨正疏補正》、《顛倒順逆釋例》廿二種。以上《子》。《爾雅釋例》、《爾雅犍爲舍人注校勘記》二種。以上《爾雅》。按，《犍爲舍人注校勘記》有成書，不當删。《古緯彙編補注》、《諸緯經證》、《經學求野記》、《經話》、《古今學考》五種。以上《經總》。《兩漢經説彙編》、《五極風土古今異同考》、《皇帝政教彙考》、《釋周》、《海外用夏考》、《全球古今政俗考》、《帝繫篇補釋》、《四益館史論》

八種。以上《史》。《四益館五經義》、《四益館駢文》、《師友蛩音》、《雙鯉堂課鈔》、《漢四家集注》、《讀選札記》六種。以上《集》。共七十一種。所補者，此僅就《井研藝文志》所無者而言，不盡爲原本所無。以《藝文志》並未全收己亥以前著作也。參看己亥年。除庚子後各年已敘者外，尚有《説易叢鈔》四卷、《天官經説》四卷。以上《易》。《詩本義》六卷、《詩經提要》、《詩比》四卷、耿樹憲同撰。《賦比興釋例》一卷、《穆天子傳》一卷、《楚辭新解》、《列莊上下釋例》、《内經三才學説》。以上《詩》。《尚書十篇中候十八篇考》二卷、《五運六氣説例》二卷、《五紀釋例》一卷、《五行釋例》一卷、《書人學格光説》。以上《書》。《大統春秋凡例》、《董子繁露補説》二卷、《左氏群説師説考》二卷、《左氏天學考》四卷。以上《春秋》。《大學古本注疏》一卷、《中庸注疏》一卷、《禮運三篇經傳合解》一卷、《學校議院考》二卷、《周禮辨微》一卷、《周禮書傳非舊史考》、《古文説證誤》。以上《禮》。《理學求源》一卷。以上《樂》。《道德發微》、《道藝説》、《小大天人學考》、《待行録》。己酉年本《四變記》有《俟聖編》，疑即此書。以上《論語》。《靈素皇帝學分篇》、《靈素陰陽五行家治法考》。以上《子》。《孔氏古文考》、《秦焚字母文考》、《中國一人例》、《天下一家例》、《推人合天例》、《九宫釋》、《釋公田》、《釋射》、《釋車》、《釋五服》。以上《小學》。《六藝六經合爲十二經考》、《古史皇帝篇經説》、《孔子繙經考》、《白虎通訂釋》、《五經異義釋》、《古經彙解》二卷、《群經天文考》二卷。以上《經總》。《王莽行經考》、《戰國諸侯始行經術考》。以上《史》。《楚詞疏證》。以上《集》。共五十三種，中三十二種無卷數。此五十三種中有已刊者，《大統春秋凡例》、《楚辭新解》不全，《禮運三篇合解》三種。有有稿者，《道德發微》、《中庸新解》。有名字變易者，《孔氏古文考》、《秦焚字母文考》、《孔子繙經考》，並作《中國文字三十論》，一名《文字源流考》。其餘非未曾作，則稿不存矣。又己酉本《四變記》此期擬作之書當有《生知說》、《易經新解》、《詩經新解》、《山海經注》、《莊子》、《列子》注等書，均未成書。

先生壬寅始爲天人之說，至此漸臻完備。《四變記》云：「天人之學至爲精微。略今就《戴記·大學》、《中庸》，列表以明之。《大學》爲人學，《中庸》爲天學。考《中庸》動言至誠、至道、至聖、至德，於聖、誠、道、德之上別加至字，以見聖、誠、道、德有小大、至不至之分。考皇帝之學，每以至爲標目，《禮記》之所謂三無，《主言》篇之所謂三至，故人學言道、言誠、言德、言聖。皇爲天學，人用其學而加至字以別之。略至字一或作大，若《莊子》所謂大智若愚、大德無爲、大孝不仁是也。故皇與帝同言道德，而皇則加以至字。蓋皇與帝皆爲聖人，略又有優劣之分。略至儒者不講天學，遂以聖人爲止境，於道家之所謂天人、至人、神人、化人，皆以爲經外別傳，無關宏旨。不識《中庸》之至德、至聖、至誠，《孟子》已言神人，《荀子》已言至人，《易》言至精、至聖、至神、大人。《中庸》曰：『及其至也，雖聖人亦有所不知，所不能。』明見聖人之外，尚有進境。今故以經傳爲主，詳考至人、神人、化人、真人、神人、大德、至誠、大人，以爲皇王名號，而以《靈樞》、《素問》、道家之說補之，以見聖人、人帝之外尚有天皇。此天人學之所以分也。」

初以《春秋》、《尚書》、《詩》、《易》分配道、德、仁、義之皇、帝、王、伯，故《知聖篇》有套杯之喻，大小分經分代，略以免床上床，屋上屋略之流弊。初以《春秋》、《尚書》爲深切著明之史記體，《詩》、《易》爲言無方體之詞賦體。一行一知，一小一大，故以《易》、《詩》配皇帝，《尚書》、《春秋》配王、伯。略久乃見邵子亦以四海配四代，惟以《詩》爲王、《尚書》爲帝不同。略惟《詩》配王，不惟與體裁不合，與「思無邪」、「王於出征以佐天子」、略「王后爲翰」，亦相齟齬。故懷疑而不敢輕改。遲之又久，乃知四經之體例以天人分。人學爲六合以内，天學爲六合以外。《春秋》言伯而包王，《尚書》言帝而包皇。《周禮》三皇五帝之説，專言《尚書》；《王制》王伯之説，專言《春秋》。言皇帝王伯，制度在《周禮》、《王制》，經在《尚書》、《春秋》。一小一大，此人學之二經也。二經用史記體，深切著明，與《詩》、《易》言無方體者不同。人學六合以内，所謂「絶地天通」，「格於上下」。略至於《詩》、《易》，以上征下浮爲大例。《中庸》所謂「鳶飛於天，魚躍於淵」，爲上下察之止境。周游六漠，魂夢飛身，以今日時勢言之，誠爲力所不至。然以今日之人民視草昧之初，不過數千萬年，道德風俗，靈魂體魄，已非昔比。若再加數千年，精進改良，各科學繼以昌明，所謂長壽服氣，不衣不食，其進步固可按程而計也。略自天人之學明，儒生所稱詭怪不經之書皆得其解。今略舉數證如左：

（一）《靈樞》、《素問》略爲治皇帝學之專書。於其中分天學、人學，於人學分治天下、治病。略治天下者爲帝學，陰陽五行家，九流之一。言天道、人身應天地者，專爲皇帝。治病者乃爲醫學專書。

（二）《楚詞》。《楚詞》爲《詩》之支流，其師説見於《上古天真論》，專爲天學。略其根源與道家同，故《遠游》之類多用道家語。全書專爲夢游，即《易》之游魂、歸魂，所説皆不在本世界。略凡所稱引，後人專就中國一隅説之。既屬游魂，何以尚在中土？故因《楚詞》專引《山經》，而《山經》亦因之大顯。

（三）《山經》。全書皆爲神靈所生，雖聖人不能知不能行。略大約五山經即三垣、四宫，略不及人民者，以太遠無人民也。五篇言山川、動物、植物、礦物與鬼神形狀、嗜好、祭品，名物最詳，蓋其書爲天學之天官，宗祝巫史所掌。學者以祭祀鬼神譏之，實則所稱鬼神皆彼世界之人。略

（四）《列》、《莊》、《尸》諸書於地理最詳，同以地理爲齊州，屢言游於六合以外，無何有之鄉，游於塵垢之外，皆不在本世界。

（五）《穆傳》。略全篇皆爲夢境。

（六）辭賦。司馬《大人賦》即《遠游》篇摘本。讀之乃有凌雲之志，則其不在本世界明矣。當時天學甚明，故賦詩家尚得據以立説。略

（七）釋典。將來世界進化，歸於衆生皆佛，人人辟穀飛身，無思無慮，近人論之詳矣。特未知佛即出於道，爲化胡之先驅，所言即爲將來事實，爲天學之結果。略

冬，先生由滬返川，先至成都，歸家，以十二月二十至家。在宜昌遇王潛，聘三，中江人，先生

會試同年。相與談堪輿之學，擬暫留登山度穴，藉資考證。以是年國學院停，國學館易名國學學校。夏，劉師培辭國學學校長職，偕孥妻何赴上海。吴季昌權奇突進同舟，未果。王書、答書。

在北京日與康有爲書，時康在日本，仍望分工合作。略云：

「略憶昔廣雅過從，談言微中，把臂入林，彈指之頃，七級寶塔，法相莊嚴，得未曾有。巍然大國，逼壓彈丸，志欲圖存，别構營壘。太歲再周，學途四變，由西漢以追先秦，更由先秦以追鄒、魯。言新則無義不新，言舊則無義非舊。略子雲言：『高者入青天。』自非同游舊侶，恐山陰道上轉成迷惑耳。惠頒《不忍》二册，流涕痛哭有過賈生。然中外優劣，後起者勝，積非成是，浹髓淪肌，非有比較，難決從違。間嘗判五洲爲兄弟，推世界於中華。據撥亂言之，禮爲孔創，使别獸禽。《春秋》所譏，《坊記》取防，皆與海外程度相同。中人日用，舊疾久愈，藥方流傳，博施同病。洋溢蠻貊，今當其時。前陳《倫理約編》，頗爲申叔、無量所許，以爲戰勝攻取，非此莫由，特鈎深索隱，難得解人，以石投水，端在足下。政學中外，同剖野文，指揮若定，進退裕如，所謂深入黄泉者，非耶？略獨是目精衰竭，無力擴充，非藉群才，難肩巨任。匠門多材，何止七十。深望閲兵秣馬，分道守攻。大功告成，克副素志，敢不撰奉凱歌，歡迎大纛，亦世界未有奇樂耳。」

八月，姪師政將所記存題目在《尊經題目》以外者，編爲《四益館經學穿鑿記》二卷。以「穿鑿」名者，序云：「略經文簡奥，音訓疏説，鐵案如山。凡屬枝節，略有推敲，稍涉繁難，群焉慴息。略或且專主平庸，一見能解，轉鄙精研，以爲穿鑿。讀不能疑，疑不能解。經術沉晦至今，所以成此國勢。此篇大疑數百，小疑數千，濬聰明，啓神悟，磚石原質，皆可把玩，積長增高，成其寶相。略蓋四譯持規執繩，鈎心鬥角，斧鑿痕迹，多在此中。」略然則穿鑿者，固亦學者所不廢也。

十二月，作《中外比較改良篇》。先生意謂：「尊孔保教，當就中外考其得失，不能各尊所聞，各行所知，否則立説雖極精微，敵乃入無人之境。又必須先舍去制義講章之腐語，心性道妙之懸言，專就日用倫常研究其利害堅脆。人有所長，不能負固不服；我有所長，又何必盡棄其學而學之。」按，此書僅成《孔教祆教之比較》參看戊戌《祆教折中》條、丙午《神權駁》條。一篇。

顧印愚卒，五十九歲。

校刊日本丹波元堅《藥治通義節要》二卷。

民國三年甲寅（一九一四），先生六十三歲。

正月，携兩妾赴成都，仍住汪家拐。

政府照會先生接任國學學校校長。時學校半年無主，學生多星散。先生乃招新生以實之。孫宗澤即於是時考入。所聘教員有曾瀛、陳文垣薌荃、羅元黼芸裳、黃鎔、季邦俊等。仍略仿書院之意，每日衹上課四鐘，學生須作日記，每季考課一次。科目爲《王制》、《春秋》、《尚書》、《周禮》、國文、算術、地理，蓋與部章所規定者迥異焉。當時校款微末，每月五百元。學生不過數十人，惟圖書尚富，兼有尊經書院及存古學堂所置書數十萬卷。研究者不患無所取資而已。

先生於上海得袁刻日本殘本隋楊上善《黄帝内經太素》，極爲珍秘。其書有《人迎脈口診篇》，言其與素所持論相合，因取舊作《人寸比類篇》，先列楊注，注不足則補以己意。《内經》之外，别立仲景、叔和、《甲乙》、《千金》、《外臺》五家比類表，以明《難經》出於叔和之後，更名《人迎脈口診補證》。舊作《診皮篇》，因《太素》卷十五有《尺診篇》，先生以尺爲皮字誤。亦先列楊注，後録己説，兼正其誤説，更名《診皮篇補證》，以《仲景診皮法》、命姪孫宗濬所輯。《診皮名詞解》、《釋尺》三種附之。

二月，王灊自漢口致書先生論地學，附陳疑問十一條，先生爲逐條答之。按，王書十一條，先生所答則云十二條，有誤。往來篇及問答，後合刊爲《地學問答》，在《六譯叢書》中。答書云：「弟專以研經爲主，醫與堪輿，餘力及之。略至於臨證游山，無此暇時與此足力。略紙上談兵，終成畫餅。」可見先生對於研究醫與堪輿之態度。

成《診絡篇補證》二卷、《分方異治篇》一卷、《營衛運行補證》一卷。三書皆引楊注，補以己言，《營衛運行》並引丹波元堅《醫賸》、董子《陰陽出入》篇、馬元臺注。

《分方治宜》以弦鈎代毛石，爲五方脈象。弦鈎代當作帶。毛石均實物名詞，與他脈之爲形容詞者異，皆必加「如」字。凡加「如」字者，皆非真脈名，弦鈎毛石即曲直輕重之意，四方之人其脈相反，其相反之實不能豫定，故藉此四字以示例，非脈名也。分方異治，乃天下一人例，不爲醫言。

成《難經經釋補證》二卷、《脈經考證》一卷。先生以《難經》爲齊梁以後人所僞作，與高陽生《脈訣》同出一手，立意專診寸口，除診法一難至廿一難。外，皆隨意雜湊，檢《靈胎》以《内經》證之，本可是非顯然，但又以爲與經不同者爲别有師承。丹波元堅不主寸關尺，而疏證此書，仍爲迴護，皆以古診法失傳，故依違其詞。辨部位，立脈名，是其兩大罪狀，後人今古其間，遂致通行。自識。又以今本《脈經》尚有古法，其與古法違異者，乃全出《難經》與僞《脈經》五卷。《千金》中有與《難經》同者，乃後人羼補，宋本題下皆有「附」字，可見大氏叔和真《脈經》雖以脈名，實包望聞各種診法。借《脈訣》乃專説脈，創爲七表、八裡、九道、二十四名詞，以脈定病。《脈經考證》列爲一表，真者爲一類，真僞相雜者爲一類，僞者爲一類。又擬將《傷寒》附入之篇歸還《脈經》，僞書五卷删出别行，而後真僞自明。《脈經考證》跋識。兩手寸口同屬太陰脈止一條，並無三截六截九截，浮則俱浮，沉則俱沉，遲數尤不能强分。俗醫每於兩手六部之中，謂其或浮或沉，或遲或數，或大或小，或濇或滑，真所謂吞刀吐火，疑心生暗鬼，久於術者必有心得，每有小效，終屬魔法，非正道也。《脈經考證》頁十。

先生因范源廉、歐陽溥存、陸費逵之請，作《中華大字典序》，主張與《文字問題三十論》同。惟因去年王樹枬之言，更舉出古用字母十六證：

(一)象聲。

(二)畫卦。一 -- 相積與拼音字母相類。

(三)舊史。《天下篇》：「舊法世傳之史，尚多有之。」又：「《詩》、《書》、《禮》、《樂》，鄒魯之士能言之。」蓋孔氏古文，初祗行於鄒魯。

(四)闕文。「吾猶及」與「尚多有之」同，二「史」字同謂字母書。闕文指字母，馬謂馬號，字母爲馬號數母，拼音爲借人乘。

(五)馬號。《儀禮》所謂馬號，今作〡〢〣〤，古文作弌弍弎，與亞拉伯字同。

(六)魯鼓薛鼓。以□○記節奏。　附工尺。以五、六記音。

(七)掌紋。《左傳》掌紋如魯、友、虞，皆以字母言，非掌文同於古篆之魯、友、虞也。

(八)花紋。苗人銅鼓花紋皆苗字。古鐘鼎花紋即字，古文則作僞者補刊。

(九)符籙。古人所書，魏晉六朝間有存者，人皆不識，以爲符籙。

(十)方音。楚人謂虎曰「於菟」，中文祗一「虎」字，楚語則作二字，此如今中西文之別。

(十一)異文。三《傳》地名、人名多音同字異，正文又不如此，可見古無定字，皆以馬號拼音，亦爲譯書外國名詞。

(十二)合讀。如「不律」爲筆，「邾婁」爲鄒，及後世反切，即拼音之僅存者。

(十三)切韻。有音無字之○與●，等韻七音之○◉●衕玄偶齋。

(十四)譯官。立官專掌，則語言文字當並翻之。史云「罷其不與秦文合者」，又曰「文字異形」，是諸侯並作語，即並作文字。

(十五)語傳。《孟子》有齊語傳、楚語傳，即今語言學堂。

(十六)同文。必先不同文而後可言同文，使古中國同用古字，則秦不得云「罷其不與秦文合」者矣。

文中並斥主張以外國文譯經者。孔子翻經，必用雅言，六經六書相表裡經緯，絕非字母所能翻。如《易》之「乾元亨利貞」，《春秋》之「春王正月」、「霣石於宋五」、耳治。「六鷁退飛過宋都」，目治。《書》之「曰若稽古帝堯」，《詩》之「關關雎鳩，在河之洲」，若以字母翻之，皆不能成語。吾國注疏傳說，解經即所以翻經，有此思想，同此文字，每經一條，雖數十百說而意義無窮，推闡不盡。海外無此名詞，無此讀法。先虛後實，以一二人單獨鄙陋之見翻經，與乞丐說皇帝無以異也。

秋，成《詩緯新解》一卷。黄鎔爲之補證。先生自序云：「余十年前成《詩》、《易》全經新注並疏，當時尚囿於大小學說，以《齊詩》多祖緯候，詳於天學，故於《詩》注題曰《齊詩學》。自丙午以後，天人之說大定，二經舊稿未及追改，亦不敢示人。自《尚書》、《周禮》修改略備，《皇帝疆域考》陸續刊板，乃推及《詩》、《易》，先於《楚詞》、《列》、《莊》、《山經》、《淮南》、《靈》、《素》，各有門徑，乃歸而求於《詩》、《易》，因請經華補證此篇，以示程途。行遠自邇，登高自卑，一定程度也。每悟世說《老》、《莊》、《佛藏》，皆與進化公理相背，遂流爲清談寂滅，生心害政，以致儒生斥爲異端。苟推明世界進退大例，則可除一人長生久視之妄想，有法無法之機鋒。莊生曰：『大而無當，遊於無有。』《詩》曰：『衆維魚矣，兆維旟矣。』此固非一人一時之私意所可徼倖者。荀卿曰：『詩不切。』其斯之爲不切乎！《搜遺》乃就《春秋》、《孝經》、《禮》、《樂》各緯，摘其關於《詩》者。《釋風》所以破《詩》無義例之説。《孔子閑居》爲天學。四種又總名《詩説》。」按，此四種刊於民國七年，在《六譯叢書》中。

先生十五年前，嘗命子師慎編《漢志三統曆表》一卷。丙午，先生稿付黄鎔。原稿從東漢建武六年至於同治十三年。至是，鎔爲增至民國十九年。共一統二十章，並爲序而刊之。術家因《漢志》十九年爲一章之説，别創爲六十年一元之説。初以三章爲一元，所差無幾，至於二十章以外，則以上爲中，以中爲下，愈久愈差。《班志》三統合表，眉目不分，因别寫爲三元，以明三元之説實本於《三統曆》。《井研志·藝文三》。

八月，劉師培自京致書，以先生以經統釋之説爲疑。先生以昔年立經統老釋之説，曾鈔《子史精華·釋部》一卷，以明釋老相同之證，因再抄一册遺之，命名《佛學考原》。《四益館雜著》。

成《高唐賦新釋》一卷、《靈素五解篇》一卷。

先生以高唐即高廣，指天地，本言上征下浮。又當分爲二篇，序爲王言。「玉聞王」均當作「玉問王」。亦賦體爲一篇，玉所賦又爲一篇。薦席爲裸邪之説，出《襄陽耆舊記》，不足據。《神女賦》擬之，並無寄托，後世《幽會記》、《離魂記》皆誤相祖承。

冬，成《楚詞講義》十課。此書本先生隨手編撰，供學校講授之用。大旨以《楚詞》乃秦博士作,《秦本紀》始皇卅六年,使博士爲《仙真人詩》,即《楚詞》。著録多人,故詞意重複,工拙不一,年遠歲湮,遺佚姓氏。及史公立傳,後人附會,多不可通。又僅掇拾《漁父》、《懷沙》二篇,而《遠游》、《卜居》、《大招》悉未登述,可知非屈子一人作。而《漁父》、《懷沙》因緣蹈誤,亦不過託之屈子。《橘頌》章云「受命詔以昭詩」①,即序始皇使爲《仙真人詩》之意。故《楚詞》本天學,爲《詩》、《易》二經詩説序。

是年所作又有:《清湖北勸業道鄒君墓誌銘》、《清胡敬修先生暨德配彭夫人七十雙壽序》。

又作《離騷釋例》一文,謂《楚詞》既爲大同之學,所有名物當以《莊子·齊物論》讀之,化不同以爲同,不復有美惡是非之見,故鴞能懷我好音,葛與蕭艾混同一視也。又重訂篇次云:「略六合以外爲神遊,神遊始於天之四極,故招魂於四極,招之反故鄉,當以《招魂》列於其下,因有招之者而思歸。以上皆爲近遊。自此以外,則略爲遠游。因其太遠不敢遂行,故請靈氛巫咸占卜之。略下又以大招招之,則《離騷》未返故鄉,下當書《大招》之文。招之不止,乃決意遠遊,當以《遠遊》列《離騷》下,以《招魂》、《大招》二篇附之。又所言《九歌》、《九辯》下亦當以十八篇附録於下。《離騷》爲正篇,所附五大篇乃有始終,本末詳備。按其行由小而

① 「受命詔以昭詩」出自《九章·惜往日》,非《橘頌》。

大，由近而遠。」

歐洲大戰爆發。

民國四年乙卯（一九一五），先生六十四歲。

在國學學校校長任。

租校側楊氏宅，自汪家拐移家居之。

二月二十日，第三女芸輝生。劉出。五月初二，曾孫女婉容生。

九月初十日，第八子成劭生。帥出。

成《地理辨正補證》四卷、《撼龍經傳訂本》一卷。今在《六譯叢書》中。均黃鎔爲之注。先生仍以治經之法治勘輿。黃序《地理辨正》云：「四益先生略以爲此經傳之精華，《大學》之佐證，乃以窮經之心思，博採傳緯子史諸說，原注：如《周禮》律呂，《禮運》太一，《鄉飲酒》之賓主位次，緯之北斗、明堂，《靈》、《素》之九宫，《史·天官書》之類。勘明楊、曾立法之原。略竊以蔣説多言訣，《補證》則詳理。蔣傳囿於授受，《補證》究其根源。蔣氏拘泥舊文，《補證》溝通變化。蔣氏懼於漏洩，不免秘密之談；《補證》比之説經，不畏鬼神之責。」略又《撼龍經傳訂本自序》云：「此楊公古本，流傳既久，高公謂經後人竄易增益，故各篇之中，章法凌亂。略今仿《王制》、《周禮》訂本，分經、傳、説三等級，舉大綱以張細目。略其枝生節外無關經旨者，則在害馬當去之例。要期理求其是云爾。」按，此兩書見於《井研志・藝文四》，當時名曰《天玉寶照蔣注補證》及《疑撼經訂本》。託名董含章作。原僅先生手批本，今年始由黄鎔補成。

隋楊上善《黄帝内經太素》，後附《黄帝内經明堂》及清黄以周《黄帝内經明堂序》、《舊校太素經校本序》、《黄帝内經》九卷、《靈樞集注序》、《黄帝内經素問重校正序》，先生以爲並足珍惜，並爲重刊之。又以黄氏《九卷集注》、《素問重校正》兩書均無傳本，擬仿黄氏例爲《靈樞隋楊氏太素注本》、《素問隋楊氏太素注本》。其佚者據宋《新校正》所引《太素》及楊注佚文，依《靈》、《素》原目分卷補入，以成完書。其中雜有後人校語者别録之。鈔寫脱誤，略爲考證。按，此書未成。並命次孫宗澤先輯二書目録，依《靈》、《素》原目，注明楊注見何篇。並補《新校正》所引佚文。計《靈樞》楊氏全引者五十三篇，未全者十四篇，佚者十五篇，《素問》全五十，不全十三，佚十八。及《黄帝内經太素篇目》，每篇注《内經》原書篇名，佚文據《新校正》補。先爲刊行。

友人譚焯灼庵藏日本康賴《醫心方》三十卷，爲宋太宗時卷子本。先生借鈔之，以鈔本存校中。先生因《醫心方》之引《千金方》不引《翼方》，斷爲二書非孫氏一手所作。又云：「古今以翼名書者必非一人作，如原序所引《孔子翼》、《太玄翼》是也。」又以《醫心方》絶無寸、關、尺三字，且往往不與宋校合，又可知糾纏《難經》始於北宋。診寸、關、尺之非古法，更得一證。《屬何俶尹壽序》。

是年所作文有：《楊少泉夢語序》、《四川圖書館書目序》、《清授榮禄大夫江蘇候補道賀君暨元配謝夫人合葬墓志銘》、《省建秦蜀郡太守清封通佑王廟碑並頌》。《圖書館書目序》

云：「吾國自通習五經而經學亡，自普通設科而中學且絶。略大氏學人多中先博後約之病，皓首博識未盡，何有約時？略蓋學問之道，先行後知，本專末博。」與《經學初程》所言不博遂求約不可也見壬辰。小異，此蓋有激而然也。

先生爲學生講《國策讀法》，仍表彰縱横之意。中有一條，言其對語言學堂之主張，略「中國當於邊海設二三語言學堂，擇中學已深、天資絶妙者入校肆業，優其出身。其餘各省，聽人民自便。各學校可停此科以專中學。蓋此科非天資絶高者不能有成，非人力所及，不如一筆删之，以求有用之學」。《戰國策讀法》。按，此僅爲外交人才而言，不言讀西書，但先生當不主張凡入校者皆能讀西書。今内地各省中小學外國語耗時最多，亦最無用，其弊甚著。

將唐梓州趙蕤《長短經》中《是非篇》提出重刊之。在《叢書·輯古類》。

光緒丙午，先生在青神漢陽壩，曾本《周禮》證合《尚書》之旨，口授門人鄭可經，爲《書經大統凡例》若干條。至是復由黄鎔加以補葺，共成六十八條。《周禮大統凡例注》。

爲學生講授《傷寒》，得□課刊之。

成《内經平脈考》，合《靈樞·本藏篇》、《師傳篇》、《通天篇》、《陰陽二十五人篇》、《論勇篇》、《衛氣失常篇》，《素問·血氣形志篇》，爲王典楊注卷，以馬注及丹波《素問注》，又補以己意。

又有《平脈考》五卷，已刻。據《太素》本刊者似非完作。

成《三部九候篇補證》今在《六譯叢書》中。二卷。序曰：「鄭康成《周禮》『疾醫』注，脈之大要在陽明寸口而已，略經於人寸之外別詳三部，加入少陰，岐伯乃以少陰爲任衝，少陰不動之者爲衝，略任衝與督帶爲十二經之主宰，少陰統於藏，惟任衝乃能於人寸外獨立營壘自固，部分亦如丹家之專詳任督也。略西醫解剖生殖爲一大門，内傷外感，屬於人寸，男女傳稱惟在衝任，覆蹈程途，亦於是明。略此三部之中，以衝任爲君主。」略又曰：「中國舊説以外腎爲附庸，不列十二經中，而別造命門以主生命。張景岳於《内經》頗爲熟習，乃亦盛推命門。審是，則《内經》於生理逐末忘本。略考人身生死病痛，專責藏府，生化飄舉，則責在衝元。故以形體論，腎氣無關於死生，而欲久視長年，則以築基爲根本。此《難經》重腎，爲魏伯陽之遺風，而盛衰生死，則法不在是。」《三部篇序》，先生建極以馭四旁。

冬，袁世凱將稱帝，以明年爲洪憲元年。蔡鍔自雲南起兵討之。

命孫宗澤將《靈》、《素》中言鍼脈病名篇彼此解釋者，如《小鍼解》、《鍼解》之解九鍼十二原□編。彙爲《工解篇》一卷，今在《六譯叢書》中。附《瘧解補證》。蓋以《素問》以「問」稱，與《服問》、《三年問》、《曾子問》同例。《靈》、《素》篇以解名，亦訓釋之取義。本書自相解釋，不必人之分篇作注也。黄鎔序。

作《素問靈臺秘典論新解》，今在《六譯叢書》中。以天下一人例之義説之。

先生不以《靈樞》爲僞書，其言曰：「《靈樞》爲經，《素問》爲傳。所引『經曰』多出《靈樞》，此醫家之通論也。略凡古今僞書，皆衍空言，不能徵實，如僞古文《尚書》之類是也。《靈樞》所載藏府、經絡、筋骨，較《素問》尤爲徵實，與《考工記》之鈎心鬥角、比寸較尺相同，後人不能仿造一節二節，何況繁重至於八十一篇之巨帙乎！略蓋六書之文出於孔子，黄帝古書全屬依託，不止《靈》、《素》爲然。若以雜有後世事實，書原祖託，記録在後，春秋以上，何有六書？古書相傳，今以儒法經記傳問説解考之，六門之書，至少必更六傳，如孔子作經，弟子門人作記與大傳，下至漢初，乃以問、説名書。略釋書、道藏，其例相同。今《靈》、《素》具有六種書體，全書同稱黄、岐。釋伽既著經，又作論説、語録，此必無之事。本書所以不避雷同之嫌，蓋藉以明依託之旨，如盜蹠斥仲尼，卞和愧文仲，作者非不知時代不符，特留此破綻以啓後人領悟耳。略況《靈》、《素》以解評名篇至六七見，此豈一人所爲。略不然，試就《全上古三代文》中考之，所有堯舜以前之文字，與戰國有何分别，藉此可以自悟孔子以前並無古人之書傳。略《靈》、《素》全出孔門，以人合天，大而九野十二水，爲平天下之大法；小而毛髮支絡，爲治一身之疾病。先知前知，理無違異。不假於解剖，無待於試嘗。弟子撰述，初作經篇，《素問》問難，半成於扁鵲、倉公以後，書雖晚出，不改師傳。故同目岐、黄，以端趨向。略。《難經經釋補證·總論》頁十七。又曰：「案陰陽五行本大一下行九宮之法，運氣之所從出。皇主天道，陰陽五行爲其二伯五岳之法，故其説以干支、歲時、月日爲本。後來爲其學者，天下萬事萬物莫不以五行推之，略爲古陰陽五行之支流餘裔，出於《洪範》五紀例者尤多，皆爲治法，當以歸之經説。若醫家專門切要之事，則詳經絡，考部位，識病名，知鍼藥，於《内經》中取其切要者不過二三十篇，其屬通論。治國醫人，皆所合通者，不過三四十篇。其高深玄遠之《陰陽大論》，與政治陰陽五行家之專篇，則盡可束之高閣。略收五行以歸經學，略治法可以重光，於醫學中掃除荒蕪，自有澄清之望。」《分方治宜篇》頁十三至十四。

春，日人向我國提出二十一條。五月七日致最後通牒，迫我承認。

民國五年丙辰（一九一六），先生六十五歲。

在國學學校校長任。兼任華西大學國文及文學史教授。

四月，成《大學中庸衍義》一卷。先生以「《大學》爲皇帝學，專在治平，功用從修身始，不應於修身前加入正、誠、格、致四級。宋元學派困於格致，以七日格庭前竹，十年去一矜字不得之類。終身不至修齊，何論治平。略欲講《大學》，不可不以天下爲志。欲知治法，不可不分先後。一言已明，不必求虚索隱，泛濫蒙混，以童蒙、物理、方名等事責之德行。格致如今西人科學，乃古蒙書專書，技藝仕宦，初不主之。略舊説之誤，在以格致爲入德之門，成人之學，言行本末相反，正中顛倒之弊。」頁一。又曰：「『物有本末，事有終始』二句，物字有明文，本末先終疑爲終始。爲格物。『知所先後，則近道矣』二句，知有明文，能分先後，即爲致知數言可了。」頁二。

『自天子至於庶人，壹是皆以修身爲本』，是修身以前不當再有朱子之所謂四條目也。」自謂曰：「今乃合讀《大》、《中》，次第人天而爲之説。幽深隱微，頗不合於時好，然就經言經，於今日教育宗旨，或足以聊備一解。」又曰：「今於《大學》，既以修身爲主，不用宋人、西人格致之説。又以治國爲本，平天下爲末。所有修齊，皆屬比喻，化五爲三，直不啻化三爲一。」《大學衍義》頁三。

六月，黄鎔補編成《皇帝疆域圖表》，其爲圖表凡四十二。按，先生己亥以前曾有《大共圖考》之作，見《井研志·藝文》。未成。以後似續有增補。甲寅刊其三圖，以餘稿命黄鎔編輯，鎔每編成一圖，輒用作國學學校講義，其中繩尺，糾駁改易復陳者至於數四，至是卒業，共得四十二圖。黄鎔跋。每圖鎔皆詳爲解説。大統疆域，粲然大備矣。

九月廿六日，王闓運卒，八十五歲。十一月初，尊經同人設奠於尊經書院舊址。先生爲文祭之。先生於王氏，不肯依傍精神，此文頗能道出：

「略文襄以鄉土之誼，祖述河間，專崇姬旦，中年從政，遂輟仰鑽。承襲舊聞，老而彌篤。嘗命撰《左氏長編》，既據作傳，不能不主聖修，非其本意，終弗善也。夫子以餘力箋注群經，提倡微言，主張董、何。西漢師傳，千鈞一髮。他編宗旨，雖不必盡同，若《公羊》一家，信爲偉業。無傳而明日月不蒙諸條，至爲精審，莊、孔尚未窺其藩籬，餘子更目鄶無譏。受業造膝摳衣，頗與機要，避火畫水，投荒《穀梁》。石渠重光，無復知有魏晉；關中既建，大難以次削平。

卌載專精，用分一絶。小隊偏師，逍遥河上。不敢摹擬《騷》、《選》，自比淵、雲。侵犯神嚴，知難識小，自由才薄耳。略受業以蕞爾介居兩大，時論紛然，頗有同異。特妾婦之道，從一而終，轉益多師，古所不禁。況儒生傳經，亦如疇人制器，秘合差離，久而後覺。使必株守舊儀，禁新法，專己守殘，殊非師門宏通之旨。又凡真賞過喜，每多溢辭，難拘常解。割雞本屬戲言，非助亦爲，甚至鳴鼓之命，取瑟之歌，亦别有微旨，否則天視之慟，比於庶幾。而何皇望文，屢見排於門外，學者即屬非賢，教者何以自聖？以古準今，其則不遠。」略。參看□年。據末數語觀之，似當時同門中不無排擠先生事實。先生嘗評闓運云：「湘潭於經學乃半路出家，所著《春秋例表》，至於自己亦不能尋檢。世或謂湘潭爲講今學，真冤枉也。」吴虞《六譯老人餘論》。

成《診筋篇補證》一卷，附《十二筋病表》；《診骨篇補證》一卷，附《中西骨格辨正》；《仲景三部九候診法》二卷。均在《六譯叢書》中。《診筋篇》以《靈樞·經筋篇》及《素問·刺要痛論》爲主。《診骨篇》以《靈樞·骨度篇》爲主。其散見於各篇者則據《古今圖書集成》「筋門」及「骨髓門」鈔補。先録楊上善注，以己意補之。《診骨篇》並將日本□□□《經穴纂要·周身名位骨》一篇加入，而附以劉廷楨《中西骨格辨正》。

先生力主復古診法，以《内經》每以皮、腠理。絡、一作内分。經、三部九候診經脈。筋、骨筋骨亦作藏腑。淺深層次，分屬藏府及邪風傳移，最關緊要，故次第成《診皮》、《診絡》、《三部九候》、《診筋》、《診骨》以上亦名五診法。及《人迎脈口診》、《分方異宜》、《内經平脈》、《營衛運行》各篇，名

《古經診法九種》。

成《仲景三部九候診法》二卷。今在《六譯叢書》中。仲景於公式稱陰陽，至於三部本經私病非公式者，乃曰趺陽、寸口、少陰。《仲景三部診法·陰陽總類題目注》。

彭縣唐容川《補正》曰：「仲景診脈是人迎趺陽，二字當旁注。寸口太谿，周身遍求。至爲精詳，乃古法也，與今之診法不同。」略　頁五十三。

二月，取消帝制，廢洪憲年號。護國軍興，各省響應。六月，袁世凱卒。黎元洪繼任大總統，民國復建。

民國六年丁巳（一九一七），先生六十六歲。

在國學學校校長任。兼任成都高等師範諸子學教授。

正月，孫宗澤娶妻蕭氏。

二月，作《謝母丁恭人六十壽序》。

三月，曾孫德厚生，宗伯出。

三、四月之交，川督軍羅佩金、第二師師長劉存厚在成都巷戰，焚殺極殘酷，難民麕集學校，停課數周。六月，省長戴戡又與劉存厚巷戰，焚殺較前尤烈，戴戡死之。劉存厚兼理軍民政務。

十月初九日，第四女堯章生。

冬，先生辭國學學校校長職，宋育仁繼任。　王先謙卒，七十六歲。

門人季邦俊補成《春秋三傳折中》一卷。今在《六譯叢書》中。

按，先生初解三《傳》，分疆畫界，一字不苟，積久貫通，乃作《春秋經傳滙解》。於異文先《穀》，次《公》，次《左》，三《傳》平列，不主一家，略採舊説，辨其異同。舊作《三傳異同四表》，在三《傳》未成時。　首事實，次典制，三義例，四存疑。今並以附經下。蓋以正解詳其貫通，以存疑收其歧出，尚不爲三《傳》作調人。既又有《三傳事禮例折中表》三卷，則直以平三《傳》之獄爲己任。《井研志·藝文二·春秋經傳滙解》、《三傳事禮例折中表》提要。　約在癸巳、甲午之間。據《經話》甲一，頁五十六。　惟當時似未成書，季邦俊乃就原稿加以整理並爲之注，以充學校講義。惟不惟分事、禮、例三門，似較原本爲簡。其中平反疑難，最爲切理厭心者，如尹氏卒，《左》作君氏，二《傳》作尹氏。舊以爲男女不同，今據《左》隱七「尹氏」之文，知《左》經本作尹。《傳》之「君氏卒」乃魯事，不見經。「尹氏卒」有經無傳，後人誤據魯事解經，乃改經「尹」爲「君」，以致歧異。此條事。　築王姬之館於外，《左》言非禮，《公羊》合禮，各言半面，惟《穀梁》由非禮而合禮，乃爲全文。此條禮。　「天王使宰咺來歸惠公仲子之賵」，《公》以爲桓母，《穀》以爲惠母，此當從《穀梁》母以子氏，例比成風。杜注「未薨」，純係誤解。此條例。　先生嘗謂：「六經有小大、天人之分，三《傳》無彼此是非之異。宏綱巨領，靡或不同，文字偶殊，不關典要。」季邦俊序。

先生舊有《周禮定本》，仿《王制訂本》之例，分經、傳、説寫定。不詳年。至是，黄鎔爲之注而刊之，名《周禮訂本略注》，與《書經宏道編》互相發明。本書第一卷書名下注。惟書止天官、地官二卷，當是未完之作。

成《傷寒古本考》，其目爲：

（一）北宋本同《翼本》，乃《傷寒》中部，首尾别在他書考條目。

（二）成本出於《翼》變亂羼補考條目。

（三）《傷寒論》四本編次。成本、箋辨、尚論、外臺。

成《平脈法砭僞平議》、原書爲日本内籐希振撰，在《傷寒雜病論類編》十卷。《瘟病平議》。原書即陸九芝世補齋醫書之《温熱病説》三篇，先生駁其以温熱屬陽明之誤。

《傷寒平議》：

（一）陳脩園《傷寒淺注凡例》、《讀法》。

（二）張隱庵《傷寒集注凡例》。

（三）柯韻伯《傷寒注總論》、《傷寒翼》。

（四）黄坤載《傷寒説意》。

（五）錢天來《溯洄集》。

（六）喻嘉言《疫證平議》。

（七）王安道《溯洄集》。

（八）郭雍《傷寒補正》。

《傷寒總論》録《外臺》第一卷諸論《傷寒》八家一十六首，《外臺》論傷寒六日數病源並方，方九。二十一首，附《病源時氣熱病温病日數表》、《華氏日數三十六日表》，附《傷寒講義》□課：（一）《太陽篇六經轉變證誤》，（二）《四時常病表》，（三）《四時類病表》，（四）《導引順時則四時不病表》，（五）《四時正病由於所傷即病表》，（六）《違時則留病内因表》，（七）《四時外感所傷留病表》，（八）《四時所傷聞時而病表》，（九）《吐法在胸經證》。《桂枝湯講義》自注云：「初疑桂枝湯不應立方名，再版據發汗當爲解肌，今因《聖濟・傷寒門》有十九桂枝湯，繼考巽本《傷寒》一卷，獨無同名之方與無名之方，與本書及古書例通不相同，故定建中、陽旦、解肌爲古母方名，餘以藥味立名者皆子方，古則無名，同名統於母方也。」頁一。

是年，張勳擁清帝復辟，旋爲馮國璋、段祺瑞驅走，馮代總統。廣州非常國會舉孫文爲大元帥，下令北伐。

民國七年戊午（一九一八），先生六十七歲。

春，先生去國學校長職，宋育仁繼之。

是年正月，熊克武繼劉存厚爲四川總司令，先生鄉人。楊庶堪任省長。

仍任高等師範課。

五月二日，孫媳蕭氏死於産。十四日，陳氏女死於産。

六月，先生以將回籍析産，先遣妾帥氏歸。七月初，自成都偕門人鄭可經、時鄭爲律師，故邀之。季邦俊、姪師政繼歸。十一日，將小高灘秦家灣兩地田産一百二十畝分授兩孫三子，人得二十四畝，附土數畝。成都兩屋，留以自住。先生生平産業，盡於此矣。是時，鄭可經曾欲爲先生作年譜，已以一册子列干支年歲，仍未作成。

七月十九杪，先生復至成都，妾帥於九月始去。教授高等師範。復任國學學校校長。存古學堂第一班學生於民國二年夏肄業期滿，教育部以不合部章，僅允以中等學校資格畢業。當時先生在京，曾篤代理校務，嘗電請先生力争。後此辦理數年，迄未立案。至是，因學生之請求，省署乃照專門學校章程改組國學學校，設文、哲、史三科，以經費缺乏，史學科暫緩設。咨部立案，更名四川國學專門學校。

十二月九日，姪師政卒於國專校，年五十二歲。時師政任省議員，寄寓校内。師政侍先生極久。其死，先生頗痛之。十二月，孫宗澤畢業國專校。

黄鎔推本先生之説，成《尚書宏道篇》、《中候宏道篇》。均不分卷，二書合《書經大統凡例》統名《今文新義》，在《六譯叢書》中。此書本名《尚書緯説》。《璿璣鈐》云：「孔子删經，以十一篇爲《尚書》，十篇爲《中候》。」先生以爲，尚者上也，上論帝王，有法古之義。候通侯。《開元占經》引作「中侯」，「中侯」謂「中鵠」。經立正鵠，以待後聖射中，有俟後之義。於《尚書》十一篇以《皇道》、《帝典》、《帝謨》、《禹貢》、《洪範》五篇，爲一皇四帝。《甘誓》、《湯誓》、《牧誓》爲三王。《高宗肜日》、《西伯戡黎》、《微子》爲殷三公二伯。於《中候》十八篇，以《顧命》、《甫刑》、《文侯之命》、《鮮誓》、《秦誓》爲周五篇。《顧命》居中，餘四篇如四岳，與《典》、《謨》、《貢》、《範》相應。以《雒誥》、《盤庚》、《呂覽》、《史記》説周用盤庚法，故《盤庚》稱誥，爲《周書》。《大誥》、《康誥》、《酒誥》、《梓材》皆「王曰」，爲一類，爲成王六篇。《雒》居中，《盤庚》五方中央皆備，爲《大戴》之六府，餘四方四誥。以《金縢》、《君奭》、《多士》、《多方》、《召誥》、《立政》、《毋佚》七篇皆「周公曰」，爲周公七篇。《孟子》「周公兼三王，施四事，統四方、天地人爲七政」，即七篇舊義。《皇道》篇者，分《帝典》「迺命羲和」五節爲之，以當二十九篇之數，不取晚出《泰誓》之説。據各篇目注。每篇又分序、經、傳、記、説，分寫之。先生舊作《尚書備解》，其分篇法與此不同矣。

將舊所批《禮記》付刊，不詳何時批。名《禮記識》，凡二卷。將舊作《易説》一卷付刊。

作《唐珍廷先生八十晉一讌集序》。珍廷爲省議長唐宗堯之父。文中於古議院制言之甚詳。參看戊申年議院改良條。

先生五變之説至是而備。其於六經分天人、大小，與《四變記》同而較爲詳備。歸重於六經皆孔作，孔作六經，必須造字。自爲《五變記》，大略如下：

（一）人學三經。

《禮經》——六藝中先有小禮、小樂，乃修身、齊家事，爲治平根本。附小樂。

《春秋》——治國學，又王伯學。爲仁、爲義，地方三千里。

《王制》爲之傳——人學之小標本，儒、墨、名、法主之。

《書》——平天下學，又皇帝學。爲道、爲德，地方三萬里。

《周禮》爲之傳——人學之大標本。道、陰陽主之。

孔經初主此二派，先小後大。《春秋》之王伯學，中國已經略有端倪，至於皇帝學，必待數千年乃可得其髣髴。

（二）天學三經。

《樂》——凡言大、言至、言無者，皆爲天樂。

附大禮——禮爲别，樂爲和。

《詩》——神游學。神去形留，不能白日飛昇，故專言夢境。

《内經》、《山經》、《列》、《莊》、《楚詞》、古賦、游仙詩以爲之傳。

《易》——形游學。周遊六虚，即飛相往來，在六合以外。

釋典爲之傳。按，《五變記》止於《詩》，無《易》，疑有脱。特本先生之説，補此二行。

（三）分畫天人之《大學》。

《大學》十二引《書》，十二引《詩》，所以示由人企天，「正心、修身、齊家、治國、平天下」，主行。

爲人學五等。「定、静、安、慮、得」，主思。爲天學五等。「物有本末」，即身、心、家、國、天下五等；「事有終始」，即正、修、齊、治、平、定、静、安、慮、得十等。蓋天經天人之等級，藉《大學》以明之也。詳見《五變記箋述》。

（四）因作新經，乃造六書文字。

六經皆孔子所作，凡經傳所稱引堯、舜、禹、湯、文、武、周公、帝德、王道、伯功，皆孔子一人之事。《韓詩外傳》姑布子卿相孔子，即其詩説。用以俟後。乃新經，非舊史。譯新經必須雅言，乃創爲六等文字。自國師公顛倒五經，謂以五經爲古已有之。僞造三代鼎彝，於是孔子以前乃有六書文字，如譯史所別六家。乃有六經，於是六經乃爲帝王陳迹。六經之爲新經，孔子已爲作爲述。

舊史關鍵全在六書文字之是否孔作，孔子以前是否字母書。數年來搜討，證據繁複，説乃大定。

黄鎔作《羅玄德中文古籀篆隸通序》，於先生五變、孔作文字之義頗詳，略云：「略竊以讀書必先識字，造字乃以作經。認定六書字體爲宣尼手澤，則曩昔失物皆可次第收回。故孔氏古文之説，不可不奉爲鐵案也。人之稱倉頡古文者，大抵根源許氏耳。按《説文敘》列倉頡於庖犧後，不過溯文字之始源，略並無倉頡古文之明文也。其曰：『孔子書六經，左丘明述《春秋傳》，皆以古文。』所謂孔子肇造古文。又曰：『亡新居攝時有六書，一曰古文，孔子壁中書。』又『馬頭人』等説，皆不合孔子古文，則明明以古文專歸孔子。略許氏引『孔子曰』，即孔子初造古文解説字義之證。然則《易·繫》後聖書契，謂孔子也。倉頡之書在孔前有可考者，略

《爾雅》歲陽、歲名、閼逢、旃蒙、困敦、赤奮若之類，一音三音，繁重無義，此爲孔前音多字多之證。略又《爾雅》月名陬如、病餘等十二名詞，莫可索解。章太炎謂巴比倫有此名詞。此即史贊所謂『不雅馴』之文也。略。按，此節尚舉有《左傳》手紋及三《傳》異文各例，以已見先生《中華大字典序》，不贅録。至於『會意』一門，合數字成一字者，尤足見字母遺迹。略其時，字母詰屈，鄙陋繁瑣，不足以載道，乃不得不起造點畫，以四象轉借，爲六經之首基。略以後傳記子緯，凡用六書文者，莫非孔經之祕聞，即託人名在孔前者，略莫不承用六書古文，即皆孔經之傳説也。夫所謂孔氏古文者，對博士今文隸書而言也。略劉歆校書秘閣，發得《周禮》、《左傳》，皆古文原本，疏請立學不遂。弟子憤仇博士，謠詠朋興，謂周公制作，而孔子無經，謂倉頡古文，史籀大篆，而孔子無字。於是三代鼎彝往往而出。考其銘式，要皆六書古文變體。《説文敘》駁之，以爲大共非眥。略《班志》所列黄帝等書目，略名由臆造。總之，字母語煩音嘖，遷移不定。六書古文擇言尤雅，有形有義。」略

成《傷寒古本訂補》。自序云：「余笑方、喻以下《傷寒》本佚去頭部，爲『刑天傷寒』。略既據《千金》補此三卷，或猶恐其過於新。略竊以成本出於《千金翼》，今取《千金》九卷，加於《翼本》之首，璧合珠聯，固無疑義。且考自明方、喻以下全祖成本，成出於《翼》。略成本取《千金》三卷以補《翼本》之缺，不以《翼本》爲完者也。方、喻以下乃取成本之引《千金總例》，《三要方》汗、吐、下三例，在《翼本》之外者盡删之，《翼》、成二本遂成爲刑天氏之無首，而別以風寒

與兩感爲三大綱，删去《翼本》太陽七法，合爲三卷。今試舉成本證明其意，然後知非成本之過，全出於方、喻之無知妄作。」

《傷寒雜病論古本》三卷，八年刊。自識云：「略《外臺》一卷，與《千金》九卷同爲《傷寒》原文之首帙。《外臺》二卷引《傷寒雜病方》，則與《翼》九、十兩卷同，此爲《傷寒》中帙。三爲天行，四爲温熱雜病，則與《千金》十卷同。知唐初本九卷，爲首一、二、三卷，《翼》九、十兩卷爲第三至第十卷，《千金》十卷居其末，爲《外臺》第四卷，包《金匱》在其中。此唐初之古本也。」

是年，南北混戰。

徐世昌繼馮國璋爲大總統。

王先謙卒①。

---

① 本譜已於民國六年載：「王先謙卒，七十六歲。」此處屬誤植，當删。王先謙（一八四二——一九一七），字益吾，學人稱葵園先生。湖南長沙人。著名學者、湘紳領袖。曾官國子監祭酒、江蘇學政，湖南嶽麓、城南書院院長。校刻《皇清經解續編》，並編有《十朝東華録》、《漢書補注》、《後漢書集解》、《荀子集解》、《莊子集解》、《詩三家義集疏》、《續古文辭類纂》等。所著還有《虚受堂文集》等。

六譯先生年譜卷七①

起民國八年己未，訖二十一年壬申，凡十四年，爲先生學説六變，以《内經》説《詩》、《易》時期。②

民國八年己未（一九一九），先生六十八歲。

在國專校長任。

正月初七，曾孫德輔生，宗伯出③。

三月十七日，先生在寓薙頭，晚餐時忽失著，聲瘖掌攣，隨即昏迷，逾時始甦，急延譚焯、徐堪同縣人，時任國專教。視，予以表劑無效。嗣由盧某投以補氣化痰之藥，漸能飲食言語，惟言

① 六譯先生年譜卷七：原稿不分卷，兹據巴蜀本分。

② 此段文字原無，據巴蜀本補。

③ 此條原無，據巴蜀本補。

語仍蹇澀，右手右足仍拘攣，時侍側者有兩妾及長孫宗伯。①

八月三日，長孫女□適同縣張盛勳，次孫宗澤自井研來侍。

先生病後，以半身不仁，行動眠食均非人不舉，寫作惟恃左手，然仍不廢著述及講授。當講時，常命孫宗澤書其稿於黑板，略説數語，語不清晰，則宗澤間爲繙之。

十月二十四時，妾劉回井研，先生殊戀之。妾帥勸先生辭職歸家，季邦俊又陰阻之。

十月杪，國專學生劉慕山等反對先生，先生亦聞政府有延黄侃季剛來川長校之説，因函省署請辭，未准。乃懸牌不理校事。

吴虞於先生極推重，然不敢聞先生近説，是時教授國專，曾以自述命題，謂學生曰：「言文史心得均可，愼勿闌入廖先生學説也。」

劉師培卒，三十六歲。

歐洲大戰停止。

五月，北京各大學學生爲山東事件發生五四風潮。《中教史要》一百二十。

---

① 「表劑無效」以下，巴蜀本所記更詳：「縣人胡益智謂面有光彩，恐亡陽，主用補陰回陽之藥。盧醫錦亭云：『高年陽衰，内邪發動，因剃頭爲風所乘，非實風也。當以參、附、朮助正氣，而佐以化痰開竅之劑。』十日後飲食漸復，惟自是以後，言語蹇澀，右手右足均拘攣，行動眠食非人不舉矣。」

熊克武爲四川督軍。

民國九年庚申（一九二〇），先生六十九歲。

春，復任國專校長職。

二月，孫宗澤入法文學校，先生謂爲棄其所學而學之，阻之，不聽，怒甚。

作《熊寶周先生六十壽序》。

八月二十九，妾帥氏以用度頗窘，先生又常詈之，憤而歸井研，先生亦不之留，惟曼聲誦「壺内有酒好留客，壺内無酒客難留」之句。

九月，妾劉氏自井研至省侍先生。

是年秋，川軍與滇黔軍交惡，熊走潼川，滇軍尋亦被驅走。

秋，鈔《大學新解》。

曹錕、張作霖所領直奉軍與段祺瑞皖軍戰，直奉軍勝。

撰《伍母郭孺人墓志銘》。

民國十年辛酉（一九二一），先生七十歲。

在國專校長職。

二月初九日，先生生日。門人黃鎔、楊虒、李光珠、黃炳彝、郭述皋、劉泌子、賀龍驤、王世仁、王志仁、胡淦、黃龍江、帥鎮華、周濂洸、李堯勳、季邦俊、鄭廉生、孫爾康、唐温源、李沅、陳國儒、帥正邦、鄭可經等爲文以壽，文於先生四十年中學説變遷言之頗詳，黃鎔作。

是年，先生六變説成，易號六譯老人。將平生著作已刻者編爲《六譯館叢書》，共□種。尊經書院刊□種，仁壽蕭藩刊三種，綏定、成都府中學堂刊一種，宣漢書院刊三種，存古書局刊□種。統由存古書局印行。周刊《穀梁》因板在湖南，未列入。

欲將《六譯叢書》再付中華書局出版，藉資廣布，中華以卷帙太重謝之。嗣又以周刻《穀梁古義疏》似已絶版，擬但印此一種。已有成議，因加重訂，略增近來新義，並命門人趙遵路校之。

冬，門人柏毓冬、徐溥等創設國學會課，推先生及宋育仁主之，應課者千餘人。

先生六變大綱詳柏毓冬《六變記》。柏文即就黃鎔壽序而略有删補者。

「略己未春，先生得中風，聲瘖掌攣，而神智獨朗澈，優游中得《詩》、《易》圓滿之樂，遂半生未解之結，於《靈》、《素》獲大解説。其論《詩》本《樂記》歌《風》、歌《商》、歌《齊》、歌《小雅》、歌《大雅》、歌《頌》之六歌，而悟六詩之師説存於《内經》。訂四風、五運、六氣、小天地、大天地、二十八宿爲六門，以應《樂記》。《周》、《召》、《檜》、《曹》四詩，不見日月字面，因訂以《周南》十一篇，起五運六氣例，《召南》十四篇，起二十八宿例，《檜》詩、《曹》詩各四篇，以起八風例,《靈樞·九宫八風篇》是爲傳説,以應《樂記》之歌《風》。此《風》詩,一也。《鄘》、《衛》、《王》、《秦》、《陳》五詩各十篇,合於《内經》之五運,蓋五旬五十甲子,除子午少陰不司天之十年不計,所謂甲己化土,乙庚化金,丁壬化木,丙辛化水,戊癸化火,凡十干合爲五行,施爲五運,化爲五旬。凡屬日之詩五,所謂日屬世界,以應《樂記》之歌《商》。蓋鄘字古通宋,宋爲商後,故五運詩以《鄘》爲首。此五運之詩,二也。《邶》、《鄭》、《齊》、《唐》、《魏》、《豳》,合於六氣之六十甲子。《内經》六氣有平氣、太過、不足之差。以一氣主十二月,分之則《魏》、《邠》各七篇爲不足,《邶》、《鄭》各二十篇爲有餘,用損益之法,取《邶》、《鄭》之首各五篇補入《魏》、《邠》。每詩餘三篇以象閏月。另將《鄭》詩之《溱洧》一篇補入《齊》詩,與《唐》詩皆十二篇,以應平氣。《邶》、《鄭》有餘而往不足隨之,《魏》、《邠》不足而往有餘隨之。凡地支主六氣,所謂子午之上,少陰主之;寅申之上,少陽主之;丑未之上,太陰主之;卯酉之上,陽明主之;辰戌之上,太陽主之;巳亥之上,厥陰主之。一氣主十二年,六十甲子餘十二月,以旬空法補之,是爲屬月之詩。所謂月屬世界,以《齊》詩爲之代表,應《樂記》六歌之歌《齊》。此六氣之詩,三也。《小雅》爲小天地,以《小旻》、《小宛》、《小弁》三篇爲之代表。自《鹿鳴》至《無羊》三十篇,以應一轂三十輻,比於《易》下經之《咸》、《恒》十朋。《節南山》至《巷伯》是爲三小十一篇,比於《易》下經之《損》、《益》六首。《習習谷風》至《鐘鼓》,是爲《魚藻》十一篇,比於《易》下經之《震》、《艮》六首。《楚茨》至《賓之初筵》,是爲《瞻洛》十一篇,居中央,比於《易》下經之

《兑》、《巽》六首。《菀柳》至《何草不黄》，是爲《菀柳》十二篇，比於《易》下經之《濟》、《未》六首。凡《小雅》之詩七十四篇，應《易》下經五朋，所謂五中。《内經·六微旨大論》云：『上下有位，左右有紀，移光定位，正立而待之。本之下，中之見也。見之下，氣之標也。』即其傳説。是爲小天地，主紀步三詩，較月屬六氣之詩爲尤大，與《樂記》六歌之《小雅》相應。此小天地之詩，四也。《大雅》爲大天地，以《雲漢》、《瞻仰》、《召旻》三篇爲之代表。自《文王》至《下武》九篇，分應天地人之道。天以六爲節，地以五爲制，人以四爲度。故有上部之天地人，中部之天地人，下部之天地人。三而三之，三三而九，九九八十一，是爲九天，而分八風，與《周》、《召》、《檜》、《曹》風詩相應。提出《文王有聲》一篇，與《尚書·帝典》開宗之《皇道篇》相應。自《生民》至《卷阿》八篇，以應八節。《鳳凰》至《桑柔》六篇，以應六氣。《嵩高》至《常武》五篇，分配五方，合爲二十八篇。《考工記》輈人蓋弓二十八，以應列宿，故三大天爲列宿外之三統，與三小天次序顛倒不同者，所謂上下無常，而人道則居中不變。三小天商在前，周公居中，成王居末。三大天武王居首，周公無天下而有天下，次之孔子，則主《商頌》。此小大所由分，是爲大天地。主二十八宿之詩，與《樂記》六歌之《大雅》相應。此大天地之詩，五也。三《頌》，《周頌》屬天，天以六爲節，故《周頌》六篇。《魯頌》居中屬人，人以四爲度，故《魯頌》四篇。《商頌》屬地，地以五爲制，故《商頌》五篇。凡三《頌》比於《易》下經六首之《震》、《艮》、《巽》、《兑》、《濟》、《未》三朋，從容中道，無太過不及之差。四、五、六相加，爲篇共一十五，正與十五《國風》相應。毛本增作三十一篇者，僞也。此素、青、黄三統之詩，與《樂記》六歌之歌《頌》相應，更又與《易》之三藏對起，是爲三《頌》之詩，六也。其論《易經》，因《乾》、《坤》生六子爲八，父母卦各生三子，三八二十四，合父母爲三十卦，合老少父母共得六十四卦。《内經·方盛衰論》『奇恒之勢，乃六十首』，與《禁服篇》『通於九鍼六十篇』之説相同。因訂《易經》下經爲十首、六首，各四朋。十首者以十卦爲一朋，六首者以六卦爲一朋。凡上經三朋，朋皆十卦。下經五朋，惟《咸》、《恒》一朋十卦，餘四朋皆六卦。《六節藏象論》、《生氣通天論》所謂其生五，其氣三，三爲三才之道，五主五中之情，故上經三朋，《乾》、《坤》、《否》、《泰》二十卦，主占天地之大小。《乾》、《坤》亦爲小天地，以《小畜》爲之代表。《否》、《泰》十朋爲大天地，以《大有》、《同人》爲之代表。《坎》、《離》十朋居中爲人事。所謂上知天文，下知地理，中知人事。此上經三十朋也。下經五朋，《咸》、《恒》二五爻，《大過》、《小過》，所謂奇恒，詳病之深淺。《損》、《益》二五爻，《頤》與《中孚》，所謂比類，主治病情，此《咸》、《恒》、《損》、《益》，凡二朋也。《震》爲長男，縱之則《艮》爲少男。《兑》爲少女，縱之則《巽》爲長女。長少各别，得《損》、《益》，則合乎中庸。《震》、《艮》六首，是爲有餘，而往不足從之。《巽》、《兑》六首，是爲不足，而往有餘從之。兩朋分居《濟》、《未》六首之左右，所謂從容中道。别爲三藏，合爲五中。此下經之五朋，與《詩》例互相啓發，合之則雙美，分之則兩傷。核四十年而成六變。張文襄戒書所謂『風疾馬良，去道愈遠』者，其幸免乎！略辛酉冬十月上浣也。」

先生是年嘗云：「爲學須善變，十年一大變，三年一小變，每變愈上，不可限量。略變不貴在枝葉，而貴在主宰，但修飾整齊，無益也。若三年不變，已屬庸才，十年不變，則更爲棄才矣。然非苦心經營，力求上進者，固不能一變也。」《經話》甲一，頁十七。

嚴復卒，六十九歲。

廣州國人選孫文爲大總統。

民國十一年壬戌（一九二二），先生七十一歲。

在國學校長任。

正月初六日，曾孫德脩生，宗澤出。

閏二月，作《文學處士嚴君家傳》，文中言以《内經》説《詩》、《易》之故云：「《素問》上經下經之明文不啻十餘見。經文别無以上下名篇者，惟《易緯》於《乾鑿度》上下經兩相符合，六相教授黄帝，雷公受命黄帝，以傳世彭者，演六相之文，受者惟一雷公而已。《雷公》七篇，每於上下經三致意，凡陰陽、雌雄、先天、後天、太過、不及、損益，皆《易》説也。而揆度奇恒，比類從容，尤於上經三朋、下經五中提綱挈領，新發於鉶，百變不易者也。」又曰：「緯書爲至聖秘記，以劉歆割裂舊文而顛倒之。至宋歐陽氏請除《正義》緯候而極矣。略《詩》學不昌，浸淫《毛傳》、朱注，全以史事依附經文，與緯候四始五際星宿之説，幾判若天淵。考《内經》天元玉册等文直如《乾》、《坤》文言。王啓玄注引用《易經・大傳》者至繁且多，一旦改醫籍歸入儒林，使老師宿儒服膺研究，其於醫學闡揚尚矣。」略

又曰：「余著醫書二十餘種，專駁《難經》之亂古法，創新診。余撰醫書不設市。略或有嘲余者。吾撰書意在醫心，而不醫病。」

又曰：「君博聞强記，幾於過目成誦。嘗與友人私語，謂余號經學專家，凡讀經爲先成誦，吾能暗誦十三經，試設法以較優劣。余素健忘，知其語深中余病。人稟受皆秉於天。使余好深沉之思，天復假以强記之識，今日成就不當僅此。」按，先生嘗自言：「於《春秋》幾無一字不爛熟胸中，然試令吾倍誦，則不能及半葉。」

命宗澤纂集《莊子》、緯書中言孔作六經之文。嘗見宗澤讀龔定庵詩，曰：「此打油詩也。」

四月，國專發生學潮，驅教員，改科目。斥退爲首學生魏大猷等十四人。

作《何俶尹六十壽序》。

七月，辭校長職。駱成驤繼任。

四川省政府每月致送先生著述費一百元①。

① 此條原無，據巴蜀本補。

閏五月，作《伍非百墨辯解詁序》。

先生以《墨辯》即名學，孔子「必也正名」，即指□□□也。先生壯年嘗究心《墨辯》，得啓發於《管子》之七法，則、象、法、化、決塞、心術、計數。象説即在經上經下，經説上下。舉則爲綱，行以六書分配之，即孔子正名造字之説。

五月十五日，妾劉以病歸井研，閏五月十五日卒。

是年，直奉軍大戰，奉軍勝，徐世昌出走，黎元洪復大總統職。《中國教育史要》一百廿一。

十一月，教育部公布學校系統改革案。

民國十二年癸亥（一九二三），先生七十二歲。

二月二日，先生偶不慎，跌傷後腦，流血甚多，旋愈。

次孫宗澤近來頗受新潮影響，先生謂其擇術不正，恐致沉淪。

先生欲將《六譯叢書》付中華書局出版，以資流布。中華以卷帙太重謝之。嗣又以周刻《穀梁古義疏證》版存湖南，似未印行，擬但由中華印此一種。已有成議，因加重訂，略增近來新説也。並命門人趙遵路校核，寄去中華，仍未印①。

---

① 「先生欲」至「仍未印」：此條已見於民國十年，此爲重出。

五月，宗澤回井研，令將《公羊補證》中與革命有關之文字録出，作爲《外編》，未果。

六月廿六日，妾帥氏卒。

十二月十六日，納婢張氏。

中華革命黨改組國民黨。

曹錕以賄選爲大總統。

孫文在滬與俄代表下缺

民國十三年甲子（一九二四），先生七十三歲。

正月，嘗見宗澤讀龔定庵詩，曰：「此打油詩也。」①並謂其詩不如文。宗澤旋回井研。

二月二十日，由南門外遷少城横通順街。是時侄子成勵、姪孫宗瀚、婢張侍。

三月，成都佛學社延先生講演《詩》、《易》，即以近年《詩》、《易》稿作講演稿，付佛學社排印，名《詩易合纂》。

《詩易合纂》大旨見《六變記》。自序云：「略《素問》略王氏所補之八篇爲孔氏之遺言，實

① 「嘗見」至「打油詩也」：此條已見於民國十一年，此爲重出。

《易》、《詩》二經之珍寶窖藏，略《素問》①觀《易》、《詩》二經，詞深旨遠，中才以下甚②盡啓衆人之覺，豈非③中篇既妙，與五運可珍。推之□鄭□□□淵，考《内經》□元王④合，又況乃推之《大雅》、《小雅》經大□者至繁且多⑤。《易》之上經、下經，十首、六首，天道⑥亦無一條不可推及。信乎孔子作《易》、《詩》，微言奥義⑦如此寶藏，視爲瓦礫。無怪自來《詩》、《易》家東西望洋，失所依據。」

秋，作《董貞夫墓志銘》。

嚴式誨穀孫爲先生重刻《穀梁古義疏》。

九月，女幼平、子成劼、孫宗澤至成都，迎先生回井研，居於書院街曾氏祠，間亦至小高灘。先生子女在書院街，兩孫在小高灘也。

---

① 以下殘損。
② 以下殘損。
③ 以下殘損。
④ 以下殘損約七字。
⑤ 以下殘損約七字。
⑥ 以下殘損約十三字。
⑦ 以下殘損約七字。

十月，門人黄鎔卒。

《東方雜誌》廿一卷十二號載梁啓超《清代學者整理舊學之總成績》一文，於先生著述僅及《公羊》，並言其誕怪，謂康有爲《新學僞經考》爲青出於藍。

作《陳師長四十壽序》。

國民黨在廣州組織國民政府，發表《建國大綱》、《三民主義》、《五權憲法》。

曹錕去職，段祺瑞稱臨時執政，蘇浙直奉均有戰争。

中俄協定成立。

民國十四年乙丑（一九二五），先生七十四歲。

九月，子成勵娶婦王氏。

與趙熙聯名電國民政府營救熊克武。時熊以卒兵入粤，被拘虎門①。

是年三月，國民黨總理孫文卒。

重訂《知聖編》。

① 此條原無，據巴蜀本補。

民國十五年丙寅(一九二六),先生七十五歲。

三月①。

七月,移居北街吴氏宅内②。

十一月,門人③

微言述稿,頗不以④經文爲然⑤。矣改誒,不改丕之類。

知事李先春延先生於署内講《詩》、《易》,即以正在改訂中之《詩易合纂》爲講稿。

是年,蔣中正就革命軍總司令職,誓師北伐,國民政府遷都武漢,段祺瑞被鹿鍾霖逼走,張作霖入京,稱安國軍總司令。

民國十六年丁卯(一九二七),先生七十六歲。

十月,大病幾死,衣棺皆已具。十一月,始漸愈。

---

① 以下殘損約二十多字。

② 原稿「七月」以下殘損約二十多字,據巴蜀本補。

③ 以下殘損約十九字。

④ 以下殘損五字。

⑤ 以下殘損約八字。

歲暮，友人張森楷自成都來訪，相見甚歡，留至明年正月始去。

二月廿八日①，康有爲卒。

先生嘗稱：「康長素奇才博識，精力絶人。」又曰：「長素或亦儒門之達摩，受命闡發者乎。」《經話》甲一，頁五十五至五十六。又曰：「長素專講王陽明學，熟於廿四史、九通，蓋長於史學者，於經學則門外漢。」吴虞《六譯老人餘論》。

是年，國府定都南京。

停止蘇俄國交。

民國十七年戊辰（一九二八），先生七十七歲。

先生②京讀書③冬，井研縣知事李④宗澤欲爲先生作年譜，嘗就先生詢往事，先生語以三數事，尊經五少年，及送張之洞，會試被磨勘。宗澤以見先生言語極艱難，不欲苦之而止。

---

① 廿八：巴蜀本作「十八」，誤。案：康有爲卒於一九二七年三月三十一日，當農曆二月廿八日。

② 以下殘損約二十一字。

③ 以下殘損約十八字。

④ 以下殘損約十七字。

冬，張森楷卒於京。

廢止春秋祀孔典禮。

民國十八年己巳（一九二九），先生七十八歲。

正月，孫宗澤與縣人李嵩高、丘挺生等創辦六譯公學於縣治東嶽廟，並擬建六譯圖書館以紀念先生，學校經費純恃募捐，復遭縣人之忌，至五月遂停辦，圖書館議亦中輟。

二月，第五女芸先生，張出。

二月初二日，書院街居主人將以屋賃他人，促先生遷移，自北街遷東門外，其宅乃賃自教育局者。

七月，仁壽陳學源、犍爲李源澄等三人來學。

九月，女幼平赴上海入中國公學①。

犍爲張榮芳、黄印清爲先生重刊《穀梁古義疏》。

中央政治會議通過女子承繼財産案。

① 此條原無，據巴蜀本補。

民國十九年庚午（一九三〇），先生七十九歲。

改訂《詩易合纂》爲《易經經釋》三卷、《詩經經釋》一卷①。

□月，曾孫德威生②。

民國二十年辛未（一九三一），先生八十歲。

三月，五女芸先殤。

冬，宋育仁卒③。先生授意宗澤爲挽聯，有「道不同不相爲謀」之意。

醵貲印《六譯叢書》。先生以《六譯叢書》版存四川大學中國文學院，久未印行，深以爲憾，乃自行醵貲印數十部。

民國二十一年壬申（一九三二），先生八十一歲。

二月，重訂《六譯館經學叢書目録》：舊未分類。翻譯類三種，論學類八種，春秋類十四種，

---

① 此條原稿殘損，據巴蜀本補。

② 以下殘損。

③ 巴蜀本記：「冬十月二十六日，友人宋育仁卒，七十四歲，其學以通經致用爲主，尤工詞章。」

禮類七種，尚書類七種，詩類八種，樂類三種，易類十種，尊孔類六種，醫類診脈門十三種、傷寒門十三種，地理類五種，文鈔類四種，輯古類十五種，共一百□十□卷。按，此目僅就已刊各書編定，曾經排印各書皆未闌入。惟近作《易經經釋》、《詩經經釋》、《上經下經考》、《經學六變記》，及擬作未遂之《樂經新義》、《樂記新解》、《易經五運六氣考》、《易緯歧義》、《王啓玄注中引詩易考》九種在例外，舊稿未刊者亦未編入。

作《六變記》。文云：「開首《頤卦解》，孔子以言立教，故託始於《頤》。《春秋》、《尚書》、《儀禮》爲人學三經，《詩》、《樂》、《易》爲天學三經。於『丘頤』一見聖諱，於二五爻兩見經字，上九『由頤，利涉大川』，《論語》『乘桴浮於海，從我者其由歟，子路聞之喜』，『浮海』即『利涉大川』之象。第二，《史記》：『鄭人有言曰：「東門有人，其顙似堯，其項類皋陶，其肩類子產。子貢以實告。」孔子曰：「形狀末也。累累如喪家之狗，然哉然哉！」』以人學三經思先王之道，以待後之學者。第三，《韓詩外傳》：『子夏問曰：「《關雎》何以爲《國風》始？」子曰：「《關雎》其至矣乎！」』。天學三經《詩》、《樂》、《易》。人首舉堯舜，天則陰陽、牡牝、雌雄①。第四，《王制》、《周禮》。《王制》爲《春秋》師説，《周禮》爲《尚書》師説。第五，取《靈樞》、《素問》黄帝六相僦貸季、鬼臾區、岐伯、伯高、少師、少俞。黄帝受六相之教，授與雷公。《内經》

① 牡牝雌雄：原作「牡牡牝雄」，據文意改。

二部，前人以爲戰國文字，天學託始皇帝，其書去堯舜不知幾何年代。總之，孔子託始，何分優劣也。第六，《論語》：『君子有九思。』《坎》、《離》所統十卦，形藏四，神藏五。君子有九思，四五合九也。三《頌》，《周頌》法天，其數六，《商頌》法地，其數五，《魯頌》法人，其數四。第七，《論語》：『《雅》、《頌》各得其所。』《大雅》三十五篇，《小雅》三十七篇，《大頌》十五篇，《小頌》分上中下爲三十三篇。詳「各得其所」之義，既有大、小《雅》，亦有大、小《頌》。第八，《周頌》本六篇，毛本依《大雅》分爲三十一篇，十八字爲一篇，何足以爲《頌》。不知《左傳》武王作《武》，其分章六，引《詩》文相證，足破群疑。略學經六變，各有年代，苟遇盤根錯節，一再沉思，豁然理解。爰就叢書分十四類，删去重複，提倡絶學，以成一家之言。」略按，此文與柏毓冬本《六變記》又有異同。文簡意晦，且首尾不完，蓋先生精神此時已不能集中矣。

撰《八十自壽文》①。

今年二月初九，爲先生八十初度，家人以徵文需時，擬入秋始慶祝。先生不悦，乃徇其意，於二月二十九日稱觴。是日，懽然受祝。先是，先生汲汲改訂《六譯館叢書目録》，手自配置。祝壽後，以嚴式誨曾允刊其近著，急欲至成都促成之，並集資重刻《六譯叢書》，且圖故舊

① 此條原無，據巴蜀本補。

之把握。宗澤等以年高不宜跋涉，梍其行，不聽。先遣孫宗①時即下榻嚴許。

四月十日赴，携子成勵取②義債，初止烏尤寺，爲方丈③成都，先至嘉定④河咀坎，距家七十五里⑤，遂卒⑥。回井研東門外本寓。

五月初二日陽曆六月五日巳時，先生卒於樂山河咀坎旅次。

八月十三日，孫宗伯等葬先生於榮縣清流鄉陳家山祖塋。兆乃先生所自卜，曾葬先生母雷太宜人、妻李安人者也。

六月，井研旅省同鄉會呈准四川省政府，以先生著述費移鐫遺著⑦。

① 以下殘損約十二字。
② 以下殘損。
③ 以下殘損。
④ 以下殘損。
⑤ 以下殘損。
⑥ 以下殘損。
⑦ 「四月十日」至「移鐫遺著」：原稿殘損，據巴蜀本補。

六譯先生年譜補遺

李伏伽　撰
楊世文　校點

校點説明

《六譯先生年譜補遺》，李伏伽撰。伏伽（一九〇八—二〇〇四），四川馬邊人，廖平女廖幼平之夫婿。一九三六年畢業於四川大學外文系。曾任中學教師、校長，報社記者、副刊編輯，一九四九年後歷任樂山專署文教科長、峨眉縣副縣長，樂山專科學校教務長，樂山市文教局副局長，樂山市政協常委、文史資料委員會主任，四川樂山地區教育局副局長，四川省政協委員、詩詞學會副會長。《補遺》是對廖宗澤《六譯先生年譜》的補充，始於光緒二年（一八七六），終於光緒二十七年辛丑（一九〇一）。增加了大量資料，可與廖宗澤稿本互補。收入《樂山文史資料選輯》第七輯《廖平專輯》，今據此本整理。

目録

光緒二年丙子（一八七六），二十五歲，肄業尊經書院。

輯《學海堂經解分編目録》。先生以後嘗有《學海堂經解提要》之作，痛陳專重音訓、破碎支離之弊。

鈔李心傳《建炎以來繫年要録》及《東都事略》。此書爲張之洞所購，先生請録一部，留存縣學。此事錢鐵江於乙卯二月爲王闓運言之，以爲難得，王曰：「余初不知其書何所用。」

十一月，張之洞任滿回京。至綿竹，與學政譚宗濬書：「身雖去蜀，獨一尊經書院惓惓不忘，略有規模，未臻堅定。通省佳士，豈能搜採無遺？就目力所及者言之，大率心賞者盡在其中。」明年正月六日，張之洞於西安再致譚書，以蜀才告，曰：「四校官，五少年。」四校官：郫縣教諭楊聰、雅安教諭蕭署、茂州訓導李星根、梁山教諭譚焕庭也①；五少年：楊鋭、廖登廷、張祥齡、彭毓嵩、毛瀚豐也。

① 「梁山」以下八字原脱，據廖幼平《我的父親廖季平》補。

光緒五年己卯(一八七九),二十八歲,肄業尊經書院。

二月,王闓運就任尊經書院山長。

三月,出題課諸生,並示以讀經之法。其言曰:「六經之文,字無虛下。解經不同,先師嗤之。經字非獨無剩字,亦無煉字也。今願與諸生先通文理,乃後説經。文通而經通,然後可以言訓詁義理。夫讀《易》當先知一字有無數用法;讀《尚書》當先斷句;讀《詩》當知男女歌咏不足以頒學官,對君父;一洗三陋,然後可以言《禮》。此非一二言可盡,即非一二月能奏效,而要宜先立志也。」《湘綺樓年譜》卷二。

先生改名平,字季平。登廷原繫譜名,亦不廢。

六月十日夜,王闓運與先生論文。王言:「古人文無筆不縮,無接不换,乃有往復之致。」次日,又爲講魏文帝《與吴質書》,謂:「『已成老翁』云云,通篇爲自視高材、自致千秋等作回復,以爲歎逝則淺矣。」

八月,應優貢試。先生出場,以文質王闓運,王謂文有師法,決其必售,但不知正副。發榜爲陪貢第一名,頗怏怏。試題爲「辭達而已」章。先生又云:「言之不文,行之不遠,此孔子之所教,宰我、子貢之所學。」大爲主司所斥,謂爲悖朱注。

九月應鄉試。九月八日《湘綺樓日記》云:「今夜放榜,與季平坐談至三更。季平逃去轟醉,余就寢。半覺聞砲聲,起披衣。未一刻,報者已至。院中共中正榜二十一人,副榜二人，皆余所決可者。其學使所賞及自負能文者果皆不中。余素持場屋文字有憑之說，屢驗不爽也，……頃之，季平、篆父、治業、陳子宗、吴聖俞、少淹等皆入謝，已鷄鳴矣。談久之，乃還寢。」

光緒六年庚辰（一八八〇），二十九歲。

成《穀梁先師遺説考》四卷。先生以劉向爲《穀梁》大師，師説散見於《説苑》、《新序》、《列女傳》、《漢書·五行志》、《五經異議》、《世本》者幾數千條。近人輯《穀梁》師説皆脱漏，乃採劉説及尹、梅、班、許等西漢師説，仿陳左海《三家詩遺説考》例，以爲此書，後因其説多收入所著《穀梁古義疏》，故原稿不存。

二月，薛煥卒。煥字覲唐，興文人，官工部侍郎，總理各國事務大臣，以乞養歸。尊經書院之創建、經費，皆賴煥章一言決之。又將舊藏經史有用諸書畀書院刻之。自後蜀中書漸多，士知崇尚樸學，風氣爲開。郭嵩燾稱其「創置尊經書院，有關吏治及人才學校之源，其功尤偉」。

光緒七年辛巳（一八八一），三十歲，肄業尊經書院。

十一月二十五日。王闓運去蜀後，曾有書與院生，言蜀士之病云：「貴州山川峻駛，氣少停迴，名利之心，未能淡遠，先聖所戒。欲速見小……速必多誤，是以不達；小則易識，安能更大？」

光緒八年壬午（一八八二），三十一歲。

是年館於龍茂道署。時縣人先後遊學錦江、尊經兩院者有龔熙臺煦春、吴蜀輶嘉謨、胡哲波藩源等，一時流輩相與共處一地，論文角藝，交譏互訟，窮日夜不休。

是年，資州知州高培爵聘宋芸子主講藝風書院，課程一仿尊經，一時翕然從風。

光緒九年癸未（一八八三），三十二歲。

是年，先生説經始分今古。按《經學初程》云：「庚申以後，專求大義。」又辛巳注《穀梁》，已守魯學家法，則先生之分別今古，在庚辛之際已露端倪，弟旗幟未明，故《四變記·序目》仍托始癸未耳。

又「素王」、「二伯」之説，據《今古學考》卷下云：「癸未在都，因《傳》有二伯之言，《白虎通》説五伯，首説主兼三代，《穀梁》以同爲尊周外楚，定《穀梁》爲二伯，《公羊》爲五伯。當時不勝歡慶，以爲此千載未發之覆也。」又甲申作「主素王不王魯論」見《公羊十論》。云：「按素王本義，非謂孔子爲王。素，空也，空托此王義耳。《論語》曰：『如有用我者，其爲東周乎?』又曰:『其或繼周者,雖百世可知也。』今古所謂『素』,即此『如有』、『其或』之義,設此法以待其人,不謂孔子自爲王,謂設空王以制治法而已。」

五月,先生試後出京,謁張之洞於太原。語次,言通一經較治一省爲難。《家學樹坊》下。又胡素民挽先生詩:「漫詡山西巡撫貴,咋舌蘭陵一大儒。」自注云:「先生之山西,謁張之洞,席間曰:『倘使《穀梁》書成,不羨山西巡撫。』張驚嘆爲誓願宏大。」

光緒十一年乙酉(一八八五),三十四歲。

春,改寫《王制定本》備作《義證》。先生以《王制》有經、記、注之文,舊本淆亂失序,考訂改寫爲《王制定本》一卷。《今古學考》下云:「乙酉春,將《王制》分經、傳鈔寫,欲作義證。」「《王制》有經有傳,並有傳文佚在別篇者。至於本篇,經、傳之外,並有先師加注、記之文,如說尺畝按漢制今田爲說是也。」按:此書今名《王制訂》。先生於經籍中分經、傳、記、注,不僅限於《王制》。除《王制定本》外,尚有《禮運禮器郊特牲訂本》。先生持此法以施於群經,乃至方技之書。

鈔《異義今古學異同表》,始定今古異同之論。先生《今古學考》下云:「偶鈔《異義今古學異同表》,恍然悟博士同爲一家,古學又別爲一家。遍考諸書,歷歷不爽,始定今古異同之論。」又:「予初爲《今古學異同表》,玉賓范大容爲題其面曰『大鬧天空』。自東漢以來，其説久佚，今爲之一返其舊，覺雲垂海立，石破天驚，足以駭人聽聞也。」

是年，張子馥偕其妻曾季碩隨藩司易佩紳赴蘇，因僑居蘇州。

光緒十二年丙戌（一八八六），三十五歲。

用東漢許、鄭法，成《今古學考》二卷。上卷表二十，下卷説一百六則。以今學歸本孔子《王制》，古學歸本周公《周禮》；劈開兩派，如日月經天，江河行地。《井研縣志·藝文四·今古學考提要》。按清代張惠言之於《易》，莊存與、莊述祖、劉逢禄、孔廣森、宋翔鳳之於《春秋》，始知守今文家法。翔鳳且知十四博士爲一家。然皆雜而不純，且未知今古之所以異者安在。陳左海義子陳立人於家法之外，又知重禮制，惟不知禮之條例皆由經生，仍不免考據之陋者，然已由粗而精也。先生承諸家之後，於今古異同之所在，既判如涇渭，於何以有此異同之故，亦有説以通之，且由此而立改制之説焉。先生云：「今古之分，或頗駭怪；不知質而言之，沿革耳，損益耳。今制與古不同，古制與今異派。在末流不能不有緣飾附會之説，考其本義，如斯而已，固不必色駭而走也。」又曰：「《論語》因革損益，惟在制度；至於倫常義理，百世可知。故今古之分，全在制度，不在義理，以義理古今同也。」《今古學考》八頁。又言其分古今，特爲求深之助，並不以此自限：「地理家有鳥道之説，剪迂斜爲直徑；予分今古，意頗似此。然直求徑道，特爲便於再加高深；倘因此簡易，日肆苟安，則尚不如故迂其塗之足以使人心存畏敬。」同上書二十八頁。

約尊經同人撰《王制義證》。先生以《王制》言爵禄、封建、選舉、禮樂、食貨、兵刑、職官之類，皆宏綱巨領，爲「一王之法」，則以《王制》統率諸經，其意在於經世致用。按此書爲先生以制度説經之專書。先生之以制度説經，亦由清人專重名物訓詁之風有以激成之。分別今古之關鍵在此，通經致用之塗徑亦在此。先生云：「學《禮》以大綱爲主。經學之要在制度，不在名物。或以制度爲躐等，不知井田封建事本易明，非如義理精微，難於領悟。故欲撰《王制義證》，以《王制》爲經，將《通典》及秦氏《通考》所引經、傳、子、史證之。初學觀此，先具規模，不惟經學之本，經濟亦有裨益，與拘於名物者，得失何啻天壤。」《經話甲編》卷二。

是年，吴伯朅代宋育仁主講資州藝風書院。宋入都會試，薦吴自代。是科宋成進士，入翰林。

光緒十三年丁亥（一八八七），三十六歲。

總督劉秉璋聘錦江書院山長伍嵩生兼任尊經書院山長，札委先生及富順王萬震復東任襄校。

六月，先生歸井研。山長伍嵩生於先生歸後，即改其課堂章程，盡改廖法。

學政高賡恩初至書院，語諸生以作文寫字爲主，謂能作時文，則經解、詞章皆能作。又爲伍嵩生刻《近思録》作序，痛詆漢學，有「寡樹藩籬，操末忘本，世儒之蠹」語，蓋斥先生也。《劉子雄日記》云：「廖説雖多不安，究是漢學規模。尊經書院專講漢學，此南皮創建之意也。且言漢宋無所偏主，不課宋學，以其貴躬行，不貴虚論。錦江課時文，即是宋學也。今尊經附入錦江，宜其廢漢學矣。」

七月，成《穀梁春秋古義疏》十一卷。先生此書創始辛巳，至是七年而成。嘗語劉健卿子雄：「何邵公十七年注《公羊》，時不逮其半。」劉謂此書：「已勝何氏，不必如此持久；它日或有删改，恐不如今日之妥。凡著書，既有定解，即不可易。」

是年，先生與劉健卿、周宇仁等過往甚密，見必談經論文。其談經多關制度之言，蓋所以構成其二變尊今抑古之説也。劉及院中人於先生説多否定而少可，劉《日記》記之頗詳。如四月六日「宇仁謂廖意在勝湘潭，始棄東漢之學求之西漢；又不合，乃棄西漢之學求之先秦諸子；又書不合，勢必至於疑經疑傳，猶不能申其説，此多歧亡羊也」。十一日，「師説指王闓運。解經，九處可通，一處不通，則九處皆不通；廖解經，一處可通，九處不通，亦必强通之。此謹肆之分也。余既服師説之謹，又喜廖説之肆」。二十九日，「經師興之所至，往往强經就我，不獨廖然也」。閏四月六日，「與周宇仁、胡敬亭談經，謂廖分今古學固足自樹一幟；至於疑經改經，反無以自立，適召彈射」。二十一日，「過宇仁舍，法敬亭亦來談，皆不信廖説，以爲廖飛行絶迹」。六月二日，「廖近來新説愈無忌憚。予謂如列子所言，失物者疑其鄰人，日視其人皆似盜；其後自得其物，視其人處處皆不似盜。廖譯改之説堅持於心，視群經處處皆有譯改，亦其類也」。八月十三日，「凡著書既有定解，即不可易；且近日説太放肆，毫無顧忌，是其不及前日也」。九月九日，「過敬亭舍談，言廖經論多市井語。宇仁謂經不可言話，言話近於以經爲戲。因誦《夜雪集》『阿香費盡驅龍力，却被人云四海昏』，廖平之謂也」。以上均見《劉健卿日記》。

閏四月，張之洞創廣雅書院於廣州，規模宏大，明年始落成。

光緒十四年戊子（一八八八），三十七歲

江瀚叔海致書先生論《今古學考》，略謂：「今古各家皆誦法洙泗，殊塗同歸，不宜妄分畛域，崇今抑古，造爲孔子晚年論定之説。康成之學，博大精深爲兩漢冠；囊括網羅，一洗前師之陋，正陳左海所謂通儒之識，豈可厚非？且所謂家法，即當時功令，彼欲邀求博士，自不能不篤守師説耳。」又謂《王制》「簡不率教，屏之遠方」，及「洙泗不以聽」，皆非仁人之言，以爲今學之祖，尤所不解。據黎庶昌《續古文辭類纂·江叔海與廖季平書》。按此書十八年後先生始見之，又六、七年始作答。

成《知聖編》一卷，附《孔子作六藝》一卷；《闢劉篇》一卷，附《周禮刪劉》一卷。《井

研縣志·藝文四·知聖編提要》云：「平初作今古説。丙戌以後，乃知古學新出，非舊法，於是分作二編：言古學者曰《闢劉》，言今學者曰《知聖》。」「此編用西漢説，以『六藝』皆孔子譯古書而成。《莊子》之『翻經』，《論語》之『雅言』，皆謂通古今語。以天生至聖，通貫古今，《詩》、《易》爲百世而作，《春秋》書爲上考而作；由後推前，知制作全出孔子。於是撰爲此編，因疑設問，最爲詳明。平客廣州時欲刊此書，或以發難爲嫌。東南士大夫轉相鈔録，視爲枕中鴻寶，一時風氣爲之改變。湘中論述以爲素王之學倡於井研者，此也。」「《知聖編》之作，重在闡明制作全出孔子之義。素王者，空王也。孔子不有天下，又不能不立教，即『天將以爲木鐸』，『天下有道，庶人不議』之意也。蓋孔子繼二帝三王之統，斟酌損益，以爲一王之法，著之六藝，托之宣言，此即所謂改制也。」

《闢劉編》初爲續《今古學考》，作於去年，亦即康有爲所據以作《新學僞經考》者，原稿已佚。六年後，復改訂爲《古學考》，中多戊子以後之説。先生此時於今古之分，有數語足以概括之：「馬融以後，古乃成家，始與今文相敵。許、鄭方有今、古之名。今學以『六藝』爲宗，古學以《周易》爲首；今學傳於游、夏，古學張於劉歆；今學傳於周秦，古學立於東漢。此今、古正變先後之分，非秦漢以來已兩派兼行也。」《闢劉編》頁二十二。

十二月，赴京應禮部試。此次取水道，《知聖編·序》即作於黄陵峽舟次。

光緒十五年己丑(一八八九),三十八歲。

先生至是始以專力治《左氏》。

作《周禮刪劉》八證。

七月,至蘇州。訪俞樾,以所疑請益。樾亟稱《今古學考》爲不刊之書;先生語以已改易,並三《傳》合通事。樾不以爲然,曰:「俟書成再議。」《吴虞日記》:「丈在蜀時,未敢自信其説;出遊後,見王霞舉、俞蔭甫諸公,以所疑質之,皆莫能答,膽乃益大。」

是月,張之洞調湖廣總督,十一月莅任。

先生訪康有爲於廣州城内安徽會館。是日,黄季度以病未至。《知聖編》云:「初刊《今古學考》,學者謂爲以經解經之專書,天下名流,因本許何,翕無異議。再撰《古學考》,外間不知心苦,以爲詭激求名。嘗有人持書數千言,力詆改作之非;並要挾以『改則削稿,否則入集』,一似真有實見,堅不可破。乃杯酒之間,頓失前疑,改從新法。……」即指此事。梁啓超《清代學術概論》二十三云:「今文學運動之中心,曰南海康有爲。然有爲蓋斯學之集成者,非其創作者也。有爲早年酷好《周禮》,嘗貫穴之著《政學通議》;後見廖平所著書,乃盡棄其舊説。」康有爲《自編年譜》:「光緒十六年八月,陳通甫以客禮來見,凡三與論《詩》、《禮》,泛及諸經,吾乃告之以孔子改制之意。」時間與此合,惟諱言先生及其學之所出耳。

十月，劉子雄卒於北京，年三十二歲。子雄字健卿，德陽人，戊子北闈舉人，官内閣中書。與先生同住尊經蓋十年，多所切磋。工詞章，所著有《劉舍人集》及《日記》。《日記》未刊。

光緒十六年庚寅（一八九〇），三十九歲。

友人周國霖卒。國霖字宇仁，新津舉人。在尊經時，穎悟冠儕輩，於先生新説，多所切磋。先生初主今學無異説，古多異説。國霖以爲今多古少，先生改從之。

張祥齡妻曾彦卒於蘇州，年三十三歲。彦字季碩，新都人。父詠，官知府，早卒。母左錫嘉，工詩畫，世稱冰如老人者也。彦秉母教，亦長於詩書畫，詩力追漢魏。著有《桐鳳集》一卷，《虔共室詞稿》一卷，《婦典》三十卷。王闓運主講尊經時，彦往往以其所爲詞翰置高材生卷中，輒得高等。王序《桐鳳集》，稱其詩「有古作者之風」。又謂彦詩之工由於有千里之行，又不應試，可專肆其力。先生嘗語吴虞：「曾季碩詩爲四川第一。」「季碩伏案既勤，且未讀唐以後書也。沉雄壯邁不及男子，則會朋友及閲歷少之故。凡人伏處山林，辭章斷難成就。季碩在四川時，篆書並未寫成，出遊後始工矣。」《吴虞日記》。後十三年而祥齡卒，先生爲合志其墓。

光緒十八年壬辰(一八九二),四十一歲。

六月朔,始摘鈔《十三經注疏》,即名曰《十三經注疏鈔》。自序云:「注疏卷帙繁重,文復義繁,實爲不易猝得要領。用是發奮爲之摘鈔。經用楷録,注用行體,疏用雙行,解釋各係本條,不復别標起止。剩字贅文,痛加删汰,義取簡要,命名曰『鈔』。以方治《周官》,故以《周官》托始。誠以今之鈔人己兩益:己則借此以鑽研,人則益便於尋究。或乃譏其拙苦,謹應之曰:唯唯,否否!巧速不如拙遲,獨不見乎拙老人之鈔《十三經》乎?第有恒爲難,正爲勉始終耳。」此劉子雄所謂「用苦功」也。

六月二十一日,先生囑顧印愚爲子成學命字,顧字之曰「師慎」,並爲詩紀之。詩有序。序曰:

廖季平同年有子成學,生十七年矣。季平授之《春秋左氏傳》,而謂印曰:「成學將冠,子,父執也,請字之!」且曰:「平初受學於南皮之門,是年丙子,始生成學。平治經蓋始此。平於《公》、《穀》二傳皆嘗推考例義,有所闡述;今受治《左氏》,亦南皮師意也。然微言既絶,大義亦乖,窮年莫殫,所謂愚公之業也,將期成學以卒業也。」印惟季平之學截流討源,以必得聖人之意爲歸。其論《左氏》,以司馬爲始師;又稱漢治《左氏》者,服子慎最著。今以《左氏傳》授成學,家法師法,昭然可尋,故字成學曰師慎,而作詩以章之。詩曰:

老泉名子乃有説，知子之明標軾轍。定名冠字聞禮經，贈字相沿有前哲。韵文雜合無言詩，磊落傳誦阿耽詞。昔賢起例今可效，名父傳經家有詩。成學玉立何頎然，而翁與我交有年。爲言兒子在丙子，輶軒初受南皮篇。十七年中非與枕，公穀昭昭存述信。更推師説闡丘明，却溯專家思子慎。折荷播荷意非他，滿籯一經孰爲多？談遷興衆可企及，學也象賢當如何？學口之學字口字，我師古人有專字。會通請廣五十凡，駁議寧矜六十事？

撰《四代無沿革考》二卷。

十月，友人蕭藩卒。藩字西屏，仁壽人。與先生及張祥齡、范玉賓交甚厚，嘗爲先生刻《今古學考》、《起起穀梁廢疾》、《釋范》、《分撰兩戴記章句凡例》。

康有爲撰《孔子改制考》。

光緒十九年癸巳（一八九三），四十二歲。

上張之洞書，論《易》。謂聖人晚乃序《易》，《易》爲「六經」總源，又多斥前人爻變誤説。

又答友人論文王作《易》書，力主經爲孔作，《十翼》爲弟子所述，以駁文王作《易》、孔子作《十翼》之舊説。

光緒二十年甲午（一八九四），四十三歲。

四月，改訂《闢劉編》爲《古學考》，以明古學之僞。自序云：「丙戌刊《學考》，求正師友，當時謹守漢法，中分二派。八年以來，歷經通人指摘，不能自堅前説；謹次所聞，録爲此册。以古學爲目者，既明古學之僞，則今學大同，無待詳説。敬録師友，以不没教諭苦心，倘將再有深造，尚將改定。」

康有爲門人龍澤厚至蜀，以康所著《新學僞經考》、《長興學記》見遺。先生與康有爲書云：

「龍濟之大令來蜀，奉讀大著《僞經考》、《長興學記》，並云《孔子會典》已將成書。數萬寶塔，何其盛哉！二千年大魔煬竈，翳蔽聖道，經籍名存而實亡；得吾子大聲疾呼，一振聾聵，雖毁譽不一，然其入人心者深矣。後之人不治經則已，治經則無論從違，《僞經考》不能不一問，與鄙人《今古學考》永爲治經之門徑。

「惟庚寅羊城安徽會館之會，鄙人《左傳》經説雖未成書，然大端已定。足下《左》學列入新莽，則殊與鄙意相左。因緣而乃互掛，又爲枝蔓。在吾子雖聞新有《左氏》之説，先入爲主，以爲萬不相合，故從舊説而不用新義，此不足爲吾子怪也。獨是經學有經學之根柢門逕，史學亦然。今觀《僞經考》，則貌雖極炳烺，足以聳一時之耳目，而内無根蘊，不出史學、目録二派之窠臼，尚未足以洽鄙懷也。當時以爲速於成書，未能深究；出書以後，學問日進，必有改易。乃俟之五六年，而仍持故説，則殊乖雅望。

「昔年在廣雅，足下投書相戒，謂今、古學爲至善，以攻新莽爲好名；名已大立，當潛修，不可鶩於馳逐。純爲儒者之言，深佩之。今足下大名震天下，從者衆盛，百倍鄙人，以子之矛，攻子之盾，久宜斂收，固不可私立名字，動引聖人自况，伯尼、超回，當不至是。按，康氏自號長素，即長於孔子之意；其門人陳千秋號超回，梁啓超號軼賜，麥華號駕孟，曹秦號越伋。如傳聞非虚，望去尊號，守臣節，庶不爲世所訮病也。

「又吾二人交涉之事，天下所共聞之。余不願貪天功以爲己力，足下之學，自有之可也。然足下深自諱避，致使人有向秀之謗。每大庭廣衆中，一聞鄙名，足下進退未能自安。淺見者又或以作俑，馳書歸咎鄙人，難於酬答，是吾兩人皆失也。天下之爲是説者惟吾二人，聲氣相求，不宜隔絶，以招讒閒。其中位置，一聽尊命：謂昔年之會如邵、程也可，如朱、陸也可，如白虎、石渠亦可。稱引必及，使命必通，得失相聞，患難與共。且吾之學詳於内，吾子之學詳於外，彼此一時，未能相兼，則通力合作，秦越一家，乃今日之急務，不可不深思而熟計之也。方今報館林立，聲氣相通，南北二宗，不自隔絶，其得失之效，智者自能知之。」

按：龍濟之亦作積之。名澤厚。康有爲《自編年譜》光緒十八年條云：「龍澤厚以知縣引見，道過粤，來學焉。積之仁質甚厚，嘗創辦廣仁善堂，聚衆千人講袁學誘衆。西帥李鑒堂禮之，令辦乞丐院，又修孔廟者。」

是年七月，給事中余晉珊劾康有爲「惑世誣民，非聖無法，同少正卯，聖世不容」，請焚《新學僞經考》。

光緒二十二年丙申（一八九六），四十五歲。

成《經話甲編》二卷。此書收集十年中說經之語，非一時之作，故其說不限於本年。前人說經之書，從無以「話」名者。先生以經說體制尊嚴，瑣事諧語不便收録，因以「話」名，意取便俗。其中批評前人者，首爲據博士之說以一證鄭君之誤；其次則亟言清人小學支離破碎之病，謂：「咸、道以前，但有小學，並無經學。」皆前人所不敢發者。先生云：

「國朝經學，喜言聲音訓詁，踵事增華，門户一新，固非宋明所及；然微言大義，猶尚未聞。嘉、道諸君，雖云淵博，觀其著述，多類骨董，喜新厭舊，凌割六經，寸度銖量，自矜淵博；其實門内之觀，固猶未啓也。」卷一，頁三。

「國朝經學，初近於空疏，繼近於骨董，終近於鈔胥。高者陳左海、陳卓人，然一偏之長，未贍美富。」同上。

「近人風尚，不蔽文字，則求瑣細，一衣一冠，考校累月，一草一木，說以數萬言；倘遇喪祭儀節，或考兵農今古，則茫然失措。」卷二頁四。

先生於清人考據，亦以爲有其成就，且亦引俞氏《古書疑義舉例》以爲説，惟不以此自畫，而别從制度着眼，較之前人殆有識小識大之異矣。

先生於治學之法，言之甚詳，皆其平日從實踐中甘苦有得之言，可藉以窺其用功之塗徑及其學所以能有獨到之處。今略舉數事：

一、治學當舍細謀大。先生謂：「治經如作室，其前後左右梁棟門户，所宜熟思籌畫者也。至於一榱一桷，所關甚微，不必苦心經營。」「舍大謀細，棘端刺喉，泰山不睹，此今古之弊也。」卷一，頁六。此與反對支離破碎之學同一用意。又言集衆人之力以考一題，雖能新解層出，然此僅就偶爾聰明，穿鑿附會，未能融會貫通；如義本平常，事兼疑闕者，僅此之異，反致棼亂。

二、治學當重神略迹，比較舍細謀大又進一步。其言曰：「治經實義有證佐難，虚字有精神尤難。然虚字精神實出於實義明確之後。」以作詩爲喻：「詩人得一好句，有所言，有所不言；言在此，意在彼；所言者少，所包者衆。神悟景態，超然言表。解經亦如此。」「解經不惟當理會虚字，並當玩味虚神。」頁十七。「六經同出一源，拘於其貌而不知神理，且其貌有不相似處。」

三、精華須從糟粕中來：謂穀米麵藥柴炭火水如漢學，抉取精華盡棄糟粕如宋學。

所求在精華，不可舍糟粕，亦不可拘於糟粕。舍糟粕而别求精華，宋儒是也，其所謂經華，非大經之精華也。拘於糟粕而不求精華，清代之漢學家是也，此漢學非西漢先師之學也。

四、爲學當舉一反三，因端竟委。「觀人一節，能知長短，此治經之切法。經傳所陳義理，多不具録。若見一書，僅就一節言之，不能推到全體，此非善學者，須有西人《全體新論》心思乃可。」卷一，頁十八。「讀經傳當因所言知所不説，因其一端知其全體，因其簡説知其詳旨，因其不言知所宜言。卮言别義，不足以亂其聰明；精旨微言，不能當其校索，所謂『目無全牛』者也。」卷一，頁五。此與上説各有其用，上説精華出於糟粕，而精華非糟粕；此則據此以推彼，因偏而得全。

五、治學當爲其難，不當避難就易。「學問始難而終易，人情好易而多避難。幽蘭空谷，誰甘寂寥？難者或且不欲示人，而易者一倡百和，天下風靡。」頁七。「學者舍難趨易，後遂因其易也而思變之，變者又不能通其難者，愈趨簡便，故其壞無所底止。」頁八。真者不傳而僞者不絶，皆避難就易有以致之。故先生之爲學，常在攻堅，所遇皆盤根錯節而弗止。

六、爲學當好學深思，心知其意，此克難之要訣也。先生謂漢學輾轉蒙蔽，欲復大明，其事甚苦。「經如九曲珠，能者用心，須有蟻穿之妙。」卷一，頁三。其於《春秋》，先生曾言「予蓋不止九曲」。故常引史公「非好學深思，心知其意，固難爲淺見寡聞道」以自況。

七、治學當從實踐中發現新解，不可從門外説門内話。先生言有友人欲爲《禮》學三大表，曾與商榷條例，粗舉巨綱數條相告，且曰若其細目、新解，非用功之後，陸續修補不能。先生以爲「此説甚善」。其所撰《穀梁古義凡例》修改近十次，乃成今本。

八、治學先有的而後求中。先生以爲宋儒言「中」字，謂凡事求中，義近惝怳。「中」當讀作《孟子》「其中非爾力也」之「中」，並引《孟子》此數語爲證，以爲「知之明，守之固，便爲通人，其巧妙至於貫虱穿揚，百發百中。百變之中，有一定之準；先有正鵠以爲標準，其事甚陰。非既已張弓挾矢尚不識準則，必東西測量審度而後發矢」。

九、爲學須善變。先生以爲當「十年一大變，三年一小變，每變愈上。若三年不變，已屬庸材；十年不變，更爲棄材矣。然苦心經營，力求上進，固不能不變也。」又曰：「變不貴在枝葉，而貴在主幹，但修飾整齊，無益也。」卷一，頁十六。證之先生之學，前後六變，蓋無十年不變者，可謂能實踐其言矣。

十、爲學須堅定不移：「醒時如此，醉夢亦如此；率爾如此，沉思亦如此。千百人攻之而不能破，衾影之間循之而不能改，若此境界，其於古人中求之乎！」卷上，頁四。

此外，先生雖於清代學者多有微詞，然飲水思源，亦不没前人之勞。謂：「治經如種田，後人享先人之福。惠、戴、阮、王非不自勤，時爲之也。譬如闢草燒山、畫疆耕薅之事，以次而成，而後來食穀，皆前人之功也。莫爲之前，雖美不彰；今日之事，固不敢没諸先達之勤勞也。」卷一，頁五。

綜上所言，先生之治學，既重神悟，略形迹，又不輕視糟粕，流於心學；既重善變，又重堅定。識大爲難，皆人所難能，其得力全在一「思」字：能苦思，故有新義；思之不已，故新義亦層出不窮，且能無堅不摧，無遠弗達。

是年，梁啓超撰《變法通議》，嚴復譯英人赫胥黎《天演論》成。去年，嚴嘗作《論世變之亟》、《原强》、《救亡决論》、《闢韓》各文，載於《天津日報》，大旨在尊民抑君，尊今叛古。張之洞見而惡之，謂爲「洪水猛獸」。

光緒二十三年丁酉（一八九七），四十六歲。

論學始著大小之分。定《周禮》爲大統之書，專爲皇帝治法。《續知聖編》云：「初考《周禮》，以爲與《王制》不同，證之《春秋》、《尚書》、《左》、《國》、諸子，皆有齟齬，因以爲《王制》有羼改，作《删劉》一卷。丁酉以後，乃定爲大統之書，專爲皇帝治法。」以始講大統，自號則柯居士。

「蜀學會」以省垣爲總會，府廳州縣設分會，分倫理、政事、格致三大門。會講所標示者皆經史大疑，古今積患，歷來聚訟，將來流弊不易晰之條。五倫之教爲會講專條，並擬

《倫書》、《孝經義考》、《容經言語》等書。會講時仿白虎講義，分條樹義，互相辯難。《蜀學報》與學會相表裏，學會與書院相經緯，分爲三事，聯成一氣，書院佳卷可選登學報。

春，家居治《易》。夏，得宋育仁書，傳語張之洞告誡，先生不懌者累月。

十月，赴成都，與宋育仁相見，宋再傳張語，並謂「如不自改，必將用兵」。

十一月，與宋育仁書：按，即《與宋芸子論學書》。

「昔者四科設教，不礙同歸；二學齊、魯。同鳴，蓋由俗異。是丹非素，未得宏通；一本萬殊，乃爲至妙。是未可執一而廢百也，有明徵矣。或以講今古學爲非，説《易》以主孔子爲大謬；並謂『如不自改，必將用兵』。夫用兵之道，首重慎密；未發而先聲，此非兵也！將命者未悟耳。聊貢所懷，以資談笑。

「間嘗考國朝經學，顧、閻雜有漢宋，惠、戴專申訓詁；二陳左海、卓人。漸及今、古。由粗而精，其勢然也。鄙人繼二陳而述西漢學派，撰《今古學考》，此亦天時人事，非鄙人所能自主者也。初撰《學考》，意在分門別户，息争調合；及同講習四、五年之久，知古派始於劉歆，由是改作《古學考》，專明今學。此亦時令使然，非鄙人所能自主者也。二陳主於平分，李申耆、龔定庵諸先達乃申今而抑古，則鄙人之説，實因而非創也。宋人於諸説已明之後，好爲苟難，佔據《周禮》，欲相服從，累戰不得要領，乃乞師以自重。即以《王制》論之，盧氏以爲博士所撰；即使屬實，漢初經師相傳之遺説，固非晚近臆造者可比。

其中初無違悖，何嫌何疑，而視同異類？近人崇尚樸學，於儒先佚書，單文剩句，同見搜輯，豈以《王制》完全，獨宜屏絶？或曰：『非惡《王制》，惡以《王制》徧説群經耳。』是又割裂六經之説也。以爲一經可以苟合，别經則不必然，不知不同者體例，不可不同者制度，此非可以口舌争也。

「鄙人嘗合數十人之力，校考其説，證明周、秦、西漢諸子緯載籍，凡言制度者，莫不相同；再證以群經師説，如《大傳》、《外傳》、《繁露》、《石渠》、《白虎》，以及佚存經説，若合符節。又考之《詩》、《書》、《儀》、《記》、《春秋》、《易象》、《論語》、《孟子》，尤曲折相赴，無纖毫之異。東漢以下不可知，若新莽以前，固群籍制度者之一總匯。鄙人食芹而甘，願公之同好。且現在外侮憑陵，人才猥瑣，實欲開拓志士之心胸，指示學童之捷徑，以一人私得之秘，顯著各篇，乃反因以見尤。使如或説，今日於《諸經凡例》删削《王制》一條，别求各就本經傳記爲之注解，避其名而用其實，不過需數日之力耳。豈得失之數，固即在此耶？則去毁取譽，固不難矣！乃主人則實惡今學諸傳，於《春秋》頗有廢二《傳》用《左氏》之隱衷，特不能顯言耳。即以《左氏》而論，鄙人曾同坐時，請詢海内所稱《周禮》專家撰刻義疏之孫君，其中制度無一與《周禮》相同。此説《周禮》專門之言，又皆同爲弟子。今將《左氏》提回博士，與二《傳》同心，此亦深所不許者也。至於《易》主商人，不用文周，此乃據《繫辭》之明文，以證三《易》之晚説，非誤信歐陽文忠也。

「考兩漢經學之分，西漢主孔子，或作或述，一以儒雅爲歸，即劉氏《移書》，全列諸經，亦統以尼父。《左氏》不祖孔子，李育譏之。東漢則群經各列主人：《尚書》歷代史臣所記，《詩》風國史所採，《易》屬文王，《禮》本周公，而《春秋》則有周公、魯史、外國赴告與孔子新文諸不同。一國三公，莫知所從。西漢經本皆全，故其書具在；東漢則《書》有百篇，《詩》六義，《易》佚《連》、《歸》，《史》亡鄒、夾。或由女子齊音口傳，或以笙奏雅頌，豳雅相補，斷爛破碎，侈口秦焚。西漢授受著明，傳記由於闕里，義例合同，終歸一貫。東漢則初祇訓詁，莫傳義理，推《周禮》强説各經。至鄭君乃略具規模。一則折中至聖，一則並及史臣；一則經本完備，一則簡册脱殘；一則師法分明，一則臆造支絀。略舉三端，得失已見。夫孔子立經，垂教萬世，自當折中一是，以俟用行，豈其秦越雜投，徒啓争競？學人治經，義當尊聖。不師一老，别求作者，則删經疑經，宜其日熾。既用西漢之學，不得不主聖人；既主聖人，不得不舍羑里。《論語》不必聖筆，義同於經，《繫辭》比之，未爲非聖。本傳既不明言文王，則附會之説，同於馬、陸。《易》分文、孔，門户則然。

「夫兩漢舊學，墜緒消沉，鄙人不惜二十年精力扶而新之，且並群徑而全新之。其事甚勞，用心尤苦。審諸情理，宜可哀矜。即使弟子學人不紹箕裘，而匠門廣大，何所不容？以迂腐無用之人，假以管窺，藉明古義，有何不可？如不以玉帛相見而尋干戈，自審近論雖新，莫非復古；若以門户有異，則學問之道，何能囿以一塗？况至人宏通，萬不至此。反復推求，終不識開罪之由。或以申明《王制》，則有妨《周禮》，不測之威，實原此出。按《周禮》舊題河間，毛公乃由依託。先哲事迹，本屬子虛。況六藝博士，立在漢初；劉氏所争，但名《逸禮》；《周官》晚出，難以經名。唐宋以來，代遭掊擊，非獨小子，始有異同。使果出元聖，亦無與素王。且鄭君據此爲本，推説群經，削足適履，文可復按。今以遵鄭之故，强人就我，而不許鄙人以經説經，聽斷斯獄，亦殊未平允。

「又兵戰之事，必先無内憂，然後議戰。請先選循吏，内撫流亡，一俟兵食已充，然後推轂。謀臣軍師亦曾自審利弊，一檢軍實乎？恐軍令一出，而四喪逃亡，民不堪命。鄙人謹率敝賦，待罪境上。惟是《詩》、《書》、《儀》、《記》、《三傳》、《論語》、《孝經》，幅員既廣，孟、荀、韓、墨、伏、賈、董、劉，將佐和協；封建、井田、職官、巡守、六禮、八政、五命、五刑，器食精足。一匡之盛，頗比齊桓；謀臣良將，電鶩風馳。退舍致敬，開門受敵。開花砲、鐵甲船、魚雷、飛車，轟擊環攻，敝塞萬不出一兵、發一矢以相支拒，而强弱相懸，主客異致，一二部道以相餌，而已刃缺砲裂，支節且難理，何況擒王掃穴哉？

「在未行議攻之先，必有間諜爲説曰：『彼雖風疾馬良，不辨南北，兼弱攻昧，天命可睹。』不知風之見疾，馬之見良，正以其識見精明耳，安見有心無所主，而能取速？此謂無信訛傳，以傷桃李。現因議兵，愈謀自固。新將《逸禮》諸官招集安插，以《曲禮》舊題爲之目，以經傳各官補其亡，名曰《經學職官考》，與《王制》合之，兩美並行不悖。此既益此强藩，彼必愈形孤弱，庶乎邦交永保。協言《王制》，大將旗鼓，易招彈射，自今深居簡出，不涉封疆。惟是先入爲主，人情之常；無端而前，每致按劍。循覽未周，詬怒已發，是非引之相攻，深入重地，己固難圖萬全，人亦鮮進理解。現今各報新開，學館林立，必别招天下之兵，日與角逐，得失所形，兩有裨益。國雖新立，固非兵威迫脅而屈服者！始之駭以無因，繼之疑而自改，終之以喜，喜乎借外侮以勤自修也。」

按，先生於張之洞知己之感甚深，而此書情辭不免激切，蓋「傳語」之後，積之數月而始發。其自信之堅，終不因外力之迫而有所屈服。

十一月，上張之洞書。按，即《上南皮師相論學書》。書云：

「冬初晤芸子，傳諭改訂經説條例，保愛教誨，感愧無極！受業初以史學讀表志之法讀《王制》，以《王制》爲經傳之表志；後來取其易明，於各經制度皆以《王制》説之。實則經皆自有表志，如《公》、《穀》其尤著者也。今既奉傳諭，擬於各經凡例中删去《王制》一例。所有制度，各引本經傳記師説爲證，不引《王制》明文，現已遵照改易。至於攻駁《周禮》一節，學宜專務自口，不尚攻擊。如今、古兩塗，學派别乎兩漢，專書成於口長。此書初受業初撰《學考》，不分從違，見智見仁，各隨所好；不是古非今，亦不信今蔑古。此書初無流弊，現在通行，可不必改議。惟《攻劉篇》專攻《周禮》，此書見未刊刻，即將原稿毁消。蓋二派各立門户，不尚主奴。特古學久經盛行，今學不絶如縷，初謀中興，不得不畫分疆域；既已立國，無須再尋干戈。公約一定，永敦交好。惟今學既不侵奪，宜謀自守。所有今學，立爲自主之國，有自主之權；所有舊時疆域、政事，自謀恢復，古學不得從中阻擾。以《易》言之，古學主三易，名曰《周易》因爲文王作，後儒因有可疑，再補周公，退孔子於《十翼》，此古學自主之權也。今學主孔子，以《易》作於商人，傳於孔子，《十翼》爲弟子傳記。推之群經，家法皆同，此今學自主之權也。歐陽文忠説乍見似爲奇談，博考實爲通例。今姑下其事議院，使二國使臣自辯。古使曰：『《十翼》出於孔子，本爲經也，以爲師説，近於非聖，則《十翼》失重。』今使曰：『《十翼》體例同於《論語》。必出聖筆，乃足尊貴，不並《論語》指爲聖作乎？《論語》從無聖作之説，人未嘗弁髦之也。且史公稱《大傳》，中多重複陵次，必非一人手書，以賢述爲聖作，更有何據足以相難？弟子傳經，引用孔子舊説，古例皆同。以此爲經，則各傳記皆思自聖矣，將何以分别之乎？』古使曰：『聖經賢傳，舊説固然；但經既出文王，傳不出於孔子，則《易象》坐中，從何位置尼父？』今使曰：『《大傳》言伏羲畫卦，明文也；其言作《易》，以爲中古，以爲殷之末世，當文王與紂之時，信爲文王作所，何不曰文王囚於羑里，因作《彖辭》；周公東居，因作《爻辭》乎？即《禮記》「商得坤乾」言之，與《大傳》切合，是《易》本出殷周，孔子傳之，而弟子作傳，與諸經一律。今子之説出於「三易」，本於《周禮》，得失姑不具論；西漢以前言經教者，固皆師孔子，無文王、周公也，何必干與外事，奪人自主之權？』今與芸子約：分爲二派，各守邊疆。《周禮》之説，如能通一例，則即取用。」

「再稟者：受業今年杜門家居，夏間得芸子書，冬初，乃得晤於成都，傳述面諭，不勝惶悚恐懼。保愛教誨，深恐流入歧途，感涕無盡。庚辰京寓，即以『風疾馬良』爲厲禁；以後晉粵鄂垣，疊申前論。敢不自警，以越規矩爲懼？

「維受業之用功也，以智爲主，以力爲事餘。孟子云：『其至爾力，其中非爾力。』蓋嘗專以中爲事，而非徒但能至以爲要也久矣。未講《左傳》之前，曾刊《凡例》，以《左傳》爲古學，事事求分，二《傳》相反，如水火黑白之不可相合。考其立異之端，實即攻其主於周公孔子、史官赴告之不同。一國三公，莫知所從。蓋嘗經營於心者七八年之久，惟日求《左氏》之病痛而布告之，非有心於攻《左氏》，以既欲治《左氏》，非先明其要害不可也。己丑承命校考《左氏》，三年之中，遂成巨帙。或以爲倚馬成書，而不知前此之經營慘淡者非一日矣。惟其攻之也力，雖癬疥之疾，亦必求所以補救之，非苟且敷衍以應命而已。今之攻《左氏》者曰某某，使以受業所撰加以攻擊，縱沉思三五年之久，當亦不得其破綻。則以未治之先，其攻之也不遺餘力，則其治之也可以速成。或以爲『風疾馬良』，而不知治之非一日也。

「《左氏》與《周禮》同義，故思治《周禮》亦仿《左氏》之例，先求攻之，故編十二證以求其疾痛所在。所有弊病無不盡力攻駁。以爲非攻之竭其力，則其治之爲不專。近年諸經已定，乃可從事《周禮》，務舉平日之所攻擊雜駁，萬不能通者，日求所以大同之故。精思所至，金石可開。近於九畿、九州、五等封諸條，皆考其蹤迹，有以通之。攻之數年之久，知其利弊已深，然後起而治之，亦如昔日之《左氏》，非攻之也力，則其治之也不如此之精。既將諸經統歸一是，則不必更立今、古之名。是不言今、古者，乃出於實理，非勉强不言而已。

「芸子傳諭云『不可講今、古學並《王制》』云云，當以詢之，以爲非不可講，特苦其偏説群經，雖有佳肴，日日食之，亦厭而思去。受業初用俞曲園之説，以《王制》説《公羊》，繼乃推之《穀梁》，推之《書》、《禮》，推之《左氏》，又推《易》、《詩》、《論語》，蓋必經數年之久，乃定一説。思之深，辨之審，確有實據，又必考之先師，乃敢爲之，非如俗説以《王制》可説《春秋》，遂推之群經，不問是非得失，冒昧爲之也。專宗《王制》，議者久有異同，受業早思有以易之。無論何經，自有本説，雖非《王制》，而《王制》之制已在其中，不必求助於《王制》。初欲以此接引後進，今盡改之，誠爲不言今、古王制，其立國也如故，非去此不足以自主也。」

按：先生此書别有一稿，合「再稟」以下爲一，中間有所删改。今因原稿保存事實較多，故用之。《四譯館書目·叙言》云：「欲作書述懷，十易稿而不能自達。」世或以先生晚年受張之洞「賄逼」，自變前説。自變前説則有之，以爲「賄逼」，則不免任意誣衊，觀以上二書可證。先生在經論中已言爲學須善變，由尊今抑古變小大，已啓於宋育仁傳語之前。且以前由今、古平分變爲尊今抑古，以昔日所攻《周禮》諸條爲大統；以後更有四變、五變、六變，又誰逼之？且愈變而愈與張之洞之意不合，又豈因張之洞「賄逼」而然？所云「擬於各經凡例中删去《王制》一例」，實亦未曾删。正所謂「不言今、古者，乃出實理，非勉强不言而已」也。

輯《縱横輯》二卷。按《家學樹坊》及《四益館文鈔》均作「縱横家叢書八卷」。自序云：「聖門四科，言語居其三；宰我、子貢專門名家，辭命之重久矣。蘇、張不實，爲世指摘；魏晉以來，寖以微渺，四科之選，遂絶其一，豈不哀哉！國家閒暇，不需其人。今者海禁大開，萬國棋布，會盟條約，輶軒賓館，使命之才，重於守土。葛裘無備，莫禦暑寒；諷誦報聞，匪酒可解。久欲重興絶學，以濟時艱。或乃狃於見聞，妄謂今知古愚，四三朝暮，無益解紛。不知探微索秘，多非言傳；長短成書，乃學者程式，不盡玄微。又秘計奇謀，轉移離合，急雷滮樞，成功倉卒。事久情見，殊覺無奇；因症授藥，固不必定在異品矣。因草創凡例，分爲各科。經傳成事，前事之師，專對不辱，無愧喉舌。述本源第一。朝章舊制，數典不忘，古事新聞，必求綜核。述典制第二。偵探隱秘，貨取色求，中冓新謎，捷於奔電。述情志第三。折衝樽俎，不費矢弓，衆寡脆堅，熙猷燭照。述兵事第四。忠信篤敬，書紳可行，反復詐詛，禍不旋踵。述流弊第五。撮精收佚，先作五篇，專門全書，悉加注釋。敢云美諮謀，差得賢於博弈云爾。」《井研縣志·藝文四》。《四益館文鈔》載此序作「縱横家叢書八卷自序」，末有「丁酉年廖平自序」七字，序後又附乙卯年重午日再識：「方今吾國痹厥已極，制義取士，通行幾千年，宜其有此。若欲改變心志，非標準學術，端其趨向，不能有所樹立。因欲表彰縱横，以救危亡。見免顧犬，未免稍遲，然三年之艾，求則得之，未嘗非補牢之一説也。」

光緒二十四年戊戌（一八九八），四十七歲。

署理松潘廳教授。

宋育仁設《蜀學報》，延公任總纂，宋任經理，吴之英任主筆，每旬一期。首論折，次論撰，次近事及官士農工商五界成就。

三月一日，在成都參加「蜀學會」成立典禮，會後列坐會講。臨會者有院長伍崧生、觀察羅星潭等。會中，一人樹義，以次質疑辯難。

四月，朝命各省改書院爲學堂。省會爲高等學堂，府爲中學，州縣爲小學。

五月五日，詔廢八股取士之制。

成《地球新義》一卷。《四益館經學目録自序》云：「戊戌夏，因讀《商頌》豁然有會，乃知三統之義，不惟分配三經，所有疆域，亦分三等。求之《詩》、《易》而合，求之《莊》、

《騶》而合，再求之《周禮》尤爲若合符節。因有前後《地球新義》二書之作。」又據《井研縣志·藝文三》本書提要云：「《中庸》『凡有血氣，莫不尊親』，學者共知爲大統舊説。孔子上考三王，下俟百世，所云祖述、憲章者，小統也，上律、下襲者，大統也。六藝中以王伯見行事，皇帝托空言，微言大義，及門實有所聞，故《論語》多言大統。騶衍遊學於齊，因有瀛海九洲之説。《莊》、《列》尤爲詳備。當海禁未開之先，騶子之説，見譏荒唐，無徵不信，誠不足怪。今日環游地球一周者，中國嘗不乏人。使聖域囿於禹域，則祆教廣布，誠所謂以一服八者矣。孔子故不重推驗，然『百世可知』，早垂明訓。苟畫疆自守，以海爲限，則五大洲中僅留尼山片席，彼反得據彼此是非之言以相距，而侵奪之禍不免矣。」觀此，可知先生《地球新義》之作，其本意蓋不欲囿中國於禹域，免外人之侵奪耳。

作《改文從質説》，刊登《蜀學報》。大旨謂改今日文弊之中國以從泰西之質。今日之事，貴在互相師法，我取彼形下之器，彼取我形上之道，然後各得其所。清末人士對於時事之態度不外二派：守舊者罔識彼長，故步自封，而流爲頑固；維新者言必稱西，自視靦然，其極遂非媚外不止。先生以爲中外互有短長，既重視，又藐視；不惟當師於人，抑且有以師人。惟當時所藉以知外人者率一二教會之譯著，對歐美社會之實況，人心之趨向，猶不免有所隔閡耳。

作《祆教折中》三卷。上卷皆經説與中教同者，以破中人拘墟之見，使不致仇教；中卷皆駁西人粗而未精之説，使西士知其教較外教雖有餘，比中教則不足；下卷論道儒宗旨大小不同，治全球不能專用儒法，道並行不悖，以爲學教歸宿。

二月，康有爲倡設「保國會」於京師。川人之入會者有喬樹楠、楊鋭、劉光第等。楊鋭又集鄉人自設「蜀學會」於四川會館。粵學會、閩學會、浙學會、陝學會均相繼在京成立。

光緒二十五年己亥（一八九九），四十八歲。

張之洞設《正學報》於鄂。初，湖南學政江標、時務學堂總教習梁啓超在湘盛倡新學。張患之，乃設《正學報》館，電召先生及王仁堪，陳衍、朱克柔、章炳麟主其事，欲以糾之。先生不果去。適門人任叔泰將之鄂省其父，乃作一函並增補《地球新義》稿，命叔泰持至武昌上之。張閲後以爲「穿鑿附會，趨時而作」，傳語先生「用退筆」。

六月，從成都歸井研。與吴蜀輶、龔熙臺、董南宣等共商《井研縣志》體例，並自撰各書提要備入藝文志。

撰《古今學考》二卷。此書亦如《今古學考》。《今古學考》詳初變今、古平分之説；此則爲三變小統大統之説，故《四益館書目》又作《小大學考》。本書提要云：「平初作《今古學考》，今、古者，今文、古文也；二十年後講大統，乃作《古今學考》。所謂古今者，中國、海外，上考、下俟也。按聖學以繼往開來爲二派，往爲述古皇帝王伯，開爲垂法全球。《今古學考》外再撰此篇，上卷法古，下卷證今。搜採舊説，不厭其詳，亦可謂苦心分明矣。」《井研縣志·藝文四》。

編録所著書爲《四益館經學目録》一卷，《廖氏經學叢書百種解題》四卷。編録始於秋間，至十月，編録已定，乃爲之序。此二序於先生二十年前爲學之變遷言之綦詳。《經學目録序》云：「今、古之紛争，《詩》、《易》之惝恍，二千年於兹矣。平持西漢博士説以治小統者二十年，不敢謂全收博士之侵地，千慮一得，頗有自信之際。在群經中惟力攻《周禮》，立異數條，著爲專書，歸獄新莽。名師摯友，法言巽語，自詡精詳，未肯遂翻。丁酉秋，宋芸子同年述南皮師語，有云：『風疾馬良，去道愈遠，解鈴係鈴，必求自悟。』爲之忘餐寢者累月。戊戌夏，因讀《商頌》，豁然有會，乃知三統之義，不惟分配三經，所有疆宇，亦列三等。求之《詩》、《易》而合，求之《莊》、《騶》而合，求之《周禮》，尤爲若合符節。因有前後《地球新義》二刻之作。再將舊聞加以綜合，編成此目，成一家之言。或曰：學已三變，安知後來更無異同？曰：至變之中，有不易者存，故十年以内，學已再易，而三《傳》原稿，尚仍舊貫。惟大統各經，以宗主未明，不敢編定。名曰『三變』，但見其求深，初未嘗削札，則謀畫之審，差堪自信。《莊子》所謂乘虚禦風，自揣綿薄，未敢步趨；繭絲自縛，營此菟裘，將以終老。獨是昔治二《傳》，隔膜《左氏》；南皮師命撰《長編》，因得收三《傳》合同之效。又以《周禮》之命，必求貫通，力竭智窮，競啓元竅，數經險阻，始得小悟。以此自喜，益以自懼焉。」《井研縣志·藝文三》。

先生此序以張之洞不喜劉歆羼改《周禮》之説，乃以大統説《周禮》，所謂「但見其求深，初未嘗削札」，亦非按張之洞意旨行事也。

撰《忠敬文三代循環爲三代政體論》。

是年張之洞延通經之士纂《經學明例》。許同莘《張之洞年譜》：「梁編修致梁惇甫户部電云：湖北現辦纂書事，經學以《勸學篇·守約》卷内『明例』等七條，《詩》、《儀禮》已有。廣雅公最重公品學，請擇一二經先編《明例》一卷寄來。按《經學明例》之作始於甲午前。門人廖平爲《左傳經例長編》，先撰數條以發其凡，而合川張森楷助之，先爲《史徵篇》，略採《史記》本紀、年表、世家各篇所用《左氏》之文及其解經之説，以折劉逢禄《左氏春秋考證》之妄。其有乖違，特申長義，必不可通，亦從蓋闕，意在申《左》，而以《詩》證之。見森楷所爲《合川縣志》。《易例長編》則屬之門人宋育仁。宋育仁在京，又屬王繩生、黄秉湘、曾鑒分纂。」

光緒二十六年庚子（一九〇〇），四十九歲。

十月朔，作《井研縣志序》。去年十二月，知縣高承瀛莅任，始促吴蜀輶等將《縣志》全稿筆削增減，以爲定本。今年四月開雕，至是工竣，先生爲之序。序云：

「平昔與吴君書田、祉蕃昆仲游，嘗論吾研圖志蔓蕪彌塗，相約拾墜鈎沉，寫爲定本。二君蒐討，各有記録。歲月不居，相繼長逝，志書不競，言之痛心。

「平嘗以爲史家著述，其於朝章國故、魁人鉅公之行實，紀載備矣，而偏鄉下縣，傳者蓋鮮。非必出於其意所厚薄，文獻不足徵，而惇史莫由及也。故嘗不自揆，思以群經卒業，網羅武陽置縣以來故事，貫串考訂，爲一家言，以慰我亡友。前年季夏，歸自華陽，晤諸君子於縣門，時方置局編纂，就商體要，乃與夙所蓄願，無不盡同。蜀輶既紹述家學，練習故事；而熙臺從新城王氏受桐城文章，兼通測算，諳掌故，日夕點勘，常至漏盡，一稿十易，不以爲勞。平既多二君之勤，而又未嘗不自愧無尺寸之效以稍資其休沐也。

「明年，平自射洪歸省，舊作《三傳漢義疏證》，方爲湘中書局索稿鋟版，而是書適於同時刊成，平乃得盡讀之。作而言曰：是《志》也，潔淨而有要，博而不枝。以説山川，則《水經注》也；以述掌故，則《利病書》也；以甄藝文，則《經籍考》也；以録金石，則《碑目記》也。以六表馭記載之繁，以列傳括士女之志，終之以長編，而由周以來至於今，沿革、政要、振卹、機祥、遺事，犬然後若網在綱，粲乎明備。至於官書則創，於史法則因。此邦在宋代有《陵州圖經》，趙甲《隆山志》世無傳本，僅存厥目，未知持似，正復何如，然固可信爲三百年來無此作矣！其尤至者，繫古地志，皆稱圖經；《世本》既出，即嚴族系。一以辨鄉里，一以考氏族，二者史學之顓門，志乘之鉅例，兹志圖表，實創爲之，再越百年，奚翅拱璧！

「曩平讀馬氏《通考》，據『擁斯茫水，流經資官』，妄疑此水不屬今境。今觀是《志》，知資官乃治官之誤，始自有唐，證以樂史所記經流入江，無不符合。瀨下六池，且在城中，故城舊治，都無移徙。千年侵地，一旦光復，不尤快事歟？

「平文質無底，積瘁頭白，五十之年，忽忽將至。既不獲奪隙從事，繼諸君子之後，一孔之私，迺辱甄録；而回念舊時執友，多成古人，姓氏遺文，互登斯簡。惟平尤得執筆商榷，附名篇末，以親見是書之流傳，其亦厚幸也已！

「抑平更有請焉。蜀輶舊輯縣人文章，自趙宋以來爲《仙井文徵》、《詩徵》至八十卷，今集無之。倘經裁擇寫定，用升庵楊氏《全蜀藝文》例，排印單行，或亦表章先正之一端也夫！」

按《井研縣志》四十二卷。先生所撰《四益館經學叢書》，《縣志》所採者百四五十種。序跋之外，別撰提要；子姓、友朋、及門分撰者各録姓名。先曾爲序例，《志》本以文繁，多從删節。又家藏本如《楚詞》、文集之類，續有增補，《詩》、《易》二經舊説未定，亦多删改；然庚子以前所有著述，《縣志》詳矣。

去年冬，劉室主人著《今古學辨義》，載《亞東報》，至是，乃托爲門人黄鎔、胡翼民等作書答之。書云：

「頃讀《亞東報》十八號《今古學辨義》，獻可替否，詳哉其言之矣！　於井研之學，可謂入之深而得其肯要；　諫友有功，庶得終其名譽。

「竊四益先生養晦閉藏，潛心著述，海内學者皆有其書。　東南學人，私相祖述，著書立説，天下震驚，風氣遂爲之一變。　聲應氣求，無間遠邇。　某等居同鄉里，摳衣有年；　甘苦之嘗，知之頗悉。　四益《今古學叢書》之刻，皆宗旨流别之書，折中衆言，求正天下。　所有全部正經注説，皆未刊行。　十年以内，海内通人，間有異議，卒皆語焉不詳，或不相示。　求如足下之推究隱微，窮其正變，不出阿好，不流於吹求，著論刊報，正告天下而不可得。　大著刊佈，誠四益十年以内所日夜禱祝企望者，精勤虚受之苦心，固足下所深諒者也。　惟足下所見之書，皆十年以前舊説，當時如三《傳》、《書》、《禮》雖有成書，自以所論未盡愜。　去年秋間有《百種書目解題》之作，專以帝王分類，所有漢師今、古名目，悉除删不用，誠足下所謂大變者。　謹送呈一册，伏乞登報，以釋群疑；　更約同人，細心推究經傳微旨，不厭吹求。　倘能再就此册推見至隱，刊報傳知，使得據以改正，歸至完善，不惟四益之所心感，亦吾黨之所禱祝以求者也。

「大作所陳諸條，或已經改正，或因辭害義，或傳聞悠謬，或流衍失真；　既經改正，是非姑不具論。　竊以當今海内老師宿儒相聚而談四益者，皆以防流弊爲説。　輕躁之士，發憤著書，每多非常可駭之論。　托名衛道者，以此歸罪於四益，大著亦以爲言。　雖四益虚受改易，某等實不能無疑。竊以心術、學問，古今兩途。正人端士使爲今學，正也；學古，亦正也。僉壬宵小使爲今學，邪也；古學，亦邪也。以流弊言之，堯舜，聖人也；子之操、懿，以師其禪讓而敗。周公，聖人也；王莽、明成祖之簒逆，不能以爲周公過。六經，聖人之大法，所謂『曲學阿世』、『詩書發冢』者，豈能以爲孔子咎？四益館經學未刊之先，非堯舜、薄湯武者代不乏人，甚至即孔子亦攻之。帝王之鑄兵，本以弭亂，而操刀行劫，報讎殺人，不能因而去兵。推之飲食男女，亦無不皆有流弊，不能因防弊而廢之也。天下事利之所在，即弊之所在。六藝之作，本爲端人志士立其課程，使有遵守，《老子》所謂非人勿傳者乃爲真切。如但以宗旨論，宋人以理學標目，托名其中，姦邪小人非聖無法，貪黷背謬，無所不有。江海之水，蛟龍居之而爲蛟龍，鯨鯢居之而爲鯨鯢，魚鱉居之而爲魚鱉。在人之自取，非水之過也。輕躁狂謬本於性生，每緣經説以便私利，因遂假之以立幟。不見此書，亦必別造非聖無法之言以自恣。故説經之書，但當問與群經忤合如何，流弊有無，初非所計。何則？考魯齊傳經，有微言、大義二派。微言者，言孔子制作之宗旨，所謂素王制作諸説是也；大義者，群經之典章制度、倫常教化是也。自西漢以後，微言之説遂絶。二千年以來，專言大義，微言一失，大義亦不能自存。六經道喪，聖道掩蔽，至今日，通中外、貴賤、知愚、老少、婦女，人人心意中之孔子，非三家村之學究，即賣驢之博士。故宋元流弊，動自謂爲聖人，信心蔑古，此不傳微言之害，彰明較著，有心人所痛者也。嗟乎！人才猥瑣，受侮强鄰，詩書無靈，乃約爲保教以求幸於一日。四益心憂之，乃汲汲收殘拾缺，繼絶扶危，以復西漢之舊。合中國學術而論，以孔子爲尊，必先審定孔子規模光焰，宮墻富美，迴出迂腐學究萬萬之外，俾庠序之士心摹力追，以求有用之學，庶聖道王謨，略得斑管。」

門人帥鎮華平均亦有《答箌室主人書》，於大統之説，言之較詳。然此書帥自言不出其手，與前書皆爲先生自爲而托之門人。按《井研縣志·藝文五》著録先生《師友蛩音》八卷，謂爲「海内耆儒名俊與平往復論學之語，資於經學最多」。今所見惟與張之洞、宋芸子、康有爲、箌室主人及江叔海數書。其實必不止此，亡失者多，無從印證矣。

十一月，成《齊詩驗推集説》十卷。此書初名《詩本義集説》，又名《詩經集説》、《詩經取義》、《齊詩徵緯義證》。此書《井研縣志》未著録，稿爲婿陳天椠所鈔，已贈北京圖書館。

光緒二十七年辛丑(一九〇一)，五十歲。

三月，先生至安岳後，知縣陳鼎勛爲特建一室以處之。先生題曰「談瀛精舍」。跋云：「辛丑春，《詩》、《易》二稿排比初成；初與同學商酌《周禮》，書此爲鴻爪之迹云。」又題聯曰：「新解神遊追屈宋，舊傳博士小羲軒。」

五月，補綏定府教授。

重訂《知聖編》，即於安岳刻之。跋曰：「此册作於戊子，蓋纂輯同學課藝而成。按：此係托詞。在廣雅時，傳鈔頗多。壬辰以後，續有修改，借鈔者衆，忽失不可得。庚子於射洪得楊絢卿茂才己丑從廣雅鈔本，略加修改，以付梓人。此册流傳不一，亦有出入，然終以此本爲定云。辛丑五月十三日，季平自識。」據此，則此書有三本：（一）戊子原本，即廣雅傳鈔本，亦即康氏所得之本；（二）壬辰以後修改本；（三）辛丑就廣雅鈔本修改本，即今《六譯館叢書》本。今（一）、（二）兩本均不可見矣。今本較早之説始於戊子年，其可視爲修改之説者有二：

其一，因表章微言，以致群相駭怪，且因而攻及《公羊》，先生乃據《論》、《孟》以證明其説之不可易。

其二，駁改制之説者以爲改制近於叛上，並駁孔子改制之説。先生以爲改制有二義：一者斟酌損益以求一是；二者以孔子爲素王，六經爲一王大法。後説實由前説推衍之必然結果。

書中叙其與康氏之交涉云：「初創《今古學考》，説者謂爲以經解經之專書。天下名流，因本許何，翕無異議。再撰《古學考》，即《闢劉篇》。外間不知心苦，以爲詭激求名。嘗有人持書數千言，力詆改作之非；並要挾以『改則削稿，否則入集』，一似真有實見，堅不可破者。乃杯酒之間，頓釋前疑，改從新法，非莊子所謂是非無定？蓋馬、鄭以孤陋不通之説獨行二千年，描聲繪影之徒種種囈夢，如魔之附；自揣所陳，至爲明通。」頁四十八。

上張之洞書論《周禮》。書云：

「時事日亟，軍國勤勞，未敢以不急之言上瀆鈞聽，故久缺稟箋。乃族弟承璠赴轅稟謁，殷殷垂詢近狀，眷愛深厚，感激無極。

「竊自丁酉宋芸子太史傳諭：講求《周禮》，務須求通，不可攻訐。數年以來，專心致志，始悉《周禮》即外史所掌三皇五帝之書，兼治全球。《孝經》文十一國言周知天下，與《王制》僅言中國方三千里者小大懸殊。鄭注訓周爲普遍，視《周禮》爲孔子皇帝政教之學，非周公之舊稿。故《大行人》帝幅，以九千里爲九州；大統皇幅，土圭之法以三萬里開方，得所依歸。昔日疑難，悉化腐朽爲神奇，一大一小，與《王制》並行不悖。且大地四游，升降三萬里，神州昆侖等説，鄭注早有明文。旁求古義，爲之疏解，不用《今古學考》舊説，以皇帝王伯分經，年内可以卒業。證以《詩》、《易》，相得益彰。雖敵人砲利船堅，四面轟擊，自謂無隙可乘，洵乎爲天下之奇書，古今之絶作。然發凡指授，悉出裁成，奏凱旋歸，敢不布露以相告？

「又受業早年未定之説，爲外人所攘竊，變本加厲，流行失真；海内名宿，頗多指摘。《翼教叢編》等書，未能攻堅，反助其缺。特命兒子師慎編集《家學樹坊》二卷，以正其謬。

獅子搏兔，顧無須全力。此篇一出，扶正學，挽狂瀾。苗雖似秀，不無真僞之分；盾不禦矛，庶免註誤之累。現在《詩》、《易》、《周禮》六經皆已脱稿，餘者刊刻凡例，以俟後賢編纂。

「受業行年五十，從此不再治經，擬以餘力講求時務。以《周禮》五書十二教統括西政、西教，觀其會通一是，妙義紛披，得未曾有。目下西士傳教，爲中國一大患；孔教絶滅，《勸學篇》中之意焉。擬撰《祆教折中》三卷，近除中人仇教之患，遠引西士自新之塗。既非援儒入墨，庶乎異道而同歸；血氣尊親之説，庶不致流爲虚談。謹呈序例、目録，伏乞鈞鑒。如其不乖於聖人，自可通行於中外。再呈全書，統祈斧削。西人政學各書，川中難購，每欲致力，其道無由。擬於到任後借差赴轅，盡讀新書，而領訓誨。稱心而談，頗嫌夸大；其言不讓，師席當亦莞爾而恕其狂愚。」